WTO무역과
환경사례 연구

Case Studies on Trade and Environment of the WTO

박덕영·김승민·이재영 편저

박영사

이 저서는 2016년 대한민국 교육부와 한국연구재단의 지원을 받아 수행된 연구임(NRF-2016S1A3A2925230).

서　문

　　1995년 WTO 체제가 출범한 이래로 세계무역체제는 무역관련 분쟁에 대해 갖는 강제관할권을 토대로 다른 국제재판소들과 비교할 수 없을 정도로 많은 선례를 축적해오고 있다. WTO는 명시적으로 영미법계 국가들에서와 같은 선례구속의 원칙(*stare decisis*)이 적용되지 않는다고 천명하고 있지만, 패널들과 상소기구에 의해 나오는 보고서들은 이후의 평결들에서 자주 인용되고 있다. 더 나아가 이후의 패널들 및 상소기구가 선례에 제시된 논증들을 그대로 따르고 있으므로 이들은 WTO법의 *acquis*를 구성하는 하나의 축으로 평가 받아 마땅하다고 할 것이다.

　　WTO법은 무역자유화를 제1의 목표로 삼고, 이를 위축시키는 법적 또는 사실적 조치들을 위법한 것으로 규정하고 있다. 같은 맥락에서 WTO협정의 부속서로 구성되어 있는 각종 협정들 역시 무역에 방해가 되는 여러 가지 요소를 억제하기 위한 규범들이라 할 수 있다. 그러나 국제통상은 국제사회가 가장 우선적으로 대응해야 할 궁극의 목표일 수는 없으며, 우리는 기후변화 문제를 포함하여 환경보전과 지속가능한 발전이라는 과제를 통상문제와 함께 조화롭게 풀어나가야 한다는 전 지구적 도전에 직면해 있다.

　　WTO의 패널들과 상소기구는 지금까지 환경보전과 보호를 위한 회원국의 조치들이 WTO 규범들과 충돌하는 여러 경우들에 대해 다룬 바 있다. 이는 표면적으로는 WTO에 있어 환경적 고려가 '예외'적으로 필요한 조치에 해당하는지 심사하는 과정으로 나타나지만, 보다 근본적인 측면을 보면, 무역과 환경은 가치로서 서로 갈등을 겪고 있다고 말할 수 있다.

　　무역과 환경의 갈등 양상에 대해서는 다양한 견해가 있을 수 있다. 큰 스펙트럼에서 본다면, 자유무역론자와 생태론자의 견해가 다를 수 있고, 더 좁게는 국제환경법학자와 국제통상법학자의 의견이 다를 수 있다. 모두 균형과 타당성을 내세

우지만, 우리는 각자가 가진 입장에 따라 이것을 평가하는 척도가 얼마나 달라질 수 있는지 경험을 통해 알 수 있다.

이 사례집은 WTO 분쟁해결 사례들 중 무역과 환경의 갈등에 대해 다룬 것을 추리고, 이에 대한 여러 학자들의 평석을 실은 것이다. 이들 중에 오래된 과거의 사례에 관한 것들도 있고, 비교적 최근의 것들도 있다. WTO가 환경을 바라보는 관점에 있어 현재의 접근방식은 과거와는 다소 다르고, 학자들이 두 가치를 보는 시각과 규범적 평가 역시 다르다. 이 사례집은 환경에 대한 WTO의 태도 변화라는 통시적 접근과 각 학자들의 다양한 관점에 대한 망라적 집약이라는 두 가지 목적을 추구하기 위한 것이다. 아무쪼록 이 사례집을 접하는 독자들이 이곳에 실린 여러 글을 통해 나름의 균형감각을 가지고, 무역과 환경 문제를 바라보는 자신만의 관점을 갖게 되기를 바라는 마음이다.

본 사례집을 위해 편저자는 WTO 분쟁사례를 잘 정리하면서도 이에 대한 깊이 있는 평석을 제공하는 논문을 선별하여 각 장으로 편성하고, 저자 선생님들께 논문의 업데이트와 그간의 발전에 대한 증보를 부탁드렸다. 대부분의 장은 이렇게 업데이트가 된 것이고, 일부 평석은 저자의 동의하에 변경 없이 그대로 실려 있다. 아쉽게도 연락이 닿지 않거나 허락을 받지 못한 원고는 싣지 못했는데, 이는 향후 사례연구 제2권에서 반영할 수 있기를 희망한다.

이 책의 출간을 허락해주신 박영사 안종만 회장님, 우리 연구센터의 도서발간 사업을 위해 지속적으로 애써 주시는 조성호 이사님께 우선 감사드린다. 또 이 책의 편집과 교정작업을 담당해주신 김민주 선생님과 책을 위한 행정업무로 수고해주신 송병민 과장님께도 감사의 뜻을 전한다.

2018년 6월
편저자들을 대표하여
박덕영 씀

차 례

서 장   1

2. US-Cool Case
육류 상품에 대한 미국의 원산지 라벨링 조치를 둘러싼 국제통상법적 쟁점
— TBT협정 제2.1조 및 제2.2조를 중심으로 —   40

3. China-Rare Earth
중국 희토류 사건에 대한 국제통상법적 고찰　62

5. EC - Canada Asbestos
녹색공공영역(Green Public Sphere)의 관점에서 본 WTO:
EC-캐나다 석면사건 분석　　121

7. EC-Hormones
WTO SPS 위생조치의 적법성에 관한 연구
― 소고기 호르몬사건을 중심으로 ―   169

8. Can-Renewable Energy
유럽의 신·재생에너지정책과 FIT(Feed-in tariff)의 통상법적 쟁점
― 캐나다-재생에너지발전분야사건을 중심으로 ― 200

9. US-Clove Cigarettes
자국민의 건강보호를 위한 기술규정 조치의 국제통상법적 쟁점에 관한 소고
: 미국-정향 담배 사건을 중심으로 226

10. China-Raw Materials
WTO '중국-원자재 사건(China-Raw Materials)'에 관한 연구　　251

11. Brazil-Retreaded Tyres
'브라질-재생 타이어 수입에 영향을 주는 조치'사건
— GATT1994 제ⅩⅩ조의 적용을 중심으로 — 277

12. EC-Sardines
WTO 분쟁해결과 국제표준
: EC-Sardines 및 EC-Biotech products 사건을 중심으로   300

13. India-Solar Cells
친환경 에너지 발전(發電)의 국내물품사용요건(DCR)에 관한 India-Solar Cells 사건 고찰 326

책의 구성

제1장에서 다룰 내용은 2009년 유럽연합이 바다표범 제품의 판매와 관련하여 일정한 요건을 충족하지 못하는 경우 EU 시장 내에서 판매를 금지하는 조치를 단행한 사건이다. 주로 상업적으로 바다표범을 사냥하는 캐나다와 노르웨이의 경우 요건을 충족하기는 어려웠으며, 이에 EU 시장 내에서 캐나다와 노르웨이산 바다표범 제품의 판매가 사실상 제한되는 효과가 발생하였다. 캐나다와 노르웨이는 EU를 상대로 WTO 분쟁해결기구에 공동으로 제소하였으며, 패널절차가 개시되었다. 패널에서는 TBT협정상 '비차별의무'와 '불필요한 무역장애금지의무' 그리고 GATT협정상 '비차별의무' 위반여부 등이 쟁점이 되었는데, EU의 규제조치가 공중도덕의 보호를 위하여 '필요한' 조치로서 정당한 규제 목적을 가지지만, 수입 상품에 대하여 차별적으로 적용되어서는 안 된다는 분쟁당사국들의 입장을 모두 반영한 결정을 내렸다. 이러한 패널의 양분화된 결정에 따라 제소국인 캐나다와 노르웨이 그리고 피소국인 EU는 각각 항소의 의사를 밝혔으며, WTO 분쟁해결기구에 의하여 받아들여졌다. 항소기구에서는 패널에서 검토되었던 EU 규제조치의 GATT협정상 '비차별의무'와 '일반적 예외'규정과의 합치성 여부를 중심으로 심리가 진행되었는데, 본 연구에서는 이와 관련된 주요쟁점들을 분석하여 이전의

WTO 분쟁해결기구 결정과 다른 양상을 보이고 있는지, 그리고 WTO에서 추구하는 '비차별, 시장접근 등에 따른 무역자유화의 실현'과 '공중도덕 등의 사회적 가치를 보호하기 위한 국내적 규제권한의 존중' 사이의 균형을 어떠한 형태로 유지하고 있는지 검토한다.

제2장에서 다룰 내용은 2012년 6월 29일, 세계무역기구(World Trade Organization) 상소기구가 United States - Certain Country of Origin Labelling (COOL) Requirements(이하 'US-COOL') 사건에 대한 최종 보고서를 회람하였고, US-COOL 사건에서 패널과 상소기구의 검토 대상이 된 조치는 절단된 형태의 우육 및 돈육에 대한 미국의 원산지 라벨링 요건이었다. 제소당사국인 캐나다와 멕시코는 미국의 조치가 기술규정으로서 무역에 대한 기술장벽에 관한 협정(Agreement on Technical Barriers to Trade: 이하 'TBT협정') 제2.1조 및 제2.2조와 합치하지 않는다고 주장하였다. 이에 패널은 미국의 원산지 라벨링 조치가 TBT협정 제2.1조 및 제2.2조를 위반하였다고 판단하였는데, 상소기구는 패널과는 다른 이유에서 미국의 조치가 TBT협정 제2.1조를 위반하였다고 판단하고 제2.2조는 위반하지 않았다고 하여 패널의 결정을 일부 지지하고 일부 번복하였다. US - COOL 사건은 TBT협정 제2.1조 및 제2.2조에 대한 심도 있는 분석이 이루어진 최근의 다른 두 사건과 함께 이 조항들의 해석에 중요한 지침을 제시하는 것으로 평가된다. TBT협정 제2.1조는 기술규정의 준비, 채택 및 적용에 있어서의 내국민대우원칙을 명시하고 있으며, 제2.2조는 기술규정이 정당한 목적 수행에 필요한 이상으로 무역 제한적이지 않아야 한다고 규정한다. 본 장은 US - COOL 사건에서의 패널 및 상소기구의 결정을 검토하여 TBT협정 제2.1조와 제2.2조가 어떻게 해석되었는지 살펴보는 것을 목적으로 하였다. 이를 위해 먼저 문제가 된 미국의 조치가 무엇인지를 검토하고, 다음으로 각 조항에 대한 패널과 상소기구의 판단을 확인하였다.

제3장에서는 중국 희토류 사건을 국제통상법적으로 고찰한다. 희귀한 흙이라는 뜻의 희토류는 지각 내에 총 함유량이 300ppm(100만분의 300)미만인 금속을 의미한다. 갈수록 쓰임새가 넓어지고 있는 희토류는 휴대전화, 반도체, 하이브리드 차 등 첨단 제품 생산에 필수적인 자원으로 취급되고 있다. 중국은 현재 희토류의 85%를 생산하고 있으며 매장량 또한 세계의 50%를 차지하고 있다. 이렇게 세계 희토류 생산의 대부분을 차지하고 있는 중국이 희토류 생산시 발생되는 환경오

염을 막고 향후 희토류 가격 결정권에 대한 주도권을 가지기 위해 일련의 희토류 수출제한 규정을 앞세워 희토류를 자원외교의 무기로 이용하려는 움직임을 보이고 있다.

이에 2012년 미국, EU, 일본은 중국의 희토류 수출금지 정책에 대하여 WTO 규칙위반이라며 WTO 분쟁해결기구에 각각 제소하였고 최근 DSB 상소기구에서 중국의 최종 패소판정을 확정지었다. 현재 세계 각국이 자원을 둘러싸고 첨예하게 대립하고 있는 가운데 각국은 상대국의 자원과 관련된 자국보호정책을 WTO에 적극적으로 제소하는 한편 자원 확보를 위한 발판 마련에 고심하고 있다. 우리나라는 천연 자원이 부족하고 석유와 천연가스는 중동 및 러시아 등의 국가로부터 대부분 수입에 의존하고 있으며 희토류의 경우 전량 중국에서 수입을 하고 있다. 이에 향후 중국의 희토류 수출과 관련된 규정 및 정책에 대한 연구는 중요하며 이와 함께 우리의 대응방안을 적극적으로 모색해야 한다.

제4장에서는 〈미국-멕시코 참치분쟁Ⅱ〉에 관한 WTO 판결에 대하여 법적 분석을 실시하였으며 TBT(무역기술장벽에 대한)협정상의 규범과 원칙이 갖는 중요성과 향후 법적 발전에 있어 중요하게 고려되는 요소들에 관하여 논의하였다. 동 분쟁은 미국이 돌고래보호를 위하여 시행한 참치제품의 라벨에 관한 사안으로 멕시코는 TBT협정의 주요 조항들을 원용하여 WTO의 분쟁해결기구에 訴를 제기하였다. 본 연구에서는 〈미국-멕시코 참치분쟁Ⅱ〉판결에 나타난 중요한 법률 쟁점들을 검토하였으며 이러한 검토를 바탕으로 TBT협정상의 기술규정의 정의(부속서 1.1), 기술규정에 대한 내국민대우 의무(제2.1조), 기술규정에 대한 최소한무역제한 원칙(제2.2조) 및 국제표준과의 조화(제2.4조)와 관련된 법원칙과 적용상의 의미 및 시사점을 분석하였다.

제5장에서는 한국 학계에서 많이 논의되지 않은 WTO 거버넌스 시스템에서 환경 NGO들의 참여에 관한 환경 정치학적·사회학적 관점들 중 하나를 소개한다. 본 장은 WTO의 무역분쟁 중의 하나인 EC-캐나다 석면 사건을 사례연구로 선택하였으며 Robyn Eckersley가 소개한 녹색공공영역이론의 관점에서 이 사례를 분석하였다. 이를 통해 WTO 거버넌스 시스템, 환경 NGO들, Amicus Curiae briefs(제3자 진술서) 제출 간의 관계에 대하여 다음과 같은 사실들을 발견할 수 있었다. 첫째, 이 사건에서 환경 NGO들이 제출한 Amicus Curiae briefs는 다음과 같은 세 가지 기능을 함으로써 WTO 거버넌스 시스템이 녹색공공영역의 기능을

하는데 주요한 역할을 하였다. 먼저 국가 간 무역은 모두에게 이롭다는 자유무역의 논리 하에 석면과 같은 건강과 환경에 유해한 상품을 제재없이 자유로이 교역하는 것에 대해 환경 NGO들이 제출한 Amicus Curiae briefs는 근본적인 문제를 제기하였다. 또한 그것들은 WTO 거버넌스 시스템에서 자신을 대표할 수 없는 석면사용으로 영향을 받을 미래 세대들과 소외된 노동자계층을 대표하였다. 마지막으로, 환경 NGO들이 제출한 Amicus Curiae briefs는 프랑스 시민사회의 환경과 건강과 관련한 우려사항들을 WTO 거버넌스 시스템이 이해할 수 있는 언어로 전달하는 중요한 역할을 수행하였다. 두 번째, 비록 WTO가 EC-캐나다 석면사건에서 녹색공공영역으로서 중요한 역할을 수행했지만 여전히 WTO 거버넌스 시스템 내에서 의사결정구조의 투명성과 민주성을 보장하는 것에는 아직까지 많은 한계가 존재한다. 이러한 사실들의 발견과 더불어, 본 논문은 기후변화와 같은 심각한 환경문제들과 그 문제를 해결하려는 각국의 국내 환경정책들이 WTO 무역규범들과 충돌할 가능성이 크기 때문에, 녹색공공영역으로서의 WTO의 역할에 대한 논의가 계속 필요하다는 것을 제안하고 있다.

제6장에서는 WTO EC-석면 사건과 첫 환경 예외의 인정 문제를 다룬다. WTO 제협정들의 일반적인 목표는 자유 시장 경제를 바탕으로 한 국제무역의 증진 그리고 자유무역과 공정무역의 실현이다. 반면에 국내 및 국제환경법은 사경제(private businesses) 주체의 행위에 정부가 간섭하는 경향을 띠게 된다. 오늘날까지 국제무역을 규율하는 과정에서 이 두 분야가 잠재적 충돌의 여지를 가장 많이 내포하였던 것이 상품무역을 규율하는 GATT였으며, 아직도 뚜렷한 조화방안을 찾지 못하고 있다.

1996년 프랑스 정부가 취한 석면 및 석면함유제품의 생산, 수입 및 판매 금지 조치에 대해, 캐나다는 동 조치가 GATT 제3조, 제11조 및 TBT협정 제2조를 위반하였다고 주장하면서 WTO에 분쟁을 제기하였다. 패널은 프랑스의 법안이 동종제품에 대한 차별대우로 GATT 제3조 4항 내국민대우원칙을 위반하였으나, 이는 GATT 의무의 예외를 규정하고 있는 GATT 제20조 (b)항과 두문에 의해 정당화된다고 판정하였으나, 항소기구는 온석면의 건강에 위해한 성질을 고려하지 않고 온석면과 PCG 섬유를 동종 제품으로 보아 동 조치가 GATT 제3조 위반으로 본 패널의 판정을 파기하였다. 결론적으로는 문제의 조치가 "인간의 생명 또는 건강을 보호하기 위해 필요한 조치"이기 때문에 GATT 제20조 (b)항에 의해 정당화된다는 패널의 판정을 지지하였다.

동 사건에서 항소기구는 GATT 제3조 및 제20조 (b)항을 해석하는 새로운 방법을 제시하였는데, 항소기구는 제3조 4항의 동종성을 판단하는 데 있어 "상품에 결합된 건강 또는 환경적 위험이 소비자의 행동에 영향을 준다."는 증거가 GATT 제3조 4항의 동종 제품 여부를 결정하는 중요한 요소라고 판정하였다. 그동안 WTO는 현재 체제 내에서 점진적으로 진보적인 판정을 통하여 환경론자들의 비판을 조금씩 수용하는 방향으로 나아가고 있다. 그러나 무역과 환경 문제의 궁극적인 해결을 위해서는 GATT 제20조의 개정이나 각료회의 해석선언을 통하여 양자 간의 관계를 보다 명확히 하는 것이 바람직할 것이다.

제7장에서는 WTO SPS 위생조치의 적법성에 관해서 소고기 호르몬 사건을 중심으로 살펴본다. SPS협정은 원래 회원국의 SPS 위생조치가 계량가능한 과학적 원칙, 즉 가능한 한 국제기준에 기초하도록 강제하는 장치로 마련되었다. 소고기 호르몬 분쟁은 WTO 체제에서 SPS협정의 적용을 받는 첫 번째 사건으로서는 가장 중요한 판례로 인정된다. 이 분쟁의 쟁점과 그 결과는 정부, 생산자, 소비자 그리고 관련 산업에 의미하는 바가 크다고 할 수 있다. SPS협정은 모든 회원국에 국제기준보다 더 높은 수준의 위생조치를 도입할 권한을 부여하고 있다. 그러나 이러한 위생조치는 과학적 정당성이 있거나 위험평가와 위험관리라는 엄격한 심사를 통과하여야 한다. 그리고 국제 기준보다 높은 보호 수준은 높은 보호를 초래하여야 한다. 보호의 적정 수준을 채택하는 것은 전적으로 회원국의 권한사항이다, 그러나 보호의 적정수준을 성취하기 위해 채택되는 조치는 SPS협정의 심사대상이다.

제8장에서는 최근 제기된 캐나다-재생에너지발전분야사건에서 캐나다정부가 재생에너지산업에 대한 투자를 확대하고 이 분야의 일자리창출을 목적으로 진행한 발전차액지원(Feed-in tariff)프로그램을 분석한다. FIT는 설계에 따라 다양한 모양을 지니고 있으나 두 가지 대표적인 특징은 첫째, 발전차액의 지원이며 둘째, 전력시장으로의 우선접근권을 보장하는 것이다. FIT는 안정성있는 투자라는 명성을 얻으면서 외국인을 포함한 신규투자가 단시간 내에 확대되었고, 관련산업의 급격한 성장도 이루었다고 평가되고 있다.

FIT가 문제 되는 부분은 WTO의 보조금협정상 허용되지 않는 보조금일 때이다. 협정은 금지보조금, 조치가능보조금, 허용보조금 세 가지 유형을 정의하고 있는데 허용보조금에 대한 유예기간이 종료되었고, 연장이나 개정에 대한 합의가 없기 때문에 금지보조금과 조치가능보조금이 보조금협정 사건의 주를 이룬다. 동 사건에서는 캐나다 FIT에 i) 정부나 공공기관의 재정적인 기여가 있었는지 또는 ii) 1994년 GATT 제16조의 가격지지에 해당하는지 iii) 이로 인한 혜택이 있는지 iv) 지시나 위임에 의한 하부기관의 행위이지만 사실상 정부 또는 공공기간의 행위인지 v) 특정성이 있는지가 주요 판단요소가 될 것이다.

한편 FIT로 수혜를 입은 투자자들이 재정적으로 더 나은 상태가 된 것에 실질적인 국가자원의 이동이 있었는지 그리고 공적 목적 달성 중 하나인 환경보호관련 의무를 새로이 신설하는 과정에서 지급된 보조금이 사실상 추가로 발생하는 비용을 넘지 않은 부분을 사업자 입장에서 혜택으로 이어졌다고 볼 것인지의 부분에 대해서는 유럽사법재판소의 독일FIT 사건과 EU위원회가 영국의 재생에너지사용비율(RPS), UK-ETS에 대해 국가보조에 해당하지 않는다고 한 결정을 참고할 수 있을 것이다.

제9장에서는 정향 담배 수입금지에 대한 미국과 인도네시아 간의 TBT협정 사례를 통해 청소년의 흡연 예방 등과 같이 자국민의 건강보호 등을 위한 정당한 목적을 수행하기 위한 기술규정 조치가 WTO 규정에 위반되지 않고 유효하게 유지되기 위해서는 TBT협정의 주요 조항들이 어떻게 해석되어져야 하고 적용되어져야 하는지를 살펴보았다. TBT협정은 그 적용대상이 GATT협정과 다르고, GATT협정에서의 '의무위반-일반적 예외조항'의 구조가 TBT협정상에 존재하지 않기 때문에, GATT협정의 접근방식이 그대로 TBT협정에 적용되어서는 안 된다.

새로운 기술규정 공표 및 발효 사이의 합리적인 기간 공백을 결정함에 있어, 특정 기간을 미리 정해놓기보다는 여러 제반사항들을 고려하여 사안별로 그리고 회원국 수준별로 결정하여야 할 것이다. 이렇게 될 때, 정당한 목적 달성을 위한 회원국의 기술규정 조치가 TBT협정 규범 안에서 유효하게 보호받을 수 있을 것이며 이는 결국 회원국의 권리와 의무, 나아가 자국민의 건강보호(넓은 범주로는 환경보호)와 자유무역 증진이라는 두 가치의 이익의 균형을 극대화할 수 있을 것이다.

제10장에서는 중국-원자재 사건(China-Raw Materials)과 희토류 수출제한 분쟁과의 연관성에 관해 다룬다. 중국의 WTO 가입은 중국경제와 국제경제질서에 가장 큰 영향을 미친 사건으로 평가된다. 중국이 그동안 미국, EU 등 선진국을 상대로 제소한 사건의 내용을 살펴보면 대부분 반덤핑, 보조금, 세이프가드조치 등 무역구제와 관련된 것이 제일 많은 부분을 차지한다. 반면 중국이 미국, EU, 캐나

다, 멕시코, 과테말라, 일본 등으로부터 피소된 사건의 내용은 무역구제 외에도 지식재산권 문제, 서비스무역, 수출제한조치의 WTO 규칙 위반 등 비교적 다양하다.

본 장에서는 2012년 1월 13일 미국, EU, 멕시코가 제소하여 중국의 패소가 확정된 중국-원자재 사건에 대해서 패널과 상소기구의 판결을 중심으로 분석하고자 한다. 또한 중국-원자재 사건과 유사한 쟁점의 중국-희토류 사건에 대한 WTO 사건에 대해서 알아보고자 한다. 본 사건은 미국, EU, 일본이 2012년 3월 13일 중국의 희토류 수출제한 조치가 WTO 규칙 위반이라며 WTO에 각각 제소하였다. 중국-원자재 사건에서 중국은 환경 및 자원 보호를 위해서는 규제가 필요하며 중국의 수출 규제는 WTO협정에 위반되지 않는다고 주장하였으며, 중국-희토류 사건에서도 동일하게 주장할 것으로 예상된다.

중국-희토류 사건은 우리나라와도 상당한 이해관계가 예상되는 만큼 중국-희토류 사건에서도 우리나라가 제3국 자격으로 사건에 참여할 가능성은 높다. 한국은 현재 자원을 중국에 의존하고 있고 미래에는 식량을 중국 수출에 의존할 수 있다. 이에 대비하여 중국의 수출제한 조치 및 제도를 사전에 알아볼 필요가 있다.

제11장에서는 '브라질-재생 타이어'사건을 다룬다. 이 사건은 환경 목적을 달성하기 위하여 개도국(브라질)이 도입한 무역 제한적 조치에 대하여 선진국(EC)이 제소한 첫 번째 WTO 분쟁사건이다. 이전의 무역과 공중보건 또는 환경 분쟁은 주로 선진국 간 또는 선진국의 조치에 대하여 개도국이 제소한 분쟁이었으며, 동 WTO 분쟁사건들에서 상소기관은 선진국인 WTO 회원국들이 관련 기준을 준수 할 개도국 회원국들의 조건이나 능력을 먼저 고려하지 않고 개도국 WTO 회원국들에게 그들의 환경기준을 부과하는 것을 제한해왔다. WTO 회원국은 GATT의 실체적 의무 위반에 대한 일반적 예외로서 GATT1994 제XX조를 원용할 수 있다. 환경, 공중보건 등 비무역적인 가치들을 보전하기 위한 WTO 회원국의 필요성이 인정 되지만 GATT 의무에 대한 일반적 예외들은 그 범위가 제한되어 있고, 그 적용에 있어 논쟁의 대상이 되어왔다. '브라질-재생타이어' 사건의 상소기관의 결정은 WTO 회원국들이 비무역적인 가치를 갖는 정책목적을 추구할 수 있는 정책권한과 환경문제의 복합성 및 환경문제에 대한 조치의 다양성을 포함하는 포괄적인 대응의 필요성 등에 대하여 적극적인 평가를 함으로써 GATT1994 제XX조 (b)항의 적용범위를 확대하였다. 그러나 회원국들의 그러한 조치가 국제무역에 대한 자의적이거나 정당화할 수 없는 차별 또는 위장된 무역제한을 구성해서는 안 된다는

것을 보장함으로써 WTO 회원국의 권리와 의무의 공정한 균형을 꾀하고 있다. 동 사건의 상소기관은 경제적으로 덜 발전한 WTO의 개도국 회원국들의 특수한 조건 과 WTO의 비차별 원칙을 준수하지 못할 수 있는 정책적 목적에 수용적인 태도를 보였는데, 이러한 변화는 GATT의 예외를 해석하는데 있어 특별 또는 차등 대우에 대한 개도국들의 필요성에 근거하여 WTO 회원국들 사이에 구별을 수용하는 조기 신호로서 평가될 수 있을 것이다.

제12장에서는 WTO 분쟁해결과 국제표준의 측면에서 EC-Sardines 및 EC-Biotech products 사건을 다룬다. 이 연구는 지구화의 진전과 함께 그 역할이 증대되고 있는 '국제표준'을 국제무역과 관련된 WTO(World Trade Organization) 의 주요 협정들의 해석과 적용의 맥락에서 조명하려는 시도이다. 특히, WTO 분쟁 해결기구(Dispute Settlement Body)에서 심리했던 EC-Sardines 사건과 EC-Biotech products 사건을 사례로 무역 분쟁 현장에서의 국제표준의 정당화 과정을 분석하 고자 한다. 국제표준의 지위는 WTO의 TBT협정과 SPS협정에서 모두 중요함에도 불구하고 그동안 기존의 연구들은 대체로 어느 한 협정을 중심으로만 연구해왔기 때문에, 본 연구에서는 TBT협정이 적용된 사례와 SPS협정이 적용된 사례를 비교 분석하기로 했다. 우선 TBT협정과 SPS협정에서 국제표준과 관련된 사안을 어떻 게 정의하고 있는지 살펴보고 이어서 구체적인 무역분쟁 사례에서 이 협정들을 어 떻게 선택해서 적용하는지 알아볼 것이다. 그리고 WTO 분쟁해결기구의 판례 보 고서들을 참조하면서 실제 무역분쟁 사례에서 국제표준의 존재, 국제표준과의 일 치 혹은 조화가 어떻게 해석되는지 분석하고자 한다. 이 과정에서 어떤 기준에 따 라 국제표준이 정당화되거나 거부되는지, 이런 국제표준이 존재할 때 국내 규제조 치는 어떤기준에 따라 평가받고 정당화되는지 살펴보려 한다. 이런 시도는 WTO 무역질서에서 국제표준의 준수와 관련된 논쟁에서 수용 및 반박되는 논리를 확인 시켜 줌으로써 무역 갈등 조정이나 분쟁해결 과정에서 전략과 정책을 계발하는데 도움을 줄 것이다.

제13장에서는 친환경 에너지 발전(發電)의 국내물품사용요건(DCR)에 관한 India - Solar Cells 사건을 고찰한다. 저탄소 에너지 개발 및 신재생 에너지사업 에 대한 관심과 투자가 증가하면서 적지 않은 분야에서 '국내물품사용요건'(DCR) 이 활용되어 왔다. 하지만 신재생 에너지 분야에 적용되는 DCR조치와 관련하여 WTO 차원의 법적인 분쟁이 잇달아 촉발되고 있으며, 앞으로도 비슷한 유형의 분

쟁은 증가할 것으로 예상된다. 이러한 배경에서 본 논문은 태양광에너지의 발전 및 지속가능한 개발의 관점에서 도입된 DCR조치의 WTO법상의 합치성이 다투어진 India - Solar Cells 사건을 평석하고, 이를 통하여 향후 국가적 차원의 에너지 정책을 추진함에 있어서 참고해야 할 통상법적 쟁점과 고려사항을 제시하고자 한다.

이를 위하여 본 논문은 미국과 인도 간의 무역분쟁을 발생하게 만든 인도 정부의 DCR조치를 둘러싼 사실관계와 미국이 원용한 WTO협정의 법적쟁점을 소개하고, 패널과 상소기구의 보고서를 중심으로 주요쟁점에 대한 판정내용과 근거를 분석하였다. 특히 'DCR조치의 내국민대우 위반 여부', '내국민대우 의무의 적용면제 대상으로서의 정부조달 해당여부', 일반적 예외로서 'GATT 제XX조 (j)호 및 (d)호의 인정여부'에 관한 분쟁당사자의 주장과 판정부의 법리적용이 구체적으로 검토되었다.

나아가 본 사건을 통해서는 TRIMs 제2.1조와 GATT 제Ⅲ:4조와의 관계, GATT 제Ⅲ:8(a)조의 '경쟁관계' 기준, GATT 제XX:(d)조의 '법률 또는 규정'의 적격기준이 명료화되었으며, WTO 사상 처음으로 GATT 제XX:(j)조의 '일반적 또는 지역적으로 공급이 부족한 상품'에 대한 해석이 시도되었다. 이에 본 논문은 India - Solar Cell 사건이 WTO협정의 해석과 적용의 측면에서 갖는 함의를 검토 및 평가하고, 최종적으로는 친환경 에너지 발전 정책을 설계 및 운용함에 있어서 고려해야 할 사항을 전망 및 제언한다.

유럽연합(EU)의 바다표범 제품의 수입규제에 대한
WTO 분쟁해결기구의 결정 검토*

이 길 원(충남대학교 법학전문대학원 교수)

1.1. 서 론

2009년 유럽연합(European Union, EU)은 바다표범 제품의 판매와 관련하여 일정한 요건을 부과하였는데, 이뉴잇(inuit)족 또는 토착민(indigenous communities)이 생존을 위해 사냥한 바다표범으로 만든 제품(IC condition)이나 해양자원관리(marine resource management) 차원에서 사냥한 바다표범으로 만든 제품(MRM condition)이 아닌 경우, EU 시장 내에서 판매를 금지하는 조치를 단행하였다.[1]

---

* 이 장은 필자가 2014년 3월에 「국제경제법연구」 제12권 제1호에 게재한 "EU의 바다표범 제품의 수입금지에 관한 WTO 판례 연구"와 2016년 7월에 「국제경제법연구」 제14권 제2호에 게재한 "EU의 바다표범 제품의 수입금지에 관한 WTO 항소기구의 결정 검토"를 이 책의 목적에 맞추어 보완·재구성한 것임을 밝힌다.

1 EU의 바다표범 규제조치는 기본규정과 이행규정으로 구성되어 있다. Regulation (EC) No. 1007/2009 of the European Parliament and of the Council of 16 September 2009 on trade in seal products, Official Journal of the European Union, L Series, No. 286 (31 October 2009); Commission Regulation (EU) No. 737/2010 of 10 August 2010 laying down detailed rules for the implementation of Regulation (EC) No. 1007/2009 of the European Parliament and of the Council on trade in seal products, Official Journal of the European Union, L Series, No. 216 (17 August 2010). 'IC condition'과 'MRM condition' 이외에도 예외적인 상황에서 관광객이 상업적 이유가 아닌 개인용도로 바다표범 제품을 가져올 수 있도록 하는 'travellers condition'도 있다. EU 시장에서 바다표범 제품의 판매 요건에 대해서는 기본 규정 제3조

대개 상업적 용도로 바다표범을 사냥하는 캐나다와 노르웨이의 경우, 상기 요건을 충족하기는 어려웠으며 EU 내 시장 진입이 불가능하였다. 이러한 EU의 바다표범 규제조치는 원산지와는 무관하게 바다표범 수입을 금지하고 있으나 그 적용면에서 캐나다와 노르웨이산 바다표범 제품의 판매 및 수입을 제한하는 결과를 가져왔다. 이에 캐나다와 노르웨이는 EU의 바다표범 규제조치가 관세 및 무역에 관한 일반협정(General Agreement on Tariffs and Trade, GATT)상 '비차별'규정(제Ⅰ조 1항과 제Ⅲ조 4항)과 수량제한금지규정(제XI조) 그리고 무역에 관한 기술장벽(Technical Barriers to Trade, TBT)협정상 '비차별'규정(제2조 1항)과 '불필요한 무역장애금지'규정(제2조 2항) 등에 위배된다고 주장하였다.[2] 한편, EU는 바다표범 사냥 고유의 '반인도적' 특성 때문에 자국의 규제조치를 시행함으로써 바다표범의 보호와 관련한 공중도덕을 보호할 수 있으며, 동 조치의 GATT협정상 '비차별의무' 위반은 동 협정 제XX조의 "일반적 예외" 규정에 의해 정당화될 수 있다고 주장하였다. 그리고 바다표범 규제조치의 사냥 종류와 목적에 기초한 구분은 TBT협정 제2조 1항에 따라 정당하다고 주장하였다.[3]

2009년 12월 15일과 2010년 12월 1일 캐나다와 노르웨이는 공동으로 EU를 상대로 세계무역기구(World Trade Organization, WTO) 분쟁해결절차상 각각 협의와 추가 협의를 진행하였으나, 상호 만족할만한 해결(mutually satisfactory solution)을 보지 못하였다.[4] 이에 WTO 분쟁해결기구(Dispute Settlement Body)는 이듬해 초 캐나다와 노르웨이의 요청에 따라 양국을 제소국으로 하는 패널을 설치하였으며, 2012년 10월 4일 패널이 구성되었다.[5] 그리고 2013년 11월 25일 패널보고서

에 제시되어 있다.

2 Panel Report, *European Communities – Measures Prohibiting the Importation and Marketing of Seal Products*, WT/DS400/R & WT/DS401/R, Nov. 25, 2013, para. 7.2 [이하 "EU Seal Products 패널보고서"].

3 *Id.* at paras. 7.3-7.4.

4 Request for the Establishment of a Panel by Canada, European Communities – Measures Prohibiting the Importation and Marketing of Seal Products, WT/DS400/4, Feb. 14, 2011; Request for the Establishment of a Panel by Norway, European Communities – Measures Prohibiting the Importation and Marketing of Seal Products, WT/DS401/5, Mar. 15, 2011.

5 Dispute Settlement Body, Minutes of Meeting, Held in the Centre William Rappard on 21 April 2011, WT/DSB/M/295, Jun. 30, 2011, para. 73. EU Seal Products 패널보고서, paras. 1.5-1.10 참조.

는 채택되었다. 패널에서 EU의 바다표범 규제조치가 캐나다와 노르웨이산 바다표범 제품에 대하여 '차별'을 구성하는지 여부가 쟁점이 되었는데,[6] 이전 사건과 다르게 GATT협정과 TBT협정상 '비차별의무' 위반 여부가 모두 검토되었다. 그리고 '비차별의무'에 대한 예외로 GATT협정 제XX조 (a)호 "공중도덕을 보호하기 위하여 필요한" 조치인지 여부가 검토되기도 하였다.[7]

패널의 결정에 대하여 제소국인 캐나다와 노르웨이 그리고 피소국인 EU는 각각 2014년 1월 24일과 1월 29일 항소의 의사를 밝혔으며, WTO 분쟁해결기구에 의하여 받아들여졌다.[8] 항소기구 보고서는 다소 절차상의 지연이 있긴 하였으나 2014년 5월 22일 회원국에게 회람되었으며, 6월 18일 채택되었다.[9] 항소심에서는 EU의 규제조치가 TBT협정상 '기술규정'에 해당하는지 여부, GATT협정상

---

6 캐나다와 노르웨이는 그린란드와의 차별적 대우는 최혜국대우(Most Favoured Nation, MFN)의무 위반이며, 스웨덴과 핀란드와의 차별적 대우는 내국민대우(National Treatment, NT)의무 위반이라고 주장하였다.

7 Panel Report, China – Measures Affecting Trading Rights and Distribution Services for Certain Publications and Audiovisual Products, WT/DS363/R, Aug. 12, 2009, paras. 7.759. US – Gambling 사건에서 패널은 공중도덕이란 "사회나 국가에 의하여 유지되고 있는 옳고 그릇된 행동의 기준(standard of right and wrong conduct maintained by or on behalf of a community or a nation)"이라고 정의하였다. Panel Report, United States – Measures Affecting the Cross-border Supply of Gambling and Betting Services, WT/DS285/R, Nov. 10, 2004, para. 6.465 [이하 "US Gambling 패널보고서"].

8 Notification of an Appeal by Canada under Article 16.4 and Article 17 of the Understanding on Rules and Procedures Governing the Settlement of Disputes (DSU), and under Rule 20(1) of the Working Procedures for Appellate Review, European Communities – Measures Prohibiting the Importation and Marketing of Seal Products, WT/DS400/8 (Jan. 29, 2014); Notification of an Appeal by Norway under Article 16.4 and Article 17 of the Understanding on Rules and Procedures Governing the Settlement of Disputes (DSU), and under Rule 20(1) of the Working Procedures for Appellate Review, European Communities – Measures Prohibiting the Importation and Marketing of Seal Products, WT/DS401/9 (Jan. 29, 2014); Notification of an Appeal by the European Union under Article 16.4 and Article 17 of the Understanding on Rules and Procedures Governing the Settlement of Disputes (DSU), and under Rule 23(1) of the Working Procedures for Appellate Review, European Communities – Measures Prohibiting the Importation and Marketing of Seal Products, WT/DS400/9 & WT/DS401/10, Jan. 31, 2014.

9 Appellate Body Report, European Communities – Measures Prohibiting the Importation and Marketing of Seal Products, WT/DS400/AB/R & WT/DS401/AB/R, May 22, 2014 [이하 'EU Seal Products 항소기구 보고서'].

'비차별의무'에 위반하는지 여부 그리고 GATT협정상 '일반적 예외' 규정에 위반하는지 여부 등이 집중적으로 다루어졌다.

본 장에서는 WTO 패널과 항소기구에서 다루어진 이러한 주요쟁점들을 분석하여 이전의 WTO 분쟁해결기구 결정과 다른 양상을 보이고 있는지 그리고 WTO에서 추구하는 '비차별, 시장접근 등에 따른 무역자유화의 실현'과 '공중도덕 등의 사회적 가치를 보호하기 위한 국내적 규제권한의 존중' 사이의 균형을 어떠한 형태로 유지하고 있는지 확인해 보고자 한다.

1.2. EU의 바다표범 제품의 수입금지에 대한 패널의 결정

1.2.1. TBT협정 제2조 1항 '비차별의무' 위반 여부

TBT협정 제2조 1항 '비차별의무' 위반 여부와 관련하여 문제된 EU의 바다표범 규제조치가 (1) TBT협정 부속서 제1조 1항에서 의미하는 '기술규정'에 해당하는지, (2) 수입 상품이 국내 상품 및 다른 원산지 상품과 동종인지, 그리고 (3) 수입 상품에 대한 대우가 동종의 국내 상품 및 다른 원산지의 상품에 대한 대우보다 불리한지 등이 검토되었다. 먼저 본 사건에서 '기술규정'인지 여부와 "동종 상품"인지 여부는 크게 문제되지 않았다. '기술규정'에 해당하기 위해서는 ① "식별가능한(identifiable)" 상품에 적용되어야 하며, ② 한 개 또는 그 이상 상품의 특성을 규정하고 있어야 하고, ③ "의무적(mandatory)"으로 적용되어야 하는데,[10] 분쟁당사국 모두 EU의 바다표범 규제조치가 "식별가능한" 상품에 "의무적"으로 적용되는 조치라는 점에서 상기 요건 ①과 ③을 충족한다고 보았다. 그리고 "상품의 특성 규정" 여부와 관련하여 분쟁당사국 간 다소 견해의 차이가 있었으나, 패널은 동 조치의 일반적인 금지규정과 그 예외 규정 모두 상품의 특성을 규정하고 있다고 보았다.[11] 따라서, 패널은 EU의 바다표범 규제조치가 TBT협정상 '기술규정'에 해당한

---

10 EC - Asbestos 사건에서 항소기구가 제시한 '기술규정'에 대한 정의가 동 사건에서 적용되었다. Appellate Body Report, European Communities, Measures Affecting Asbestos and Products Containing Asbestos, WT/DS135/AB/R, Mar. 12, 2001, paras. 66-70 [이하 "EC Asbestos 항소기구 보고서"].

11 EU Seal Products 패널보고서, paras. 7.97-7.112.

다고 결정하였다.[12]

　"동종 상품"인지 여부와 관련하여, 패널은 이전의 *EC-Asbestos* 사건과 *US-Clove Cigarettes* 사건에서의 항소기구 해석을 기초로 하여 동 개념을 규정하고 있는 GATT 협정 제Ⅲ조 4항을 고려함과 동시에 문제 된 상품 간 "경쟁관계의 본질과 범위" 그리고 관세분류를 포함한 '국경과세조정에 관한 보고서(Border Tax Adjustment, 1970)'에 명시된 요소들인 상품의 "물리적 특성", "최종용도", "소비자 기호 및 습관"에 따라 '동종성' 여부를 판단하여야 한다는 점을 확인하였다.[13] 이를 바탕으로 패널은 소비자들이 사냥의 종류나 목적에 따라 바다표범 제품을 구별하지 않는다는 점에 주목하면서 EU 규제조치에 부합하거나 부합하지 않는 모든 바다표범 제품은 "동종 상품"이라는 제소국의 입장을 받아들였으며, EU 또한 이에 대하여 이의를 제기하지 않았다.[14]

　쟁점이 되었던 것은 수입상품에 대한 대우가 동종의 국내 상품 및 다른 원산지의 상품에 대한 대우보다 불리한지 여부였다. *US-Clove Cigarettes* 사건을 인용하면서, EU 바다표범 규제조치가 (a) 수입 상품과 동종의 국내 상품 및 다른 원산지의 상품 간 경쟁 기회에 "유해한 효과"를 야기하는지 그리고 (b) 그러한 효과가 "정당한 규제적 구분(legitimate regulatory distinction)"으로부터 온전히 기인하는지 검토하여야 한다고 하였다.[15]

　경쟁기회에 대한 유해한 효과를 야기하는지(요건 (a))와 관련하여, 패널은 이뉴잇족 또는 토착민이 생존을 위해 사냥한 바다표범으로 만든 제품에 대해서 판매를 허용하는 이른바 "IC 예외"의 경우, 캐나다산 바다표범 제품의 95%가 이에 해당하지 않아 EU 시장 내에 판매될 수 없다는 점을 확인하였다. 또한, 캐나다에서 이뉴잇족이 사냥한 바다표범으로 만든 제품이 동 예외 규정에 해당하여 EU 시장 내에 진입이 가능하다 하여도 이는 극히 소량에 불과하며 대다수 캐나다산 제품의 시장 진입이 차단된다는 사실을 부인할 수 없다고 하였다.[16] 해양자원관리 차원에서

---

12 *Id.* at para 7.125.
13 *Id.* at paras. 7.134-7.136. Appellate Body Report, *United States – Measures Affecting the Production and Sale of Clove Cigarettes*, WT/DS406/AB/R, Apr. 4, 2012, para. 120 [이하 "US Clove Cigarettes 항소기구 보고서"]; EC Asbestos 항소기구 보고서, para. 102. 참조.
14 EU Seal Products 패널보고서, paras. 7.137-7.140.
15 *Id.* at paras. 7.130-7.132.
16 *Id.* at paras. 7.159-7.163.

사냥한 바다표범으로 만든 제품에 대해서 판매를 허용하는 이른바 "MRM 예외"의 경우와 관련하여, 패널은 캐나다에서 바다표범 사냥이 상업적으로 이루어지기 때문에 '비영리 요건'을 충족하여야 하는 동 예외 규정에 해당하기 어렵다는 점을 주목하였다. 그리고 동 예외에 따라 EU산 바다표범 제품의 시장 진입이 잠재적으로 가능한 반면, 캐나다산 바다표범 제품의 시장 진입이 사실상 불가능하다는 점을 확인하였다.[17] 이러한 EU의 바다표범 규제조치의 형태, 구조, 운용에 대한 검토를 바탕으로 패널은 동 조치가 캐나다산 바다표범 제품에 대하여 동종의 국내 상품 및 다른 원산지의 상품과의 경쟁기회에 "유해한 효과"를 야기하였다고 결정하였다.[18]

"유해한 효과"가 "정당한 규제적 구분"으로부터 온전히 기인하는지(요건 (b))와 관련하여, EU는 비상업적으로 바다표범을 사냥하는 "IC 예외"에 해당하는 사냥("IC 사냥")과 "MRM 예외"에 해당하는 사냥("MRM 사냥")의 경우와 그 이외 영리적 목적으로 바다표범을 사냥하는 "상업용 사냥(commercial hunt)"의 경우, 도덕적 고려와 동물보호의 수준이 서로 상이하기 때문에 양 사냥 사이의 규제적 구분이 정당하다고 주장하였다. 반면, 캐나다는 사냥의 종류와 관계없이 바다표범 보호에 대한 문제가 똑같이 고려되며 모든 종류의 사냥은 상업적인 측면을 가지고 있기 때문에, EU의 바다표범 규제조치에 따른 규제적 구분은 동물보호와는 무관하며 정당하지 않다고 주장하였다.[19] 패널은 규제적 구분이 정당한지 여부는 ㉠ 그러한 구분이 합리적으로 EU의 바다표범 규제조치의 목적과 "연관(connection)"이 있는지, 그리고 ㉡ 만약 그러한 연관성이 부재하더라도 "다른 원인이나 근거에 의하여" 그 구분이 정당화될 수 있는지 그리고 ㉢ 그 구분이 공평하지 않게 자의적 혹은 부당한 차별을 구성하는 방법으로 운용되고 적용되었는지 검토하여야 한다고 하였다.[20] 이와 관련하여, "상업용 사냥"과 "IC 사냥" 사이의 구분이 정당한지 여부와 "상업용 사냥"과 "MRM 사냥" 사이의 구분이 정당한지 여부를 나누어 검토하였다.

1.2.1.1. "상업용 사냥"과 "IC 사냥" 사이의 규제적 구분의 정당성 여부

"상업용 사냥"과 "IC 사냥" 사이의 규제적 구분이 EU의 바다표범 규제조치의 목적과 합리적으로 연관이 있는지(요건 ㉠)와 관련하여, 패널은 동 조치의 목적이

---

17 *Id.* at paras. 7.165-7.168.
18 *Id.* at para. 7.170.
19 *Id.* at paras. 7.178 & 7.183.
20 *Id.* at paras. 7.259 & 7.328.

바다표범의 보호에 대한 "EU 공공의 도덕적 관심을 표명"하기 위한 것으로 "바다표범의 비인도적 살해"와 이러한 방법으로 사냥한 바다표범으로 만들어진 제품을 EU 국민들이 소비한다는 두 가지 관점에서 우려를 나타내기 위한 것이라는 점을 확인하였다. 그리고 "IC 사냥"의 경우, 이러한 동물 보호에 대한 관심이 존재하나 "덫치기(trapping)"와 "어망치기(netting)"와 같은 방법으로 사냥하여 바다표범에게 고통을 준다는 점에서 EU의 규제조치가 표명하고 있는 바다표범 보호의 목적과 합리적인 연관성이 없다고 보았다.[21]

다음으로 이러한 연관성이 부재하더라도 "다른 원인이나 근거에 의하여" 그 구분이 정당화될 수 있는지(요건 ㉡)와 관련하여, 패널은 우선적으로 "IC 사냥"과 "상업용 사냥"의 목적상 차이에 대하여 검토하였다. 그리고 "IC 사냥"은 이뉴잇족의 "생존(subsistence)"을 위한 것으로 그들의 문화와 전통의 일부로써 바다표범 제품의 직접적인 사용과 소비뿐만 아니라, 경제적 이득을 위해 외부와의 거래와 같은 상업적인 목적도 포함하고 있다는 점을 확인하였다. 그러나 이뉴잇족에게 바다표범 사냥의 주된 목적은 영리적인 것이 아니라 그들의 정체성을 나타냄과 동시에 생존하기 위한 방법을 명백하게 하기 위한 것이라는 점에서 "상업용 사냥"과는 구별될 수 있다고 보았다.[22] 다시 말해, 오늘날에 이르기까지 바다표범 제품과 관련한 규정을 채택하는데 있어 이뉴잇족의 이익이 항상 중요한 고려 대상이 되었다는 점을 지적하면서, 그들의 이익을 보호하기 위하여 "상업용 사냥"과 "IC 사냥" 사이의 구분은 정당하다고 볼 수 있다는 것이다.[23] 따라서 패널은 이러한 "IC 사냥"과 "상업용 사냥" 사이의 목적상 차이가 EU의 규제조치에 따른 구분을 정당화할 수 있는지 검토하였다. 이와 관련하여 패널은 EU가 이뉴잇족의 보호에 대하여 바다표범의 보호보다 더 높은 도덕적 가치를 두고 있어야 하는데 그러하지 않다는 점을 확인하면서, "다른 원인이나 근거에 의하여" EU의 규제적 구분이 "EU의 공중도덕 기준"과 연계되어 있다고 볼 수는 없다고 결정하였다.[24]

마지막으로 EU의 규제적 구분이 공평하지 않게 자의적 혹은 부당한 차별을 구성하는 방법으로 운용되고 적용되었는지(요건 ㉢)와 관련하여, 패널은 "IC 예외" 규정이 왜 그린란드 이뉴잇족에게만 혜택이 부여되도록 운용되는지 검토하였으며

---

21 *Id*. at paras. 7.261-7.276.
22 *Id*. at paras. 7.283-7.289.
23 *Id*. at paras. 7.290-7.298.
24 *Id*. at paras. 7.299-7.300.

그린란드에서 사냥한 바다표범 절반 이상이 가죽생산을 위해 판매되고 있고, 규모 면에서 캐나다산 상업용 바다표범과 엇비슷하다는 점 등을 확인하였다. 이를 바탕으로 패널은 "IC 예외" 규정에 따라 그린란드 이뉴잇족의 바다표범 사냥이 다른 나라 이뉴잇족보다 상업적 특성이 강함에도 불구하고 그린란드에게만 혜택이 부여되도록 운용되는 것은 공평하지 않다고 하였다. 종합적으로 사냥의 목적에 기초한 "상업용 사냥"과 "IC 사냥" 사이의 구분은 이뉴잇족의 이익 보호 측면에서 정당화될 수 있으나 공평한 방법으로 운용되거나 적용되지 않았다고 결정하였다.[25]

이상과 같은 검토 의견에 따라, 패널은 EU가 캐나다산 바다표범 제품에 대한 "유해한 효과"가 "정당한 규제적 구분"으로부터 온전히 기인한다는 것을 증명해 내지 못하였기에 EU의 바다표범 규제조치 상 "IC 예외" 규정은 TBT협정 제2조 1항 위반이라고 평결하였다.[26]

1.2.1.2. "상업용 사냥"과 "MRM 사냥" 사이의 규제적 구분의 정당성 여부

"상업용 사냥"과 "MRM 사냥" 사이의 규제적 구분이 EU 바다표범 규제조치의 목적과 합리적으로 연관이 있는지(요건 ㉠)와 관련하여, 패널은 "MRM 사냥"의 특성에 대하여 우선적으로 검토하였는데, 영리 목적으로 사냥을 대규모로 하는 "상업용 사냥"과는 달리 "병충해 방지(nuisance seals)"와 "생태계 유지(seal culling)" 차원에서 소규모로 사냥이 이루어진다는 점을 확인하였다.[27] 그러나 "상업용 사냥"과 일반적으로 유사한 방법으로 사냥이 이루어짐에도 불구하고 EU 회원국인 스웨덴과 핀란드의 경우, 인도적 사냥의 '3단 방법(stunning - checking - bleeding)'과 같은 엄격한 동물보호 요건을 요구하고 있지 않다고 지적하였다. 또한 "MRM 사냥"의 경우, 인도적으로 사냥이 이루어졌는지에 대하여 통제관의 부재 등 감시가 제대로 이루어지지 않고 있는 점도 지적하였다. 이를 바탕으로 패널은 "MRM 사냥"이 바다표범 보호라는 EU 공공의 관심을 표명하는 목적과 일치되는 방식으로 이루어졌다고 볼 수 없다고 하였다. 따라서 "MRM 사냥"은 EU의 바다표범 규제조치의 목적과 합리적인 연관성이 없다고 결정하였다.[28]

다음으로 이러한 연관성이 부재하더라도 "다른 원인이나 근거에 의하여" 그

---

25 *Id*. at paras. 7.302-7.317.
26 *Id*. at para. 7.319.
27 *Id*. at paras. 7.329-7.335.
28 *Id*. at paras. 7.336-7.340.

구분이 정당화될 수 있는지(요건 ⓒ)와 관련하여, 패널은 "MRM 사냥"과 "상업용 사냥"의 목적에 차이가 있는지 그리고 그러한 차이로 인해 EU의 바다표범 규제조치에 따른 구분이 정당화될 수 있는지 검토하였다. 물론 "MRM 사냥"과 "상업용 사냥"은 사냥의 빈도나 규모면에서 차이는 있지만, "MRM 사냥" 또한 어장 보호 및 어업도구 손상에 따른 피해를 방지하는 등 바다표범에 의하여 발생할 수 있는 피해를 최소화하기 위한 것으로 상업적 측면이 있다는 점을 확인하였다. 이를 바탕으로 패널은 "MRM 사냥"과 "상업용 사냥"의 목적이 본질적으로 다르다고 보기는 어렵다고 판단하였다. 따라서 EU의 바다표범 규제조치의 목적과 합리적인 연관성이 부재하는 상황에서 "MRM 사냥"의 목적에 기초한 EU의 규제적 구분은 정당화될 수 없다고 결정하였다.[29]

  마지막으로 EU의 규제적 구분이 공평하지 않게 자의적 혹은 부당한 차별을 구성하는 방법으로 운용되고 적용되었는지(요건 ⓒ)와 관련하여, 패널은 "MRM 예외" 규정에 부합하는 국가들에 대하여 검토하였다. 그리고 현재 스웨덴만이 동 규정에 따라 바다표범의 판매를 위하여 증빙서류를 구비할 수 있는 법인을 설립하고 있다는 점 등을 확인하였다. 이러한 사실을 바탕으로 캐나다와 노르웨이산 바다표범 제품의 경우 "MRM 예외" 규정에 합치될 수 없는 반면, 스웨덴과 핀란드 및 영국과 같은 EU 회원국의 경우 비조직적(사적용도) · 비영리적으로 사냥을 하여 동 규정에 합치될 수 있도록 설계되었다는 점에서 "MRM 예외" 규정이 공평한 방법으로 운용되지 않았다고 결정하였다.[30]

  이상과 같은 검토의견에 따라, 패널은 EU가 캐나다산 바다표범 제품에 대한 "유해한 효과"가 "정당한 규제적 구분"으로부터 온전히 기인한다는 것을 증명해내지 못하였기에 EU의 바다표범 규제조치상 "MRM 예외" 규정은 TBT협정 제2조 1항 위반이라고 평결하였다.[31]

---

29 *Id.* at paras. 7.341-7.346.
30 *Id.* at paras. 7.348-7.352.
31 *Id.* at para. 7.353.

1.2.2. GATT협정 제Ⅰ·Ⅲ조 '비차별의무' 및
제XX조 "일반적 예외" 규정 위반 여부

1.2.2.1. 제Ⅰ조 1항 '최혜국대우의무' 위반 여부

노르웨이는 캐나다와 마찬가지로 EU의 바다표범 규제조치("IC 예외" 규정)에 따라 그린란드산 바다표범 제품의 EU 시장 접근과 관련하여 제공된 편의가 자국산 바다표범 제품에 대하여 즉시 그리고 무조건적으로 부여되지 않았기 때문에 동 조치는 GATT협정 제Ⅰ조 1항상 '최혜국대우의무'를 위반하였다고 주장하였다.[32] 반면, EU는 "IC 예외" 규정에 따라 제공되는 편의는 원산지에 기초한 것이 아니고 사냥의 종류와 목적에 기초한 것이기 때문에 제Ⅰ조 1항을 위반하지 않았다고 주장하였다.[33]

본 사건에서 그린란드산 바다표범 제품에 제공된 편의가 노르웨이와 캐나다산 바다표범 제품에도 즉시 그리고 무조건적으로 부여되었는지가 쟁점이 되었는데, 패널은 사실상 모든 그린란드산 바다표범 제품이 "IC 예외" 규정에 따라 EU 시장 내에서 판매될 수 있는 반면, 대다수 캐나다와 노르웨이산 바다표범 제품은 동 규정의 요건에 부합하지 않아 판매될 수 없다는 점에서 동등한 시장접근의 편의가 제공되지 않았다고 보았다. 따라서 패널은 EU의 바다표범 규제조치의 운용 및 구조적인 측면에서 캐나다와 노르웨이산 바다표범 제품에 대하여 동종의 그린란드산 제품과의 경쟁기회에 "유해한 효과"를 야기하였다고 결정하였다.[34]

1.2.2.2. 제Ⅲ조 4항 '내국민대우의무' 위반 여부

노르웨이는 캐나다와 마찬가지로 "MRM 예외" 규정의 경우, 비조직적(사적용도)·비영리적으로 사냥하는 EU 회원국 현실에 맞추어져 있기 때문에 자국산 제품

---

32 GATT협정 제Ⅰ조 1항은 다음과 같다.
　　"수입 또는 수출에 대하여 또는 수입 또는 수출과 관련하여 부과되거나 수입 또는 수출에 대한 지급의 국제적 이전에 대하여 부과되는 관세 및 모든 종류의 과징금에 관하여, 동 관세 및 과징금의 부과방법에 관하여, 수입 또는 수출과 관련된 모든 규칙 및 절차에 관하여, 그리고 제3조 2항 및 4항에 언급된 모든 사항에 관하여 체약당사자가 타국을 원산지로 하거나 행선지로 하는 상품에 대하여 부여하는 제반 편의, 호의, 특권 또는 면제는 다른 모든 체약당사자의 영토를 원산지로 하거나 행선지로 하는 동종 상품에 대하여 즉시 그리고 무조건적으로 부여되어야 한다."
33 EU Seal Products 패널보고서, paras. 7.588-7.591.
34 *Id.* at paras. 7.597 & 7.600.

이 동종의 EU산 제품에 비해 '불리한 대우'를 부여받고 있다고 주장하였다. 따라서 EU의 바다표범 규제조치는 제Ⅲ조 4항을 위반하였다고 주장하였다.[35] 한편, EU는 "MRM 예외" 규정의 경우 원산지에 기초한 것이 아니며, 상업적 그리고 해양관리차원에서 사냥한 바다표범으로 만들어진 제품 모두 동등하게 적용된다는 점에서 노르웨이와 캐나다산 바다표범 제품에 유해하게 경쟁조건을 변경하지 않았으므로 제Ⅲ조 4항을 위반하지 않았다고 주장하였다.[36]

본 사건에서 EU의 바다표범 규제조치에 따라 캐나다와 노르웨이산 바다표범 제품이 '불리한 대우'를 받았는지가 쟁점이 되었는데, 패널은 사실상 모든 그린란드산 바다표범 제품이 "MRM 예외" 규정에 따라 EU 시장 내에서 판매될 수 있는 반면, 대다수 캐나다와 노르웨이산 바다표범 제품은 동 규정의 요건에 부합되지 않아 판매될 수 없다는 점을 확인하였다. 이를 바탕으로 EU의 바다표범 규제조치는 경쟁기회의 변경에 따른 "유해한 효과"를 야기하며, 캐나다와 노르웨이산 바다표범 제품에 대하여 동종의 EU산 제품보다 '불리한 대우'를 부여하고 있다고 결정하였다.[37] 종합적으로 패널은 EU의 바다표범 규제조치가 GATT협정 제Ⅰ조 1항 '최혜국대우의무'와 제Ⅲ조 4항 '내국민대우의무' 위반이라고 평결하였다.

1.2.2.3. 제ⅩⅩ조 "일반적 예외" 규정 위반 여부

앞서 살펴본 바와 같이, 패널은 "IC 예외"와 "MRM 예외" 규정이 캐나다와 노르웨이산 바다표범 제품과 비교하여 동종의 그린란드와 EU산 바다표범 제품에 유리하도록 경쟁조건을 변경하였으므로 GATT협정 제Ⅰ조 1항과 제Ⅲ조 4항 위반이라고 결정하였다. 이에 EU는 이러한 예외 규정은 GATT협정 제ⅩⅩ조에 따라 공중도덕을 보호하기 위하여 필요한 규제적 구분에 기초한 것이므로 차별에 대한 예외에 해당한다고 반박하였다.[38] 따라서 EU의 바다표범 규제조치가 ① 제ⅩⅩ조 (a)

---

35 GATT협정 제Ⅲ조 4항은 다음과 같다.
"체약국 영역의 상품으로 다른 체약국의 영역에 수입된 상품은 동 국내에서의 판매, 판매를 위한 제공, 구입, 수송, 분배 또는 사용에 영향을 끼치는 모든 법률, 규칙 및 요건에 관하여 국내원산의 동종상품에 부여하고 있는 대우보다 불리하지 아니한 대우를 부여하여야한다. 본 항의 규정은 교통수단의 경제적 운영에 전적으로 입각하였으며 상품이 원산국을 기초로 하지 아니한 차별적 국내 운송요금의 적용을 방해하지 아니한다."
36 EU Seal Products 패널보고서, paras. 7.602-7.603.
37 *Id.* at paras. 7.608-7.609.
38 *Id.* at paras 7.612.

호 "공중도덕의 보호"를 위해 "필요한" 조치인지 여부와 ② 동조 전문(chapeau)의 요건을 충족하는지 여부가 쟁점이 되었다.[39]

제XX조 (a)호 "공중도덕의 보호"를 위하여 "필요한" 조치인지 여부와 관련하여, 패널은 우선적으로 EU의 바다표범 규제조치가 공중도덕을 보호하기 위하여 "필요한" 조치인지 검토하여야 하며, 이러한 '필요성' 요건 충족여부는 "조치의 목적을 달성하는데 있어서 기여의 정도"와 "무역제한성" 등 모든 관련요소들을 검토(process of weighing and balancing)하여 결정하는 것이라고 하였다. 또한, 문제된 조치가 필요하다는 예비결론에 도달하면 "덜 무역 제한적(less trade restrictive)"이면서 목적 달성에 동등한 기여를 할 수 있는 "가능한 대안(possible alternatives)"이 있는지도 검토하여야 한다고 하였다. 이를 바탕으로 패널은 우선 EU의 바다표범 규제조치의 목적이 바다표범의 보호에 대한 "EU 공공의 도덕적 관심을 표명"하기 위한 것으로써, 제XX조 (a)호에서 제시하는 공중도덕을 보호하기 위하여 "필요한" 조치에 해당한다는 점을 확인하였다.[40]

다음으로 "조치의 목적을 달성하는데 있어서의 기여의 정도"와 "무역제한성"을 검토하는데 있어, 만약 문제된 조치가 국제무역에 제한적인 효과를 야기한다면 그 조치가 목적을 달성하는데 있어 "실질적인 기여(material contribution)"를 하지 않는 한 여기서 의미하는 "필요한" 조치라고 보기는 어렵다고 하였다. 이를 기초로 패널은 EU의 바다표범 규제조치가 바다표범 제품에 대한 세계적 수요를 줄이고, EU 공중이 비인도적으로 사냥한 바다표범으로 만든 제품으로부터 노출되는 것을 저감할 수 있도록 한다는 점에서 목적을 달성하는데 "실질적인 기여"를 한다고 보았다.[41] 그리고 제소국이 제시한 동물보호 요건에 부합하는지 확인하는 인증제도 등의 대안조치는 실질적인 이행의 어려움 등 EU에게 합리적으로 이용가능하지 않다고 결정하였다. 이상과 같은 검토의견에 따라, 패널은 EU의 바다표범 규제조치

---

39 GATT 제XX조는 다음과 같다.
"다음의 조치가 동일한 여건이 지배적인 국가 간에 자의적이거나 정당화할 수 없는 차별의 수단을 구성하거나 국제무역에 대한 위장된 제한을 구성하는 방식으로 적용되지 아니한다는 요건을 조건으로, 이 협정의 어떠한 규정도 체약당사자가 이러한 조치를 채택하거나 시행하는 것을 방해하는 것으로 해석되지 아니한다.
(a) 공중도덕을 보호하기 위하여 필요한 조치
(b) 인간, 동물 또는 식물의 생명 또는 건강을 보호하기 위하여 필요한 조치"
40 EU Seal Products 패널보고서, paras. 7.630-7.631.
41 *Id.* at paras. 7.633-7.637.

가 GATT협정 제XX조 (a)호에서 의미하는 "필요한" 조치라고 결정하였다.[42]

제XX조 전문(chapeau)의 요건을 충족하는지와 관련하여 패널은 문제된 조치가 동일한 여건이 지배적인 국가 간에 "자의적(arbitrary)"이거나 "부당한(unjustifiable)" 차별의 수단을 구성하는지 중점적으로 검토하였는데, EU의 바다표범 규제조치의 "자의적" 혹은 "부당한" 차별 해당성에 대한 분석은 앞서 TBT협정 제2조 1항 '불리한 대우' 요건 해석상 검토되었던 "IC 예외"와 "MRM 예외" 규정에 따른 '규제적 구분의 정당성'에 대한 분석이 적용된다고 하였다. 패널은 "IC 예외" 규정의 경우 사냥의 목적에 기초한 "상업용 사냥"과 "IC 사냥" 사이의 구분이 이뉴잇족의 이익 보호 측면에서 정당화될 수 있으나 공평한 방법으로 운용되거나 적용되지 않았다는 점과 "MRM 예외" 규정의 경우 EU의 바다표범 규제조치의 목적과 합리적인 연관성이 존재하지 않고, 다른 근거에 의하여 정당화되지도 않으며 공평한 방법으로도 운용되지 않았다는 점을 상기시키며, 제XX조 전문상의 요건을 충족하지 못하였다고 결정하였다.[43]

종합적으로 패널은 EU가 바다표범 규제조치 상 "IC 예외"와 "MRM 예외" 규정의 차별적 효과가 GATT협정 제XX조 (a)에 따라 정당화된다는 것을 입증해내지 못하였다고 결정하였다.[44]

1.2.3. TBT협정 제2조 2항 '불필요한 무역장애금지의무' 위반 여부

TBT협정 제2조 2항 '불필요한 무역장애금지의무'는 문제의 기술규정이 국제무역에 불필요한 장애를 구성하지 아니하고, 달성하지 못할 위험을 고려하여, 정당한 목적을 달성하기 위해 필요 이상으로 무역 제한적이지 않을 것을 규정하고 있다. 그리고 동·식물의 생명 또는 건강의 보호는 여기서 의미하는 정당한 목적에 해당된다고 규정하고 있다.[45] 따라서 패널은 동 의무 위반 여부와 관련하여, 크게 ①

---

42 *Id.* at paras. 7.486-7.505 참조.
43 *Id.* at paras. 7.644-7.650.
44 *Id.* at para. 7.651.
45 TBT협정 제2조 2항의 원문은 다음과 같다.
  "회원국은 국제무역에 불필요한 장애를 초래할 목적으로 또는 그러한 효과를 갖도록 기술규정을 준비, 채택 또는 적용하지 아니할 것을 보장한다. 이러한 목적을 위하여, 기술규정은 비준수에 의해 야기될 위험을 고려하여, 정당한 목적 수행에 필요한 이상으로 무역을 규제하지 아니하여야 한다. 이러한 정당한 목적은 특히 국가안보상 요건, 기만적 관행의

EU의 바다표범 규제조치가 "정당한 목적을 달성"하는지 여부와 ② 목적을 달성하는데 있어서 "필요 이상으로 무역 제한적"인지 여부를 검토하였다.

첫째, EU의 바다표범 규제조치가 정당한 목적을 달성하는지 여부와 관련하여, 동 조치의 목적은 바다표범의 보호에 대한 "EU 공공의 도덕적 관심을 표명"하기 위한 것으로 "바다표범의 비인도적 살해"와 이러한 방법으로 사냥한 바다표범으로 만들어진 제품을 EU 국민들이 소비한다는 두 가지 관점에서 우려를 나타내기 위한 것이라는 점을 확인하였다.[46] 그리고 제소국인 캐나다와 노르웨이 모두 바다표범의 보호와 관련하여 "EU 공공의 도덕적 관심을 표명"하는 것이 정당하다는 데에 이의를 제기하지 않았다.[47]

둘째, EU의 바다표범 규제조치의 목적을 달성하는데 필요 이상으로 무역 제한적인지 여부와 관련하여, 패널은 캐나다와 노르웨이산 바다표범 제품의 EU 시장 진입을 금지하고 있기 때문에 무역 제한적 효과가 발생한다고 하였다.[48] 그리고 "IC 사냥"과 "MRM 사냥"의 비인도적인 성격 때문에 "IC 예외"와 "MRM 예외" 규정에 따른 EU 규제의 목적 달성의 기여수준이 떨어지기는 하나, EU의 규제조치에 따라 전반적으로 '비인도적인 방법'으로 사냥한 바다표범으로 만든 제품을 EU 시장 내에 판매하지 못하도록 하는데 일정한 기여를 하고 있다고 하였다.[49] 마지막으로 목적을 달성하지 못할 위험을 고려하여 덜 무역 제한적인 대안이 합리적으로 가능한지 여부와 관련하여, 캐나다와 노르웨이는 "인증(certification)"제도와 "라벨링(labelling)"제도의 도입을 제시하였다. 그러나 패널은 비록 동 제도들이 "덜 무역 제한적"이기는 하나 구체화되어 있지 않으며 이행하는데 있어 실질적으로 어려움이 있기 때문에 EU에게 합리적으로 이용 가능하지 않다고 결정하였다.[50]

따라서 패널은 EU의 바다표범 규제조치가 어느 정도 바다표범의 보호에 관한 "EU 공공의 도덕적 관심을 표명"하고 있으며, 규제 목적을 달성하기 위한 동등한 기여를 할 수 있는 대안이 존재하지 않으므로 제2조 2항을 위반하지 않았다고 결

방지, 인간의 건강 또는 안전, 동물 또는 식물의 생명 또는 건강 또는 환경의 보호이다. 이러한 위험평가 시 고려할 관련 요소는 특히 이용가능한 과학적 및 기술적 정보, 관련처리기술 또는 상품의 의도된 최종 용도이다."

46 EU Seal Products 패널보고서, para. 7.410.
47 *Id*. at para. 7.421.
48 *Id*. at para. 7.426.
49 *Id*. at para. 7.448.
50 *Id*. at paras. 7.502-7.503.

정하였다.[51]

1.3. EU의 바다표범 제품의 수입금지에 대한 항소기구의 결정

1.3.1. TBT협정상 '기술규정'에 해당하는지 여부

앞서 살펴본 바와 같이, 본 사건에서의 패널은 EU의 규제조치가 TBT협정상
의 '기술규정'에 해당하는지와 관련하여 TBT협정 부속서 1.1에서 제시하고 있는
'3단계 검토방법(three-tier test)'을 적용한 결과, 문제의 EU 조치가 ① 식별가능
한 상품에 적용되며, ② 바다표범을 함유하고 있는 모든 제품에 관해 그 제품의 특
성을 기술하고 있을 뿐만 아니라 수입금지 대상에서 제외된 일부 바다표범 제품에
도 적용가능한 행정규정을 기술하고 있고, ③ 의무적으로 적용되고 있다는 점을 확
인하였다.[52] 그리고 이를 바탕으로 하여 EU의 규제조치의 일반적인 금지규정과 그
예외규정 모두 상품의 특성을 규정하고 있어 TBT협정상의 '기술규정'에 해당한
다고 결정하였다.[53] 캐나다와 노르웨이는 이러한 결정에 대하여 항소하였는데, 항
소기구는 EU 시장 내 특정 바다표범 제품의 유통 내지 판매는 바다표범을 사냥한
정체가 누구인지 또는 사냥의 목적이나 종류에 따라 결정되어지는 것으로 제품의
특성과는 무관한 것으로 보았다.[54] 따라서 EU의 규제조치가 제품의 특성을 규정하
지 않는 것으로 이해하고, EU의 규제조치가 기술규정에 해당한다는 패널의 결정
을 기각하였다.[55]
이어 캐나다와 노르웨이는 항소기구로 하여금 부속서 1.1상 EU의 규제조치가
'기술규정'에 해당하는지에 대한 법적 분석을 마무리할 것을 요청하였는데,[56] 항소

---

51 *Id*. at para. 7.505.
52 TBT협정 부속서 1.1은 다음과 같다.
  '적용가능한 행정규정을 포함하여 상품의 특성 또는 관련 공정 및 생산방법이 규정되어
  있으며 그 준수가 강제적인 문서이다. 이는 또한 상품, 공정 및 생산방법에 적용되는 용어,
  기호, 포장, 표시 또는 상표부착요건을 포함하거나 전적으로 이들만을 취급할 수 있다.'
53 EU Seal Products 패널보고서, paras. 7.97-7.112.
54 EU Seal Products 항소기구 보고서, paras. 5.41-5.45.
55 *Id*. at paras. 5.59 & 5.70.
56 *Id*. at para. 5.61.

기구는 부속서 1.1의 문언상 EU의 규제조치가 제품의 특성을 규정하고 있지 않아
도 '공정 및 생산방법(processes and production methods, PPMs)'을 규정하는 경
우 충분히 '기술규정'에 해당할 수 있다고 보았으나, 패널에서 검토되었던 사실관
계만으로 문제의 조치가 PPMs를 규정하고 있는지 여부를 판단하기에는 충분하지
않다고 보았다.[57] 종합적으로 항소기구는 EU의 규제조치가 기술규정에 해당한다
는 패널의 결정을 기각하고, TBT협정 부속서 1.1에 따른 법적 분석을 완료할 수
있는 입장이 아니라는 점을 근거로 동 조치의 TBT협정과의 일치성 여부에 대한
패널의 결정은 '법적효력(moot and of no legal effect)'이 없다고 결정하였다.[58]

1.3.2. GATT협정상 '비차별의무' 규정 위반 여부

EU는 항소기구가 TBT협정 제2조 1항의 '비차별의무'에 대한 법적기준이
GATT협정 제I조와 제III조의 '비차별의무' 관련 분쟁에서 동일하게 적용되지 않
는다는 패널의 결정을 기각할 것을 요청하였다.[59] 구체적으로 EU는 TBT협정상의
'비차별의무' 위반여부를 판단하는 것과 마찬가지로 GATT협정상 '비차별의무'
위반여부를 판단하는데 있어 수입상품과 동종의 국내 상품 그리고 다른 원산지의
상품 간 경쟁기회에 '유해한 효과'를 야기하는지 검토하여야 할 뿐만 아니라 그러
한 효과가 '정당한 규제적 구분'으로부터 온전히 기인하는 것인지도 함께 검토되
어야 한다고 주장하였다.[60] 경쟁기회의 유해한 효과가 정당한 규제적 구분에 따른

---

57 *Id*. at paras. 5.63-5.65 & 5.68-5.69. 즉, 패널에서 제기된 법률문제가 아니기에 항소심
에서 다룰 수 있는 사안은 아니라고 본 것이다. WTO 항소기구는 패널에서 다루어진 법률
문제 및 패널이 행한 법률해석에 대해서만 심리한다. 따라서 항소절차에서 사실관계에 대
한 문제는 검토대상에서 제외되며, 분쟁당사국이 패널에서 다루어지지 않은 법률쟁점을
제기하는 경우에도 항소심의 대상에서 제외된다. Understanding on Rules and
Procedures Governing the Settlement of Disputes, art. 17.6, 15 April 1994,
Marrakesh Agreement Establishing the World Trade Organization, Legal
Instruments - Results of the Uruguay Round, 33 I.L.M. 1125, Annex 2, 1994 참조.
58 EU Seal Products 항소기구 보고서, para. 5.70.
59 *Id*. at paras. 5.71-5.72.
60 *Id*. at paras. 5.84. & 5.100. 동 사건과 관련하여 패널에서는 규제적 구분이 정당한지 여
부는 ㉠ 그러한 구분이 합리적으로 EU의 바다표범 규제조치의 목적과 "연관(connection)"
이 있는지, 그리고 ㉡ 만약 그러한 연관성이 부재하더라도 "다른 원인이나 근거에 의하여"
그 구분이 정당화될 수 있는지 그리고 ㉢ 그 구분이 공평하지 않게 자의적 혹은 정당화할
수 없는 차별을 구성하는 방법으로 운용되고 적용되었는지 검토하여야 한다고 하였다. EU

것으로 단순히 의도하지 않은 부작용에서 비롯된 것이라면 이를 금지해서는 안 된다는 것이기 때문이다.

항소기구는 우선 '비차별의무'와 관련한 TBT법제와 GATT법제의 차이를 검토하였는데, GATT협정상의 '불리한 대우' 기준은 관련시장에서 수입 상품에 유해한 방향으로 경쟁기회의 변경을 금지하는 반면, TBT협정상의 '불리한 대우' 기준은 그러한 경쟁기회의 변경이 정당한 규제적 구분으로부터 온전히 기인하는 경우에 한해서 금지하지 않는 점을 확인하였다.[61] 그리고 '무역자유화'와 '국내적 규제 자치권' 사이의 균형을 유지하려는 점에서 TBT법제와 GATT법제는 동일하나, GATT협정에서는 '비차별의무'와 이에 대한 '일반적 예외'를 별도로 규정하여 이를 유지하는 반면, TBT협정에서는 '불리한 대우' 요건에 대한 해석을 통하여 이를 유지하며 GATT협정 제XX조와 같은 예외 조항의 부재에 대한 문제점을 해소하고 있는 점을 확인하였다.[62]

그리고 다음과 같은 이유에서 항소기구는 EU의 주장을 배척하였다. 첫째, GATT협정상 '비차별의무'는 규제적 구분이 수입 상품과 동종의 국내 상품 그리고 다른 원산지의 상품 간 경쟁기회에 유해한 효과를 야기하지 않는 범위 내에서 얼마든지 인정된다는 것을 의미하지, 규제적 구분의 정당성에 따라 유해한 효과를 상쇄할 수 있다는 것을 의미하는 것은 아니라는 것이다.[63] 둘째, GATT협정 제III조 4항 '불리한 대우' 요건과 관련하여 이전 패널과 항소기구에서는 수입상품이 동종의 국내 상품과 경쟁하기 위해 '기회의 효과적 동등성'을 부여하고 있는지 그리고 문제된 조치와 수입 상품과 동종의 국내 상품 간 경쟁기회의 유해한 효과 사이의 '진정한 관련'이 있는지 등을 검토하였을 뿐, 수입 상품에 대한 유해한 효과가 정당한 규제적 구분으로부터 온전히 기인하는지에 대하여 검토하지는 않았다는 것이다.[64]

따라서 항소기구는 GATT협정상 '비차별의무' 위반여부를 판단하는데 있어 수입 상품과 동종의 국내 상품 그리고 다른 원산지의 상품 간 경쟁기회에 대한 '유해한 효과'가 '정당한 규제적 구분'으로부터 온전히 기인하는 것인지에 대하여 검

Seal Products 패널보고서, paras. 7.259 & 7.328.
61 EU Seal Products 항소기구 보고서, paras. 5.75-5.76.
62 *Id.* at para. 5.77.
63 *Id.* at paras. 5.85-5.88 & 5.106-5.110.
64 *Id.* at para. 5.101.

토하여야 한다는 EU의 입장에 동의하지 않았으며, TBT협정 제2조 1항의 '비차별의무'에 대한 법적기준이 GATT협정 제 I 조와 제III조의 '비차별의무' 관련 분쟁에서 동일하게 적용될 수 없다는 패널의 결정을 지지하였다.[65]

1.3.3. GATT협정상 '일반적 예외' 규정 위반 여부

1.3.3.1. 제XX조 (a)호 '공중도덕의 보호'를 위해 필요한 조치인지 여부

캐나다와 노르웨이는 EU의 규제조치가 GATT협정 제XX조 (a)호상 공중도덕을 보호하기 위하여 필요한 조치라는 패널의 결정에 대하여 다음과 같은 이유에서 항소를 제기하였다. 첫째, 패널은 필요성 요건 충족여부와 관련하여 'IC 예외'와 'MRM 예외' 등 문제된 조치를 개별적으로 검토하지 않고 조치 전반을 단일하게 검토하였으며, 둘째, 규제의 대상을 보호하지 않아 발생하는 '위험'에 대하여 검토하지 않은 채, EU의 규제조치가 공중도덕의 '보호'를 위해 필요한 조치라고 결정하였고, 셋째, EU의 규제조치가 바다표범의 보호와 관련하여 EU 공공의 도덕적 관심을 표명하기 위한 목적을 달성하는데 '실질적인 기여'를 한다는 것을 밝히지 못하였다는 것이다.[66]

상기 제시된 첫 두 가지 이유는 크게 문제되지 않았다. 조치를 개별적으로 검토하여야 하는지와 관련하여 항소기구는 패널이 조치 전반을 단일하게 검토한다고 하더라도 바다표범 제품의 수입 '금지' 요소와 그 '예외'에 해당하는 요소 모두 검토 대상으로 포함하고 있기 때문에 이를 기초로 '공중도덕을 보호하기 위해 필요한 조치'인지를 고려한 패널의 접근방법에는 문제가 없다고 보았다.[67] 규제의 대상을 보호하지 않아 발생하는 '위험'에 대하여 검토하여야 하는지와 관련하여, 항소기구는 공중도덕의 관심을 증명하고 평가하는데 있어 이러한 위험평가가 반드시 필요한 것인지 다소 불투명하다고 보았다.[68]

EU의 조치가 바다표범의 보호와 관련하여 EU 공공의 도덕적 관심을 표명하기 위한 목적을 달성하는데 '실질적인 기여'를 하는지와 관련하여 캐나다와 노르웨이는 패널이 크게 ① 일관된 기준을 설정하지 않고 문제된 조치의 목적 달성에

---

65 *Id.* at para. 5.130.
66 *Id.* at paras. 5.170-5.172.
67 *Id.* at paras. 5.186-5.193.
68 *Id.* at paras. 5.196-5.198.

대한 기여의 실질성을 검토한 점과 ② 기여의 정도 및 범위를 구체화하지 않은 점, 그리고 ③ 대안조치가 합리적으로 이용 가능하지 않다고 결정한 점에 대하여 항소하였다.

첫 번째 주장과 관련하여, 항소기구는 조치의 무역제한성을 감안하여 규제목적을 달성하는데 있어서의 기여의 정도가 적어도 실질적이어야 한다는 패널의 입장을 확인한 후, 그 목적 달성의 기여 수준을 평가하는데 일반적으로 획일화된 기준이 적용되지 않고 일정부분 패널에 재량이 주어진다는 *Brazil-Retreaded Tyres* 사건에서의 항소기구 입장을 상기시켰다. 그리고 이를 기초로 일반적으로 적용가능한 '미리 정해놓은 기준(pre-determined thresholds)'으로 기여의 실질성을 검토하지는 않는다고 하였다.[69]

두 번째 주장과 관련하여서도, 항소기구는 패널이 문제된 조치의 목적 달성에 대한 기여의 정도와 범위를 검토하는데 있어 일정한 재량을 가지고 있다고 보았으며, EU의 규제조치가 바다표범 제품에 대한 세계적 수요를 줄이고, EU 공중이 비인도적으로 사냥한 바다표범으로 만든 제품으로부터 노출되는 것을 차단할 수 있도록 한다는 점에서 목적을 달성하는데 '실질적인 기여'를 한다고 한 패널의 결정은 적절하다고 보았다.[70]

세 번째 주장과 관련하여, 제소국은 대안조치의 합리적인 이용 가능성을 검토하는데 있어 대안조치의 기여 수준을 EU 규제조치의 '실질적인 기여' 수준과 비교·검토하여야 함에도 불구하고, 바다표범 보호 목적의 완전한 달성에 대한 기여 수준과 비교·검토하여 대안조치가 합리적으로 이용가능하지 않다고 결론내린 패널의 검토방식은 잘못됐다고 주장하였다.[71] 그러나 항소기구는 대안으로 제시된 '인증제도의 채택' 등에 따라 발생할 수 있는 여러 경우의 수를 단순히 검토하는 차원에서 패널이 대안조치와 바다표범 보호 목적의 완전한 달성에 대한 기여 수준을 비교·검토하였을 뿐, 캐나다와 노르웨이의 주장에 대하여 동의할 수는 없다고 하였다. 이를 바탕으로 항소기구는 대안조치가 합리적으로 이용 가능하지 않다는 패널의 결정이 잘못되지 않았다고 보았으며, 궁극적으로 EU의 규제조치가 GATT협

---

69 *Id.* at paras. 5.209-5.215 & 5.216.
70 *Id.* at para. 5.225.
71 *Id.* at paras. 5.260-5.264. 본 사건에서 패널은 동물보호 요건에 부합하는지 확인하는 인증제도 등의 대안조치가 실질적인 이행의 어려움 등 EU에게 합리적으로 이용 가능하지 않다고 결정하였었다. EU Seal Products 패널보고서, paras. 7.503-7.504.

정 제XX조 (a)호에서 의미하는 '필요한' 조치라고 판정한 패널의 입장을 지지하였다.[72]

1.3.3.2. 제XX조 전문상 '자의적이거나 정당화할 수 없는 차별의 수단'을 구성하는지 여부

항소기구는 EU의 규제조치가 GATT협정 제XX조 (a)호에서 의미하는 '필요한' 조치라고 판정한 패널의 입장을 지지한 후, 제XX조 전문에 대한 패널의 분석을 검토하였다. 제XX조 전문의 요건을 충족하는지와 관련하여 패널은 문제된 조치가 동일한 여건이 지배적인 국가 간에 '자의적이거나 정당화할 수 없는 차별'의 수단을 구성하는지 여부를 중심으로 검토하였는데, TBT협정 제2조 1항 '불리한 대우' 요건 해석상 검토되었던 'IC 예외'와 'MRM 예외' 규정에 따른 '규제적 구분의 정당성'에 대한 분석이 이와 관련하여 적용된다고 하였다.[73] 그리고 'IC 예외' 규정의 경우 사냥의 목적에 기초한 '상업용 사냥'과 'IC 사냥' 사이의 구분이 이뉴잇족의 이익 보호 측면에서 정당화될 수 있으나 공평한 방법으로 운용되거나 적용되지 않았다는 점과 'MRM 예외' 규정의 경우 EU의 규제조치의 목적과 합리적인 연관성이 존재하지 않고 다른 근거에 의하여 정당화되지도 않으며, 공평한 방법으로도 운용되지 않았다는 점에서 제XX조 전문상의 요건을 충족하지 못하였다고 결정하였다.[74]

캐나다와 노르웨이는 EU의 규제조치가 제XX조 전문상의 요건을 충족하지 못하였다는 패널의 결정에 대하여 동의는 하였으나 전문상 '자의적' 혹은 '정당화할 수 없는' 차별의 존재를 검토하기 위하여 TBT협정 제2조 1항 '불리한 대우' 요건 해석상 검토되었던 기준을 적용하는 것은 잘못되었다고 주장하였다.[75] 이에 대해 항소기구는 제XX조 전문에 대한 이전 판례의 입장을 살펴본 후, '자의적' 혹은 '정당화할 수 없는' 차별을 평가하기 위한 중요한 요소 중 하나는 당해 차별이 제XX조에 나열된 예외사유 중 하나에 따라 잠정적으로 정당화될 수 있는 조치의 정

---

72 EU Seal Products 항소기구 보고서, paras. 5.265-5.267, 5.279 & 5.289-5.290.
73 TBT협정 제2조 1항 '불리한 대우' 요건과 관련하여, 문제의 조치가 ① 수입 상품과 동종의 국내 상품 및 다른 원산지의 상품 간 경쟁기회에 '유해한 효과'를 야기하는지 그리고 ② 그러한 효과가 '정당한 규제적 구분(legitimate regulatory distinction)'으로부터 온전히 기인하는지 검토된다. US Clove Cigarettes 항소기구 보고서, paras. 180-181.
74 EU Seal Products 패널보고서, paras. 7.644-7.650.
75 EU Seal Products 항소기구 보고서, para. 5.294.

책적 목적과 일치하거나 합리적인 관련성이 있는지 검토하는 것이라고 하였다. 그리고 비록 '동일한 여건이 지배적인 국가 간에 자의적이거나 정당화할 수 없는 차별의 수단'을 구성하는지 또는 '무역에 대한 위장된 제한'을 구성하는지 등 규정의 문언상 유사점이 있다고 하더라도 양 규정에 적용되는 판단 기준 그리고 양 규정의 주요 기능과 범위의 측면에서 명백한 차이가 있다고 하였다. 따라서 제XX조 전문상 '자의적' 혹은 '정당화할 수 없는' 차별의 존재를 검토하기 위하여 TBT협정 제2조 1항 '불리한 대우' 요건 해석상 검토되었던 기준을 적용한 패널의 결정에 오류가 있음을 확인하고, 이를 기각하였다.[76]

항소기구는 이어서 EU의 규제조치가 GATT 제XX조 전문상의 요건을 충족하는지 검토하였는데, 다음과 같은 이유에서 동 조치가 '자의적' 혹은 '정당화할 수 없는' 차별에 해당한다고 보았다. 첫째, 'IC 사냥'의 경우에도 비인도적인 방법으로 바다표범 사냥이 이루어진다는 점에서 '상업용 사냥'과의 규제적 구분이 바다표범의 보호에 관한 EU 공공의 도덕적 관심을 표명한다는 정책적 목적과 일치하거나 관련성이 있다고 보기에는 어렵다는 것이다.[77] 둘째, 'IC 예외'에 대한 판단 기준이 전반적으로 모호하며 EU 자체적으로 승인하고 있는 기관이 상당한 재량으로 이를 평가하는 등 남용의 우려가 있고, 이를 방지하기 위한 방법 또한 마련되어 있지 않아 '자의적' 혹은 '정당화할 수 없는' 차별이 야기되는 방식으로 운용되고 있다는 것이다.[78] 셋째, 'IC 예외' 규정에 따라 사실상 그린란드산 바다표범 제품만이 EU 시장 내에서 판매되었으며, 캐나다산 바다표범 제품의 경우 이와 동등한 시장접근의 편의가 제공되지 않았다는 것이다.[79]

종합적으로 항소기구는 EU가 'IC 예외' 규정을 중심으로 바다표범 제품에 대한 규제가 GATT협정 제XX조 전문의 요건을 충족하는 방식으로 이루어졌다는 것을 입증해내지 못하였으며, 이에 따라 EU의 규제조치는 GATT협정 제XX조 (a)에 따라 정당화될 수 없다고 결정하였다.[80]

---

76 *Id*. at paras. 5.310-5.313.
77 *Id*. at para. 5.320.
78 *Id*. at paras. 5.321-5.328.
79 *Id*. at para. 5.336.
80 *Id*. at para. 5.339.

1.4. WTO 분쟁해결기구의 결정에 대한 법적 쟁점 검토

1.4.1. "다른 원인이나 근거에 의한" 규제적 구분의 정당성

　본 사건에서의 패널은 TBT협정 제2조 1항상 '불리한 대우' 요건을 판단하기 위하여 ① 관련시장에서 경쟁조건의 변경으로 수입 상품에 대한 "유해한 효과"의 발생뿐만 아니라, ② 그 유해한 효과가 "정당한 규제적 구분"으로부터 온전히 기인하는지 확인하였다.[81] 즉, EU의 바다표범 규제조치의 적용에 따른 '효과'와 더불어 적용하려는 '의도'까지 검토하여 '불리한 대우'가 성립하는지 판단하였으며, 이전 WTO 분쟁해결기구의 결정과 동일하게 '규제적 구분의 정당성'과 관련하여 동 구분이 규제의 목적과 "연관(connection)"이 있는지 그리고 "공평(even-handed)"하게 적용되었는지 검토하였다.

　다만, WTO 분쟁해결기구의 이전 결정과의 차이는 동 구분이 규제의 목적과 연관성이 없다 하더라도 "다른 원인이나 근거에 의하여" 그 구분이 정당화될 수 있는지를 검토하였다는 점이다. 본 사건에서 패널은 "IC 사냥"이 비인도적인 것으로 "상업용 사냥"과의 구분이 규제의 목적과 연관성이 없지만, 이뉴잇족의 생존을 위한 것으로써 비영리성이 인정된다는 점에서 "상업용 사냥"과의 구분은 정당하다고 하였다. 단지 EU의 바다표범 규제조치는 '이뉴잇족의 보호이익'보다 '바다표범의 보호'에 더 치중하고 있다는 점과 그린란드 이뉴잇족들이 사냥한 바다표범으로 가죽제품을 생산하는 등 상업성을 띠어 공평하지 않다는 점에서 규제적 구분이 정당하지 않다고 최종적으로 결정하였을 뿐이다. 즉, 이뉴잇족의 문화적 권리와 생존 권리 자체를 보호하려는 EU의 태도는 규제 목적과 연관성은 없으나 정당하다는 것이다.

　이러한 패널의 결정은 피소국인 EU에게 매우 유리한 결정이 아닐 수 없다. 이는 첫째, 동 구분의 목적이 규제목적과 합리적인 연관성이 없다 하더라도 규제적 구분의 정당성이 인정될 수 있다는 것을 의미하기 때문이며, 둘째, 이뉴잇족 사냥의 상업성을 인정하였음에도 불구하고, "상업용 사냥"과의 구분이 정당하다고 하

| 81 EU Seal Products 패널보고서, paras. 7.131-7.132.

였기 때문이다. 따라서 "다른 원인이나 근거에 의하여" 규제적 구분의 정당성을 추가적으로 검토함에 따라 그린란드 이뉴잇족들이 상업성을 다 배제하고 오로지 생존을 위하여 바다표범을 사냥하는 경우에는 "상업용 사냥"과의 구분이 정당화될 수 있는 여지를 남겨놓고 있다.

그러나 패널은 "MRM 사냥"과 "상업용 사냥" 사이의 규제적 구분의 정당성 여부와 관련하여, 어장보호와 낚시도구 손상을 방지하는 차원에서의 해양자원관리는 상업성을 띠기 때문에 비영리성이 인정되지 않아 "다른 원인이나 근거에 의하여" "상업용 사냥"과의 구분이 정당화되지 않는다고 하였다. 이러한 패널의 입장은 "IC 사냥"에 대한 검토와는 차이를 보이고 있는데, 이는 일관성이 결여된 결정이라 평가할 수 있다. 왜냐하면, "IC 사냥"의 상업적 성격을 확인했음에도 불구하고, 이뉴잇족의 문화적 권리나 생존 권리에 따라 "상업용 사냥"과의 규제적 구분의 정당성을 인정하면서, "MRM 사냥"의 경우 생태계 보호차원에서 "상업용 사냥"과 규제적 구분의 정당성을 인정하지 않기 때문이다. 상업적 성격이 내재되어 있다고 하더라도 '병충해 방지' 등의 순수 해양자원관리 차원에서 "MRM 사냥"이 이루어지는 경우에는 "상업용 사냥"과의 구분이 규제의 목적과 연관성이 없다고 하더라도 "다른 원인이나 근거에 의하여" 충분히 정당화될 수 있다고 판단된다.

1.4.2. TBT협정 부속서 1.1에서 규정하고 있는 '상품의 특성'의 의미

지금까지의 WTO 판례를 살펴보면 TBT협정 부속서 1.1의 의미상 '기술규정'에 해당하는지 여부와 관련한 검토는 비교적 용이하게 이루어졌음을 확인할 수 있는데, 일반적으로 기술규정에 해당하는 조치의 경우 상품의 특성을 명확하게 규정하고 있기 때문이라 할 수 있다. 2009년 미국은 청소년들에게 관심을 끌 수 있는 딸기, 정향, 초콜릿, 커피 등 특정 맛으로 특징화된 담배의 제조 및 판매를 금지하는 조치를 단행하였는데, 상품의 특성을 명확하게 기술하고 있는 이러한 조치는 기술규정에 해당하는 대표적인 예라 할 수 있다.[82]

앞서 살펴본 바와 같이, EU의 바다표범 제품의 수입 규제와 관련하여 항소기구는 상품의 특성과는 무관하게 '바다표범을 사냥한 정체 또는 사냥의 목적이나

---

82 Panel Report, *United States – Measures Affecting the Production and Sale of Clove Cigarettes*, WT/DS406/R, Sept. 2, 2011, para. 7.21.

종류'에 따라 그 규제 대상을 구분하였다는 점에서 문제된 EU의 규제조치를 기술규정으로 보기에는 어려움이 있다고 하였다. 하지만 이는 TBT협정 부속서 1.1의 '상품의 특성' 규정 여부에 대한 기존의 항소기구 입장과 배치된다고 할 수 있다. *EC-Asbestos* 사건에서 항소기구는 TBT협정 부속서 1.1에 따라 '상품 고유의 특징' 이외에 상품, 공정 및 생산방법에 적용되는 용어, 기호, 포장, 표시 또는 상표부착요건 등 상품을 식별할 수 있는 수단도 '상품의 특성'에 해당한다고 보았기 때문이다.[83] 즉, '상품 고유의 특징이나 성질'뿐만 아니라 '상품을 식별하기 위한 수단과 관계된 요소들'까지도 '상품의 특성'의 개념으로 이해한다면, 바다표범을 사냥한 정체 또는 사냥의 목적이나 종류에 따라 제품을 식별한 EU의 규제조치는 기술규정에 해당한다고 충분히 볼 수 있는 여지가 있다는 것이다.

물론, 항소기구가 EU의 규제조치가 PPMs를 규정하고 있는지와 관련하여 검토하였다면 TBT협정상 '기술규정'의 개념을 좀 더 명확히 할 수 있는 계기가 될 수 있었을 것이다. 그러나 이를 판단하기에 패널에서 검토되었던 사실관계만으로 충분치 않았으며, 패널에서 제기된 법률문제 또한 아니기에 항소심에서 다룰 수 없다고 한 항소기구의 결정은 적절하다고 본다.

1.4.3. GATT법제와 TBT법제 간 '비차별의무' 위반 판단기준의 상이성

앞서 살펴본 바와 같이, 본 사건에서 항소기구는 GATT협정상 '비차별의무' 위반여부를 판단하는데 있어 수입 상품과 동종의 국내 상품 그리고 다른 원산지의 상품 간 경쟁기회에 대한 '유해한 효과'가 '정당한 규제적 구분'으로부터 온전히 기인하는 것인지에 대하여 검토하여야 한다는 EU의 입장에 동의할 수 없다 하였으며, 이에 TBT협정 제2조 1항의 '비차별의무'에 대한 법적기준이 GATT협정 제Ⅰ조와 제Ⅲ조의 '비차별의무' 관련 분쟁에서 동일하게 적용될 수 없다는 패널의

---

83 원문은 다음과 같다.
"In the definition of a "technical regulation" in Annex 1.1, the TBT Agreement itself gives certain examples of "product characteristics" - "terminology, symbols, packaging, marking or labelling requirements". These examples indicate that "product characteristics" include, not only features and qualities intrinsic to the product itself, but also related "characteristics", such as the means of identification, the presentation and the appearance of a product." EC Asbestos 항소기구 보고서, para. 67.

결정을 지지하였다. 즉, 항소기구는 GATT협정 제Ⅰ조와 제Ⅲ조 4항에서 규정하고 있는 '비차별의무'의 위반 기준에 대한 이전의 판례 입장을 고수한 것으로 평가할 수 있다.

여기서 주목할 점은 '비차별의무'와 관련한 TBT법제와 GATT법제는 문언 해석상 차이를 보인다는 것이다. '무역자유화'와 '국내적 규제 자치권' 사이의 균형을 유지하려는 점에서 양 법제는 동일하지만, 무역자유화에 대한 예외로서 국내적 규제 자치권한을 GATT협정의 경우 제XX조 일반적 예외 규정에 따라 인정하고 있는 반면, TBT협정의 경우 제2조 1항 '비차별의무' 규정에 따라 자체적으로 문제된 조치의 규제적 구분의 정당성을 검토하여 인정하고 있기 때문이다.

흥미로운 점은 GATT 제XX조에서는 무역자유화에 대한 예외로서 국내적 규제의 자치권한이 행사될 수 있는 경우를 열 가지 사유로 한정하고 있지만, TBT협정 제2조 1항에서는 이러한 사유를 나열하고 있지 않다는 것이다. 즉, 제소국은 '비차별의무' 위반에 대한 예외로 인정될 수 있는 사유가 한정적인 GATT법제 하에서 '비차별의무' 위반여부가 검토되기를 바랄 것이며, 반대로 피소국은 동 예외로 인정될 수 있는 사유가 정해져 있지 않아 상대적으로 그 범위가 넓은 TBT법제 하에서 '비차별의무' 위반여부가 검토되기를 바랄 것이다. 이러한 관점에서 본 사건에서의 피소국인 EU가 문제된 조치가 TBT협정에서 규정하고 있는 기술규정에 해당하지 않음에도 불구하고 TBT협정 제2조 1항의 '비차별의무'에 대한 법적기준을 적용하고자 한 것은 GATT법제에서 인정되는 무역자유화에 대한 예외사유뿐만 아니라 다른 예외사유에 대해서도 검토하여 조치 정당성의 확보 가능성을 높이려 한 것으로 이해할 수 있다.

1.4.4. TBT협정상 '비차별의무'와 '불필요한 무역장애금지의무'와의 관계

본 사건에서 패널은 EU의 바다표범 규제조치가 TBT협정 제2조 1항상 '비차별의무'를 위반하였지만, 제2조 2항상 '불필요한 무역장애금지의무'를 위반하지 않았다는 양분화된 결정을 내렸다. 즉, EU의 규제조치는 공중도덕 보호를 위하여 필요한 조치로서 정당한 규제 목적을 가지지만, 수입 상품에 대하여 차별적으로 적용하여서는 안 된다는 분쟁당사국들의 입장을 모두 반영한 결정이라 할 수 있다.[84]

| 84 유럽위원회(European Commission)는 WTO 패널이 EU의 바다표범 규제조치가 "도덕적

이러한 결정은 분쟁당사국이 모두 승소하거나 패소한 것으로 볼 수 있는데, 문제는 제2조 1항과 제2조 2항에 대한 결정이 공존할 수 있는지 여부이다. TBT협정 제2조 1항과 제2조 2항은 이론적으로 '비차별의무'와 '불필요한 무역장애금지의무'라는 서로 다른 의무를 부과하는 독립된 조항임에 틀림없다. 다만, 이행의 측면에서 EU의 바다표범 규제조치가 캐나다와 노르웨이산 바다표범 제품을 차별하지 않는 범위 내에서 시행되도록 동 조치를 변경하여야 한다는 점에서 제2조 1항이 우선시된다고 평가할 수 있다. 제2조 1항에 대한 위반이 제2조 2항에 의하여 정당화될 수는 없다는 것이다.[85]

1.4.5. 국내규제의 자치권으로서 동물보호의 필요성 인정

패널은 EU의 규제조치에 따라 바다표범 제품에 대한 세계적 수요가 줄고, 비인도적으로 사냥한 바다표범으로 만든 제품으로부터 EU 공중의 노출이 차단될 수 있다는 점에서 '바다표범 보호에 대한 EU 공공의 도덕적 관심을 표명'하기 위한 것이라는 조치의 목적을 달성하는데 EU의 조치가 실질적으로 기여한다고 보았으며,[86] 항소기구 또한 이러한 패널의 입장에 동의하였다. 즉, 본 사건은 동물 보호에 대한 공공의 도덕적 관심을 표명하기 위해 일국의 시장 내 관련 제품의 수·출입을 제한하거나 금지하는 조치가 무역자유화에 대한 예외로서 GATT협정 제XX조 '(a)호'에 해당된다는 점을 시사하고 있다.

단순히 GATT협정 제XX조 (b)호에서 의미하는 동·식물의 '생명'과 '건강'의 보호가 아닌 '공중도덕'의 보호 차원에서 동물 보호 전반에 대하여 국내적 규제의 자치권한을 인정하는 것은 WTO의 사회적 가치에 대한 존중을 확대시킨 상당히 진보적인 태도가 아니라 할 수 없다.[87] 다만, 공중도덕의 개념이 사회적, 문화

근거(moral grounds)"에 의해서 정당화 될 수 있는 결정을 내렸다고 평가하고 있다. http://trade.ec.europa.eu/doclib/press/index.cfm?id=992 (2017년 7월 20일 검색).

85 Tania Voon, *Cigarettes and Public Health at the WTO: The Appeals of the TBT Labeling Disputes Begin*, American Society of International Law Insights, Vol. 16, 2012.

86 EU Seal Products 패널보고서, paras. 7.633-7.637.

87 이러한 WTO를 통한 사회적 가치 보호의 규범적 실효성에 대한 자세한 논의는 심영규, "WTO 다자간 무역규범체제에서의 환경보호의 규범적 실효성 - GATT 제20조 환경관련 무역분쟁 해결사례를 중심으로", 「국제경제법연구」 제13권 제2호, 2015. 7, pp. 77-99 참조.

적, 윤리적, 종교적 가치 등 다양한 요소에 따라 국가별로 상이하며, 회원국이 그들의 영토 내에서 공중도덕의 개념을 그들의 제도와 가치의 척도에 따라 정의내리고 적용할 수 있는 재량이 주어진다는 *China—Publications and Audiovisual Products* 사건에서의 패널 입장을 상기시켜보면 GATT협정 제 XX 조 (a)호의 예외로서 인정되고 보호될 수 있는 공중도덕의 대상은 매우 불특정적인 문제가 있다.[88] 이는 국내적 규제의 자치권이 지나치게 확대될 가능성이 존재하고, 공중도덕의 보호를 이유로 각종 형태의 무역장벽이 무분별하게 형성될 여지가 충분하다는 것을 의미하기도 한다. 따라서 WTO가 지향하는 '무역자유화'와 공중도덕 등 사회적 가치를 보호하기 위한 '국내적 규제의 자치권한' 사이 균형점을 찾기 위해서는 무엇보다 공중도덕의 개념에 대한 WTO 회원국들의 보편적인 이해가 형성되어야 할 것이다.

1.5. 결 론

본 사건에서의 항소기구는 EU 시장 내 특정 바다표범 제품의 판매가 바다표범을 사냥한 정체 또는 사냥의 목적이나 종류에 따라 결정되어지는 것으로 제품의 특성과는 무관한 것으로 보아 EU의 규제조치가 '기술규정'에 해당한다는 패널의 결정을 기각하였다. 이로써 EU의 규제조치가 '기술규정'이라는 것을 전제로 패널 단계에서의 TBT협정상 '비차별의무'와 '불필요한 무역장애금지의무'에 대한 위반 여부 검토는 사실상 무의미하게 되었으며, 항소기구는 결국 EU의 규제조치가 차별적 조치인지와 관련하여 GATT협정상 '비차별의무'와 '일반적 예외' 위반여부를 중심으로 검토하게 되었다.

항소심에서는 EU의 규제조치가 GATT협정 제 XX 조 '일반적 예외'에 해당하는지 여부가 쟁점이 되었는데, 동 조치에 따라 바다표범 제품에 대한 세계적 수요가 줄고 EU 공중이 비인도적으로 사냥한 바다표범으로 만든 제품으로부터 노출되는 것이 차단된다는 점에서 목적 달성에 실질적으로 기여하므로 제 XX 조 (a)호에서 의미하는 공중도덕을 보호하기 위한 '필요한' 조치에 해당한다고 보았다. 그러

---

88 미국 겜블링 사건에서의 패널은 공중도덕이란 "사회나 국가에 의하여 유지되고 있는 옳고 그릇된 행동의 기준"이라고 정의하고 있다. US Gambling 패널보고서, para. 3.278.

나 토착민이 생존을 위해 사냥한 바다표범으로 만든 제품의 경우 비인도적인 방법으로 바다표범 사냥이 이루어짐에도 불구하고 EU 시장 내 판매를 허용하는 것은 EU 공공의 도덕적 관심을 표명한다는 정책적 목적과 일치한다고 보기 어렵다는 점에서 EU의 규제조치가 '자의적' 혹은 '정당화할 수 없는' 차별에 해당한다고 보았다. 즉, 제XX조 전문상의 요건을 충족하지 못한다고 보고, GATT협정 제XX조 (a)호에 따라 정당화될 수 없다고 최종결정하였다.

결론적으로 공공의 도덕적 관심을 표명한다는 정책적 목적은 무역자유화에 대한 예외로 충분히 인정될 수 있으나 이해당사국을 차별하는 등 교역질서를 흩뜨리는 방식으로 그 목적이 추구되어서는 안 된다는 것이다. 다시 말해, WTO 분쟁해결기구는 국가가 보호하고자 하는 사회적 가치에 대하여 충분히 인정해줄 수 있으나 어디까지나 WTO 회원국으로서 협정상의 의무를 다하고, 다른 회원국의 권리를 존중하는 범위 내에서 가능하다는 점을 강조하고 있는 것이다.

참고문헌

〈WTO 문서〉

Appellate Body Report, *European Communities, Measures Affecting Asbestos and Products Containing Asbestos*, WT/DS135/AB/R, Mar. 12, 2001.

_____, *European Communities — Measures Prohibiting the Importation and Marketing of Seal Products*, WT/DS400/AB/R & WT/DS401/AB/R, May 22, 2014.

_____, *United States — Measures Affecting the Production and Sale of Clove Cigarettes*, WT/DS406/AB/R, Apr. 4, 2012.

Dispute Settlement Body, Minutes of Meeting, Held in the Centre William Rappard on 21 April 2011, WT/DSB/M/295, Jun. 30, 2011.

Notification of an Appeal by Canada under Article 16.4 and Article 17 of the Understanding on Rules and Procedures Governing the Settlement of Disputes (DSU), and under Rule 20(1) of the Working Procedures for Appellate Review, *European Communities — Measures Prohibiting the Importation and Marketing of Seal Products*, WT/DS400/8, Jan. 29, 2014.

Notification of an Appeal by the European Union under Article 16.4 and Article 17 of the Understanding on Rules and Procedures Governing the Settlement of Disputes (DSU), and under Rule 23(1) of the Working Procedures for Appellate Review, *European Communities — Measures Prohibiting the Importation and Marketing of Seal Products*, WT/DS400/9 & WT/DS401/10, Jan. 31, 2014.

Notification of an Appeal by Norway under Article 16.4 and Article 17 of the Understanding on Rules and Procedures Governing the Settlement of Disputes (DSU), and under Rule 20(1) of the Working Procedures for Appellate Review, *European Communities — Measures Prohibiting the Importation and Marketing of Seal Products*, WT/DS401/9, Jan. 29, 2014.

Panel Report, *China — Measures Affecting Trading Rights and Distribution Services for Certain Publications and Audiovisual Products*, WT/DS363/R, Aug. 12, 2009.

_____, *European Communities — Measures Prohibiting the Importation and Marketing of Seal Products*, WT/DS400/R & WT/DS401/R, Nov. 25, 2013.

_____, *United States — Measures Affecting the Cross—border Supply of Gambling and Betting Services*, WT/DS285/R, Nov. 10, 2004.

Request for the Establishment of a Panel by Canada, *European Communities —*

Measures Prohibiting the Importation and Marketing of Seal Products, WT/DS400/4, Feb. 14, 2011.

Request for the Establishment of a Panel by Norway, *European Communities —
Measures Prohibiting the Importation and Marketing of Seal Products*, WT/DS401/5, Mar. 15, 2011.

〈정기간행물〉

Tania Voon, *Cigarettes and Public Health at the WTO: The Appeals of the TBT Labeling Disputes Begin*, American Society of International Law Insights, Vol. 16, 2012.

심영규, "WTO 다자간 무역규범체제에서의 환경보호의 규범적 실효성 – GATT 제20조 환경관련 무역분쟁 해결사례를 중심으로", 「국제경제법연구」 제13권 제2호, 한국국제경제법학회, 2015. 7.

육류 상품에 대한
미국의 원산지 라벨링 조치를 둘러싼
국제통상법적 쟁점*

― TBT협정 제2.1조 및 제2.2조를 중심으로 ―

고민영(주체코대사관 선임연구원)

2.1. 서 론

　　세계무역기구(World Trade Organization: 이하 'WTO') 분쟁해결기구(Dispute Settlement Body: 이하 'DSB')는 2012년 한 해 무역에 대한 기술장벽에 관한 협정 (Agreement on Technical Barriers to Trade: 이하 'TBT협정')의 기술규정(technical regulation) 관련 조항을 심도 있게 분석한 세 개 사건의 패널 및 상소기구 보고서를 채택하였다. 본고에서 살펴보고자 하는 *United States – Certain* Country of Origin Labelling (COOL) Requirements (이하 'US - COOL') 사건은 미국을 상대로 제기된 이 세 분쟁 중 가장 마지막으로 패널 및 상소기구 보고서가 채택된 사건이다.[1] *US – COOL* 사건에서 패널과 상소기구의 검토 대상이 된 육류 상품에 대

---

　* 이 장은 필자가 2012년 11월에 「국제경제법연구」 제10권 제2호에 게재한 "육류 상품에 대한 미국의 원산지 라벨링 조치를 둘러싼 국제통상법적 쟁점-TBT협정 제2.1조 및 제2.2조를 중심으로"를 이 책의 목적에 맞추어 부분적으로 수정·보완한 것이다.
　1 *US – COOL* 사건과 마찬가지로 미국의 조치가 TBT협정상 기술규정 관련 조항을 위반하였는지 여부가 주요 쟁점이 된 다른 두 분쟁은 *United States – Measures Affecting the Production and Sale of Clove Cigarettes* (이하 'US – Clove Cigarettes') 사건과 *United States – Measures Concerning the Importation, Marketing and Sale of Tuna and Tuna*

한 미국의 원산지 라벨링 요건(이하 'COOL 조치')은 2002년 및 2008년 농업법(Farm Bill)을 통해 개정된 1946년 농산물유통법(Agricultural Marketing Act)과 그 이행규정인 2009년 최종 규칙(2009 Final Rule)에 규정되어 있는데, 이에 따르면 미국 내에서 출생, 사육 및 도축된 동물로부터 얻은 고기만이 소매 단계에서 미국을 원산지로 하는 것으로 표시된다. 캐나다와 멕시코는 미국에서 비육 또는 도축되는 소와 돼지의 주요 공급국으로, COOL 조치가 자국의 축산산업에 부정적인 영향을 미칠 것을 우려하였다.[2] 이러한 배경에서 이들 국가는 우육 및 돈육에 대한 COOL 조치가 TBT협정 제2.1조 및 제2.2조와 합치하지 않는다고 주장하면서 2009년 10월 9일 패널의 설치를 요청하였다.[3] 패널은 2011년 11월 18일 COOL 조치가 TBT협정 제2.1조 및 제2.2조를 위반하였다고 결정한 최종 보고서를 회원국들에게 회람하였는데,[4] 피소당사국인 미국은 물론 제소당사국인 캐나다와 멕시코 또한 패널의 결정에 상소하였다. 상소기구는 2012년 6월 29일 패널의 결정을 일부 지지하고 일부 번복한 보고서를 회람하였다.[5]

    US − COOL 사건은 *US − Clove Cigarettes* 사건과 *US − Tuna* Ⅱ 사건과 더불어 TBT협정 제2.1조와 제2.2조의 해석에 중요한 지침을 제시하는 것으로 평가된다. 본고는 *US − COOL* 사건에서 TBT협정 제2.1조와 제2.2조에 대한 패널과 상소기구의 결정을 검토하여 본 사건이 가지는 시사점을 살펴보고자 한다.

    Products (이하 '*US − Tuna* Ⅱ') 사건이다.

2 Remy Jurenas and Joel L. Greene, *Country−of−Origin Labeling for Foods and the WTO Trade Dispute on Meat Labeling*, Congressional Research Service, 1 Aug. 2012, 〈http://www.fas.org/sgp/crs/misc/RS22955.pdf〉, pg. 8.

3 캐나다와 멕시코는 이에 더하여 COOL 조치가 관세 및 무역에 관한 일반 협정(General Agreement on Tariffs and Trade: 이하 'GATT') 제Ⅲ:4조 등 또한 위반하였다고 주장하였는데, 패널과 상소기구는 소송경제(judicial economy)를 이유로 TBT협정 제2.1조 및 제2.2조 이외의 규정에 관한 제소당사국들의 주장을 배척하였다.

4 Panel Report, *United States − Certain Country of Origin Labelling (COOL) Requirements*, WT/DS384/R, WT/DS386/R, 18 Nov. 2011 (이하 '*US − COOL*').

5 Appellate Body Report, *United States − Certain Country of Origin Labelling (COOL) Requirements*, WT/DS384/AB/R, WT/DS386/AB/R 29 Jun. 2012 (이하 '*US − COOL*').

2.2. 분쟁 대상 조치: COOL 조치의 이해

2.2.1. 원산지 정보의 제공

　US − COOL 사건에서 분쟁의 대상이 된 COOL 조치는 우육 및 돈육을 포함한 육류 상품을 소비자에게 판매하는 소매업자에게 판매 시점에 상품의 원산지를 알릴 의무를 부과하는 조치이다.[6] 소매업자뿐만 아니라 소매업자에게 육류 상품을 공급하는 사업에 종사하는 모든 자에게도 상품의 원산에 관한 정보를 제공할 의무가 부과되는데, 이러한 자는 상품의 원산지 관련 정보를 소매업자에게 제공할 의무를 진다.[7] COOL 조치가 원산지 관련 정보 제공 의무를 육류 상품을 공급하는 가공업자들에게까지 부과하는 이유는 소매업자가 육류 상품에 정확한 원산지 라벨을 부착할 수 있도록 하기 위함이라고 한다. 즉, 소매업자가 육류 상품에 정확한 원산지 라벨을 부착하기 위하여서는 그 생산과정, 즉 고기를 얻은 가축의 출생, 사육 및 도축이 어느 국가에서 이루어졌는지를 파악하고 있어야 하는데, 이러한 정보는 공급 및 유통경로의 상위 구성원으로부터 취득할 수밖에 없기 때문이라는 것이다.[8] 따라서 육류 상품의 공급자는 유통경로의 각 단계에 대하여 상품의 원산지에 관한 정보를 기록하고 보관할 의무를 진다.[9] COOL 조치는 또한 농무부 장관(Secretary of Agriculture)으로 하여금 소매 판매를 위해 육류 상품을 가공, 보관, 처리 또는 유통하는 자를 검사할 수 있도록 하였는데, 검사의 대상이 되는 자는 원산지 관련 기록을 농무부 장관에게 제공하여야 한다.[10]

　그런데 COOL 조치는 가공 식품의 재료(ingredient in a processed food item)

---

6 Appellate Body Report, *US − COOL*, para. 239; Panel Report, *US − COOL*, para. 7.87.
7 Appellate Body Report, *US − COOL*, para. 242; Panel Report, *US − COOL*, para. 7.88.
8 Appellate Body Report, *US − COOL*, para. 249; Panel Report, *US − COOL*, para. 7.316.
9 Appellate Body Report, *US − COOL*, para. 249; Panel Report, *US − COOL*, paras. 7.316-7.317.
10 Appellate Body Report, *US − COOL*, para. 249; Panel Report, *US − COOL*, paras. 7.116-7.118.

인 고기를 그 대상 범위에서 제외하고 있다. 이때 가공이란 물품의 성질을 변경하는 결과를 야기하는 것으로 조리, 건조, 훈제 등이 이에 해당한다.[11] 이에 더하여 식당, 카페테리아, 구내식당, 음식가판대, 바 등의 외식시설 또한 COOL 조치상의 의무로부터 면제되었다.[12]

2.2.2. 원산지의 지정

절단된 형태의 육류(muscle cut meat)와 관련하여 COOL 조치는 고기를 얻을 수 있는 가축이 출생, 사육 또는 도축된 국가를 기준으로 원산지를 A부터 D까지의 네 개 카테고리로 분류한다.[13] COOL 조치에 따르면 미국 내에서 출생, 사육 및 도축된 동물로부터 얻은 고기는 카테고리 A에 해당하며, 미국을 원산지로 하는 것으로 인정된다.[14] 반면에 출생, 사육 및 도축 과정이 어느 하나도 미국에서 이루어지지 않은 동물로부터 얻은 고기는 카테고리 D에 해당하며, 미국이 아닌 다른 국가를 원산지로 하는 것으로 분류된다.[15] 출생, 사육 및 도축에 걸친 과정 중 일부만이 미국에서 이루어진 동물로부터 얻은 고기는 그 동물이 즉각적인 도축을 위해 미국으로 수입된 것이 아닌 한 카테고리 B에 해당하는 것으로 분류되는데, 이러한 경우 소매업자는 동물이 출생, 사육 또는 도축된 모든 국가를 원산지로 지정할 수 있다.[16] 즉각적인 도축을 위하여 미국으로 수입된 동물로부터 얻은 고기는 카테고리 C에 해당하며, 이러한 경우 소매업자는 동물을 수출한 국가와 미국을 함께 원산지로 지정한다.[17]

---

11 Appellate Body Report, *US − COOL*, para. 242; Panel Report, *US − COOL*, paras. 7.104-7.105.
12 Appellate Body Report, *US − COOL*, para. 242; Panel Report, *US − COOL*, paras. 7.106-7.108.
13 Appellate Body Report, *US − COOL*, para. 240; Panel Report, *US − COOL*, para. 7.89.
14 Appellate Body Report, *US − COOL*, paras. 243-244; Panel Report, *US − COOL*, para. 7.89.
15 *Ibid.*
16 *Ibid.*
17 *Ibid.*

2.2.3. 원산지 라벨링 요건

COOL 조치 하에서 우육 및 돈육을 포함한 육류 상품의 원산지 관련 정보는 상품에 부착된 라벨을 통하여 소비자에게 제공된다. 소비자에게 판매되는 상품이 카테고리 A에 해당하는 육류로만 이루어진 경우, 해당 상품에는 미국산 상품임을 표시한 라벨이 부착된다. 반면에 카테고리 D에 해당하는 육류에 부착되는 라벨에는 해당 상품이 미국으로 수입될 때 관련 서류에 기재되어 있는 원산지가 표기된다.[18] 카테고리 B와 C로 분류되는 육류에 부착되는 라벨에는 육류를 얻은 동물이 출생, 사육 또는 도축된 국가가 모두 표기되어야 하는데, 카테고리 B와 C에 해당하는 육류는 생산 단계의 일부가 미국 내에서 이루어진 동물로부터 얻은 것이므로 미국 또한 다른 국가들과 함께 원산지로 표기된다.[19] COOL 조치는 카테고리 C에 해당하는 육류의 경우 라벨에 원산지를 표기할 때 미국이 제3국보다 먼저 기재될 수 없도록 하고 있다.[20] 그러나 카테고리 B에 해당하는 육류에 부착되는 라벨에는 원산지 표기 순서에 제한을 두지 않고 있다.[21] 결국 카테고리 B와 C에 해당하는 육류에는 표면상 동일한 내용의 라벨이 부착될 수 있는 것이다.[22]

COOL 조치는 또한 원산지를 달리하는 육류가 단일의 생산일(single production day)에 혼합되는 경우의 라벨링 요건에 관하여서도 규정하고 있다. 카테고리 A와 B에 해당하는 육류가 단일 생산일에 혼합되는 경우, 그 결과물에는 카테고리 B에 해당하는 육류에 부착되는 것과 동일한 내용의 라벨이 부착될 수 있다.[23] 이는 카테고리 B와 C, 카테고리 A와 C 그리고 카테고리 A, B 및 C에 해당하는 육류가 단일 생산일에 혼합된 경우에도 마찬가지이다.[24] 그런데 앞서 설명한 바와 같이

---

18 Appellate Body Report, *US − COOL*, para. 245; Panel Report, *US − COOL*, para. 7.119.

19 Appellate Body Report, *US − COOL*, para. 245.

20 즉, 카테고리 C에 해당하는 육류에는 'X국 및 미국 상품(Product of Country X and the US)'이라고 표기된 라벨이 부착된다.

21 즉, 카테고리 B에 해당하는 육류에는 '미국 및 X국 상품(Product of the US and Country X)' 또는 'X국 및 미국 상품(X국 및 미국 상품)'이라고 표기된 라벨이 부착된다.

22 AB Report, *US − COOL*, para. 245.

23 AB Report, *US − COOL*, para. 246; Panel Report, *US − COOL*, para. 7.96.

24 AB Report, *US − COOL*, paras. 246-247; Panel Report, *US − COOL*, paras. 7.96-7.98.

COOL 조치는 카테고리 B에 해당하는 육류에 부착되는 원산지 라벨과 관련하여 미국과 제3국이 기재되는 순서를 제한하지 않으므로, 생산자가 라벨에 제3국을 원산지로 먼저 기재하는 경우, 해당 라벨은 카테고리 C로 분류되는 육류에 부착되는 라벨과 표면상 동일하게 된다.

   COOL 조치에 따른 절단된 형태의 육류 상품의 원산지 라벨링 요건을 정리하면 다음과 같다.

[표-1] 우육 및 돈육을 포함한 육류 상품의 원산지 라벨링[25]

라벨	해당 육류
'미국 상품' (Product of the US)	육류의 100%를 모두 카테고리 A 동물로부터 얻은 경우
'미국 상품, X국 상품' (Product of the US, Product of Country X)	육류의 100%를 모두 카테고리 B 동물로부터 얻은 경우 카테고리 A 및 B 육류가 단일 생산일에 혼합된 경우 카테고리 A 및 C 육류가 단일 생산일에 혼합된 경우 카테고리 B 및 C 육류가 단일 생산일에 혼합된 경우 카테고리 A, B 및 C 육류가 단일 생산일에 혼합된 경우
'X국 상품, 미국 상품' (Product of Country X, Product of the US)	육류의 100%를 모두 카테고리 B 동물로부터 얻은 경우 육류의 100%를 모두 카테고리 C 동물로부터 얻은 경우 카테고리 A 및 B 육류가 단일 생산일에 혼합된 경우 카테고리 A 및 C 육류가 단일 생산일에 혼합된 경우 육류의 100%를 모두 카테고리 B 동물로부터 얻은 경우 카테고리 B 및 C 육류가 단일 생산일에 혼합된 경우 카테고리 A, B 및 C 육류가 단일 생산일에 혼합된 경우
'X국 상품' (Product of Country X)	육류의 100%를 모두 외국에서 수입한 경우

---

25 See AB Report, *US − COOL*, para. 247; Panel Report, *US − COOL*, para. 7.100.

2.3. 주요 쟁점별 패널 및 상소기구 판정 요지

2.3.1. TBT협정 제2.1조와의 합치성

　캐나다와 멕시코는 패널의 설치를 요청하면서 미국의 COOL 조치가 기술규정으로서 TBT협정 제2.1조상의 내국민대우원칙을 위반하였다고 주장하였다. 이에 대하여 미국은 COOL 조치는 우유, 돈육 및 가축을 그 원산지를 불문하고 동등하게 취급하며 수입 가축에 불리한 대우를 부여하지 않는다고 주장하였다.

　WTO 회원국으로 하여금 자국의 중앙 정부기관이 기술규정과 관련하여 최혜국대우원칙와 내국민대우원칙을 준수하도록 보장할 것을 규정한 TBT협정 제2.1조의 내용은 다음과 같다.

> 2.1 회원국은 기술규정과 관련하여 어떤 회원국의 영토로부터 수입되는 상품에 자기 나라 원산의 동종 상품 및 그 밖의 국가를 원산지로 하는 동종 상품보다 불리한 대우가 부여되지 않도록 보장한다.[26]

2.3.1.1. 패널의 판정

　패널은 COOL 조치가 (i) TBT협정 부속서 1.1에 정의된 기술규정인지 여부, (ii) 동종의 수입 상품과 국내 상품에 적용되는지 여부, 그리고 (iii) 국내 상품에 비해 수입 상품에 불리한 대우를 부여하는지 여부를 검토하여 TBT협정 제2.1조를 위반하였는지를 판단하였다.

2.3.1.1.1. COOL 조치가 기술규정인지 여부

　TBT협정의 적용 대상이 되는 조치는 기술규정, 표준(standard) 및 적합판정 절차(conformity assessment procedure)이며, 협정은 각 조치와 관련하여 회원국

26　원문은 다음과 같다. "2.1 Members shall ensure that in respect of technical regulations, products imported from the territory of any Member shall be accorded treatment no less favourable than that accorded to like products of national origin and to like products originating in any other country."

에 부과되는 의무를 달리 규정하고 있다. 따라서 제소당사국이 이의를 제기한 조치가 TBT협정의 적용 대상이 되는 조치인지, 만약 그러하다면 위 세 조치 중 무엇에 해당하는지를 규명하는 작업은 필수적이라고 하겠다. 이와 관련하여 *European Communities − Measures Affecting Asbestos and Asbestos−containing Products* (이하 'EC - Asbestos') 사건[27] 및 *European Communities − Trade Description of Sardines* (이하 'EC - Sardines') 사건[28]에서 상소기구는 어떠한 조치가 기술규정인지 여부는 논의의 진전을 위해 가장 먼저 판단해야 할 사안(threshold issue)이라고 하였다.

　　TBT협정이 부속서 1.1에 정의하고 있는 기술규정이란 "상품의 특성 또는 관련 공정 및 생산방법이 규정되어 있으며 그 준수가 강제적인 문서"로서 상품에 적용되는 라벨링 요건을 포함할 수 있다.[29] 패널은 *EC − Asbestos* 사건 및 *EC − Sardines* 사건을 통하여 확립된 3단계 검토 방법[30]에 기초하여 COOL 조치가 (i) 식별 가능한 상품 또는 상품군, 즉 우육 및 돈육은 물론 소와 돼지에 적용되고,[31] (ii) 원산지 라벨링 요건을 부과함으로써 상품의 특성을 규정하며,[32] (iii) 그 준수가 강제적이므로[33] 기술규정에 해당한다고 판단하였다.

27　Appellate Body Report, *European Communities − Measures Affecting Asbestos and Asbestos−Containing Products*, WT/DS135/AB/R, 12 Mar. 2001 (이하 'EC - Asbestos'), para. 59.

28　Appellate Body Report, *European Communities − Trade Descriptions of Sardines*, WT/DS231/AB/R, 26 Sep. 2012 (이하 '*EC − Sardines*'), para. 175.

29　TBT Agreement Annex 1.1. 관련 부분의 원문은 다음과 같다. "Document which lays down product characteristics or their related processes and production methods ⋯ with which compliance is mandatory. It may also include or deal exclusively with ⋯ labelling requirements as they apply to a product, process or production methods."

30　*EC − Asbestos* 사건과 *EC − Sardines* 사건에서 상소기구는 어떠한 조치가 TBT협정 부속서 1.1상의 기술규정에 해당하기 위하여서는 그 조치가 (1) 식별 가능한 상품 또는 상품군에 적용되고, (2) 상품의 하나 또는 그 이상의 특성을 규정하며, (3) 그 준수가 강제적이어야 한다고 하였다. Appellate Body Report, *EC − Sardines*, para. 176; Appellate Body Report, *EC − Asbestos*, paras. 66-70.

31　Panel Report, *US − COOL*, para. 7.207.

32　*Ibid*, para. 7.214.

33　*Ibid*, para. 7.162.

2.3.1.1.2. 수입 상품과 국내 상품이 동종인지 여부

패널은 다음으로 COOL 조치의 적용 대상이 되는 수입 상품과 국내 상품이 TBT협정 제2.1조상의 '동종 상품'에 해당하는지 여부를 검토하였다. 패널은 오로지 원산지만을 근거로 구별된 수입 상품과 국내 상품이 GATT 제Ⅲ:4조상의 동종 상품으로 판단된 이전 사건들을 상기하면서, 이러한 사례가 TBT협정 제2.1조를 해석할 때 지침이 될 수 있을 것이라고 하였다.[34] 패널은 원산지 라벨링 요건을 주요 내용으로 하는 COOL 조치 또한 오로지 원산지만을 기준으로 상품을 구별하는 조치임을 확인하면서 캐나다산 소와 미국 소, 멕시코산 소와 미국 소 그리고 캐나다산 돼지와 미국 돼지가 동종 상품이라고 판단하였다.[35]

2.3.1.1.3. 국내 상품에 비해 수입 상품에 불리한 대우가 부여되었는지 여부

마지막으로 패널은 COOL 조치의 준수에 필연적으로 뒤따르는 원산지에 기초한 육류의 분리(segregation)와 이를 위해 소요되는 비용이 수입 가축의 경쟁 조건을 악화시키는지를 검토하여, COOL 조치가 수입 가축을 동종의 국내 가축보다 불리하게 취급하였는지 여부를 판단하였다. 패널은 우선 TBT협정 제2.1조가 GATT 제Ⅲ:4조와 마찬가지로 수입 상품에 대하여 법률상(de jure) 불리한 대우를 부여하는 것뿐만 아니라 사실상(de facto) 불리한 대우를 부여하는 것 또한 금지하고 있음을 확인한 뒤,[36] COOL 조치가 수입 가축을 사실상 불리하게 취급하고 수입 가축에 유해한 방향(to the detriment of imported livestock)으로 미국 시장에서의 경쟁 조건을 사실상 변경하는지 여부를 검토하였다.[37] 패널은 절단된 형태의 육류 상품의 소매업자와, 소매업자에게 가축 및 육류 상품을 공급하는 자가 COOL 조치가 부과하는 원산지 기록, 관리 및 표시 의무를 준수하기 위하여서는 원산지에 따라 육류와 가축을 분리할 수밖에 없는데,[38] 가축의 원산지가 다양할수록, 즉 육류에 부착되는 라벨에 표기되어야 할 원산지의 수가 많아질수록 가축과 육류 상품의 공급 및 유통경로 전반에 걸쳐 분리의 필요성이 높아지게 되며, 이는 결국 COOL 조

---

34 *Ibid*, para. 7.254.
35 *Ibid*, paras. 7.255-7.256.
36 *Ibid*, paras. 7.296, 7.299 and 7.302.
37 *Ibid*, para. 7.302.
38 *Ibid*, paras. 7.315-7.327.

치를 준수하기 위해 소요되는 비용의 증가로 이어지게 된다고 설명하였다.[39] 따라서 절단된 형태의 육류와 관련하여 COOL 조치 하에서는 국내 가축으로부터만 얻은 고기를 가공하는 경우, 국내 가축과 수입 가축으로부터 얻은 고기나 수입 가축으로부터만 얻은 고기를 가공하는 경우보다 적은 비용이 소요되는데,[40] 패널은 이러한 비용의 차이가 육류 상품의 가공에 수입 가축보다는 국내 가축이 이용되도록 하는 유인요소(incentive)로 작용한다고 하였다.[41] 그리고 그 결과 미국 시장에서의 수입 가축의 경쟁 기회가 감소되었다고 판단하였다.[42] 이를 근거로 패널은 COOL 조치가 국내 소·돼지에 비해 캐나다산 소·돼지 및 멕시코산 소에 불리한 대우를 부여함으로써 TBT협정 제2.1조를 위반하여 수입 가축을 사실상 차별하고 있다고 판단하였다.[43]

2.3.1.2. 상소기구의 판정

미국은 절단된 형태의 육류와 관련하여 미국의 COOL 조치가 TBT협정 제2.1조에 명시된 내국민대우원칙을 위반하였다고 판단한 패널의 결정에 대하여 상소를 제기하였다. 미국은 COOL 조치가 기술규정이며 비교 대상이 된 수입 소·돼지가 미국의 국내 소·돼지와 동종 상품이라는 패널의 판단에는 이의를 제기하지 않았으나, COOL 조치가 국내 가축보다 수입 가축에 불리한 대우를 부여한다는 패널의 결정에는 오류가 있다고 주장하였다.

2.3.1.2.1. COOL 조치가 수입 상품에 유해한 방향으로 경쟁 조건을 변경하는지 여부

상소기구는 TBT협정 제2.1조상 '불리한 대우'의 존재 여부를 판단함에 있어 고려하여야 할 것은 문제 된 기술규정이 국내 상품에 비해 수입 상품에 유해한 방향으로 시장에서의 경쟁 조건을 변경하는지 여부라고 하였다.[44] 상소기구는 TBT협정 제2.1조가 수입 상품에 대한 법률상(de jure) 불리한 대우뿐만 아니라 사실상

39 *Ibid*, paras. 7.330-7.331.
40 *Ibid*, paras. 7.333-7.353.
41 *Ibid*, para. 7.357.
42 *Ibid*, paras. 7.374-7.380.
43 *Ibid*, para. 7.420.
44 AB Report, *US − COOL*, para. 268.

(de facto) 불리한 대우 또한 금지하고 있음을 재확인하고, 본 사건에서와 같이 기술규정이 그 작용에 있어 수입 상품에 사실상 불리한 대우를 부여하고 있는지를 판단하려면 기술규정의 양태(design) 및 구조(structure)가 경쟁 조건에 대해 미치는 영향 그리고 그 조치의 작용이 영향을 미치는 시장의 외양을 포함한 제반 사항을 고려하여야 한다고 설명하였다.[45] 다시 말하면 제2.1조상의 불리한 대우에 대한 검토는 문제 된 기술규정이 수입 상품의 경쟁 기회에 대하여 야기하는 모든 부정적인 영향에 관한 분석을 수반한다는 것이다.[46]

상소기구는 이러한 해석을 바탕으로 COOL 조치가 수입 상품에 불리한 대우를 부여한다는 패널의 결정을 검토하였다. 상소기구는 COOL 조치가 그 자체로 가축 및 육류 상품의 공급 및 유통에 종사하는 자에게 국내 상품만을 가공할 것을 강제하지는 않지만, 그 양태(design)와 그 작용(operation)에 있어 수입 가축과 국내 가축의 가공에 상이한 비용을 야기하고 이것이 결국 수입 가축보다는 국내 가축을 가공하도록 유인하며 그 결과 수입 상품의 경쟁 기회가 감소된다는 패널의 결정에 동의하였다.[47] 상소기구는 또한 회원국이 도입한 특정 기술규정이 수입 상품을 동종의 국내 상품보다 불리하게 대우하는 경우, 수입 상품에 미치는 부정적인 효과는 그 기술규정에 귀속된다고 하면서 COOL 조치와 수입 상품에 대한 유해한 영향(detrimental impact) 사이의 관련성을 확인하였다.[48]

2.3.1.2.2. 수입 상품에 유해한 영향이 TBT협정 제2.1조상 차별을 구성하는지 여부

상소기구는 TBT협정 제2.1조와의 합치성 여부 판단은 기술규정이 수입 상품에 유해한 방향으로 경쟁 조건을 변경한다는 사실을 확정한 것으로 완료되지 않는다고 지적하면서,[49] 본 사건에서 패널이 COOL 조치의 유해한 효과가 정당한 규제적 구분(legitimate regulatory distinction)으로부터 초래된 것인지 여부를 판단하지 않은 것을 비판하였다.[50] 상소기구는 TBT협정 제2.1조의 해석에 관한 *US –*

---

45 *Ibid*, para. 286.
46 *Ibid*.
47 *Ibid*, paras. 287-288 and 292.
48 *Ibid*, paras. 289-291.
49 *Ibid*, para. 271.
50 *Ibid*, para. 293.

Tuna Ⅱ 사건의 판정을 상기하면서, 기술규정은 그 성격상 상품의 특성이나 특정 공정 및 생산방법에 기초한 상품의 구별을 필수적으로 수반하므로 구별이 존재한 다는 것만으로는 수입 상품이 불리하게 취급되었다고 판단할 수 없다고 하였다.[51] 즉, 제2.1조에 대한 상소기구의 해석에 따르면 조치의 유해한 영향이 언제나 제2.1 조가 금지하는 수입 상품에 대한 불리한 대우의 발생을 야기하는 것은 아니며, 어 떠한 기술규정이 사실상 수입 상품에 유해한 영향을 미치는 경우라고 하더라도 그 러한 효과가 오로지 정당한 규제적 구분으로 인한 것이라면 해당 기술규정은 제 2.1조와 합치되는 것으로 판단될 수도 있다는 것이다.[52] 그러나 이러한 규제적 구분이 공정(even-handed)하지 않은 경우, 즉 자의적이고 정당화할 수 없는 차별(arbitrary or unjustifiable discrimination)을 구성하는 방식으로 고안 또는 적용되는 경우, 그 구 분은 정당한 것으로 인정될 수 없으며, 이는 즉, 조치의 유해한 영향이 TBT협정 제 2.1조가 금지하는 차별을 구성한다는 것이다.[53] 상소기구는 규제적 구분의 공정성을 평가하기 위하여서는 문제 된 기술규정의 양태(design), 설계(architecture), 외형상 구조(revealing structure), 작용(operation) 및 적용(application)을 면밀히 살펴야 한다고 하였다.[54]

상소기구는 COOL 조치가 수입 상품에 미치는 유해한 영향이 TBT협정 제2.1 조의 위반을 구성하는 차별에 해당하는 때에만 미국의 국내 가축보다 수입 가축에 불리한 대우를 부여하는 것으로 볼 수 있다고 하면서[55] COOL 조치를 자세히 분석 하였다. 상소기구는 먼저 본 사건에서 검토 대상이 되는 규제적 구분(regulatory distinction)이 무엇인지 살펴보았다. 상소기구는 출생, 사육 및 도축에 걸친 생산 과정의 세 단계 구분과, 절단된 형태로 판매되는 우육 및 돈육 상품에 부착되는 네 종류의 라벨 간 구분이 이에 해당한다고 판단하고, 이어 이러한 구분이 공정한 방 식으로 고안 및 적용되었는지 여부를 검토하였다.[56] 이와 관련하여 상소기구는 가 공에 있어 국내 가축 이용의 유인요소로 작용하는 것으로 판단된 COOL 조치의 원 산지 정보기록 요건에 주목하였다. 즉, COOL 조치가 어떻게 작용 및 적용되는지

---

51 *Ibid*, para. 268.
52 *Ibid*, para. 271.
53 *Ibid*.
54 *Ibid*.
55 *Ibid*, para. 327.
56 *Ibid*, para. 341.

를 살펴보면, 해당 조치상의 원산지 정보 제공 및 기록 요건을 준수하기 위해 유통경로의 상위구성원인 생산자와 가공업자가 추적·입수하여 전달하여야 하는 정보의 양은 매우 방대한 반면, 소비자에게 실제 제공되는 상품의 원산지 관련 정보는 이에 상응하여 자세하지 않을 뿐만 아니라 불확실하다는 것이다.[57] 상소기구는 또한 COOL 조치의 적용이 면제되는 상품의 경우, 상당한 양의 우육 및 돈육이 라벨링 요건의 적용을 받지 않게 되는 때에도 상위구성원인 생산자와 가공업자는 모든 가축과 육류 상품의 원산지를 확인·추적하여 전달하여야 한다고 지적하였다.[58] 결론적으로 상소기구는 COOL 조치의 준수를 위해 유통경로의 상위구성원이 부담하는 의무가 상품에 부착된 원산지 라벨을 통해 소매 단계에서 소비자에게 전달되는 정보의 수준과 비례하지 않으므로 COOL 조치에 따른 규제적 구분은 공정하게 적용되지 않으며 따라서 자의적이고 정당화할 수 없는 차별을 구성한다고 판단하였다.[59]

이에 따라 상소기구는 COOL 조치에 의해 수입 상품에 미치는 유해한 영향은 정당한 규제적 구분으로부터 초래된 것이 아니며 TBT협정 제2.1조가 금지하는 차별을 구성하므로 COOL 조치가 해당 조항을 위반하였다고 판정하였다.[60]

2.3.2. TBT협정 제2.2조와의 합치성

COOL 조치가 TBT협정 제2.2조와 합치하는지 여부에 대하여서는 패널과 상소기구의 판단이 상이하다. *US – COOL* 사건의 쟁점과 관련된 TBT협정 제2.2조의 내용은 다음과 같다.

2.2 회원국은 국제 무역에 불필요한 장애를 초래할 목적으로 또는 그러한 효과를 갖도록 기술규정을 준비, 채택 또는 적용하지 아니할 것을 보장한다. 이러한 목적을 위하여 기술규정은 비준수에 의해 야기될 위험을 고려하여, 정당한 목적을 수행하는데 필요한 이상으로 무역을 제한하지 아니하여야 한다. 이러한 정당한 목적은 특히 국가안보상 요건, 기만적 관행의 방지, 인간의 건강 또는 안전, 동물 또는 식물의 생명 또는 건강,

---

57 *Ibid*, paras. 343-345.
58 *Ibid*, para. 344.
59 *Ibid*, paras. 347-349.
60 *Ibid*, paras. 349-350.

또는 환경의 보호이다…[61]

2.3.2.1. 패널의 판정

캐나다와 멕시코는 COOL 조치가 정당한 정책 목적의 달성에 필요한 이상으로 무역 제한적이기 때문에 TBT협정 제2.2조와 합치하지 않는다고 주장하였다.[62] 이에 패널은 (i) COOL 조치가 TBT협정 제2.2조에서 의미하는 무역제한적인 조치인지 여부, (ii) 미국이 COOL 조치를 통해 추구하는 목적이 정당한지 여부 그리고 (iii) 목적이 정당한 것으로 판단되는 경우, COOL 조치가 이러한 목적 수행에 필요한 이상으로 무역 제한적인지 여부를 검토하여 TBT협정 제2.2조를 위반하였는지를 판단하였다.[63]

2.3.2.1.1. COOL 조치가 무역제한적인 조치인지 여부

패널은 '무역 제한적(trade-restrictive)'이라는 용어의 범위가 광범위함을 확인하면서,[64] 어떠한 조치가 무역 제한적인지 여부를 판단하기 위하여서는 조치의 실질적인 무역 효과를 입증할 것이 요구되는 것은 아니며 수입 상품에 주어진 유효한 경쟁 기회를 검토하면 된다고 하였다.[65] 패널은 COOL 조치가 수입 가축에 보다 높은 준수 비용을 부과함으로써 수입 가축의 미국 시장에서의 경쟁 조건에 부정적인 영향을 미친다는 사실이 이미 확인된 것을 상기하며 제소당사국들이 COOL 조치가 무역 제한적인 조치임을 입증하였다고 판단하였다.[66]

---

61 원문은 다음과 같다. "2.2 Members shall ensure that technical regulations are not prepared, adopted or applied with a view to or with the effect of creating unnecessary obstacles to international trade. For this purpose, technical regulations shall not be more trade-restrictive than necessary to fulfil a legitimate objective, taking account of the risks non-fulfillment would create. Such legitimate objectives are, inter alia: national security requirements; the prevention of deceptive practices; protection of human health or safety, animal or plant life or health, or the environment."

62 Panel Report, *US − COOL*, para. 7.558.

63 *Ibid*, para. 7.558.

64 *Ibid*, para. 7.572.

65 *Ibid*.

66 *Ibid*, paras. 7.574-7.575.

2.3.2.1.2. 미국이 COOL 조치를 통해 추구하는 목적이 정당한지 여부

미국이 COOL 조치를 통해 추구하는 목적이 무엇인지와 관련하여 캐나다와 멕시코는 COOL 조치의 목적은 국내 산업을 보호하는데 있다고 주장한 반면, 미국은 COOL 조치의 주요 목적은 소비자에게 원산지 관련 정보를 제공하는 것이라고 밝혔다.[67] 패널은 미국이 COOL 조치를 통해 수행하고자 하는 목적이 원산지 정보를 소비자에게 제공하는 데 있다고 판단한 뒤,[68] COOL 조치가 추구하는 목적, 즉 소비자에 대한 원산지 정보 제공이 정당한지를 검토하였다. 패널은 조치가 추구하는 목적의 정당성은 관련된 공공 정책이나 기타 사회적 규범에 의해 정당화되고 지지되는 목적의 진정한 성격(genuine nature)에서 확인할 수 있다고 하였다.[69] 패널은 소비자에게 상품의 원산지 정보를 제공하는 것은 상당수의 WTO 회원국들의 사회 규범과 합치하는 것으로 TBT협정 제2.2조상의 정당한 목적에 해당한다고 판단하였다.[70]

2.3.2.1.3. COOL 조치가 정당한 목적을 수행하는데 필요한 이상으로 무역 제한적인지 여부

마지막으로 패널은 COOL 조치가 소비자에 대한 원산지 정보 제공이라는 정당한 목적을 수행하기 위해 필요한 정도 이상으로 무역 제한적인지 여부를 검토하였다. 캐나다와 멕시코는 COOL 조치는 추구하는 목적을 수행하지 않으며 목적을 수행한다고 하더라도 동일한 목적을 수행하는 COOL 조치 보다 덜 무역 제한적인 대안 조치가 존재하기 때문에 필요 이상으로 무역 제한적이라고 주장하였다.[71]

패널은 COOL 조치가 필요한 정도 이상으로 무역 제한적인지 여부를 판단하기 위하여 먼저 COOL 조치가 소비자에 대한 원산지 정보 제공이라는 목적을 수행하는지를 검토하였다.[72] COOL 조치가 규정하고 있는 육류 상품에 대한 라벨링 요건을 면밀히 검토한 패널은 카테고리 B와 C로 분류되는 육류에 부착되는 라벨이

---

67 *Ibid*, paras. 7.576-7.577.
68 *Ibid*, para. 7.617.
69 *Ibid*, para. 7.632.
70 *Ibid*, paras. 7.650-7.651.
71 *Ibid*, para. 7.652.
72 *Ibid*, para. 7.692.

COOL 조치에 정해진 바와 같은 또는 소비자가 이해할 수 있는 원산지 정보를 전달하지 않고 있다고 판단하였다.[73] 나아가 두 라벨 간 차이가 라벨에 표시되는 국가의 순서에만 있다는 사실을 고려하였을 때, 패널은 원산지 정보가 소비자에게 제대로 전달되는지 그리고 소비자가 원산지에 따라 두 라벨을 구별할 수 있을지 확신할 수 없다고 하였다.[74] 즉, COOL 조치에 따른 라벨링 제도는 육류 상품의 원산지를 정확·명확하게 소비자에게 전달하지 못하며,[75] COOL 조치가 도입되기 이전의 라벨링 제도와 비교하였을 때 보다 많은 정보를 제공하는 것일 뿐[76] 소비자에게 유의미한 원산지 정보를 제공하지 못한다고 보았다.[77] 이에 기초하여 패널은 COOL 조치가 그 목적을 수행하지 못하고 있다고 판단하였고, 이는 즉 COOL 조치가 TBT협정 제2.2조를 위반하였다는 것이며 따라서 COOL 조치가 목적을 수행하는데 필요한 이상으로 무역 제한적인지 여부를 판단할 필요가 없다고 하였다.[78]

2.3.2.2. 상소기구의 판정
2.3.2.2.1. COOL 조치의 목적

캐나다와 멕시코는 COOL 조치가 TBT협정 제2.2조와 합치하지 않는다는 패널의 최종 결정에는 이의를 제기하지 않았다. 그러나 캐나다와 멕시코는 패널이 미국이 밝힌 COOL 조치의 목적에만 의존하여 해당 조치의 목적을 소비자에 대한 원산지 정보 제공으로 판단한 것에는 문제가 있다고 주장하였다. 이에 상소기구는 COOL 조치의 목적에 대한 패널의 판단을 검토하였다.

상소기구는 회원국이 기술규정을 통해 달성하고자 하는 목적은 그 기술규정의 내용을 담은 문언(text), 채택 과정(legislative history), 구조(structure) 및 작용(operation)을 모두 검토하여 확인하여야 하며, 문제된 기술규정을 도입한 회원국이 제시한 해당 조치의 목적은 고려 대상의 하나일 뿐이라고 하였다.[79] 패널 보고서를 살펴본 상소기구는 패널이 두 차례에 나누어 COOL 조치의 목적이 무엇인지를 검토하였는데, 처음에는 미국의 주장에 기초하여 조치의 목적을 소비자에 대한

---

73 *Ibid*, para. 7.699.
74 *Ibid*, para. 7.701.
75 *Ibid*, para. 7.716.
76 *Ibid*, para. 7.717.
77 *Ibid*, para. 7.718.
78 *Ibid*, para. 7.719.
79 Appellate Body Report, *US − COOL*, para. 395.

원산지 정보 제공으로 판단하였으나, 두 번째 검토에서는 COOL 조치의 문언, 양태 및 구조와 채택 과정을 검토한 뒤 그 목적을 확인하였다고 하였다.[80] 상소기구는 COOL 조치의 목적을 파악하는데 있어 패널이 동 조치의 문언, 채택 과정 등을 전반적으로 검토하여 판단했으므로 오류를 범하지 않았다고 보았다.[81]

2.3.2.2.2. COOL 조치의 목적이 정당한지 여부

캐나다와 멕시코는 또한 소비자에 대한 원산지 정보 제공이 TBT협정 제2.2조 상의 정당한 목적에 해당한다는 패널의 결정에도 이의를 제기하였다. 상소기구는 본 사건에서와 같이 조치의 목적이 제2.2조에 명시되어 있는 것들 중 하나에 해당하지 않는 경우에는 그 목적이 제2.2조상 정당한 목적에 해당하는지를 검토해보아야 한다고 하였다.[82] 상소기구는 제2.2조상 명시된 목적은 예시적인 것으로, 이러한 목적과 관련된 목적 또한 정당한 것으로 판단될 수 있다고 하였다.[83] 상소기구는 또한 목적의 정당성을 판단함에 있어 TBT협정의 전문(preamble)에 열거된 동 협정의 목적과, 다른 WTO협정에 규정된 목적이 지침이 될 수 있다[84]는 *US – Tuna* II 사건의 결정을 상기하면서, 소비자에 대한 원산지 정보 제공은 TBT협정 제2.2조와 GATT 제XX조 (d)항에 명시된 정당한 목적인 '기만적 관행의 방지'와 관련 있다고 판단하였다.[85] 상소기구는 캐나다와 멕시코가 소비자를 위한 원산지 정보 제공이 TBT협정 제2.2조상 정당한 목적에 해당하지 않는다는 것을 입증하지 못하였다고 지적하며 COOL 조치의 목적의 정당성을 인정한 패널의 판단을 지지하였다.[86]

2.3.2.2.3. COOL 조치가 정당한 목적을 수행하는데 필요한 이상으로 무역 제한적인지 여부

2.3.2.2.3.1. 미국의 주장

미국은 COOL 조치가 정당한 목적을 수행하는데 필요한 이상으로 무역 제한

---

80 *Ibid*, para. 399.
81 *Ibid*, para. 433.
82 *Ibid*, para. 372.
83 *Ibid*, para. 444.
84 *Ibid*, para. 445.
85 *Ibid*.
86 *Ibid*, para. 453.

적이라는 패널의 결정에 이의를 제기하였다. 미국은 패널의 COOL 조치가 목적을 충분히 달성하지 못하고 있다는 이유 하나 때문에 TBT협정 제2.2조를 위반하였다고 판단하였는데, 이러한 이유는 제2.2조 위반 여부를 판단하는 근거가 될 수 없다고 주장하였다.[87] 미국은 또한 문제된 조치가 필요 이상으로 무역 제한적이라는 사실은 이를 주장하는 제소당사국이 보다 덜 무역 제한적인 대안 조치를 제시하여 입증하여야 하는데 패널은 캐나다와 멕시코에 이러한 입증 책임을 묻지 않는 오류를 범했다고 주장하였다.[88]

2.3.2.2.3.2. 상소기구에 의한 TBT협정 제2.2조의 해석 및 적용

상소기구는 *US – Tuna* Ⅱ 사건을 상기하면서 어떠한 조치가 정당한 목적을 수행하는데 필요한 이상으로 무역 제한적인지 여부는 그 조치가 정당한 목적을 '수행'하는지 여부에 대한 판단을 수반한다고 하였다.[89] 상소기구는 TBT협정 제2.2조상 '수행'이란 문제된 기술규정이 정당한 목적의 달성에 기여하는 정도 (degree of contribution)와 관련된 문제라고 하였는데, 즉 기술규정이 정당한 목적에 실질적으로 기여하는 정도를 검토하여야 한다는 것이다.[90] 상소기구에 따르면 어떠한 기술규정이 그 목적을 수행하는데 기여하는 정도는 해당 기술규정의 양태와 구조 그리고 그 작용을 검토하여 확인할 수 있다.[91] 상소기구는 기술규정이 TBT협정 제2.2조와 합치하는지 여부를 판단하기 위하여서는 (i) 기술규정이 정당한 목적에 기여하는 정도 이외에 (ii) 그 기술규정이 무역 제한적인지 여부 그리고 (iii) 기술규정이 추구하는 목적이 수행되지 않는 때 야기되는 위험과 그 결과의 심각성 또한 살펴보아야 한다고 하였다.[92] 상소기구는 더 나아가 문제된 기술규정과 이를 대체할 수 있는 이용가능한 대안 조치를 비교해보아야 한다고 지적하면서[93] 이를 통하여 문제된 조치의 무역 제한적인 성격의 '필요성'을 판단할 수 있을 것이라고 하였다.[94]

이러한 해석을 바탕으로 상소기구는 패널의 판단을 검토하였다. 상소기구는 문제된 조치가 어떠한 목적을 수행하는지 여부에 대한 평가는 그 조치가 그 목적을

---

87 *Ibid*, para. 456.
88 *Ibid*, paras. 455-456.
89 *Ibid*, para. 461.
90 *Ibid*, paras. 373 and 461.
91 *Ibid*.
92 *Ibid*, para. 461.
93 *Ibid*.
94 *Ibid*.

달성하는데 실제 기여하는 정도에 관한 문제라고 보았다.[95] 따라서 패널은 문제된 조치의 목적에 대한 기여 정도를 확인하면 되는 것이지, 그 조치가 해당 목적을 완전히 수행하는지 여부 또는 목적 수행에 요구되는 최소한의 수준으로 기여하는지 여부를 판단할 필요는 없다는 것이다.[96] 그런데 본 사건에서 패널은 COOL 조치가 원산지 정보의 제공이라는 목적을 100% 완벽하게 수행하는지 또는 TBT협정 제2.2조와 합치되는 것으로 판단하기 위해 필요한 최소한의 수준으로 그 목적을 수행하는지 여부를 판단한 것으로 보인다고 비판하였다.[97] 이에 더하여 상소기구는 패널이 COOL 조치에 따른 라벨링이 소비자에 대한 원산지 정보제공이라는 목적에 어느 정도는 기여한다고 판단하였음에도 스스로의 결정을 무시한 것 또한 비판하였다.[98] 이에 따라 상소기구는 COOL 조치가 소비자가 이해할 수 있는 원산지 정보를 전달하지 못함으로써 그 목적을 수행하지 못하였으므로 TBT협정 제2.2조를 위반하였다는 패널의 결정은 잘못된 것이라고 판단하고, COOL 조치가 제2.2조와 합치하지 않는다는 패널의 최종 결정을 번복하였다.[99]

이에 더하여 상소기구는 입증책임에 관한 미국의 주장에 동의하였다. 즉, 패널은 COOL 조치와 캐나다와 멕시코가 제시한 대안 조치를 비교하지 않은 상태로 COOL 조치가 TBT협정 제2.2조를 위반하였다고 판단함으로써 오류를 범하였다는 것이다.[100] 상소기구는 문제된 조치와 대안 조치를 비교하는 때에는 조치가 추구하는 목적이 수행되지 않는 때 야기되는 위험을 고려하여 (i) 제시된 제안 조치가 덜 무역적이고, 제한적인지 여부, (ii) 정당한 목적에 문제 된 조치와 동일한 수준으로 기여하는지 여부, (iii) 그리고 대안 조치가 합리적으로 이용가능한지 여부를 판단하여야 한다고 하면서[101] 패널이 완료하지 않은 분석을 계속할 수 있을 것인지를 검토하였다. 그러나 필요한 사실관계에 관한 패널의 결정이 없는 상태에서 상소기구는 COOL 조치가 정당한 목적을 수행하는데 필요한 이상으로 무역 제한적인지 여부를 판단할 수 없다고 결정하였다.[102]

---

95 *Ibid*, para. 468.
96 *Ibid*.
97 *Ibid*.
98 *Ibid*.
99 *Ibid*.
100 *Ibid*, para. 469.
101 *Ibid*, para. 378.
102 *Ibid*. 491.

2.4. 결 론

US – COOL 사건은 US – Clove Cigarettes 사건 및 US – Tuna Ⅱ 사건과 함께 TBT협정 제2.1조와 제2.2조의 해석에 관하여 일련의 지침을 제공하였다. 세 사건에서 특히 두드러지는 것은 상소기구가 TBT협정 제2.1조상의 '불리한 대우의 부여'를 해석함에 있어 GATT 제Ⅲ:4조상의 내국민원칙을 해석한 방법과는 차이를 보이는 접근법을 채택하였다는 것이다.[103] 비차별원칙의 한 형태인 내국민대우원칙은 최혜국대우원칙과 함께 WTO 체제의 근간을 이룬다. TBT협정 제2.1조에 명시된 내국민대우원칙은 GATT 제Ⅲ:4조상 규정된 내국민대우원칙과 그 내용이 유사한데, 두 조항 모두 수입 상품에 동종의 국내 상품에 부여되는 것보다 불리한 대우가 부여되는 것을 금지하고 있다. GATT 패널과 WTO 패널 및 상소기구는 특정 회원국의 법률, 규정 등이 국내 상품과 동종인 수입 상품에 불리한 대우를 부여함으로써 GATT 제Ⅲ:4조상 내국민대우원칙을 위반하였는지 여부를 여러 차례 검토한 바 있다. US – Clove Cigarettes 사건에서 상소기구가 설명한 것처럼, 과거 패널 및 상소기구의 판정을 살펴보면, GATT 제Ⅲ:4조상 불리한 대우의 존재 여부는 문제 된 조치를 채택한 회원국 시장에서 수입 상품이 가지는 경쟁 기회가 그 조치에 의해 변경되었는지 여부로 결정된다.[104] 즉, GATT 제Ⅲ:4조상 불리한 대우란 수입 상품에 대한 불평등한 경쟁 조건을 의미하며, 문제된 조치가 동종의 국내 상품보다 수입 상품에 유해한 방향으로 시장에서의 경쟁 조건을 변경하면 제Ⅲ:4조 위반이 성립되게 되는 것이다.

그런데 앞서 검토한 바와 같이 US – COOL 사건 상소기구는 미국의 기술규정이 TBT협정 제2.1조를 위반하였는지 여부를 확인함에 있어 기술규정이 수입 상품에 불리하게 경쟁 조건을 변경하는지 여부뿐만 아니라, 그 기술규정이 가지는 수입 상품의 경쟁 기회를 감소시키는 효과가 정당한 규제적 구분(legitimate regulatory distinction)으로부터 초래된 것인지 여부 또한 검토하였다. 상소기구의 이러한 접

---

103 Joshua Meltzer, *The WTO Ruling on U.S. Country of Origin Labelling* ("COOL"), 16(23) ASIL Insights, 18 Jul. 2012, ⟨http://www.asil.org/insights120718.cfm⟩.

104 See Appellate Body Report, *United States – Measures Affecting the Production and Sale of Clove Cigarettes*, WT/DS406/AB/R, 4 Apr. 2012, paras. 176-179.

근법은 *US − Cigarettes* 사건에서 채택되어[105] *US − Tuna* Ⅱ[106] 사건에서 재확인 된 뒤 *US − COOL* 사건에서 다시 한번 적용된 것이다. 상소기구는 GATT 제Ⅲ:4조 와 TBT협정 제2.1조의 문언상 유사성을 확인하면서 GATT 제Ⅲ:4조에 대한 과거 패널 및 상소기구의 해석이 TBT협정 제2.1조의 해석에 지침이 될 수 있다고 인정 하는 한편, TBT협정 제2.1조상 내국민대우원칙은 TBT협정만의 특수한 문맥 (specific context), 즉 (i) 제2.1조가 기술규정이라는 특정 조치에 적용된다는 사실 과, (ii) 회원국은 정당한 목적을 위해서라면 자의적이거나 부당한 차별의 수단이 나 국제 무역에 위장된 제한을 구성하는 방법으로 적용하지 않는 한 필요한 조치를 취할 수 있다고 한 TBT협정 전문의 내용을 고려하여 해석되어야 한다고 하였 다.[107] 상소기구에 따르면 기술규정은 그 자체가 상품의 특성이나 특정 공정 및 생 산방법에 기초하여 상품을 구별하는 조치이므로 TBT협정 제2.1조가 상품을 구별 하는 것 자체를 금지하는 것으로 해석되는 것에는 문제가 있으며, 따라서 어떠한 기술규정이 수입 상품에 불리하게 경쟁 조건을 변경하고 있다고 하더라도 이러한 결과가 오로지 정당한 규제적 구분에 의해 비롯된 것이라면, 그 기술규정은 수입 상품에 동종의 국내 상품보다 불리한 대우를 부여하는 것으로 볼 수 없다는 것이 다. 이는 즉 경쟁 조건에 대한 조치의 유해성이 조치를 채택한 국가의 정당한 규제 적 필요에 의해 조각되는 것이다.

TBT협정 제2.1조상 내국민대우원칙을 자세히 검토한 사건이 존재하지 않는 상황에서 오랜 시간에 걸쳐 확립된 GATT상의 내국민대우원칙 관련 해석 방법이 TBT협정상의 내국민대우원칙 해석에 그대로 적용될 것인지는 의문이었다. 그러 나 최근 종결된 TBT협정 관련 사건에서 상소기구가 TBT협정의 특성을 반영한 해 석 방법을 확립함으로써 이러한 의문은 일단 해소된 것으로 보인다.

---

105 *Ibid*, paras. 181-182.

106 See Appellate Body Report, *United States − Measures concerning the Importation, Marketing and Sale of Tuna and Tuna Products*, WT/DS381/AB/R, 16 May 2012, (이하 '*US − Tuna* Ⅱ'), para. 215.

107 Appellate Body Report, *US − Clove Cigarettes*, para. 180; Appellate Body Report, *US − Tuna* Ⅱ, para. 214; Appellate Body Report, *US − COOL*, para. 268.

참고문헌

Remy Jurenas and Joel L. Greene, *Country-of-Origin Labeling for Foods and the WTO Trade Dispute on Meat Labeling*, Congressional Research Service, August 1, 2012.

Joshua Meltzer, *The WTO Ruling on U.S. Country of Origin Labelling ("COOL")*, 16(23) ASIL Insights, July 18, 2012.

WTO, *United States – Certain Country of Origin Labelling (COOL) Requirements*, Panel Reports, WT/DS384/R; WT/DS386/R, Nov. 18, 2011.

_____, *United States – Certain Country of Origin Labelling (COOL) Requirements*, AB Reports, WD/DS384/AB/R; WT/DS386/AB/R, Jun. 29, 2012.

_____, *European Communities – Measures Affecting Asbestos and Asbestos-Containing Products*, AB Report, WT/DS135/AB/R, Mar. 12, 2001.

_____, *European Communities – Trade Descriptions of Sardines*, AB Report, WT/DS231/AB/R, Sep. 26, 2012.

_____, *United States – Measures Concerning the Importation, Marketing and Sale of Tuna and Tuna Products*, AB Report, WT/DS381/AB/R, May 16, 2012.

_____, *United States – Measures Affecting the Production and Sale of Clove Cigarettes*, AB Report, WT/DS406/AB/R, Apr. 4, 2012.

중국 희토류 사건에 대한 국제통상법적 고찰*

강문경(전북대학교 공공인재학부 조교수),

배정생(전북대학교 법학전문대학원 교수)

3.1. 서 론

지난 2011년 뉴욕타임지가 중국이 환경오염을 핑계로 미국의 형광등 가격을 급등하도록 조장한다고 비난하고 나선 가운데 미국, EU, 일본은 중국의 희토류(稀土類)[1] 수출금지 정책에 대하여 WTO 규칙 위반이라며 WTO 분쟁해결기구에 각각 제소하였다.[2] 희토류는 중국이 전 세계 수요의 85%를 공급하고 있는 바, 희토류에 대한 중국의 정책은 희토류 수입을 전량 중국에 의지하고 있는 우리나라를 포함한

---

* 이 장은 필자가 2014년 9월에 「법학연구」 제42집에 게재한 "중국 희토류 사건에 대한 국제통상법적 고찰"을 저자의 동의 하에 그대로 실은 것임을 밝힌다.

1 희귀한 흙이라는 뜻의 희토류는 지각 내에 총 함유량이 300ppm(100만분의 300)미만인 금속을 의미한다. 원자번호 57~71번인 란탄 계열 15개 원소와 스칸듐(Sc), 이트륨(Y) 등을 포함한 17개 원소를 하나로 묶어 부르는 이름이다. 희토류 소비량은 석유나 다른 광물자원과 비교하면 매우 적지만 질적으로는 비교가 안 된다. 화학적으로 안정적이면서 열을 잘 전달하는 고유한 성질이 최고의 장점이다. 반면 화학적, 물리적 성질이 비슷해 분리하기 매우 까다롭다. 또 방사성 물질이 혼합된 경우가 대부분이어서 채취하기가 쉽지 않다. 갈수록 쓰임새가 넓어지고 있는 희토류는 휴대전화, 반도체, 하이브리드 차 등 첨단 제품 생산에 필수적인 자원으로 취급되고 있다. 그래서 '첨단산업의 비타민', '녹색산업의 필수품'이란 수식어가 붙는다. 중국은 현재 희토류 금속의 85%를 생산하고 있으며, 매장량도 세계의 60%를 차지하고 있다.

2 WTO, WT/DS431,432,433, *China — Measures Related to the Exportation of Rare Earths, Tungsten and Molybdenum.*

각 수입국들의 관심을 끌고 있다. 실제로 중국의 희토류산업 국유화와 함께 중국이 조치한 수출관세와 쿼터설정 등의 수출제한으로 인하여 17종류의 희토류 가격이 최근 수년간 8배에서 40배까지 치솟았다. 또한 중국은 희토류를 무기로 일본과의 디아오위다오 분쟁[3]을 유리하게 이끌었고, 이에 일본을 비롯한 미국, EU 등 중국으로부터 희토류를 주로 수입하던 국가들은 중국의 희토류 수출정책에 많은 관심을 기울이고 있다.[4] WTO는 중국의 희토류 수출금지 정책에 대한 미국, EU, 일본의 제소에 즉각 패널을 설치하여 심리를 진행하였고, 2014년 3월 26일 WTO 패널은 중국의 희토류 수출제한이 WTO협정 위반임을 결정하였다. 중국은 즉각 상소하였지만 상소기구도 2014년 8월 7일 발표된 보고서를 통해 패널의 의견을 지지하여 중국측의 패소를 최종 확정지었다.[5] 동 결정에서 상소기구는 중국정부는 텅스텐과 몰리브덴 등 희토류에 적용하는 수출 할당량이 정당한 조치임을 입증하지 못했다고 하였다. 이에 상소기구 보고서는 회원국들에게 회람하여 2014년 8월 29일 WTO 분쟁해결기구 회의에서 정식으로 채택되었다.

중국은 이 사건에 앞서 2009년 일부 원자재에 대해 수출세와 쿼터(수량제한)

---

3 디아오위다오는 일본 오키나와에서 약 300km, 타이완에서 약 200km 떨어진 동중국해 남쪽에 있는 무인도로, 5개의 작은 섬과 3개의 산호초로 이루어져 있다. 중국에서는 조어대군도(釣漁臺群島), 일본에서는 센카쿠열도[尖閣列島]로 부르며, 국제적으로는 '센카쿠섬(Senkaku Islands)'이라고 부른다. 이 디아오위다오 분쟁은 청일전쟁(淸日戰爭)이 일어난 1894년 이전까지 거슬러 올라갈 만큼 오랜 역사를 가지고 있는데, 중국에서는 1873년에 출판된 지도에 중국 영토로 표시되어 있어 디아오위다오가 당연히 중국 영토라고 주장하는 반면, 일본에서는 1895년 오키나와 현[沖縄縣]에 정식으로 편입된 일본 영토라고 주장, 현재까지도 빈번한 영토분쟁이 일어나고 있는 국제 분쟁지역이다. 본격적으로 분쟁이 일어나기 시작한 것은, 타이완과 일본 어부들 사이에 고기잡이 문제로 마찰을 일으키면서였는데, 1971년 중국과 타이완이 각각 영유권을 주장하고, 이듬해 미국이 오키나와를 일본에 반환함으로써 디아오위다오는 자연히 일본에 귀속되었다. 그러나 1978년 중국 어부들이 디아오위다오 수역에서 조업을 하자 일본 극우단체가 이곳에 등대를 설치하면서 분쟁은 격화되었다. 특히 이 디아오위다오는 지정학적으로 군사 전략의 요충지에 해당하고, 엄청난 양의 해저자원까지 매장되어 있어 영유권 분쟁은 격화될 수밖에 없었다. 결국 중국은 타이완과 공동 대응을 표명하고 1992년 전국인민대표대회에서 디아오위다오를 영해에 포함시킨 뒤 이듬해 인근 해역에 해저유전을 시추하고 대규모 항의 어선단을 파견하자, 일본은 경비정을 보내 중국의 해양조사선을 강제 퇴거 조치하는 등 분쟁이 계속되었고, 양국이 충돌 직전까지 가기도 하였다.

4 『헤럴드경제』, 2013년 11월 29일.

5 WTO, WT/DS431,432,433/AB/R, *China — Measures Related to the Exportation of Rare Earths, Tungsten and Molybdenum*, Reports of the Appellate Body, 2014. 8. 7 (이하에서는 '상소기구보고서'라 한다). 상소기구보고서, para. 2.3 참조.

를 도입한 사안에 관하여 미국, EU, 멕시코가 이를 WTO협정 위반으로 DSB에 제소해 패널과 상소기구 판결에 의해 2012년 최종 패소한 경험이 있다.[6] 이에 이번 희토류 피소사건에서 중국 측은 자국의 희토류 수출 제한이 환경 보호를 위해 필요한 조치라고 강력하게 반박하고, 희토류 기업의 채굴 제한[7]과 희토류 자원 관리를 위한 전담 기관을 설립할 것을 발표하는 등[8] 적극적으로 대응하였다.

한편 2010년 발표된 UN 보고서에 의하면 지난 60년간 국가 간 분쟁의 40%가 자원과 관련된 분쟁이며,[9] 국가 간 자원 수출 의존에 따른 빈부격차 심화와 함께 에너지 자원의 국제관계 영향력 또한 증대되고 있음을 알 수 있다. 이러한 현상은 지구상 에너지의 고갈현상이 가격의 상승을 일으키며 자원보유국이 이를 자국 산업보호 및 외교의 수단으로 이용하려 하는 움직임을 보이면서 문제시되고 있는 것이다. 기존의 국가 간 자원 확보 경쟁은 특히 석유자원에서 두드러지게 나타났었는데 최근에는 EU, 미국, 일본 등 기존의 에너지 대량 소비국들 이외에도 급속한 경제발전을 이루고 있는 중국, 인도 등이 새로운 에너지 소비국으로 등장하며 한정된 자원 확보를 위한 각국의 외교적인 노력이 계속되고 있다. 특히 중국-희토류사건의 제소국 중 하나인 EU의 경우 지리적 특성상 매장된 천연자원이 전무한 자원빈국이다. 현재 유럽연합의 천연가스 수요 중 83.4%는 러시아, 알제리, 노르웨이에서 들어오고 있다. 따라서 이들 나라 중 하나가 천연가스의 공급을 중단하면 유럽 경제는 큰 타격을 입게 되고 실제로 2009년 1월 러시아 국영가스 기업인 가즈프롬

6 WTO, WT/DS394,395,398, *China — Measures Related to the Exportation of Various Raw Materials*(이하에서는 '중국-원자재 사건'이라 한다).

7 2012년 중국은 희토류에 대한 규제를 더욱 강화하기 위하여 희토류 채굴 면허 발급을 113곳에서 67곳으로 40% 감축했다고 발표했다(NEWis, '中, 희토류 채굴 면허 발급 40% 감축…113곳→67곳', 2012년 9월 19일, 기사참조, 〈http://news.naver.com/main/read.nhn?mode=LSD&mid=sec&sid1=104&oid=003&aid=0004723684〉, 검색일: 2014년 1월 15일).

8 중국은 지난 2012년 4월 8일 중국 희토류 생산업체들의 국제 가격 결정권을 강화하고 관련 업체들을 조직화하기 위한 희토류산업협회(中国稀土行业协会, Association of china rare earth industry)를 정식 발족했다. 동 협회는 기업들에 대한 생산지도, 시장조사, 업종관리, 중개서비스, 무역마찰 경고등의 역할과 함께 기업과 정부, 국내외 시장을 연결하는 교량역할을 하며 수출 가격과 수출 쿼터 등을 결정하는데 그 중요한 임무를 수행한다(中国稀土行业协会 홈페이지 참조, 〈http://www.ac-rei.org.cn/portal.php〉, 검색일: 2014년 1월 26일).

9 유엔환경계획 한국위원회 홈페이지 참조, 〈http://www.unep.or.kr/sub/sub05_01_02.php?mNum=5&sNum=1&boardid=tunza&mode=view&idx=926〉, 검색일: 2014년 8월 7일).

이 우크라이나와 분쟁을 이유로 가스 수송을 중단하자 세르비아, 불가리아 등 동유럽 국가들은 난방에 어려움을 겪어야 했다. 또한 지난 2014년 3월 러시아는 다시 우크라이나에게 체불대금 미지급을 이유로 가스공급 중단을 경고한 바 있다.[10]

이처럼 일국이 자국의 자원을 외교적 무기의 수단으로서 사용을 한다면 일본이 중국의 희토류 수출 금지 선언에 즉각 항복을 했던 것처럼 수입국은 일시적이나마 큰 타격을 입게 되는 것이다. 그 결과 희토류 전량을 중국의 수입에 의존하는 미국, EU, 우리나라 등이 이 사건을 계기로 아프리카 등 새로운 시장으로 대책 마련에 나서고 있다.

이에 본 논문은 WTO DSB 패널 및 상소기구 결정에 의해 중국 측이 패소한 중국 희토류 사건을 통하여 중국 희토류 수출 제한 규정에 대한 국제통상법적 분석과 함께 향후 중국 희토류 정책의 전망에 따른 각국의 대응과 더불어 우리의 대응방안을 고찰해보고자 한다.

3.2. 중국 희토류 사건 개요(중국 vs EU, 미국, 일본)

2010년 9월 7일, 디아오위다오 인근 해역에서 중국 어선과 일본 순시선이 충돌하며 양국 영유권 분쟁이 수면 위로 떠올랐다. 일본 측이 자국의 영해를 침범한 중국어선 선장을 나포하자 중국은 희토류 수출 중단이라는 강력한 경제무기로 대응하였고, 이에 일본은 중국 선장을 즉각 석방하며 중국-일본 간 영유권 분쟁에서 촉발된 선장체포, 억류 사건은 일단락되었지만 전 세계적으로 중국의 희토류 수출 제한에 대한 수입국들의 관심을 고조시켰다.

미국은 클린턴 국무장관과 통상대표부 대변인까지 동원하여 "우리는 중국의 희토류 수출제한에 대해 매우 우려하고 있다"고 발표하였으며[11] EU, 일본 등 주요 수입국들 또한 중국을 비난하였다.

더 나아가 2012년 3월 13일 EU, 미국, 일본은 중국의 희토류를 포함한 희귀자원 수출제한이 불공정 행위라며 WTO를 통해 중국과의 협의(consultation)를 요청하였

---

10 『연합뉴스』, 2014년 3월 7일.
11 "美, 中 희토류 수출 감축에 '우려' 표명", 월드뉴스닷컴 기사참조, 〈http://article.wn.com/
   view/WNATf3dd02f925c6bede3d5fc51197eb3815〉, 방문일자: 2014년 8월 7일).

다. 이는 현재 희토류가 각국의 산업영역에서 차지하고 있는 중요도와 더불어 세계 희토류 생산의 대부분을 중국이 담당하고 있는 현실을 고려해볼 때 중국의 희토류 수출제한 규정에 대한 3국의 제소 등 민감한 반응은 놀랄만한 일이 아니다. 중국은 협의 요청에 대해 반대의사를 분명히 하였으나 미국은 재차 협의를 요청하여 2012년 4월 25-26일에 협의가 진행되었고, 예상대로 원만한 합의에 도달하는 데에는 실패하였다. 이후 2012년 6월 27일 미국, EU, 일본은 WTO 분쟁해결기구에 DSU 제6조에 따라 패널 설치를 요청하였고, 2012년 7월 23일 DSB는 DSU 제9.1조에 따라 동 사안을 검토하기 위하여 단일 패널 설치 후 2012년 9월 24일 패널 구성을 확정하였다.[12] 이렇게 구성된 패널은 2014년 3월 26일 중국 측 패소 보고서를 채택하였고, 중국은 이에 대해 즉각 상소하였다. 상소기구는 2014년 8월 6일 패널의 결정을 지지하는 상소기구 보고서를 작성하였고, DSB는 중국의 패소를 최종 확정지었다.[13]

전 세계적으로 지구상의 자원은 유한하며 언젠가는 고갈된다는 위기의식이 확산됨에 따라 1990년대 이후 자원보유국과 자원수입국 간의 갈등은 고조되어왔다. 최근 중국을 포함한 각국의 천연자원, 희토류, 에너지와 관련된 분쟁이 점차 증가되고 있는 가운데[14] 이는 자원보유국이 자국의 자원 수출제한을 외교적 수단의

12 WTO, WT/431,432,433/R, *China — Measures Related to the Exportation of Rare Earths, Tungsten and Molybdenum*, Reports of the Panel, 2014. 3. 26 (이하에서는 '패널보고서'라 한다). 패널보고서, paras. 1.1-2 참조.
13 한편 중국은 2001년 WTO에 가입하며 '분쟁해결규칙과 절차에 관한 양해각서(DSU)'를 받아들임으로서 WTO 분쟁해결기구(Dispute Settlement Body, DSB)의 관할권을 인정하였는데 DSU는 분쟁의 신속한 해결이 WTO의 실효성이 있는 기능에 필수적임을 강조하면서 모두 143개 항에 달하는 27개 조문과 기타 4개 부록(Appendix)을 통하여 분쟁해결에 있어 준수해야 할 절차와 시간표를 상세히 규정하고 있다. 1995년 WTO 출범 이후 중국의 가입까지 6년의 공백이 존재한다고 할 수 있지만 중국의 WTO 가입은 WTO와 다자무역체제 역사상 가장 중요한 사건 중 하나라고 평가되고 있는 만큼 DSB내에서의 중국의 역할도 굉장히 활발하다. 중국은 2001년 WTO 가입 이후 2014년 현재까지 총 43건의 소송에 관련되어 있다. 전체 43건의 소송 중 12건은 중국이 상대국을 제소한 사건이며 31건은 중국이 피소된 사건이다. 또한 중국은 제소국과 피소국 신분 이외에도 현재 104건의 소송에 제3자 자격으로 참여하고 있다. 중국은 2002년을 시작으로 2004년 1건, 2006년 1건 등 WTO 가입 초기에는 소송건수가 많지 않았으나 2007년 이후에는 크게 증가하고 있고 2012년에는 희토류 사건을 포함하여 총 7건의 사건에 피소되었다(강문경, "WTO가입이후 중국의 WTO 분쟁해결기구에서의 역할과 전망", 「법학연구」 통권 제38집, 전북대학교 법학연구소, 2013, 358-359면 참조).
14 최근 DSB에 제소된 에너지 관련 분쟁은 일본과 EU가 각각 2010년, 2011년 캐나다를 상대로 제소한 "WTO, WT/DS412, *Canada—Certain Measures affecting the renewable energy generation sector*; WTO, WT/DS426, *Canada—measures relating to the feed—in*

카드로 이용할 경우 상대국 간의 외교적 분쟁을 야기함은 차치하더라도 WTO 규정과의 합치성 문제 또한 제기되고 있는 것이다.

앞서 살펴본 바와 같이 2009년부터 미국, EU, 일본은 일관되게 중국의 희토류 수출제한 정책이 WTO협정과 WTO 가입의정서에 위반된다고 지적해왔다. 반면 중국은 해독물질이 많은 광산들과 가공업체들의 환경오염수준을 개선하기 위하여 국유화와 잠정 폐쇄 조치가 필요하다고 주장하면서 미국 등의 WTO 분쟁해결기구 제소에 부정적인 입장이며, 희토류정책에 관해서는 일체의 국제적 협상이나 조정 없이 법적 재정비를 통해 자국의 입장을 고수하여왔다.

결국 2012년 세 나라는 WTO DSB에 중국의 수출허가제도의 일부 내용이 희토류의 수출을 제한하고 있고 이는 WTO협정 위반이라고 제소하였다. 중국의 이러한 조치들에 대한 WTO협정의 구체적인 위반사항은 GATT 제Ⅶ조, 제Ⅷ조, 제Ⅹ조, 제Ⅺ조 및 중국의 WTO 가입의정서 Part Ⅰ의 1.2의 중국의 의무 및 2(A)2, 2(C)1, 5.1, 5.2, 7.2, 8.2, 11.3 의 위반이라고 주장하였다.[15]

동 사건과 관련한 우리나라의 입장은 중국이 희토류를 활용한 자원민족주의를 펼친다 하더라도 WTO 제소에 동참하는 등의 직접적인 대응은 자제하는 등의 신중한 태도를 보이고 있으며 지난 2009년 중국-원자재 사건과 마찬가지로 이번 사건에서도 제3자로서 참여하였을 뿐이다.[16]

3.3. 중국 국내법상 희토류 수출제한 규정에 대한 국제통상법적 분석

3.3.1. 중국 국내법상 희토류 수출제한 규정

중국은 당초 1985년부터 희토류 생산품에 대해 수출세 환급 정책을 실시하며

---

tariff program" 사건이다. 동 사건은 캐나다 온타리오 주정부가 2009년 재생에너지 분야의 투자 안전성을 높이기 위한 제도로 '발전차액 지원제도'를 도입하였는데, 이는 정부가 발전차액 지원제도를 통해 재생에너지 발전을 재정적으로 지원하면서, 그 지원의 전제로 해당 발전사업자가 국내산 발전 장비를 사용해야 한다는 조건을 부과하였다. 이에 WTO 패널과 상소기구에서는 이 제도가 WTO 규범에 합치되지 않는다고 판시하였다.

15 패널보고서, para.1.1 참조.
16 동 사건에 대해 제3자로 참여하였던 국가는 아르헨티나, 오스트레일리아, 브라질, 캐나다, 콜롬비아, EU(WT/DS431,433), 인도, 인도네시아, 일본(WT/DS431,432), 한국, 노르웨이, 오만, 페루, 러시아, 사우디아라비아, 대만, 터키, US(WT/DS432, WT/DS433)이다.

희토류 생산 산업 촉진 정책을 펼쳤었다. 이와 같은 중국정부의 희토류 생산품 수출 장려 정책[17]으로 1990년까지 중국의 희토류 생산량은 꾸준히 증가한 반면 중국 내 희토류 사용량은 많지 않았었다.

그러나 2004년 이후 중국의 과학기술의 발전과 함께 전기, 자동차, 항공우주, 핵관련 산업 등 전범위에 걸쳐 희토류의 국내 사용량은 꾸준히 증가하고 있는 추세이다. 특히 지난 2000년 중국 내 소비량은 1만 9천 2백만 톤이었으나 2008년 세계 희토류 소비량 13만 톤 중 중국 내에서의 소비량은 7만 톤이었으며 2015년에는 세계 희토류 요구량이 21만 톤이 예상되는 가운데 이중 중국 내 소비는 13.8만 톤으로 예상되고 있다.[18]

한편 1994년부터 국제 희토류 가격이 상승하면서 기업들은 생산규모를 확대하기 시작하였으나 중국정부는 여전히 희토류 수출을 통한 외화 확보에 주력하기만 하였고 소규모업체와 불법업체들의 난립을 제대로 관리하지 못하는 등의 문제가 지속적으로 발생되었다.[19] 이에 중국정부는 2012년 "중국의 희토류 현황 및 정책"백서를 발표하여 중국 내 희토류 생산 현황을 체계적으로 파악함과 동시에 향후 희토류와 관련된 중국의 정책을 제시하였다. 동 백서에 따르면 현재 중국은 전 세계 희토류 매장량의 23%를 보유하고 있는 반면 전 세계 희토류 생산량의 90% 이상을 담당하고 있는 기형적인 구조를 가지고 있다는 것이다.[20] 이에 중국정부는 희토류 수출제한 규정으로 희토류 생산시 발생되는 환경오염에 대한 부담을 덜고[21] 향후 희토류에 대한 가격 주도권을 유지하려는 의도를 갖고 있는 것으로 보인다.

---

17 1992년 등소평은 남순강화 때 "중동에 석유가 있다면 중국엔 희토가 있다(中东有石油, 中国有稀土)"라는 발언을 통하여 희토류 관련 사업을 적극 장려하였다("谋求国际话语权:中东有石油 中国有稀土", 新华网, 2010年 9月 13日).

18 "中国60年来稀土工业发展状况", 中铝网新闻, 2011年 2月 14日.

19 부정, 중국 희토류 규제 강화와 한국에 미치는 영향에 대한 연구, 인천대학교 석사학위논문, 2013, 22면.

20 그러나 같은 시기에 미국에서 발표된 USGS의 자료에 의하면 중국의 희토류 매장량은 5,500만 톤으로 이는 중국 희토류 백서에서 발표한 매장량 1,895만 톤과는 약 3배 정도의 차이가 나고 있다.

21 희토류를 추출하고 분리하는 단계에서 화학적 처리를 시행해야 하기 때문에 심각한 환경문제가 발생하고 있다. 1톤의 희토류를 정제하기 위해서는 6,300리터에 이르는 황산과 플루오르화수소산이 혼합된 폐가스, 또 약 20만 리터의 산성성분 폐수 그리고 1.4톤에 달하는 방사능물질이 함유된 폐수가 발생한다고 알려져 있다. 중국의 희토류 산업이 전체적으로 발생시키는 폐수는 연간 1천만 톤에 달하며 황하강 등으로 유입되어 약 1,500만 명이 사용하는 상수원이 위협받고 있다(부정, 앞의 논문, 2013, 23면).

중국이 현재 희토류 수출제한 중국 내 규정은 수출우대폐지, 수출쿼터실시, 수출관세부과 등으로 이루어져 있다.

3.3.1.1. 수출우대폐지

1985년 희토류 생산품에 대해 수출세 환급정책을 실시하며 수출을 장려했던 것과는 달리 기존 17%였던 환급세율을 2004년에는 5%로 인하하였고 2005년 5월부터는 희토금속, 희토류, 혼합탄산 희토류 등도 가공무역 금지 품목으로 지정하여 수출을 금지하였다.[22]

3.3.1.2. 수출쿼터 실시

중국은 "대외무역법"[23], "수출상품관리조례"[24], "수출상품쿼터관리방법"[25], "수출상품쿼터입찰방법"[26]등 법률, 행정법규와 규장에 근거하여 일부 상품의 수출입에 대하여 쿼터 관리를 시행하고 있다. 최근에는 자국의 환경 보호와 희토류 자원고갈을 명분으로 생산량과 수출제한(쿼터) 수위를 더욱더 강화하고 있는데 2005년까지만 해도 65,000톤 이상이 수출된데 반해 2006년부터 수출쿼터가 크게 감소하기 시작하여 2008년에 47,449톤, 2010년에는 3만 톤으로 감소했다. 이러한 중국의 희토류 생산 및 수출 통제는 가격 폭등으로 이어지고 있는데 2010년 7월 중국이 수출 쿼터를 전년 동기보다 70% 줄이자 네오디뮴과 디스프로슘의 9월 말 가격이 전년 말보다 각각 2.5배 상승했으며 세슘은 5.5배나 상승한 바가 있다.[27]

---

22 김주영, "중국의 희토류산업 정책과 향후전망", 수출입은행 해외경제연구소, 2011, 15면.
23 중국 '대외무역법(对外貿易法)' 제16조에서는 상품 및 기술의 수출입에 대한 제한 및 금지할 수 있는 경우를 열거하고 있는데 희토류는 2항 "인간의 건강 또는 안전과 동식물의 생명 또는 건강 및 환경을 보호하기 위하여 수출입을 제한하거나 금지가 필요한 경우"와 4항 "국내공급이 부족하거나 고갈 가능한 자연자원을 보호하기 위하여"에 의거하여 희토류 수출제한 정책을 펴고 있다.
24 중국 '수출상품관리조례(出口商品管理条列)' 제36조는 상품의 수출입에 대한 절차를 규정하고 있는데 수출금지와 수출제한 금지 상품 목록은 국무원 주관부서에서 제정하고 공포한다고 규정하고 있다.
25 중국 '수출상품쿼터관리방법(出口商品配额管理办法)' 제37조는 수출상품의 쿼터는 기업이 직접 경쟁에 참가하여 국가가 정한 쿼터를 배분받는다고 규정하고 있다.
26 중국 '수출상품쿼터입찰방법(出口商品配额招嫖办法)' 에서는 위에서 정한 기업들의 쿼터의 입찰방식에 대한 절차를 세부적으로 규정하고 있다.
27 이종민, "희토류 공급 쥔 중국, 관련국과 갈등-수출 축소 시사, 일본 등 세계 산업계 곤혹-", 「Chindia journal」, 포스코 경영연구소, 2010. 10, 11면.

3.3.1.3. 수출관세부과

2006년 11월 중국정부는 희토류 산화물, 희토류 염화물, 희토류 불화물, 희토 금속, 희토류 혼합탄산물, 이트륨, 스칸듐 및 이들 제품의 기타화합물 등에 대해 처음으로 10%의 수출관세를 부과하였다. 그리고 2008년 12월부터는 네오디륨, 디스프로슘, 테르븀은 물론 산화물의 세륨, 이트륨, 프라세오디뮴, 네오디뮴 등에 대해 15% 또는 25%의 수출관세를 부과하고 있다. 2010년 말에 다시 이들 제품의 수출관세를 추가 인상하여 25% 세율을 부과하였다.[28] 그러나 2014년 9월 현재 희토류 사건에 대한 중국 측의 최종 패소 판정 이후 중국정부는 대다수 희토류 제품에 부과하던 25%의 수출관세를 2015년 이후에는 10%까지 인하할 것으로 기대되고 있다.[29]

3.3.2. 중국 희토류 수출 제한 규정의 WTO협정과의 합치성 여부

2012년 EU, 미국, 일본은 중국의 희토류에 대한 수출우대폐지, 수출쿼터실시, 수출관세부과 등의 조치가 WTO협정상의 의무를 위반 하였다고 제소하였다. 그 구체적인 제소 사항은 GATT 제Ⅶ조, 제Ⅷ조, 제Ⅹ조, 제Ⅺ조 및 중국의 WTO 가입의정서 Part Ⅰ의 1.2의 중국의 의무 및 2(A)2, 2(C)1, 5.1, 5.2, 7.2, 8.2, 11.3의 위반이라는 것이다.[30] 이에 본 절에서는 패널보고서에서 주요 쟁점사항으로 검토된 중국의 GATT 제Ⅺ조와 중국이 가입의정서 11.3 위반사항과 이에 대한 반박으로 중국이 주장한 GATT 제ⅩⅩ조가 원용되는지에 대한 여부에 대하여 앞에서 언급한 중국-원자재 사건과 비교하여 고찰해보고자 한다.

---

28 김주영, 앞의 논문, 15면.
29 "비철금속, WTO 패소로 업계정책 발표에 속도 낼 듯", 차이나윈도우 홈페이지 참조, 〈http://www.google.co.kr/url?sa=t&rct=j&q=&esrc=s&source=web&cd=2&ved= 0CCgQFjAB&url=http%3A%2F%2Fwww.chinawindow.co.kr%2Fdownload.php%3F category%3Dmk1%26filename%3D1396310523Hotissue(14.4.1).pdf&ei=PSQgVPK 7FYak8AXClIG4DA&usg=AFQjCNHQxUgXm-_PAzpt4RiBaINcjZ47yw&bvm=bv.757 75273,d.dGc&cad=rjt〉, 검색일자: 2014년 8월 15일.
30 패널보고서, para.1.1 참조.

3.3.2.1. GATT 제XI조

2008년 중국 상무부와 세관은 수출제한 대상 품목으로서 보크사이트, 코크스, 형석, 탄화규소, 아연을 지정하여 발표하였고, 동 원자재에 대한 수출 쿼터는 위에서 살펴본 바와 같이 중국 "대외무역법", "수출상품관리조례", "수출상품쿼터관리방법", "수출상품쿼터입찰방법" 규정에 의거하여 시행된다고 하였다. 이에 대하여 미국과 일본, 멕시코는 중국의 원자재에 대한 이러한 조치는 GATT 제XI조 1항에 합치하지 않는다고 주장하였는데, GATT 제XI조 1항의 규정은 "다른 회원국 영토의 상품의 수입에 대하여 또는 다른 회원국 영토로 향하는 상품의 수출 또는 수출을 위한 판매에 대하여 쿼터, 수입이나 수출 허가 또는 그 밖의 조치 중 어느 것을 통하여 시행되는지를 불문하고, 관세, 조세 또는 그 밖의 과징금 이외의 어떠한 금지 또는 제한도 회원국에 의하여 설정되거나 유지되어서는 아니 된다."[31]라고 규정하고 있다. 이에 대해 패널은 제소국의 의견을 받아들여 중국이 취한 일련의 원자재에 대한 쿼터 조치는 상품의 수출에 대한 금지 또는 제한의 부과에 해당되며 따라서 GATT 제XI조 1항에 위반된다고 판시하였다.[32]

중국-희토류 사건의 경우 중국 측은 자국의 희토류에 대한 수출쿼터제 실시 사실에 대해서는 인정하였지만 GATT 제XI조는 GATT 제XX조의 영향을 받는바 중국이 실시한 일련의 조치들은 GATT 제XX조 (g)호 "고갈 천연자원의 보호" 규정에 대한 예외 조항에 해당된다고 주장하였다. 하지만 중국은 제소국들의 주장에 대하여 희토류 수출쿼터제 실시가 GATT 제XX조 (g)호의 범위 내에 해당되는지 또는 GATT 제XX조의 예외 조항에 부합되는지에 대한 입증을 하는데 실패하였다. 이에 패널은 중국의 희토류 수출 쿼터에 대한 중국 측의 조치는 GATT 제XI조 1항에 위배

---

31 Article XI of GATT : General Elimination of Quantitative Restrictions. 1. No prohibitions or restrictions other than duties, taxes or other charges, whether made effective through quotas, import or export licences or other measures, shall be instituted or maintained by any contracting party on the importation of any product of the territory of any other contracting party or on the exportation or sale for export of any product destined for the territory of any other contracting party.

32 WTO, WT/394,395,398/R, *China — Measures Related to the Exportation of Various Raw Materials.*, Reports of the Panel, 2011. 7. 5 (이하에서는 '중국-원자재 패널보고서'라 한다). 중국-원자재 패널보고서, paras. 7.204-207 참조.

된다고 결정하였다.[33] 또한 이에 대하여 상소기구 역시 패널의 판결을 지지하였다.

3.3.2.2. GATT 제XX조

중국-원자재 사건에서 미국과 일본, 멕시코는 중국의 수출세가 중국의 가입의 정서 제11조 3항[34]에 위반된다고 주장하였는데 중국은 이에 대해 GATT 제XX조 규정을 들어 반박하였다. GATT 제XX조[35]는 GATT 규범의 예외를 인정하는 일반적 예외 조항을 규정하고 있는데 특히 중국이 당시 아연, 망간, 코크스, 메탈망간, 형석 등의 일부 자원에 부과된 일시적인 수출세 조치에 대해 GATT 제XX조 (b)호 "인간의 생명 및 건강의 보호"와 (g)호 "고갈 천연자원의 보호"규정에 의거하여 희토류 수출제한 규정이 정당하다고 주장하였다. 하지만 패널은 이에 대해 중국의 이러한 조치가 GATT 제XX조에 해당되는 '일반적 예외'에 들지 않는다고 판시하였다.[36]

2012년 중국은 다시 총 363개 제품에 대하여 수출세를 부과하였는데 이중 희토류 또한 포함되었다. 이에 제소국들은 중국 측이 실시한 수출세 조치가 일련의 제품에 대해 모든 관세와 조치를 제거한다는 가입의정서 제11조 3항에 위배된다고 주장하며 이러한 조치들을 즉각 철회할 것을 요구하였다. 이에 대해 중국 측은 자국의 이러한 조치가 GATT 제XX조 (b)호 "인간의 생명 및 건강의 보호"에 관한 예외 조항에 해당되어 정당화된다고 주장하였다.[37] 그러나 패널의 결정은 중국-원

---

33 패널보고서, para.7.4.1 참조.

34 Paragraph 11.3 of China's Accession Protocol states that "China shall eliminate all taxes and charges applied to exports unless specifically provided for in Annex 6 of this Protocol or applied in conformity with the provisions of Article VIII of the GATT 1994".

35 Article XX of GATT : Subject to the requirement that such measures are not applied in a manner which would constitute a means of arbitrary or unjustifiable discrimination between countries where the same conditions prevail, or a disguised restriction on international trade, nothing in this Agreement shall be construed to prevent the adoption or enforcement by any contracting party of measures : … (b) necessary to protect human, animal or plant life or health; … (g) relating to the conservation of exhaustible natural resources if such measures are made effective in conjunction with restrictions on domestic production or consumption.

36 중국-원자재 패널보고서, paras. 7.158-159 참조.

37 패널보고서, para.7.3.1 참조.

자재 사건과 마찬가지로 중국이 주장하는 GATT 제XX조 예외 조항 원용을 받아들이지 않고 가입의정서 제11조 3항을 위반하였다고 판시하였다.[38] 또한 이에 대하여 상소기구 역시 패널의 판결을 지지하였다.

3.4. 중국 희토류 관련 향후 정책과 우리의 대응방안

앞장에서 살펴본 바와 같이 중국의 희토류 생산량 제한과 수출쿼터 감소는 주요 수입국의 강력한 반발을 불러일으켰다. 그러나 중국 정부가 각국의 비난과 WTO 피소를 감수하고 희토류 수출제한이라는 카드를 쓸 수밖에 없었던 가장 큰 이유는 중국이 세계 희토류 생산량의 대부분을 차지하는데 반해 그동안 가격 결정 면에서는 전혀 영향을 발휘하지 못하고 있었다는 데에 있다. 중국 희토류 생산 기업의 난립과 과다경쟁으로 인하여 1979년 개혁 개방 당시에는 kg당 7달러였던 희토류 평균 가격이 1993년부터는 10달러, 그리고 WTO에 가입한 2001년 이후 몇 년간은 6달러를 유지하였다.[39] 따라서 수출우대폐지, 수출쿼터 축소, 수출관세 부과 등의 조치 이외에도 2010년 9월 국무원은 "기업 간 인수·합병 촉진에 관한 의견"을 발표하여 현재 약 100개에 달하는 희토류 가공업체를 2015년까지 20개로 조정할 것을 목표로 추진하고 있다. 이는 희토류 산업에서 국가 장악력을 확대하고, 산업 규모화와 기술혁신을 추진하며 경쟁력을 갖춘 대기업을 육성하기 위함으로 보인다.[40]

또한 중국 국무원은 희토류 향후 정책과 관련하여 지난 2012년 6월 "중국의 희토류 현황 및 정책"백서("中国的稀土状况与政策"白皮书)를 발간하였는데 그 내용에 따르면 중국은 현재 희토류 자원낭비와 함께 희토류 채굴시 발생되는 심각한 환경파괴 현상을 원인으로 중국정부는 이후에도 희토류 산업에 대한 규제를 지속할 것임을 강조하고 있다. 또한 백서에는 중국의 희토류 현황과 발전목표 및 관련 정책 등을 소개하고 있는데 특히 희토류 생산시 이루어지는 심각한 환경피해를 이유로 향후 희토류 수출규제에 대한 각국의 WTO 제소와 같은 제재 움직임에 강력한

---

38 패널보고서, para.7.3.1.3 참조.
39 부정, 앞의 논문, 2013, 23면.
40 오종혁·김부용, "중국의 희토류 현황 및 정책·백서의 주요 내용과 향후 전망.", 「KIEP 중국 성(省)별 동향 브리핑」 제3권 제8호, 대외경제 정책연구소, 2012, 5면.

보복조치를 가할 수 있다고 경고하는 등 단호하게 대처할 것을 명시하고 있다. 이는 중국이 취한 희토류 생산통제, 수출제한 등 희토류와 관련된 산업규제 강화정책에 대한 국제적 비난에 대응하려는 조치로 해석되고 있다.[41]

또한 앞서 살펴본 희토류 수출제한과 관련된 법규 이외에도 중국정부에서는 현재 각 부처별로 관련된 정책을 발표하고 있는데 중국정부 내 각 부처별 희토류 산업 관리 정책 현황은 [표-1]과 같다.

[표-1] 중국정부 내 각 부처별 희토류 산업 관리 정책 현황

발표 시기	시행부처	주요 내용
2009. 10	공업정보화부	- 〈희토공업발전정책(稀土工业产业发展政策)〉, 〈2009~15년 희토공업발전규획(2009~15年稀土工业发展规划)〉발표 - 대규모 구조조정, 수출량 통제, 외자기업 진입기준 강화, 희토류 생산 총량 제한(표준화) 등
2010. 3	국토자원부	- 〈2010년 텅스텐, 안티몬 및 희토류 채굴 총량 통제 지표에 관한 통지(國土资源部关于下达2010年高铝粘土矿萤石矿开采总量控制指标的通知)〉 - 텅스텐, 안티몬광과 함께 희토류 연간 생산량 89,200톤으로 제한
2010. 7	국토자원부	- 무허가 탐사, 채굴 행위 등 불법행위 집중 단속 - 네이멍구(内蒙古), 지린(吉林), 저장(浙江), 광둥(广东), 쓰촨(四川), 충칭(重庆), 윈난(云南), 신장(新疆) 등 8개 지역 관리기업 명단, 자원 채굴량에 대한 통지
2010. 9	국무원	- 〈기업 간 인수·합병촉진에 관한 의견(关于促进企业兼并重组的意见)〉에 희토 업체 간 합병 추진내용 삽입
2010. 10	환경보호부	- 〈희토공업 오염물 배출기준(稀土工业污染物排放标准)〉발표 - 2012년부터 2년 내 1리터당 암모니아 질소 함유량을 현재 300~5,000mg에서 25mg까지 줄여야 하며, 2014년부터는 15mg로 더 줄여야 함
2010. 12	상무부	- 2011년 1차 희토류 수출쿼터 발표

41 오종혁, "중국의 희토류 현황 및 정책·백서의 주요 내용과 향후 전망", 「KIEP 중국 성(省)별 동향 브리핑」 제3권 제8호, 대외경제 정책연구소, 2012, 2면.

2011. 2	국토자원부	- 희토 및 철강 광산 중 일부를 국가규획광구로 지정함 - 전국에서 총 11개의 광산이 지정되었으며, 총면적 2,500 km^2, 매장량 76만 톤에 달함
2011. 2	공업정보화부	- 희토류 산업협회 발족

* 자료출처: 오종혁, 김부용, "중국 내 희토류 산업 관리 강화와 향후 전망", 「KIEP 지역경제포커스」, 제11-10호, 대외경제 정책연구소, 2011, 4면 참조.

 한편 최근 중국의 패소 판정 이후 중국은 WTO 규정에 어긋나지 않는 범위에서 천연자원 소비 제품에 대한 관리를 개선하고 나아가 WTO의 요구에 맞는 조치들을 취할 것이라는 성명서를 발표하였고,[42] 중국 상무부에서도 2015년 5월 2일 이후 희토류에 대한 수출할당제와 수출세 조치를 전격 폐지한다고 발표하였다.[43] 그러나 각국은 희토류에 대한 대응책 마련에 고심하고 있으며, 특히 희토류를 보유하고 있는 미국의 경우 2012년을 시작으로 직접 광산 개발에 나서고 있고, 일본 및 우리나라의 경우에도 희토류를 대체할 수 있는 대체원료 개발에 힘쓰고 있다.

 사실 희귀한 흙이라는 뜻의 희토류는 전 세계의 매장량을 살펴보면 희귀한 흙이 아니다. 금 매장량의 400배이고 지난 2013년 10월 그린란드에서도 상당한 양의 희토류가 매장되어 있다는 소식이 전해지면서[44] 희토류는 현재 중국 이외에도 러시아, 미국, 호주 등의 나라에 매장되어 있음을 다음 [표-2]에서 보는 바와 같이 알 수 있다.

[표-2] 각국 희토류 보유 현황

(단위 : 톤)

나라명	매장량
중 국	55,000,000
미 국	13,000,000

42 『중앙일보』, 2014년 8월 8일.
43 『新华网』, 2015년 1월 21일.
44 중국이 한때 95%까지 독점해왔던 세계 희토류 시장에 그린란드에서 희토류를 안정적으로 공급할 수 있게 되면 국제시장가격은 하향 안정될 수 있다. 게다가 그동안 중국의 독점으로 희토류 가격이 천정부지로 치솟자 일부에서는 재활용 또는 대안 연구를 통해 수요를 억제해왔다. 현재 추정되는 그린란드의 희토류 매장량은 1000만 톤이며 개발이 본격화되면 연간 4만 톤을 채굴할 수 있다고 보고되었으며 이는 전 세계 수요량의 20~25%를 공급할 수 있는 양이다(『중앙일보』, 2013년 10월 31일).

호 주	1,600,000
인 도	3,100,000
브라질	36,000
말레이시아	30,000
기 타	41,000,000
세계총계	110,000,000

*자료출처: USGS, Mineral Commodity Summaries 2013.

그러나 희토류 보유국가 1위인 중국은 희토류 수출제한 정책으로 인하여 전년도 대비 수출량은 줄어들었지만 희토류 생산 부분에서 여전히 독보적인 1위를 유지하고 있다.[45] 또한 중국은 자국의 천연자원에 대해 수출억제정책을 강화하는 반면 중동의 석유 이외에도 석탄(필리핀), 구리(칠레, 아프가니스탄), 천연가스(호주), 금(볼리비아) 등 전 세계를 상대로 천연자원 수입에 심혈을 기울이고 있다.[46] 이러한 중국의 수출규제 조치에 대하여 미국, EU, 일본 등은 중국을 WTO에 체소하며 관련국 간 갈등이 계속되고 있는 현황이다.[47]

[45] 하지만 중국정부의 희토류 자원 보호 강화 정책에 대비하여, 각국은 국내 희토류 생산에 집중하여 생산량을 점차적으로 늘리고 있으며 미국 같은 경우에는 2012년부터 국내 매장된 희토류 생산을 시작하였음을 다음 [표-3]에서 보는 바와 같이 알 수 있다.

[표-3] 각국 희토류 생산현황

(단위 : 톤)

나라명	2011	2012
중국	105,000	95,000
미국	–	7,000
호주	22,00	4,000
인도	2,800	2,800
말레이시아	280	350
브라질	250	300
세계총계	111,000	111,000

*자료출처: USGS, Mineral Commodity Summaries 2013.

[46] 특히 1990년대 시작되어 2000년대 이후 뚜렷하게 나타난 중국의 자원외교는 주로 아프리카에서 전개되고 있다. 2010년 11월 시진핑(당시 중앙군사위 부주석)주석이 아프리카 순방에 오르면서 남아프리카 공화국, 앙골라, 보츠와나를 차례로 방문하여 금융 원조를 약속하며 아프리카 국가들과 친선 관계를 맺어왔다. 그러나 이미 서방세계로부터 많은 비난을 감수하며 아프리카 국가를 대상으로 한 중국의 무기판매는 이후 아프리카의 내전이 심화되고 더 많은 사상자가 발생될 경우 중국은 아프리카인들로부터도 책임과 지탄의 대상이 될 것이다(정차근, "중국의 아프리카 자원외교가 한국에 미치는 함의", 「동아인문학」 제25집, 동아인문학회, 2013, 334, 352면).

[47] 김동환, 오병석, "중국 자원민족주의의 부상과 실태 : 희토류를 중심으로", 「한국과 국제

중국의 희토류 수출 규제 정책에 대한 각국의 대응방안을 살펴보면 EU는 희토류 수입의 70~90%를 중국에 의존하여왔다가 현재 아프리카 등의 시장으로 희토류 공급망의 다변화를 모색하고 있다. 아프리카를 포함한 개발도상국은 자원이 풍부한 반면 기본적인 산업기반이 부족하기 때문에 광물을 포함한 자원을 개발하는데 어려움이 있었는데 EU는 2010년 아프리카 국가들과의 정상 회의에서 자원 분야의 협력 강화를 확인하고 이후 3년 간 5000억 유로 이상의 대 아프리카 원조를 약속한 바 있다. 또한 유럽위원회와 유럽 투자은행(EIB)은 광물의 채굴·정제 사업에 융자를 증액하고, 지질 조사 등의 기술 지원을 제공할 것을 제안하고 있다.[48] 현재 EU는 아프리카 등 지역으로의 새로운 자원시장 활로 모색과 더불어 2007년 4월 "천연자원의 지속가능한 사용을 위한 주제별 전략"을 채택하여 2005년부터 2030년까지 전체 자원 사용량을 절반으로 줄이기 위해 연간 6%의 자원생산성 개선목표를 제시하고 있다.[49]

일본의 경우에도 비록 자국 내에서 희토류는 생산되지 않고 있지만 일본은 희토류 관련 물질 소비 및 희토류 제품 수출 대국으로서 입지를 굳히고 있다. 현재 일본은 중국이 향후 희토류를 자원무기 삼아 외교적 협상 카드로 쓸 때를 대비하는 한편, 안정적인 국내 희토류 공급을 위하여 중국기업과 합자형태로 희토류를 대량 구입하고 있으며 이미 50년 정도 소비될 양을 확보하고 있다는 보고가 있다.[50]

한편 우리나라는 희토류 등 금속자원 확보 및 온실가스 감축에 기여하기 위해 전기·전자제품 및 자동차 자원순환제도 개선방안을 마련하여 2014년 1월 1일 부터 "전기·전자제품 자동차의 자원순환에 관한 법률"을 제정하여 시행 중에 있다. 동 개정 법률은 전기·전자제품과 자동차로부터 희토류를 포함한 금속자원을 최대한 회수·재활용하도록 관련제도를 정비하는 것을 목표로 하고 있다.

우리나라는 자원빈국 중의 하나로 천연 자원이 거의 없는 상황이라고 볼 수 있

정치」 제26권 제2호, 경남대학교 극동문제연구소, 2010, 136-137면.

48 그러나 중국이 '내정문제불간섭의무'를 원칙으로 상대국의 민주주의 발전이나 인권문제는 안중에 두지 않고 자원 확보만을 위해 아프리카에 차관을 제공한다고 비난받고 있는 가운데 EU의 경우 경영투명화 등을 지원조건으로 내세우고 있는 상황이다. 유럽의 구식민지였던 아프리카에는 내부적으로 기존 식민종주국이었던 프랑스, 영국을 비롯한 기타 유럽연합 국가들에 대한 많은 반발이 있고 또한 남미, 중국, 인도, 러시아라는 다른 선택의 폭이 있기 때문에 EU의 對아프리카 자원외교는 그리 쉽지는 않을 전망이다.

49 계명대학교, "산업단지의 자원순환 제고 방안", 환경부 사업보고서, 2008, 5면.

50 韩家才, 陈高群, 吴俐, "我国应对稀土贸易诉讼对策研究", 「现代商贸工业」, 第20期, 2012年, p. 62.

으며 석유를 비롯한 대부분의 천연자원을 수입에 의존하고 있는 실정이다. 또한 우리나라는 희토류 매장량이 거의 없어 전량의 희토류를 중국으로부터의 수입에 의존하고 있는데 이러한 상황 하에서 중국의 원자재 및 희토류 수출제한 정책에 민감하게 반응을 할 수밖에 없는 입장이다. 이에 현재 EU, 미국, 일본을 중심으로 중국의 희토류 수출제한과 관련된 일련의 규정 등을 WTO에 제소한 사건에 대해 제3자 자격으로 참여하여 우리나라의 입장을 표현하는 한편 각국의 대응방안을 지켜보며 희토류 수입국 다변화와 함께 향후 적극적인 자연친화적인 제품개발에도 힘써야 하겠다.[51]

3.5. 결 론

희토류 사건으로 촉발된 자원의 중요성은 오늘날 국내산업의 유지와 발전을 위한 자원외교의 중요성으로 이미 사회전반에 걸쳐 인식되고 있다. 현재 우리나라를 포함한 각국은 국내의 부족한 자원을 보충하기 위해 세계 곳곳을 누비며 자원확보에 총력을 기울이고 있고 이러한 노력과 더불어 외교적인 경쟁구도가 이제는 어느 한 국가만의 문제는 아니다. 우리는 세계 4대 석유 수입국이면서도 그간 세계 각국의 자원 확보 경쟁에 뒤처졌던 것 또한 사실이다. 하지만 이제 한국도 자원의 중요성을 크게 인식하고 이를 위한 노력에 앞장서고 있다. 2006년 노무현 대통령이 직접 아프리카 순방에 나서 나이지리아의 심해광구를 확보한 것이나 카자흐스탄 잠빌광구의 공동개발 합의의정서 체결, 우즈베키스탄 아랄 해 가스전의 생산물 분배계약 체결 등이 그 성과라고 볼 수 있다.[52]

앞서 살펴본 중국-희토류 사건과 중국-원자재 사건에서와 같이 WTO는 각국이 국내 자원정책과 관련된 일련의 사건들에서 자국보호의 입장에 대하여 WTO협

---

51 현재 우리나라의 희토류 수입국 다변화와 관련된 희소식은 북한에 매장된 희토류의 양이 상당하며 중국에 수출을 할 만큼 상품성을 지니고 있다는 것이다. 2011년 7월 북한 국가 자원개발성 간부 인터뷰에 의하면 북한에 약 2,000만 톤의 희토류가 매장되어 있다고 밝히고 있다("북한, 중국에 희토류 대량수출⋯자원수출 다양화 시도", 아시아투데이 뉴스기사참조, 〈http://www.asiatoday.co.kr/view.php?key=20140727010015731〉, 방문일자: 2014년 9월 22일).

52 『에너지 경제』, 2010년 10월 6일.

정 위반의 판결을 내린 만큼 DSB의 입장은 확고하다고 볼 수 있다. 그러나 디아오위다오 사건처럼 일국이 국내 보유 자원을 외교협상의 카드로 이용하고 전량 수출금지를 선언한다면 상대국은 일순간이나마 자국 산업에 큰 타격을 받을 수 있다.

이에 지난 2012년 9월 아시아·태평양 경제협력체(APEC) 정상회의에서는 각국의 보호무역주의와 자원 수출제한 조치 등의 자원민족주의를 엄중히 경고하고 이에 대한 공동대응을 선언하는 등 중국의 희토류 사건 이후 자원의 외교무기화에 대한 움직임을 경계하고 있다. 그러나 미국 등의 희토류 광산채굴을 통한 정상적인 공급은 2015년 이후에나 가능할 것으로 보이며 EU, 일본, 우리나라의 경우 희토류를 대체할 수 있는 물질 개발에 힘을 쏟고 있다 하더라도 당분간은 희토류를 대체하여 첨단산업에 쓰일 원료는 존재하지 않는다고 할 수 있다. 특히 희토류를 수입에 절대적으로 의존하고 있는 우리나라의 경우 향후 산업 고도화에 따른 영향으로 희토류의 수요가 증가할 것으로 예상되므로 안정적인 공급원 확보에 노력해야 한다. 따라서 현재 전량 중국으로부터의 수입에 의존하던 희토류 공급 망을 몽고, 인도, 아프리카, 북한 등의 희토류 매장국가로 넓혀 향후 희토류의 안정적인 공급을 위한 수입국 다변화를 신속히 모색해야 한다.

참고문헌

강문경, "WTO가입이후 중국의 WTO 분쟁해결기구에서의 역할과 전망", 「법학연구」 통권 제38집, 전북대학교 법학연구소, 2013.

김동환·오병석, "중국 자원민족주의의 부상과 실태 : 희토류를 중심으로", 「한국과 국제정치」 제26권 제2호, 경남대학교 극동문제 연구소, 2010.

김주영, "중국의 희토류산업 정책과 향후전망", 수출입은행 해외경제연구소, 2011.

부 정, 중국 희토류 규제 강화와 한국에 미치는 영향에 대한 연구, 인천대학교 대학원 석사학위논문, 2013.

오종혁, "중국의 희토류 현황 및 정책·백서의 주요 내용과 향후 전망", 「KIEP 중국 성(省)별 동향 브리핑」 제3권 제8호, 대외경제 정책연구소, 2012.

오종혁·김부용, "중국 내 희토류 산업 관리 강화와 향후 전망", 「KIEP 지역경제포커스」 제11-10호, 대외경제 정책연구소, 2011.

이 종, "희토류 공급 쥔 중국, 관련국과 갈등-수출 축소 시사, 일본 등 세계 산업계 곤혹", 「Chindia journal」 10월, 포스코 경영연구소, 2010.

정차근, "중국의 아프리카 자원외교가 한국에 미치는 함의", 「동아인문학」 제25집, 동아인문학회, 2013.

Director-General Pascal Lamy. 2010. at the Shanghai 2010 World Expo: China's WTO membership is "win-win".

Ruth Jebe, Don Mayer, Yong-Shik Lee. "CHINA'S EXPORT RESTRICTIONS OF RAW MATERIALS AND RARE EARTHS: A NEW BALANCE BETWEEN FREE TRADE AND ENVIRONMENTAL PROTECTION?", George Washington International Law Review. 2012.

韩家才, 陈高群, 吴俐. "我国应对稀土贸易诉讼对策研究", 「现代商贸工业」 第20期, 2012年.

미국 돌고래안전 라벨제도에 관한 WTO 분쟁과 이행*

김민정(서울대학교 국제통상전략센터 선임연구원)

4.1. 서 론

미국과 멕시코 사이에 있었던 돌고래-참치 분쟁은 수십 년간 계속되어 온 대표적인 환경 관련 무역 분쟁이다. 미국은 1970년대부터 해양포유류보호법을 제정하여 돌고래를 보호하기 위한 제도를 마련하였고 1988년 개정을 통하여 돌고래안전에 위험을 초래하는 참치조업을 제한하고 참치제품 시장을 규제하였다. 이후 돌고래안전 관련 소비자정보법을 도입하여 참치제품의 "돌고래안전" 표시(라벨)제도를 운영하기 위하여 국내 제도를 발전시켜 왔다.

환경정책 관점에서 미국조치는 정당하고 필요한 조치로 보인다. 그러나 국제통상 관점에서는 정당한 환경보호정책이라 하더라도 때로는 문제가 될 수 있다. 미국의 계속적인 돌고래안전 제도 강화와 시장규제로 미국 참치시장에 수입되던 멕시코산 제품이 타격을 입은 것이다. 해양포유류보호법 개정에 따라 멕시코산 참치제품이 수입금지되었고 최근의 돌고래안전 라벨시행에 따라 멕시코산 제품의 사실상 시장접근이 차단되었던 것이다. 멕시코 정부는 미국의 돌고래보호 정책이 국제통상법 위반임을 오랫동안 주장하였고, GATT 체제에서 그리고 WTO 체제에서

* 이 장은 필자가 2012년 11월에 「국제경제법연구」 제10권 제2호에 게재한 "〈미국-멕시코 참치분쟁Ⅱ〉에 대한 WTO판결 분석"을 이 책의 목적에 맞추어 보완·재구성한 것임을 밝힌다. 본 연구가 나오기까지 도움 주신 서울대학교 국제대학원 안덕근 교수님과 연세대학교 법학전문대학원 박덕영 교수님께 감사드린다.

두 차례의 중요한 국제통상 소송을 진행하였다.

GATT 분쟁과 WTO 분쟁에서 제기되었던 구체적인 법률 쟁점은 동일하지 않다. 그러나 두 분쟁은 근본적으로 환경규제 보장과 자유무역 확대라는 두 가지 핵심적인 가치(또는 궁극적인 목표) 사이에서 균형 방안을 모색하기 위한 취지에서 국제통상법이 운용되었다는 공통점이 있는데, 이 문제가 바로 환경 관련 무역분쟁의 핵심 사안이라 할 수 있다. 미국-멕시코 참치분쟁 사례에 비추어 설명하면 미국 정부가 돌고래 안전을 효과적으로 보장하기 위하여 재량적으로 정책수단을 강구하고 시행할 고유의 규제권한을 가지며 이를 보장해야 하면서도, 다른 한편으로 이러한 규제가 보호무역 수단으로 남용되지 않고 멕시코의 對미국 참치 수출에 불필요한 무역제한을 초래해서는 아니 되는 것이다. GATT/WTO 규범은 무역확대와 환경보호의 조화로운 추구와 함께 해석, 적용되어야 하는 것이다.

오늘날 기후변화, 환경보호 및 생물다양성 등 많은 환경 관련 국제적 합의가 확산되고 국가들은 국내 정책에 이를 반영하여 국내 이행을 도모하고 있다. 이 과정에서 각종 표준과 기술규제가 불가피하게 증가하고 있다. 이는 국제통상에서는 무역기술장벽(Technical Barriers to Trade: TBT) 문제이고 TBT협정 규범과 관련이 많다. TBT협정은 정당한 목적의 기술규제를 보장하면서도 차별적이거나 불필요한 무역왜곡을 억제하여 무역을 통한 개발과 환경보호가 동시에 조화롭게 이루어질 수 있도록 제도를 발전시켜 나가고 있다. 또한 TBT분쟁이 계속하여 증가하고 있어 분쟁해결을 위한 동 협정의 역할과 운용도 더욱 중요해질 것으로 기대된다.

이 장에서는 WTO TBT협정을 근거로 소송이 진행되었던 "미국-참치 및 참치제품의 수입, 유통, 판매에 관한 조치"에 관한 분쟁 사례를 소개한다.[1] 이 장의 구성은 2절에서 미국의 돌고래보호 정책 발전과 이에 따른 GATT/WTO 통상분쟁을 개괄적으로 설명하고 3절부터 6절까지 분쟁에서 제기되었던 TBT협정상의 주요 법률 쟁점별로 패널과 상소기국의 판정을 설명하고 쟁점을 논의한다. 7절 결론에서 분쟁해결 이후 이행단계에서 계속되었던 이행분쟁을 설명하며 종합적으로 논의한다.

---

1 분쟁의 원 제목은 "United States-Measures Concerning the Importation, Marketing and Sale of Tuna and Tuna Products"이며 본문에서 분쟁의 패널 보고서(WTO/DS381/R)와 상소기구 보고서(WTO/DS381/AB/R)를 참고하였으며 편의상 '패널보고서'와 '상소기구 보고서'로 지칭한다.

4.2. 미국 돌고래보호 정책과 GATT/WTO 통상분쟁

4.2.1. 미국 돌고래보호 조치와 GATT 분쟁

미국은 오래 전부터 시민단체와 여론의 거센 요구를 반영하고 멸종위기 동식물을 보전하기 위한 국제적 합의에 발맞추어 특히 해양포유류를 보호하기 위한 국내 정책을 시행하여왔다. 이러한 배경에서 미국은 1972년 해양포유류보호법(Marine Mammal Protection Act of 1972)을 도입하여 해양 포유류를 보호하기 위한 기본 원칙과 일반적인 제도를 확립하였다.[2]

이후 동 제도는 계속 개정되고 강화되었다. 1988년 개정법은 인간의 행위로 인하여 해양포유류에게 발생하는 우발적인 위험을 최소화하기 위한 목적의 제도를 도입하는 한편, 미국의 제도와 비교할만한 수준의(comparable) 제도를 도입하지 않는 국가로부터는 수입을 금지하였다. 동 개정법은 돌고래안전의 보장을 위하여 참치어업을 규제하는 내용을 주요하게 다루고 있었는데 구체적인 조업 기준을 제시하였고 이를 이행하지 않고 생산된 참치제품은 미국시장 판매가 불가능할 뿐만 아니라 수입제품에 대해서는 수입제한 조치가 허용되었다.[3]

미국의 1988년 해양포유류보호 개정법상의 수입제한 조치는 국제통상체제에

---

2 미국의 돌고래보호 관련 정책을 논의한 논문으로 다음을 참조한다. McNorman, Ted L., *"The GATT Consistency of US Fish Import Embargoes to Stop Driftnet Fishing and Save Whales, Dolphins and Turtles"*, Goe. Wash. J. Int'l L. & Econ., Vol. 24, p. 477-525.

3 Marine Mammal Protection Act, 16 U.S.C. §1371(1985). 미국 의회는 1972년 해양포유류보호법(Marine Mammal Protection Ac)에 대한 1985년 개정법을 발의하여 해양포유류에 대한 사살을 전면 금지하였고 궁극적으로 해양포유류의 우발적인 사망과 심각한 상해를 제로에 가까운 상당한 수준으로 감소시키고자 하였다. 이로써 돌고래의 공격, 사냥, 포획, 사살 또는 이러한 시도가 전면 금지되었고 이를 준수하지 않으며 생산된 외국산 참치제품에 대해서는 미국의 직접적인 수입제한과 제3국을 통한 간접 제재까지 규정하였다. 이를 이행하기 위한 구체적인 기준은 1988년 개정법이 제정되었는데 주요 내용은 아열대성동태평양(eastern tropical Pacific Ocean)에서 참치 조업을 하는 외국 선박의 경우 우발적인 돌고래 사망과 상해의 평균이 미국 선박의 1.25배를 넘지 않았다는 증빙서류를 제출하여야 시장 판매가 허용되었다. 동 기준을 이행하기 위하여 외국 선박들은 참치 조업과정에서 돌고래 피해를 줄이기 위한 장비와 기술을 갖춰야 하였고 그러지 못하는 경우 수입이 제한되는 상황이 발생하였다.

서, 다시 말해서 당시의 GATT 체제에서 불거진 통상 분쟁의 중심 사안이었다. 미국 참치제품 시장의 주요 수출국이었던 멕시코는 동 개정법상의 조치로 인하여 자국산 참치 및 참치제품의 對미국 수출에 큰 타격을 입게 된 것이다. 이에 멕시코는 미국의 해양포유류법이 일방적인 초국경적 강행규정이며 다자주의 조치를 우선시하는 GATT 규범과 질서를 위배한다고 주장하였다. 멕시코는 미국과의 협의가 순조롭게 진행되지 않자 1991년 미국을 GATT에 제소하였다.

동 분쟁에서 멕시코는 미국이 해양포유류 보호를 목적으로 일방적으로 수입규제를 하는 것은 GATT 제3조 내국민대우 조항과 제11조 수입제한 금지 조항 위반이라고 주장하였는데, GATT 패널은 이러한 멕시코의 주장을 전반적으로 인정하였고 미국의 조치가 GATT 불합치라는 결론을 내렸다. 그러나 패널 판정이 내려질 당시 북미자유무역협정(NAFTA)에 관한 협상이 추진되고 있었고 양국 간의 외교적 관계가 중시되는 상황이었으므로 멕시코 정부는 분쟁해결절차를 더 이상 진행하지 않았고 동 분쟁의 패널보고서는 최종적으로 채택되지 않았다.[4]

이후, 미국의 돌고래보호와 참치제품 규제는 계속되었다. 특히 미국시장 내에서 우후죽순 제정되어 시행되고 있는 민간단체들의 돌고래안전 라벨 표준을 재정비하고 소비자정보를 강화함으로써 시장메커니즘을 기반으로 하는 규제를 강화하는 방향으로 발전하였다. 이를 위하여 도입된 「돌고래보호 소비자 정보법(Dolphine Protection Consumer Information Act)」은 참치 어업에서 발생하는 돌고래 위험 문제를 포괄적으로 다루고 기존 라벨링을 통합 및 표준화하는 제도를 주요 내용으로 하는데 구체적인 내용에 따르면 참치제품에 돌고래안전 라벨을 부착하여 미국시장에서 판매하려는 경우 따라야 하는 라벨 요건을 규정하였는데, 이러한 라벨을 사용할지 여부는 공급자가 자율적으로 결정할 수 있었다.[5] 다만, 돌고래안전 표시를 하고자 할 때는 다른 유사 라벨 사용이 일절 금지되었고 반드시 동 연방법을 따라야 했다. 멕시코 참치잡이 어선들이 미국 법에서 제시하는 라벨 요건을 갖추어 조업하기 어려웠고 법적으로 멕시코산 참치제품이 돌고래안전 표시를 사용하지 않은 채 미국시장에 판매될 수는 있었으나 사실상 미국 유통업체가 라벨이 없는 제품은 취급하지 않았으므로 시장에 진입할 수 없었다.

---

4 GATT (1991), United States-Restrictions on Imports of Tuna-Report of the Panel (DS21/R-39S/155). 동 패널보고서는 1992년 2월부터 4월에 걸쳐 이사회에 제출되었으나 채택되지 않았다.

5 Dolphin Protection Consumer Information Act, 16 U.S.C. §1385.

이러한 배경에서 멕시코는 2008년 10월 미국 돌고래안전 조치를 대상으로 두 번째 소송인 미국-멕시코 참치분쟁(Ⅱ))을 개시하였다. 이번에는 WTO 체제하에서 WTO 분쟁으로 진행하였는데, 미국의 조치가 차별적이고 불필요한 무역제한을 초래한다고 주장하면서 TBT협정상의 원칙과 규범을 중점적으로 원용하였다.[6] 상기 GATT 분쟁과 WTO 분쟁의 핵심적인 법률쟁점은 동일하지 않다. GATT 분쟁에서는 미국의 일방적인 수입제한조치를 분쟁사안으로 삼아 GATT 제3조, 제11조 위반여부와 제20조상의 예외 인정이 중심적으로 검토되었다.[7] 한편, WTO 분쟁에서는 돌고래안전 라벨링이 분쟁조치였으며 TBT협정 제2조가 핵심적으로 해석, 적용되었다.

미국의 돌고래보호 조치에 대한 두 차례의 GATT/WTO 통상분쟁 과정에서 여러 중요한 국제통상법 쟁점이 부각되었다. 특히 WTO 분쟁에서는 TBT협정의 기본조항에 관하여 주목할 만한 해석과 적용이 이루어졌으며 이에 관한 많은 연구가 이루어지고 있다. 이하에서는 WTO 분쟁 사례에서 미국의 돌고래안전 라벨조치와 관련하여 제기되었던 TBT협정상의 주요 법률쟁점에 관하여 설명하고 논의한다.

4.2.2. 미국 돌고래안전 라벨조치와 WTO 분쟁

미국-멕시코 참치(Ⅱ)분쟁에서 문제가 되었던 미국 조치의 핵심은 미국 연방정부가 돌고래보호를 위하여 시행하였던 참치제품의 "돌고래안전" 표시제도이다.[8] 동 조치에 따르면, 참치제품을 미국시장에 판매하기 위하여 돌고래안전 표시

---

6 동 분쟁의 조치에 관한 설명은 본고의 2절(가)에서, 그리고 분쟁의 주요 법률쟁점별 논의는 3절부터 6절까지에서 자세하게 다룬다.

7 당시의 주요 법쟁점으로 이후 많은 논란을 일으켰던 사안들은 다음과 같다. GATT 패널이 돌고래보호를 목적으로 참치제품 수입을 금지한 미국의 조치는 참치 어업방법에 관한 규제이며 따라서 생산공정방법(PPM)은 상품의 특징에 관한 규제가 아니고 GATT 제Ⅲ조상의 '국내조치'에 포함되지 않는다고 보았다. 대신에 GATT 패널은 제XI조상의 '수량제한'에 해당한다고 판단하여 GATT 불합치를 판정하였다. 다음으로 미국 조치가 GATT 제XX(b)조 또는 제XX(g)조상 예외로서 정당화될 수 있는지에 관해서 검토하였는데 기본적으로 체약당사국의 관할권 밖에 있는 동물보호 및 환경보호를 목적으로 하므로 이는 (b)조와 (g)조의 대상이 아니라고 해석하였다. 당시 '돌고래안전'라벨 제도에 관한 사안도 분쟁되었는바, 패널은 동 라벨요건이 모든 대상 국가들에게 동등하게 적용되고 있다는 근거로 멕시코 주장을 기각하였다.

8 패널보고서, 2.1-2.19. 분쟁의 핵심 조치는 다음의 미국 법규와 판례로 이루어진다. 『돌고래보호소비자정보법(Dolphin Protection Consumer Information Act(DPCIA))』

(이하 "라벨")를 반드시 부착해야하는 것은 아니었으나 동 라벨 이외의 어떠한 유사 라벨과 표현을 사용할 수 없었고 동 연방 기준이 돌고래안전을 소비자에게 알리기 위한 유일한 기준으로 적용되었다. 동 조치는 해당 참치와 참치제품의 원산지 즉, 참치 조업 선박의 국적과 상관없이, 미국 자국산 그리고 수입산에 동일하게 적용되었다.

라벨 요건의 중요한 기준은 참치조업이 이루어진 해양의 위치와 조업 방식에 근거하였고 이에 따라 다른 증빙서류가 요구되었다. 구체적으로 참치조업 해역, 참치조업 방법, 참치와 돌고래 사이의 관련성 그리고 '주기적이고 심각한' 돌고래 사상(死傷) 유무를 바탕으로 라벨사용 여부가 결정되었는데, 다음의 경우 라벨사용이 금지되었다:

(가) 공해에서 유자망(driftnet)을 사용한 경우,

(나) 미 상무부가 참치와 돌고래 사이의 주기적이고 상당한 관계를 판정한 아열대성 동태평양(Eastern Tropical Pacific: ETP) 해역 밖에서 건착망(purse seine net)을 사용한 경우 (단, 선장 또는 국가 및 국제 감시관(observer)이 조업 동안 의도적으로 건착망을 설치하거나 사용하지 않았고 이로 인한 돌고래의 심각한 사상이 없었다는 사실을 서면 인증이 있는 경우 예외 인정),

(다) ETP 해역 내에서 363톤급 이상의 선박이 건착망을 사용하는 경우,

(라) 상기 사항에 포함되지 않으나 미국 상무부가 주기적이고 상당한 돌고래 사상을 판정하는 경우(단, 선장 또는 국가 및 국제 감시관(observer)이 조업 동안 의도적으로 건착망을 설치하거나 사용하지 않았고 이로 인한 돌고래의 심각한 사상이 없었다는 사실을 서면 인증이 있는 경우 예외 인정).[9]

위의 조치 항목 중에서 (다)와 관련하여, 미국 상무부가 대형선박의 의도적인 건착망 사용으로 돌고래의 상당한 부정적 영향(significant adverse impact)이 있었

(United States Code, Title 16, Section 1385,), 시행규정(the implementation regulations) (United States Code of Federal Regulations, Title 50, Section 216.91 and Section 216.92), 그리고 Island Institute v. Hogarth 사건에 대한 미국 연방고등법원의 판결 (일명 Hogarth판결, United States Court of Appeals for the Ninth Circuit, Earth Island Institute v. Hogarth, 494 F.3d 757 (9th Cir. 2007)).

9 패널 보고서, 2.3. (나)항목 관련, 분쟁 시점까지 상무부가 참치-돌고래 관련성을 판정한 전례는 없었다.

는지를 검토하게 되며, 부정판정(돌고래 피해 없음)시 라벨 사용이 허용되고 긍정판정(돌고래 피해 있음)시 생산자가 건착망을 의도적으로 배치하여 돌고래를 포위하여 참치조업을 하지 않았다는 추가적인 인증이 필요하였다.[10] 동 규제의 시행 이후 상무부의 재량적 피해 판정 절차에 대해 환경단체들의 반발이 거세었고 국제기준 위반이라는 주장을 제기하였다. 그 결과 Hogarth사건 판결을 통하여 상무부가 참치어획 과정에서 돌고래 피해 여부를 판정하는 재량적 판정 및 인증절차가 사실상 폐지되었다.[11] 이로써 (다)항목의 적용은 선장이 돌고래를 겨냥하여 의도적으로 건착망을 배치하고 포획하지 않았다는 인증만이 유효한 절차로 남게 되었다.

동 조치를 종합적으로 살펴보면 몇 가지 기준에 근거하여 라벨규제가 이루어지고 있음을 알 수 있다. 즉 다음의 네 가지 기준에 따라 라벨규제가 이루어지고 있는데, 위치(ETP 해역 내외 여부), 조업장비(건착망 사용 여부), 참치와 돌고래 간의 생태적 상호관련성 그리고 상무부의 돌고래 사상에 관한 판정(주기적이고 심각한 부정적 영향이 있었는가)이 이에 해당한다.[12]

특히 (다)항목이 분쟁에서 가장 큰 쟁점이 되었는데, 그 내용은 ETP 해역 내에서 참치 선박이 건착망을 사용하여 조업하는 경우 라벨사용이 금지되는 것이었다. ETP는 멕시코 선박들이 주로 참치 조업을 하는 해역이며 멕시코 선박 대부분이 건착망을 사용하고 있는 상황이었으므로 결과적으로 멕시코산 참치제품 대부분이 미국 시장에서 라벨을 사용할 수 없었다. 멕시코는 미국의 라벨조치가 멕시코산 참치제품의 미국시장 경쟁에 피해를 주고 차별적인 기술규정이라고 주장하며 TBT 협정상 제2.1조 위반을 주장하였다.

---

10 패널 보고서, 2.4.
11 패널 보고서, 2.19. Hogarth 사건에서 미국 상무부가 '돌고래에 의도적으로 건착망을 배치하거나 포위하는 것이 ETP 내 돌고래 고갈에 대하여 상당한 부정적인 영향을 초래하지 않는다'는 판정을 내린 것에 대한 법적 검토가 이루어졌는 바, 미 법원은 상무부가 법적으로 요구되는 연구를 시행하지 않았고 이용가능한 최고의 과학적 증거를 바탕으로 판정하지 않았다는 이유를 근거로 상무부의 판정을 기각하였다. 미 법원의 판결 결과, subsection 1385(h)(1)상의 인증요건은 사실상 유효하지 않게 되었으며 따라서 아열대성 동태평양에서 건착망을 사용하여 잡은 참치에 대해 적용되는 인증은 subsection 1385(h)(2)상의 요건만 남게 되었다. subsection 1385(h)(1)은 선장과 감시관이 건착망을 사용하여 참치를 잡는 과정에서 돌고래가 사망하거나 심각하게 다치지 않았다는 인증에 관한 사항이고, subsection 1385(h)(2)는 의도적으로 돌고래에 배치되었거나 돌고래를 포위하는 건착망을 사용하여 참치를 잡지 않았고 어획과정에서 돌고래가 피해사실 인증에 관한 사항을 규정한다.
12 패널 보고서, 2.7.

그리고 멕시코가 주장하였던 또 다른 쟁점으로 TBT협정 제2.4조가 있는데, 이는 관련 국제표준을 기초로 기술규정을 준비, 채택, 적용할 의무를 규정하고 있다. 멕시코는 미국과 멕시코가 모두 가입하고 있는 전미열대참치위원회(Inter-American Tropical Tuna Commission: IATTC)에서 채택한 국제돌고래보호제도 협정(Agreement on International Dolphin Conservation Program: AIDCP)을 "관련 국제표준"이라고 주장하며, 동 협정상의 결의에 따르면 ETP 해역 내에서 돌고래 사상을 일으키지 않는 방식의 참치조업이 허용되고 있으나 미국의 별도의 라벨요건을 적용하고 있어 제2.4조를 위반한다고 주장하였다.

이와 함께 멕시코는 미국 조치가 국제표준을 따르지 않으며 불필요한 무역제한을 야기한다고 설명하며 TBT협정 제2.2조 위반을 주장하였다.

멕시코는 상기한 주장들을 그대로 인용하면서 GATT 제Ⅰ:1조 최혜국대우 조항과 및 제Ⅲ:4조 국내규정에 관한 내국민대우 조항에 대한 위반 주장도 제기하였으나 패널은 소송경제원칙에 따라 GATT 관련 멕시코 주장은 별도로 검토하지 않았다.

다음 절에서는 패널과 상소기구가 중요하게 검토하였던 법률쟁점을 사안별로 자세하게 설명한다.

4.3. 기술규정의 이행강제성 요건

4.3.1. 기술규정의 이행강제성 개념의 적용

멕시코는 미국의 조치가 WTO TBT협정 제2조상의 의무를 위반한다고 주장하였다. 동 협정 제2조는 '중앙정부기관에 의한 기술규정의 준비, 채택 및 적용'에 관한 조항이며 이 조항을 적용하기 위한 선결요건으로 분쟁 조치가 TBT협정상의 "기술규정"인지를 검토하여야 한다. TBT협정 부속서 1.1에 따르면 '기술규정'은 다음과 같이 정의된다.

"적용가능한 행정규정을 포함하여 상품의 특성 또는 관련 공정 및 생산방법이 규정되어 있으며 그 준수가 강제적인 문서이다. 이는 또한 상품, 공정 및 생산방법에 적용되는 용어, 기호, 포장, 표시 또는 상표부착요건을 포함하거나 전적으로 이들만을 취급할 수 있다"

　동 정의를 바탕으로 분쟁조치가 "기술규정"인지, 그리고 이에 따라 제2조를 적용할 수 있는지를 판단하기 위하여 3가지 법적 요건이 검토된다. 첫째, 조치의 대상이 규명될 수 있는 상품(identifiable product)인가 둘째, 조치가 상품 특성 (product characteristics) 및 상품공정생산(product process and production, PPM) 을 다루고 있는가 그리고 셋째, 조치의 이행이 강제적(mandatory)인가에 관한 사항이 기본 검토사항이다.[13]

　미국-멕시코 참치(Ⅱ) 분쟁에서 핵심적인 쟁점사항이 되었던 검토요소는 바로 세 번째 이행강제성에 관한 사안이었다. 패널은 미국의 라벨조치에서 규명될 수 있는 상품은 참치제품이고 라벨 부착요건이 바로 참치제품의 상품 특성과 PPM에 관한 사항이라고 보았고 이에 대하여 분쟁당사국 간 이견이 없었다. 그러나 미국의 "돌고래안전" 라벨이 강제적으로 이행해야 하는 기술규정인지에 관하여 첨예한 의견 대립이 있었다. 분쟁당사국 간의 입장 차이는 말할 것도 없고 패널위원들 사이에서도 견해가 엇갈려 반대의견이 회람보고서에 제시되고 상소기구의 해석에도 상당한 모호성을 내포하고 있다. 이하에서는 본 쟁점에 관하여 자세히 설명한다.

4.3.1.1. 패널 판정

　멕시코는 '강제적 이행'이라는 법적 요건을 법률적 강제성(de jure mandatory) 과 사실상 강제성(de facto mandatory)으로 구분하여 미국의 라벨 조치가 미국시장에서 참치제품에 사용할 수 있는 유일한 돌고래안전 라벨이라는 점에서 사실상 강제적인 조치라고 주장하였다. 한편, 미국은 라벨이라는 제도의 특성상 라벨요건이 있고 제품이 이러한 요건을 강제적으로 이행해야만 라벨을 사용할 수 있으므로, 라벨사용을 위한 법적 구속력과 강제집행성은 TBT협정에서 의미하는 '강제적 이행'이 아니라고 주장하였다. 미국은 동 라벨이 미국시장 진입에 필요한 의무사항이 아니라 선택사항이라는 점에서 동 조치는 이행이 자발적이고 따라서 "기술규정"이 아니라고 주장하였다.

　이에 대하여 패널은 '강제적 이행'은, 해당 조치가 상품의 특성 및 관련 PPM

---

13 패널 보고서, 7.53-7.55. 이러한 3단계 검토는 EC-Asbestos사건에서 상소기구가 확립하여 이후 EC-Sardines사건 등 TBT분쟁에서 일반적으로 적용되고 있다.

을 규정할 때 법적구속력을 갖거나 강제적 규제 효과를 갖는지를 바탕으로 알 수 있는데, 다시 말해서 해당 조치가 상품이 어떤 특성, 용어, 상징, 포장, 표시 또는 라벨을 사용하도록 또는 사용하지 않도록 혹은 생산공정방법과 관련하여 어떤 방식으로 생산되도록 또는 생산되지 않도록 법적으로 구속하거나 강제적 처방 또는 부과를 하는 경우를 의미한다고 설명하였다.[14]

패널은 동 사건에서 구체적인 검토를 한 결과, 참치제품에 '돌고래 안전' 라벨을 사용하여 미국 시장에 수출 및 판매하기 위해서는 반드시 특정 라벨요건을 충족해야 하는데 이러한 요건이 법집행의 대상이고 법적 구속력을 갖는다는 점에 특히 주목하였다.[15] 또한, 동 조치가 현행 라벨의 사용을 규제할 뿐만 아니라 그 보다 광범위한 차원에서 참치제품에 사용되는 유사라벨 사용을 금지하고 돌고래, 알락돌고래(porpoise) 또는 다른 해양포유류와 같은 일절 용어사용을 금지함으로써 사실상 소비자들에게 동 라벨 이외의 방법으로 돌고래 안전 정보를 제공할 수 없도록 하는 효과를 갖는다고 설명하였다.[16]

결론적으로 다수의 패널위원은 동 라벨조치가 참치제품에서 돌고래안전을 표시할 수 있는 유일한 방법을 제시하고 있고, 그 요건이 법적구속력과 배타적 사용을 바탕으로 시행되고 있음에 주목하여 사실상 이행이 '강제적'이라고 판정하였다.[17]

그러나 다른 견해를 갖는 패널위원도 있었다. 반대 견해에 따르면, 특정 라벨 사용이 시장접근을 위해 의무적으로 시행되는 경우 '강제적' 라벨이지만 사용하거나 사용하지 않더라도 시장판매가 가능하다면 이는 '자발적'인 것으로 보아야 한다고 주장하였다. 이 패널위원은 부속서 1.1의 '강제적 이행'이라는 개념이 상품 특성을 처방하는 의무의 특성(obligatory character)을 의미하는 것이며 단순히 조치의 법집행(legal enforceability)을 의미하는 것은 아니라고 지적하였다. 이 위원은 참치제품에 사용할 다른 선택 사항이 사실상 없었다 하더라도 미국 조치가 해당 라벨을 반드시 사용해야 한다는 의무를 부과하지 않았으므로 '강제적'이라 할 수 없다고 주장하였다.

---

14 패널 보고서, 7.110. 패널은 부속서 1.1의 강제성을 해석하기 위하여 용어의 사전적 의미, ISO/IEC Guide 2의 해석지침, EC-Asbestos 사건에서의 관련 판례법, 그리고 TBT협정의 대상과 목적을 고려하였다.
15 패널 보고서, 7.124-7.142.
16 패널 보고서, 7.143-7.144.
17 패널 보고서, 7.146-7.188.

4.3.1.2. 상소기구 평결

상소기구는 패널 판정에 대한 본격적인 검토에 앞서 TBT협정 부속서 1.1에 대한 해석 원칙을 제시하였다.[18] 상소기구는 특정 조치가 기술규정인가의 문제는 '조치의 특성과 분쟁의 상황(features of the measures and circumstances of the dispute)'에 비추어 보아야 하며, TBT협정 제2조의 '기술규정'과 제4조의 '표준'을 구분하는 기준과 공통적인 기준을 분명히 하였다.

우선, 상소기구는 일반적으로 라벨 요건이 협정상의 '기술규정' 또는 '표준' 두 가지 모두가 될 수 있는데 두 경우에서 모두 '강제적(compulsory)'이거나 '구속적(binding)'이거나 집행가능(enforceable)'하다고 설명하였고 따라서 라벨 요건이 갖는 특징만으로는 기술규정과 표준을 구분할 수 없다고 평결하였다.

다음으로 상소기구는 '강제성'을 검토하면서, 법 또는 규정을 근거로 하는 조치인지, 특정 행위를 처방하거나 금지하는지, 특정 사안을 다루기 위한 유일한 방법을 제시하는지 그리고 조치가 다루고자 하는 사안의 특징이 무엇인지를 주요하게 종합적으로 검토하였다.[19] 이에 따라 상소기구는 첫째, 미국의 '돌고래안전' 라벨요건은 미국 연방당국이 제정하고 시행한 법제도이므로 WTO 회원국이 제정한 법/규정에 해당한다는 사실을 확인하였고 둘째, 인증 등 특정 문서상의 증거를 근거로 '돌고래안전'라벨을 사용할 수 있는 자격요건을 규정하는 한편 이를 이행하지 않았을 때는 라벨 사용이 금지되고 또한 유사 문구와 표현을 일절 금지하고 있다는 점에서 특정행위를 처방 및 금지하는 조치로 보았다.

그리고 결정적인 요소로 셋째, 미국 내에서 '돌고래안전' 라벨 없이도 참치제품을 판매할 수는 있지만 참치제품의 '생산자, 수입업자, 수출업자, 유통업자, 판매자'를 포함한 그 누구도 돌고래안전에 관한 정보제공은 동 조치의 기준을 따라야 한다는 사실을 근거로, 미국의 '돌고래안전' 라벨은 포괄적인 의미의 돌고래안전에 관하여 단일하고 유일한 법적 정의를 제시하고 있고 따라서 참치제품의 돌고래 안전에 있어 전 분야를 모두 포괄(covers the entire field of what 'dolphin-safe' means)하고 있다고 설명하였다.[20] 이와 더불어 미국의 조치가 특정 기만행위를 입

---

18 상소기구 보고서, 188.
19 상소기구 보고서, 196.
20 상소기구 보고서, 193.

증하도록 하는 방식의 규제는 아니지만 라벨 요건의 충족 여부 그 자체가 곧 기만적 관행을 금지하는 규제이며 유일하고 배타적인 방법을 요구하고 있다고 설명하였다.[21]

이러한 검토 결과를 바탕으로 상소기구는 미국 '돌고래안전' 라벨의 이행이 강제적이며 따라서 기술규정에 해당한다는 패널판정을 인정하였다.

4.3.2. 기술규정의 이행강제성 쟁점

분쟁의 조치가 협정상 어떻게 분류되느냐는 그에 따른 실체적 권리와 의무의 범위를 결정하는 중요한 사안이다. 미국-멕시코 참치(II) 분쟁에서 미국의 돌고래안전 라벨조치가 기술규정인지 표준인지가 중요한 사안으로 검토되었는데, TBT협정에 따르면 중앙정부기관의 기술규정에 대하여 제2조가 적용되고 표준에 대하여 제4조와 부속서 3이 적용되므로 이 사안은 분쟁해결을 위하여 관련 조항을 정하는 중요한 선결 검토 과제였다.

동 분쟁에서 미국 조치가 '강제적'인 기술규정인지에 대하여 분쟁당사국들 사이에서, 패널위원들 사이에서 그리고 패널위원과 상소기구 사이에서 상당한 견해 차이가 있었다. 그 핵심쟁점은 미국의 라벨조치가 이행이 강제적인 문서인지를 판단하는 것과 관련이 있었는데 이행강제성의 의미를 이해하는 시각과 관점이 서로 달라서 혼동이 있었다.

TBT협정에 따르면 기술규정의 정의에는 "준수가 강제적인 문서"라는 문구가, 표준의 정의에는 "준수가 강제적이 아닌 문서"라는 문구가 있을 뿐, 이를 해석, 적용함에 있어 분명한 기준과 구체적인 요건이 제시되어 있지 않다. 따라서 기술규정의 "이행강제성" 개념의 모호성으로 말미암아 여러 가지 해석이 제기되었는데, 돌고래안전 라벨의 요건을 이행하는 것이 강제적인지를 고려해야 한다는 견해와 라벨의 이행이 강제적인지를 검토해야 한다는 견해로 나뉘었다. 또한 라벨이 상품의 시장진입 요건인지를 기준으로 이행의 강제성을 고려한 견해와 라벨조치의 법적 근거와 집행 방식 등을 제도 자체에 대한 검토를 바탕으로 이행강제성을 이해해야 한다는 견해가 있다.

우선, 동 분쟁에서 미국 조치의 라벨요건이 강제적인가라는 질문은, 라벨을 사

---

21 상소기구 보고서, 195.

용하기 위한 요건의 이행이 강제적인가의 문제로 해석될 수 있다. 이는 라벨을 부착하기 위해서 반드시 해당 요건을 충족해야 하는지와 관련이 있으며 라벨 제도라는 특성상 라벨을 사용하기 위한 라벨요건의 이행은 항상 강제적일 수밖에 없다. 상소기구는 이러한 라벨제도상의 특징을 주목하면서 기술규정의 이행강제성이 라벨요건의 강제성을 의미하지는 않는다고 평결하였다.

둘째, 미국 조치의 라벨요건의 이행이 강제적인가라는 질문은, 시장진입을 위하여 라벨사용이 강행되고 있는지와 관련된 문제로 해석될 소지가 있다. 가령 미국은 참치제품의 미국 시장판매를 위하여 미국 연방정부가 제정한 돌고래안전 라벨을 반드시 사용해야 하는 것은 아니므로 이 조치는 이행이 강제적이지 않다고 주장하였다. 또한 다른 두 패널위원과 다른 의견을 제시하였던 한 패널위원은 미국과 동일한 관점에서 기술규정의 이행강제성 요건을 이해하였고 따라서 미국의 조치가 기술규정이 아니라는 별도의 최종의견을 제시하였다. 동 해석에 따르면 해당 라벨이 제품의 시장진입을 위하여 반드시 사용해야 하는 법률적 선행요건인가의 검토로 귀결되는데, 라벨이 있는 제품만 시장판매가 허용되고 라벨이 없는 제품은 유통판매가 금지될 것이며 이를 기준으로 분명하게 판단할 수 있을 것이다.

멕시코는 제품의 시장진입을 위한 선결요건으로 라벨이 적용되지 않더라도 라벨이 사실상 그렇게 사용되고 있다면 이행이 강제적인 기술규정으로 보아야 한다고 주장하였다. 이러한 관점은 시장진입 요건인지 여부를 법률상의 강제성과 사실상의 강제성으로 이해하는 관점으로 볼 수 있다.

그러나 상소기구는 시장진입에 근거한 기술규정의 이행강제성 해석을 배제하였다. 한편 상소기구는 '조치의 특성과 분쟁의 상황'에 비추어 사안을 검토하여야 한다고 설명하면서, 조치가 회원국의 법 또는 규정으로 구성되었는지, 특정 행위를 처방하거나 금지하는지, 특정 사안을 다루기 위한 배타적이고 유일한 방법을 제시하는지 그리고 조치가 다루고자 하는 사안의 특성이 무엇인지를 고려해야 한다는 기준을 제시하였다. 특히 상소기구는 미국 조치의 '돌고래안전' 라벨은 돌고래안전 문제에 있어 유일한 '처방(prescribe)'을 내리고 있다는 점을 결정적인 근거로 삼아 미국 라벨조치가 기술규정이라고 결정하였다.

동 쟁점에 관한 상소기구의 평결에서 크게 두 가지 시사점을 찾을 수 있다. 첫째, 상소기구는 기술규정의 이행강제성을 시장진입에 필요한 법률적 또는 사실상의 선행요건과 관련지어 고려하지 않았다는 점이다. 둘째, 상소기구는 미국조치가 이행이 강제적인지를 실제로 검토하기 위하여 상기 네 가지 기준을 적용하였는데, 조치의 법적근거, 내용, 규제 방식 등에 관한 검토를 주요 내용으로 하였다. 상소기구가 제시한 기준은 여전히 충분히 명료하고 구체적이지 않은바, 향후 분쟁해결 사례를 통하여 보다 실효적이고 구체적으로 확립되어야 할 것이다.

4.4. 기술규정에 대한 내국민대우 의무

4.4.1. 기술규정에 대한 내국민대우 의무의 적용

주요 법률 쟁점에 있어 가장 핵심적인 사안은 TBT협정 제2.1조의 비차별대우특히 내국민대우 조항에 관한 것이다. 멕시코는 미국의 돌고래안전 라벨 관련 기술규정이 내국민대우 의무를 위반한다고 주장하였는데, 동 조항은 다음과 같다.

> "회원국은 기술규정과 관련하여 어떤 회원국의 영토로부터 수입되는 상품이 자기나라
> 원산의 동종 상품 및 그 밖의 국가를 원산지로 하는 동종 상품보다 불리한 취급을 받지
> 아니하도록 보장한다."

동 조항의 법적 검토는 문제의 조치가 협정상의 '기술규정'인지, 수입 상품이 국내 상품 및 다른 원산지 상품과 동종 상품인지 그리고 수입 상품에 대한 대우가 동종 국내 상품 및 동종 다른 원산지 상품에 대한 대우보다 불리한지에 관한 법적 요소를 기준으로 이루어진다. 상품의 동종성(likeness)과 관련하여 미국-멕시코 참치분쟁(Ⅱ)의 당사국들은 미국산 참치제품과 멕시코산 참치제품이 동종 상품이라는 점을 인정하였다. 그러나 '불리한 대우'와 관련하여 상당한 의견 대립이 있었는데, 패널과 상소기구의 해석도 엇갈리면서 상소기구는 패널의 비위반 판정을 기각하였다. 이하에서는 TBT협정 제2.1조 관련 쟁점을 설명한다.

4.4.2. 동종성 검토

TBT협정 제2.1조의 '동종 상품(like products)' 관련하여 패널이 우선적으로

검토한 사항은 동종성 판단 기준이었다. 당시 동 조항을 적용했던 분쟁 판례가 존재하지 않았고 동 조항이 GATT 제Ⅲ:4조상의 문구와 완전히 일치하지 않으므로 GATT상의 검토기준을 적용하면 되는지가 분명하지 않았기 때문이다.

패널은 동종성과 관련하여 확립된 해석 원칙으로 Japan-Alcoholic Beverage 사건에서 상소기구가 동종 상품에 관한 해석을 '아코디언'에 비유하며 상황과 목적에 따라 신축적으로 해석되어야 한다는 설명을 언급하면서 TBT협정상의 동종성 개념이 GATT Ⅲ:4와 다르지 않다고 보았다.[22] 이에 따라 패널은 시장경쟁 측면에서 해당 상품 간의 물리적 특성, 최종용도, 소비자 취향 및 선호 그리고 관세 분류를 검토하는 GATT 제Ⅲ조의 확립된 기준을 그대로 적용하였고 그 결과 미국산 참치제품과 멕시코산 참치제품이 동종 상품이라고 판정하였다.[23]

이 과정에서 패널은 소비자 선호와 관련하여 '돌고래 안전' 제품과 그렇지 않은 제품 사이에 분명한 소비자 인식 및 선호의 차이가 있음을 주목하였다. 그러나 동 분쟁에서 비교되는 대상이 돌고래안전 제품과 非돌고래안전 제품이 아니고 미국산 제품과 멕시코산 제품이며 미국산 제품을 돌고래안전 제품으로, 멕시코산 제품을 非돌고래안전 제품으로 간주할 수는 없으므로 소비자 인식 및 선호의 차이가 동종성 결정에 영향을 주지는 않는다고 판정하였다.[24] 이러한 패널의 동종성 검토 기준과 판정은 상소기구에서 심의되지 않았다.[25]

4.4.3. '불리한 대우' 검토

멕시코는 멕시코산 참치가 엄격한 관련 국제표준인 AIDCP 라벨요건을 따르고 있음에도 불구하고 미국 조치를 적용할 경우 ETP에서 건착망을 사용한다는 이유로 '돌고래안전' 라벨을 사용할 수 없는 반면 미국선박들 대부분이 ETP 밖에서 다른 방식으로 참치조업을 하므로 '돌고래안전'라벨을 사용할 수 있다는 상황을 설명하며, 멕시코산 참치가 판매 및 유통 등 경쟁기회를 침해당하였고 이는 사실상 차별(de facto discrimination)이라고 주장하였다. TBT협정 제2.1조상 '불리한 대

22 패널 보고서, 7.219-7.222.
23 패널 보고서, 7.243-7.246.
24 패널 보고서, 7.247-7.250.
25 상소기구 보고서, 202.

우'에 해당한다고 주장하였다.[26] 그러나 미국은 해당 조치가 원산지에 근거한 규제 구분이 아니며, 멕시코산 참치에 대한 전면적인 수입금지가 아니라 멕시코산 참치라도 라벨 요건을 갖추면 라벨을 사용할 수 있다는 사실을 근거로 반박하였다.[27]

4.4.3.1. 패널 판정

패널은 TBT협정 제2.1조의 '불리한 대우(less favourable treament)'를 국내 동종 상품과 비교하였을 때 수입 상품에 대한 불이익(disadvantage)의 개념으로 이해하였고 비차별의무의 핵심은 원산지와 상관없이 동종 상품을 동등하게 대우하는 것이며 대우의 동등성(equality)은 반드시 모든 상품에 대한 대우의 동일성(identity)을 의미하는 것은 아니라고 설명하였다.

이와 함께 패널은 제2.1조가 기술규정에 대한 비차별적 의무를 규정하는데, 기술규정이 본질적으로 특성 또는 생산공정 방법에 따라 상품을 구분하여 각기 다르게 대우하는 것이므로 상품구분에 따른 다른 대우 그 자체가 차별은 아님을 확인하였다. 이를 적용하여 미국조치가 돌고래 조업방법에 따라 다른 라벨요건을 적용하고 있는데 규제에 따른 구분이 있었다는 사실만으로 멕시코산 제품이 '불리한 대우'를 받았다고 판정할 수 없다고 설명하였다.

패널은 분쟁사안을 구체적으로 검토하여 미국조치가 제품의 원산지나 선박의 국적에 따라 라벨요건을 정하지 않았으므로 잠재적으로 어느 국적의 상품이든 '돌고래안전' 라벨을 사용할 수 있었고 멕시코산 제품이라고 해서 원천적으로 라벨 접근이 차단되지 않았으므로 미국 조치가 수입 상품에 피해를 주기 위하여 도입되었다고 보기 어렵다는 잠정 결론을 내렸다.[28]

다음으로 패널은 라벨 조치의 관련 규정이 명목적으로 차별적이지 않더라도 실질적으로 차별적인 요소가 있는지를 검토하였다. 패널이 중요하게 고려하였던 부분은 현행 라벨조치가 1990년에 도입되었을 당시 미국과 멕시코 선박 다수가 건착망을 사용하는 등 참치조업 관행이 비슷하였으나 현행 조치의 시행으로 미국 선박은 대부분 조업방법을 바꾸었고 그 결과 멕시코 선박의 상황과 차이가 발생하게 되었다는 사실이다. 결국 분쟁 상황은 '상품 원산지와는 관련이 없는 요소 및

---

26 패널 보고서, 7.253-7.262.
27 패널 보고서, 7.257-7.258, 7.263.
28 패널 보고서, 7.305-7.311.

상황', 다시 말해서 민간 행위자들의 선택 결과이며, 미국 조치로 인한 부정적 영향은 멕시코 선박의 선택에 따른 귀결이라고 판단한 것이다.[29]

이로써 패널은 미국조치가 원산지와 상관없이 상품을 구분하여 규제하였고 일부 수입품의 경쟁관계에 부정적 영향을 초래하였으나 TBT협정 제2.1조의 '불리한 대우'는 아니라고 판정하였다.

4.4.3.2. 상소기구 평결

상소기구는 패널 판정을 기각하였다. 패널 검토에서 몇 가지 중요한 오류를 지적하였는데 우선, 패널이 멕시코산 참치제품이 어떻게든 라벨을 부착할 방법은 있었고 멕시코산 참치제품에 대한 라벨 사용이 절대적으로 금지 또는 제한되었던 것이 아니므로 차별이 아니라고 설명한 부분을 지적하였다. 상소기구는 '불리한 대우'에 관한 문제는 해당 혜택을 누릴 수 있는 방법이 어떻게든 있었는지에 주안을 두는 것이 아니라 수입제품에 피해를 주는 경쟁조건의 변경이 있었는지를 검토하는 것이라고 평결하였다.[30]

다음으로 상소기구는 패널이 미국조치가 원산지, 어획방법, 구매 관행, 해역 등을 구분하여 라벨 규제를 하고 있다고 언급한 후 이러한 규제의 구조, 내용, 구분 기준 자체가 제2.1조 합치성 평가에 관련이 없는 것으로 전제하고 검토를 진행한 부분을 오류로 지적하였다.[31] 상소기구는 패널이 사건의 정황 즉, 해당 기술규정의 체계, 설계, 명목상의 구조, 운영 및 적용(design, architecture, revealing structure, operation, and application of the technical regulation at issue) 그리고 특히 기술규정의 공평성에 관한 사항을 주의 깊게 검토해야 한다고 평결하였다.

이어서 상소기구는 제2.1조 합치성 판단을 위하여 기본적으로 두 가지 검토사항을 제시하였는데, 하나는 분쟁 조치로 인하여 시장경쟁 관계가 변경되고 수입상품에 피해가 있었는지를 검토하는 것이고 다른 하나는 조치의 목적과 시행이 공정하게(evenhanded) 이루어졌는가를 검토하는 것이라고 설명하였다. 전자와 관련하여, 상소기구는 미국의 '돌고래 안전' 라벨이 미국시장에서 '상당한 상업적 가치'를 지니며 도매업체와 최종소비자들의 선호대상이 된다는 사실이 입증되었으

---

29 패널 보고서, 7.374-7.378.
30 상소기구 보고서, 221.
31 상동.

므로 이는 곧 라벨이 '이익(advantage)'에 해당하는 것으로 보았다.[32] 또한 상소기구는 미국 '돌고래안전' 라벨 조치의 채택과 적용이라는 형태의 정부행위가 분명히 있었고 동 조치의 채택과 적용으로 인해 시장의 경쟁조건이 변경되고 멕시코산 참치제품이 피해를 입게 되었으므로 이러한 부정적 영향이 곧 조치로부터 나온다고 설명하였다.[33]

이와 같이 상소기구는 조치와 수입피해 사이의 진정한 관련성(genuine relationship)을 분명히 확인하였고 멕시코산 제품에 대한 부정적 영향이 부분적으로는 민간선택의 결과라 하더라도 멕시코산 제품을 불리하게 대우하지 않아야 할 미국의 책임이 경감되는 것은 아니라는 이유로 패널판정을 기각하였다.[34]

여기서 주목할 사항은, 미국 조치로 멕시코산 참치제품의 경쟁조건이 바뀌고 수입피해가 있었다 하더라도 이로써 제2.1조의 위반이 자동으로 성립되는 것은 아니며 부정적 영향(detrimental impact)이 '차별'에 해당하는지를 추가로 검토해야 한다는 것이다. 상소기구는 이러한 검토 방향을 제시하고 그렇다면 동 분쟁에서 미국 라벨조치의 목적과 적용이 정당한지를 고려하였다.

미국조치의 목적은 라벨을 통한 소비자 기만방지와 돌고래보호라는 두 가지이며 제2.2조에서 규정하는 정당한 목적에 해당한다는 패널판정을 상소기구도 인정하였다.[35] 이어서 상소기구는 조치의 규제 방식이 동 조치의 목적을 달성할 수 있도록 조정되었는가(calibrated)를 검토하였는데 이 문제는 다시 라벨요건 내용이 정당한가에 기초한다고 보았다.[36]

상소기구는 결정적으로 ETP 안에서의 조업과 밖에서의 조업으로 구분하는 것이 돌고래의 위험과 어떤 관련이 있는지에 주목하였다. 다시 말해서 ETP 해역 내에서 건착망 사용이 돌고래에게 부정적 영향을 준다는 사실은 충분히 입증되었고 이를 기준으로 라벨 사용을 규제함으로써 돌고래안전을 완전하게 다루고 있다고 보았으나 ETP 해역 밖에서도 돌고래가 처한 위험이 이와 다르지 않는데 미국조치는 ETP 내 조업에 적용되는 동일한 인증요건을 적용하지 않고 현행 요건으로는 돌고래 사상이 발생하더라도 라벨이 사용될 수 있도록 하였다는 사실을 문제로 보았

---

32 상소기구 보고서, 233.
33 상소기구 보고서, 234-235.
34 상소기구 보고서, 239.
35 상소기구 보고서, 242.
36 상소기구 보고서, 284.

다. 즉 미국 라벨 조치가 서로 다른 해역에서 서로 다른 조업방법을 적용하고 있으므로 이는 돌고래 위험과 관련이 없고 돌고래안전 문제를 공정하게 다루고 있지 못하다고 결론 내렸다.[37]

이러한 검토결과를 바탕으로 상소기구는 미국조치가 제2.1조와 합치한다는 패널판정을 기각하고 동 조치가 미국 및 다른 국가들의 제품에 대한 대우보다 멕시코 제품에 대하여 불리한 대우를 제공하였으므로 TBT협정 제2.1조와 불합치한다고 평결하였다.

4.4.4. 기술규정의 내국민대우 관련 쟁점

4.4.4.1. 제2.1조 내국민대우 조항의 검토기준

US-Tuna Ⅱ사건에서 TBT협정 제2.1조를 해석, 적용함에 있어 중요하게 고려되었던 쟁점은, TBT협정상의 내국민대우원칙이 기존의 GATT 제Ⅲ조상의 내국민대우원칙과 동일한 개념인가에 관한 사항이다. 패널이 동 사안을 검토할 당시 기존에 제2.1조를 직접적으로 검토했던 판례가 없었고 제2.1조와 GATT 제Ⅲ:4조의 문구가 서로 완전히 일치하지 않았으나 두 조항의 궁극적인 목적이 동일하므로 분쟁검토에 있어 GATT 제Ⅲ:4조의 검토기준을 그대로 적용할지가 문제였다.

패널은 분쟁당사국들의 의견을 물었고 분쟁당사국들은 상당한 해석 차이를 보였는데, 멕시코는 기본적으로 GATT의 원칙을 그대로 적용할 수 있다는 주장을 제시한 반면 미국은 제2.1조의 '기술규정에 대하여'라는 문구를 중요하게 해석해야 한다는 입장이었다.

앞서 살펴본 바와 같이 상소기구는 패널의 검토방법에서 몇 가지 오류를 지적하였다. 상소기구는 패널 검토의 기본 전제는 적용한 시장 경쟁조건의 변경과 수입상품에 대한 피해 판정으로 검토를 마치면 이로써 차별조치를 판정할 수 있다는 것이었다. 반면 상소기구의 접근방법은 해당 조치가 공정하였는가를 면밀하게 분석하여야 차별조치인지를 알 수 있다는 것이었다. 동 분쟁에서 상소기구는 제2.1조의 '불리한 대우' 검토는 시장 경쟁조건의 변경과 그로 인해 발생하는 수입상품에 대한 피해 그리고 규제구분의 정당성과 공평성(evenhandedness)을 바탕으로 이루어진다고 보았다.

---

37 상소기구 보고서, 287-292.

4.4.4.2. 제2.1조 입증책임의 소재

앞서 설명한 바와 같이, 상소기구의 해석에 따르면 제2.1조의 적용은 기술규정이 수입 제품의 시장경쟁에 대하여 무역 피해를 주었는지 그리고 그 피해가 수입국의 기술규정에 의한 것인지를 확인하기 위하여 기술규정 설계와 운영상의 정당성을 검토하는 부분으로 이루어지는 것을 알 수 있다. 이와 관련하여 상소기구는 미국 '돌고래안전' 라벨 조치가 제2.1조와 불합치한다는 사실에 대한 입증책임은 제소국인 멕시코에게 있지만, 해당 미국조치가 서로 다른 해역에서 서로 다른 어획 방법에 따라 다르게 발생하는 돌고래 위험에 맞추어 규제구분을 하였다는 주장을 증명할 책임은 미국에게 있다고 평결함으로써 입증책임의 소재를 결정하였다.[38]

이로써 제2.1조 관련 입증책임이 제소국과 피제소국 사이에 나눠지면서, 제소국이 기술규정에 의해 발생하는 시장경쟁 조건의 변경과 수입 제품의 피해를 입증해야 하고 피제소국은 해당 기술규정이 정당한 목적을 추구하고 그 시행이 공평하고 비차별적으로 이루어졌다는 사실을 입증해야 하는 것이다. 주목할 사항은 피제소국이 입증해야 할 사항이 기술규정의 공정성인데 이에 관한 구체적이고 명확한 기준이 분명하지 않으며 검토기준의 모호성은 피제소국의 입증 부담을 가중시킬 소지가 있다.

4.4.4.3. 기술규정의 '공평성'

상소기구 해석의 함의를 고려하면, 제2.1조 기술규정의 내국민대우원칙의 핵심은 결국 기술규정의 '공평성'에 있는데, 규정상 이와 관련된 명시적인 문구가 없으며 제2.2조에서 '정당한 목적(a legitimate objective)'이라는 유사한 문구가 언급되어 있다. 상소기구는 제2.1조에서 미국이 입증해야 할 조치의 공평성(evenhandedness)과 제2.2조상에서 입증해야 하는 '정당한 목적'이 어떻게 다른지에 관하여 설명하였는데, 후자에서 기술규정의 '정당한 목적' 검토는 그 목적을 '달성하기 위하여 필요한 수준'으로 무역을 제한하는지를 고려하기 위한 것인 반면, 전자에서 조치의 '공정성' 검토는 '불리한 대우'를 검토하기 위한 일부로 단지 그 목적이 정당한가를 넘어서 규제구조와 적용이 정당한가까지를 고려하는 것이라고 설명하였다.

제2.1조 기술규정의 '공평성' 관련 상소기구가 실제 분쟁분석에서 고려한 사

---

38 상소기구 보고서, 283.

항들을 분석하면, 일반적으로 기술규정 구조에 따른 효과성(규제구분의 목적달성 효과)과 효율성(시행부담과 효과의 대칭성) 측면을 모두 고려하는 것을 알 수 있다. 미국-멕시코 참치분쟁(Ⅱ)에서 상소기구는 돌고래 위험은 위치와 상관없이 어느 해역에서나 동일하나 미국조치의 라벨요건(규제구조)은 해역과 조업방법을 구분함으로써 이러한 위험을 효과적으로 다루지 못하고 있는 부분을 중요하게 보았다.

이와 유사하게 미국-클로브담배 분쟁에서 상소기구는 미국 조치가 흡연을 줄임으로써 인간의 건강과 생명을 보호하기 위한 정당한 목적을 추구하지만, 멘솔담배와 클로브담배가 니코틴을 순화시키는 유사한 특성을 갖는데도 불구하고 규제상 다르게 구분하는 것은 청소년흡연을 억제하려는 목적을 달성할 수 없을 것으로 판단하였고 멘솔담배와 클로브담배를 구분하는 규제구조가 목적달성에 효과적이지 않다는 근거를 결정적으로 고려하였다.

미국-소고기 원산지규정 분쟁에서 상소기구는 분쟁이 있었던 원산지라벨제도(COOL)가 원산지에 관한 소비자정보 제공이라는 정당한 목적을 추구하지만 규제 구조에 문제가 있는데, 생산단계에서 이력정보를 관리하기 위해 요구되는 규제구분과 유통단계에서 소비자에게 원산지 정보를 제공하기 위해 요구되는 규제구분이 상호 연결되지 않으며 생산단계의 규제구분을 이행하기 위한 부담이 유통단계의 규제구분으로 달성되는 효과(달성하려는 목적)와 비대칭적이고 비례하지 않다고 설명하며 이러한 비용과 효과 사이의 불일치 다시 말해서 규제구분의 효율성 측면을 결정적으로 고려하였음을 알 수 있다.

4.5. 기술규정에 대한 '최소무역제한' 의무

4.5.1. 기술규정에 대한 최소무역제한 의무의 적용

멕시코는 미국의 라벨조치가 불필요한 무역장애를 초래하며 현행 라벨요건 대신에 무역제한 효과가 적은 다른 조치를 사용할 수 있으므로 TBT협정 제2.2조를 위반한다고 주장하였다.[39] 제2.2조 원문은 다음과 같다.

| 39 패널 보고서, 7.380.

"회원국은 국제무역에 불필요한 장애를 초래할 목적으로 또는 그러한 효과를 갖도록 기술규정을 준비, 채택 또는 적용하지 아니할 것을 보장한다. 이러한 목적을 위하여, 기술규정은 비준수에 의해 야기될 위험을 고려하여, 정당한 목적수행에 필요한 이상으로 무역을 규제하지 아니하여야 한다.(이하 생략)"

동 조항에 의해 적용되는 주요 법적 기준은, 해당 기술규정이 정당한 목적을 추구하는가와 해당 기술규정을 이행하지 않은 결과 발생할 수 있는 위험을 고려하여 정당한 목적을 달성하기 위하여 필요한 수준보다 더 많이 무역을 제한하는가로 이루어진다.[40] 패널은 미국 조치가 정당한 목적을 추구하지만 만일 국제표준 즉, 이 분쟁에서 멕시코가 제시한 국제표준인 국제돌고래보호제도 협정(AIDCP)을 적용한다면 무역제한 효과가 감소하면서도 현행 조치가 달성하는 목적을 동일한 수준으로 달성할 수 있을 것이라고 보았다. 그러나 상소기구는 AIDCP 라벨기준이 현행 조치의 목적 달성 수준을 보장하지 않는다는 판단을 근거로 패널 판정을 기각하였다.

주지하는 바와 같이, 동 조항에서 가장 핵심적인 문제는 미국조치와 동일한 수준으로 정책목적을 달성하면서도 무역제한 효과는 적은 "다른 조치"와 관련이 있었으며 아래에서 이에 대하여 자세하게 알아본다.

4.5.2. '정당한 목적'에 관한 검토

우선, 패널은 미국 조치가 추구하는 목적이 무엇인가 그리고 그 목적인 정당한가를 검토하였다. 결론적으로 패널 분쟁의 조치가 미국이 제시한 두 가지 목적 즉 소비자정보 제공과 돌고래보호 목적을 추구한다고 보았다.[41] 또한 이러한 정책목적이 정당한가에 대하여 패널은 긍정 판정을 내렸다. 소비자정보 목적의 경우, 회원국이 동물보호에 도움이 되는 특정 행동을 촉진하거나 억제하기 위하여 소비자 선호에 기반한 인센티브 정책을 시행할 수 있으며 소비자가 자신의 선호를 안전하게 행사할 수 있도록 라벨 정보를 규제하는 것은 정당한 정책목적이라고 보았다.[42]

---

40 상소기구 보고서, 322.
41 패널 보고서, 7.394.
42 패널 보고서, 7.440.

그리고 돌고래보호 목적의 경우, 미국조치가 ETP 내로 한정하여 돌고래 보호 목적을 추구한 결과 국제표준(AIDCP)의 광범위한 환경보호 목적을 손상시키고 있다는 멕시코의 주장에 동의하지 않으며 원칙적으로 회원국에게 자국이 추구하는 정당한 정책을 결정할 권한이 있음을 확인하였다.[43]

4.5.3. '최소무역제한'에 관한 검토

4.5.3.1. 패널 판정

다음으로, 패널은 미국 라벨조치가 정책 목적을 달성하기 위하여 필요수준 이상으로 무역을 제한하였는가를 검토하였다. 이 과정에서 패널은 회원국이 정한 정책 목표의 수준을 고려하고 이 목표를 추구하는 해당 조치의 목적달성 방식과 범위를 평가해야 하며 끝으로 무역을 덜 제한하는 다른 조치와 비교 검토하였다.

패널의 검토 내용을 살펴보면, 우선 패널은 미국조치가 소비자정보 목적과 돌고래 안전 목적을 추구하지만 전반적으로 목표를 부분 달성에만 그치고 있다고 보았다. 그 이유는 미국조치의 라벨이 소비자들에게 돌고래안전에 관한 정보를 제공하고 있지만 실제로 라벨 요건은 해역을 구분하고 한 해역에서만 특정 조업방법(건착망 사용)을 금지하고 있어 돌고래 위험을 완전하게 다루지 못하고 있다고 결론 내렸기 때문이다.[44]

다음으로 패널은 멕시코가 제시한 '다른 조치'로 AIDCP 라벨기준을 현행 미국조치와 비교하였는데, AIDCP 라벨을 현행 조치와 함께 시행한다면 현재 목표달성 수준으로 소비자정보 제공과 돌고래보호를 보장할 수 있을 것으로 판단하였다.[45] 뿐만 아니라 두 라벨을 병행 시행한다면 멕시코 제품에 대한 무역제한 효과가 더 낮아질 것이라는 게 충분히 입증되었다고 고려하였고, 이를 바탕으로 미국조치가 제2.2조를 위반하였다고 판정하였다.[46]

4.5.3.2. 상소기구 평결

상소기구는 패널판정을 기본적으로 기각하였는데 그 결정적인 이유는 멕시코

---

43 패널 보고서, 7.442.
44 패널 보고서, 7.563-7.564.
45 패널보고서, 7.573-7.612.
46 패널 보고서, 7.577-7.578.

가 제시한 AIDCP 라벨기준이 제2.2조상의 '다른 조치'가 아니기 때문이었다. 특히 AIDCP 라벨기준이 미국 라벨기준과 동일한 수준으로 돌고래 위험을 억제할 것이라고 분석하여 소비자정보 목적과 돌고래안전 목적을 동일한 수준으로 달성한다고 결론을 내린 패널의 검토 결과에 동의하지 않았다.

구체적으로 살펴보면 우선, 상소기구는 멕시코가 제시한 '다른 조치' 상황이 AIDCP 라벨요건이 단독으로 시행하는 상황이 아니라 미국 라벨과 AIDCP 라벨의 병행 시행 상황이므로 패널이 현행 미국조치와 두 라벨이 공존하는 상황을 비교하였어야 했다고 오류를 지적하였다.[47]

그리고 상소기구는 사안을 직접 검토하면서 AIDCP 라벨이 ETP 해역 '내'에서의 조업방법만을 다루고 있다는 점을 주목하였다. 따라서 이를 바탕으로 멕시코가 제시한 '다른 조치' 상황 즉, AIDCP 라벨과 현행 미국 라벨이 공존하는 상황을 고려하면, ETP 해역 '밖'에서의 어획방법에 관한 규제는 현행 미국 조치에서의 규제 수준과 동일하고 ETP 해역 '내'에서의 조업방법에 관한 규제는 더 완화되므로 결과적으로 AIDCP 라벨 기준에 의하여 현행 조치보다 돌고래 보호수준이 더 낮아질 것이라고 분석하였다. 이로써 상소기구는 패널의 제2.2조 불합치 판정을 기각하였다.

4.5.4. '최소무역제한' 관련 쟁점

4.5.4.1. 입증책임의 소재

TBT협정 제2.2조는 정당한 목적을 달성하기 위하여 필요한 수준보다 더 무역을 제한하지 말아야 할 의무를 규정하며 GATT 제XX조 일반적 예외 조항과 매우 유사한 최소한의 무역제한 원칙을 다루고 있다. 그러나 두 조항 사이에는 근본적인 법적용의 차이가 있는데, 이로부터 입증책임의 소재 문제가 발생한다.

GATT협정 관련 분쟁에서 일반적으로 제소국이 제III조 내국민대우 의무 위반을 주장하면 피제소국이 제XX조를 원용하여 자국 규정의 필요성과 정당성을 입증한다. 전자는 의무 조항이고 후자는 예외 조항인 것이다.

TBT협정 제2.2조는 기술규정의 필요성과 정당성을 다루고 있지만 예외 조항이 아닌 의무 조항이며 원칙적으로는 입증책임이 제소국에게 우선 있다. 그러나 동

---

47 상소기구 보고서, 328.

조항이 궁극적으로 규율하는 사항은 국가의 규제 자율권과 불필요한 무역제한 사이의 균형이며 이는 GATT 제XX조가 구현된 바와 실질적으로 다르지 않다. 그리고 근본적으로 기술규정을 도입한 피제소국(수입국 내지는 규제국)은 자국 조치가 정당하고 불필요한 무역제한을 초래하지 않을 신의성실의 의무를 지며 동시에 이를 우선적으로 추정받을 권리를 향유하는 것이다. 이로써 제2.2조 관련 자국 기술규정의 정당성을 입증할 '권리'가 주어지는 것이다.

동 분쟁에서 상기 입증책임 소재에 관한 문제가 여러 차례 제기되었다. 우선 제2.2조 목적상 미국이 추구하는 목적이 무엇인가를 규명하는 과정에서 멕시코는 해당 미국라벨이 국내산업을 보호하기 위한 목적을 갖는다고 주장한 반면 미국은 돌고래보호 및 소비자정보제공 목적을 갖는다고 주장함으로써 두 입장이 대립하였다. 이에 대해 패널은 멕시코의 설명을 고려하지만 분쟁해결양해(Dispute Settlement Understanding: DSU) 제11조에 규정된 객관적인 검토를 진행하기 위하여 그리고 TBT협정 제2.2조상 정당한 목적의 조치를 취할 수 있는 피제소국의 '권리'를 보장하기 위하여 미국의 설명도 함께 검토되어야 한다고 판단하였다.[48] 이러한 입증책임 원칙을 제시한 후, 패널은 실제 검토과정에서 두 분쟁 당사국의 설명을 모두 고려한 후 DSU 제11조에 의거 '독립적이고 객관적인' 입장에서 최종 판정을 내려하는 원칙을 제시하였다.[49] 그리고 그 결과 미국이 제시한 조치의 목적에 동의하였다.

일반적으로 통상분쟁 해결 과정에서 조치를 도입한 국가가 명시적으로 선언하고 추구한 목적을 부정하고 이외의 어떠한 '의도'가 있었다고 가정하고 이를 채택함으로써 분쟁해결기구가 '독립적이고 객관적으로' 판단하였다고 설명하기란 쉽지 않을 것이다.

미국 라벨조치의 목적이 무엇인가에 대하여 검토한 후 다음으로 그 목적이 정당하였는지가 검토되었는데 이 과정에서 다시 입증책임의 소재 문제가 발생하였다. EC-정어리 분쟁에서 패널이 기술규정을 채택한 주체이자 그 목적을 확인할 수 있는 가장 좋은 위치에 있는 피제소국(규제국)이 자국 조치의 정당성을 입증해야 한다고 판정하였는데 이에 대해 상소기구는 피제소국이 목적의 정당성을 가장 잘 파악할 수 있는 위치에 있다 하더라도 조항을 원용하여 소를 제기하는 제소국의 입

---

48 패널 보고서, 7.393.
49 패널 보고서, 7.405-7.406.

증책임이 변경되는 것은 아니라고 평결하였다.

　미국 라벨조치 분쟁에서 패널은 상기 상소기구 설명을 인용하며 제2.2조 관련하여 원칙적으로는 제소국의 입증책임이 인정되지만 그렇다고 기술규정을 시행한 피제소국의 설명이 관련 없다는 의미가 아니라고 해석하였다.[50] 또한 상기 분쟁에서 상소기구가 조치를 도입하는 회원국이 조치의 목적을 설명할 특권(prerogative of)이 주어지고 패널은 그 목적의 정당성을 결정하도록 요구된다고 평결한 내용을 중요하게 고려하였다.[51]

　요컨대, 분쟁해결에 있어 입증책임은 일반적이고 원칙적으로 조항을 원용하여 소를 제기하는 제소국에게 있지만 TBT협정 제2.1조와 제2.2조 관련 입증책임은 양 분쟁당사국이 주장하고 입증해야 하며 분쟁해결기구가 최종적인 판단을 하는 방식으로 이루어진다.

4.5.4.2. '정당한 목적'과 수단

　제2.2조 관련 제기되었던 중요한 쟁점 중 하나는, 미국 조치의 규제 방식이 '강압적 목적(coercive objective)'를 가지며 이로써 정당하지 않은가의 문제였다. 멕시코는 미국 조치의 목적이 돌고래안전을 위하여 미국시장을 규제하는 것이므로 이는 다른 WTO 회원국의 특정 관행을 바꾸고 미국의 정책을 일방적으로 이행하도록 '강요(coerce)'하는 것에 해당하며 이러한 강압적 목적이 자의적이거나 부당한 차별수단 및 위장된 무역제한이라고 주장하였다.

　이 문제에 대해 상소기구는 멕시코의 주장은 미국의 돌고래보호 목적 그 자체가 아니라 그 목적을 추구하는데 사용된 수단을 문제 삼은 것으로 이해하며 조치의 목적과 수단을 구분하였다.[52] 또한 제2.2조가 기술규정이 국제무역에 대하여 '불필요한 장애(unnecessry obstacles)'를 구성해서는 안 된다고 규정하는 것은 곧 기술규정에 의하여 일정 수준의 무역제한이 불가피함을 전제로 하는 것이라고 해석하였다. 그리고 상소기구는 회원국이 특정 목적을 추구하며 다른 회원국에게 영향을 주는 조치를 수단으로 채택하였다는 그 사실만으로 단순히 제2.2조의 '정당한 목적'이 아니라고 판단할 충분한 근거가 없다고 평결하였다.[53]

---

50 패널 보고서, 7.390-7.393.
51 패널 보고서, 7.436.
52 상소기구 보고서, 337.
53 상소기구 보고서, 338.

일반적으로 무역과 환경문제에 있어 국제법상 치외법권(extraterritoriality)에 관한 쟁점이 빈번하게 논의된다.[54] 과거 미국 돌고래보호 관련 GATT 분쟁에서 멕시코는 미국의 수입제제 조치가 국제법상 치외법권임을 주장한 바 있다. 이번의 사건에서도 멕시코는 미국의 라벨규정이 자국 선박의 조업 관행을 바꾸려한다는 점에서 일방주의적 강박이라고 주장하였다.

그러나 위에서 살펴본 바와 같이 상소기구는 TBT협정상 기술규정의 목적과 수단을 구분하여 돌고래보호가 목적이고 이에 대해 제2.2조를 적용하여 그 정당성을 검토하였는데, 시장을 이용하여 목적을 달성하려는 그 수단 즉 라벨제도의 정당성은 별도로 고려하지 않았다. 기술규정이라는 정책수단이 TBT협정의 객관적인 대상일 뿐이며 그 정책수단의 정당성을 논의 대상으로 삼지 않는 것으로 이해할 수 있을 것이다. 마찬가지로 기술규정에 해당하는 상징, 표시, 포장, 라벨 등의 규제 수단은 그 자체로서 인정된다고 볼 수 있을 것이다.

4.6. 기술규정의 국제표준 조화 의무

4.6.1. 기술규정의 국제표준 조화 의무의 적용

멕시코는 미국 라벨 조치가 '관련 국제표준을 기초로' 사용하지 않았으므로 TBT협정 제2.4조를 위반한다고 주장하였다.[55] 이와 관련하여 제2.4조의 원문은 다음과 같다.

"기술규정이 요구되고 관련 국제표준이 존재하거나 그 완성이 임박한 경우, 회원국은 예를 들어 근본적인 기후적 또는 지리적 요소나 근본적인 기술문제 때문에 그러한 표준 또는 국제표준의 관련 부분이 추구된 정당한 목적을 달성하는데 비효과적이거나 부

---

54 상소기구 보고서, 335. 멕시코는 US-Gasolin 사건에서 미국이 동일한 사안을 다루는 다자협정을 간과하였던 상황과 동 분쟁의 상황이 상당히 유사하다고 주장하였다. 또한 미국 '돌고래안전' 라벨제도가 '엄격하고 신축적이지 않은 표준(rigid and unbending standard)'이며 조치의 목적이 미국 조업방법을 일방적으로 강요하기 위하여 미국시장 주요 유통망 접근을 규제하는 것이었다고 주장하였다. 치외법권적이며 관할권 밖에 부과하는 것을 목적으로 한다는 점에서 US-Shrimp 사건의 사실 정황과도 매우 유사하다고 주장하였다.

55 패널 보고서, 7.625.

적절한 수단일 경우를 제외하고는 이러한 국제표준 또는 관련 부분을 자기 나라의 기술규정의 기초로서 사용한다."

패널은 동 조항을 적용함에 있어 EC-Sardines 분쟁에서 사용되었던 3단계 검토기준을 인용하였는데 그 기준들은 국제표준이 '관련 국제표준'인가, 국내조치가 관련 국제표준을 '기초로' 사용하였는가, 국내조치가 추구하는 정당한 목적을 달성하기 위하여 관련 국제표준이 '비효과적이거나 부적절한가'에 관한 사항으로 이루어진다.

패널은 멕시코가 제시한 AIDCP 라벨기준이 미국 조치가 기초로 사용해야 하는 '관련 국제표준'인지 그리고 미국조치가 이를 '기초로' 사용하지 않았는지를 검토하였는데 결정적으로 미국 라벨조치 목적상 AIDCP 라벨기준이 '비효과적이거나 부적절'하다는 사실에 근거하여 멕시코가 제기한 제2.4조 위반 주장을 기각하였다. 동 사안은 상소기구 심의에도 제기되는데, 상소기구는 AIDCP 라벨기준이 "국제표준"이 아니라고 판단함으로써 패널과는 다른 이유를 근거로 멕시코의 위반주장을 기각하였다.

이하에서는 주요 쟁점이 되었던 "국제표준" 결정에 관하여 설명한다.

4.6.2. 패널 판정

4.6.2.1. '관련 국제표준을 기초로' 사용하였는가?

패널은 제2.4조와 관련하여 멕시코가 제시한 AIDCP 라벨이 '표준'인지, '국제'표준인지, '관련' 국제표준인지를 차례로 검토하였고 이어서 미국 라벨조치가 이를 '기초로' 사용하였는지를 고려하였다. 구체적으로 우선, 패널은 AIDCP 라벨기준이 "표준"인지를 검토하기 위하여 ISO/IEC가이드와 TBT협정 부속서1의 표준에 대한 정의를 확인하여 '공통되고 반복적인' 사용을 위하여 참치 조업방법과 참치제품에 관한 '규칙, 지침 또는 특성'을 규정하고 있으므로 제2.4조 목적상 '표준'이라고 고려하였다.

다음으로 AIDCP 라벨기준이 '국제' 표준인지를 결정하기 위하여, 패널은 UN ISO/IEC Guide 2:1991(이하 'ISO/IEC가이드')가 정의한 국제표준 개념 즉, "국제표준화/표준기구에 의하여 채택되고 공공에게 이용 가능하도록 제공된 표준"에 기초하여 크게 세 가지 법적 기준을 적용하였는데 이 기준들은 기본적으로 AIDCP 라벨기준이 (1) 표준인가 (2) 국제표준화/표준기구로부터 채택되었는가 그리고 (3) 공공에게 이용 가능하도록 제공되고 있는가에 관한 사항으로 이루어진다.[56]

패널은 심의를 통하여 AIDCP가 일종의 설립협정을 포함하고 행정절차와 제도를 갖추고 있으므로 '기구(organization)'에 해당하고 돌고래 보호와 참치 자원의 지속가능성 문제를 논의하여 돌고래 위험, 참치 자원의 합리적, 최적의 이용 등에 관한 공통적이고 반복적으로 사용할 수 있는 규정을 개발, 확립하고 있으므로 '표준화(standardization)' 기관에 해당한다고 확인하였다. 또한 AIDCP 라벨기준은 당사국들이 참여하여 채택한 사항이므로 AIDCP가 '승인(recognised)' 활동을 한다고 볼 수 있으므로 종합적으로 AIDCP가 '표준화 관련 승인 활동'을 하는 '표준화 기구'라고 인정하였다.[57]

패널 검토에서 핵심 사항은 "국제"표준의 결정적 요건으로 표준화/표준기구의 개방성을 검토한 부분인데, 패널은 AIDCP 회원가입이 모든 국가기관에게 개방되어 있고[58] TBT위원회 결정문 C항이 규정하는 바와 같이 '비차별적 기준으로' 개방되어 있다는 사실을 주목하면서 AIDCP가 회원가입에 있어 개방적이라고 설명하였다.[59]

끝으로 국제표준이 공공에게 이용 가능하도록 제공되었는가와 관련하여 패널은 AIDCP 라벨기준이 투명한 절차에 따라 도입되었고,[60] 돌고래안전 인증과 라벨

56 패널보고서, 7.664. TBT협정은 기본적으로 UN ISO/IEC Guide 2:1991(이하 'ISO/IEC 가이드')에서 사용되는 용어의 정의를 그대로 사용하도록 규정하고 있다. 다만 협정에서 용어와 정의를 규정하는 경우에는 ISO/IEC가이드의 정의를 따르지 않는다. '국제표준'이란 개념은 TBT협정 부속서 1에서 정의되지 않는데, 이에 따라 패널은 ISO/IEC가이드 정의를 근거로 검토를 진행하였다.

57 패널보고서, 7.682-7.687.

58 패널보고서, 7.690. 패널은 AIDCP 제XXVI조의 규정을 검토한 결과 (a) 1949협약 당사국(미국, 코스타리카), (b) 1949협약 비당사국이면서 협약지역과 경계를 둔 해안 국가, (c) 당사국과 협의 한 후 협약의 대상이 되는 어종을 조업하는 국가 (d) 그리고 당사국 결정을 바탕으로 가입을 초청받은 국가에게 가입이 개방되어 있다는 사실을 확인하였다.

59 패널보고서, 7.691-7.692. 패널은 TBT 결정 Section C의 개방성 원칙에 따르면 회원가입이 최소한 모든 회원국 기관에게 비차별적으로 개방되어야 한다고 명시하고 있는데, 패널의 AIDCP 회원가입은 1998년 5월 21일부터 1999년 5월 14일까지 허용되었고, 조업방식에 제한을 두지 않았으며 EEZ에서 조업을 하지 않는다는 조건하에 ETP 내 조업선박 국가에게 모두 가입이 개방되었다는 사실을 주목하였다. 이에 따라 패널은 AIDCP가 사실상 비차별적인 기준으로 최소한 모든 WTO 회원국의 관련 기관에게 개방을 허용하고 있다고 결론 내렸다.

에 관한 절차 등 관련 정보가 시장참여자들에게 공개되어 있으므로 AIDCP 라벨기준이 공공에게 이용 가능하도록 제공되고 있다고 인정하였다.[61] 이러한 종합적인 검토 결과를 바탕으로 패널은 AIDCP 라벨기준이 제2.4조 목적상 '국제표준'에 해당한다고 판정하였다.

이와 함께, 패널은 AIDCP 라벨기준이 참치 및 참치제품을 다루고 미국 조치가 규제하는 해역 중 일부(ETP 내 해역)를 규제하며 "돌고래 포위(setting on dolphin)" 라는 특정 조업방법을 다룬다는 점에서, 미국 조치와 '관련'이 있다고 판정하였다.[62]

그리고 마지막으로, 패널은 미국조치가 "관련 국제표준"인 AIDCP 라벨기준을 '기초로' 사용하였는지를 검토하면서 미국 Hogarth 사건에서 미국 법원이 AIDCP 라벨 사용을 공식적으로 금지하는 판결을 내렸고 이러한 결정적인 증거에 비추어 AIDCP 라벨과 미국 라벨은 상호대립적(contradictory)인 것으로 볼 수 있다고 고려하였다.[63]

이로써 패널은 미국조치가 관련 국제표준을 기초로 사용하지 않았음을 최종 판정하였다.[64]

4.6.2.2. 관련 국제표준이 국내조치의 목적 달성에 '비효과적이고 부적절한 수단' 인가?

통상적으로 제2.4조에 따라 미국의 라벨 조치가 관련 국제표준을 기초로 사용하지 않았다면, 관련 국제표준이 미국 조치의 목적 달성에 "비효과적이거나 부적절한 수단"인지를 검토하여 그러한 불이행이 정당화될 수 있는지를 심의한다. 동 분쟁에서 패널은 미국 조치가 추구하는 두 가지 목적 즉, 소비자정보 목적과 돌고래보호 목적에 비추어 AIDCP 라벨기준이 '효과적이고 적절한' 수단인지를 검토하였다.[65]

---

60 패널보고서, 7.694.
61 패널 보고서, 7.695.
62 패널 보고서, 7.701-7.703.
63 패널 보고서, 7.710.
64 패널 보고서, 7.713-7.716.
65 패널 보고서, 7.725-7.726. 패널은 EC-Sardines 사건의 상소기구가 설명하였던 '비효과적이거나 부적절한 수단'의 의미를 검토한 후 AIDCP가 미국의 두 가지 정당한 목적을 달성할 역량(capacity)이 있으면 효과적이고 이러한 목적들을 달성하기에 유용하면(suitable) 적절하다고 고려한 후 '비효과적'과 '부적절한'은 서로 다른 개념으로서 효과적이지만 부적

패널은 AIDCP 라벨기준이 ETP 해역 내에서 이루어지는 조업방법을 규제하고 있으나 ETP 해역 밖의 상황은 다루지 않으므로 그 역량(capacity)이 미국 라벨조치의 목적을 달성하는 데 효과적이지 못하다고 판단하였다.[66] 또한 ETP 해역 내의 돌고래 사망 문제는 다루고 있으나 이외의 다른 부정적 영향에 대해서는 다루고 있지 않으므로 효과적이고 적절한 수단이 되지 않는다고 판정하였다.[67]

이러한 패널 판정에 대하여 멕시코는 항소를 제기하였으나 상소기구는 제2.4조상의 위법성을 재검토하는 과정에서 AIDCP 라벨기준이 '국제표준'이라는 패널판정을 기각함으로써 동 사안에 대하여 심의하지 않았다.[68]

4.6.3. 상소기구 평결

상소기구 심의에서 가장 쟁점이 되었던 사안은 AIDCP 라벨기준이 "국제표준"인가라는 문제였으며 구체적으로 AIDCP의 회원가입이 개방적이었는가에 관한 결정이 그 논의의 핵심이었다. 미국은 TBT협정 부속서 1과 ISO/IEC가이드의 '개방성' 개념에 관한 조항이 현재형('a body that is open') 시제를 사용하고 있으므로 "국제표준"의 개방성 요건은 표준이 개발될 당시와 그 이후에도 계속 모든 회원국에게 개방되어 있어야 하는 것이라고 주장하였다. 이러한 주장의 배경에는 AIDCP협정이 회원가입을 최초 약 1년만 명시적으로 개방하고 이후에는 기존 회원국의 초청에 의하여 가입이 진행되는 절차를 두고 있어서 이를 개방적인 회원가입 제도라고 볼 수 있는지가 명확하지 않았다. 이에 대하여 멕시코는 돌고래안전에 관한 AIDCP 라벨기준이 개발될 그 당시 회원가입이 개방되어 있었으므로 이는 개방적인 것으로 봐야 한다고 주장하였다.[69]

우선, 상소기구는 TBT 위원회 결정에서 적어도 모든 회원국 관련 기관에게 개

절한 상황이 있을 수 있고 따라서 멕시코는 AIDCP 표준이 '효과적이고 적절하다'라는 두 가지 사실을 모두 입증해야 한다고 판단하였다.

66 패널 보고서, 7.727.

67 패널 보고서, 7.729~7.739. 패널은 AIDCP 기준이 돌고래를 포위하는 조업방식에 의한 돌고래 사망 감소에만 효과가 있으며 반복되는 추격, 포위 및 배치 등으로 인한 무리로부터 새끼돌고래의 분리, 수유 중인 암돌고래의 사망, 번식률 저하 등 그 밖의 다른 문제들을 다루지 않고 있음을 중요하게 고려하였다.

68 상소기구 보고서, 400.

69 상소기구 보고서, 381.

방되어야 하고 표준개발의 모든 단계에서 개방(open at every stage of standards development)되어야 한다는 개방성의 시간적 범위를 확인하였다.[70] 이와 관련하여 멕시코는 AIDCP는 가입기간이 종료된 이후에도 간단한 초청(invitation)을 통하여 관심이 있는 모든 국가 또는 지역 기관이 가입할 수 있는 개방적인 절차를 두고 있다고 주장하며 '초청'은 단지 가입 형식(formality)에 불과한 것이라고 구체적으로 반박하였다.[71]

상소기구는 초청에 따라 가입하는 것이 '개방'인가의 문제는 사안에 따라 결정되어야 하는 바, 만일 한 회원국 또는 관련 기관이 가입 의사를 명시적으로 밝힌 이후에 자동적으로 초청이 이루어진다면 이는 개방적이라 할 수 있다고 보았고 따라서 가입 조항, 절차 그리고 실제 관행을 면밀히 검토해야 한다는 기준을 제시하였다.[72]

그렇다면 구체적으로 AIDCP가 '국제'적인가에 관한 검토에서 상소기구는 적어도 모든 WTO 회원국의 관련 기관에게 가입이 개방되었는가를 고려하였는데, AIDCP는 초청받은 WTO 회원국에게만 가입이 개방되므로 이 요건을 충족하지 않는다고 설명하였다. 또한 멕시코가 AIDCP의 초청이 모든 WTO 회원국에게 가입을 공개하는 '형식'에 불과하다고 주장한 것에 대해, AIDCP 회원국들이 초청 이후 자동 가입을 실제로 합의하였는지, 초청을 통하여 가입한 선례가 있는지, 초청이 절차적 형식에 불과하다는 구체적인 증거가 있는지에 대해 멕시코가 충분히 입증하지 못하였다고 설명하였다.[73]

결론적으로 상소기구는 AIDCP가 TBT협정 목적상 가입이 개방된 '국제' 기관이 아님을 최종 평결하였고 이로써 미국 라벨조치가 제2.4조를 위반한다는 멕시코 주장을 기각하였다.

요컨대 패널은 AIDCP 라벨기준이 미국조치의 관련 국제표준이지만 효과적이고 적절한 수단이 될 수 없으므로 멕시코의 주장을 기각하였으나, 상소기구는 AIDCP가 '모든 국가의 관련 기관에게 가입이 공개된' TBT협정상 '국제표준화 기관'이 아니므로 미국조치가 이를 기초로 사용할 의무가 없다는 판단을 근거로 기

---

70 상소기구 보고서, 382. 상소기구는 공평성(Impartiality)과 합의(Consensus)에 관한 위원회 결정을 고려하였다.

71 상소기구 보고서, 383-5.

72 상소기구 보고서, 386.

73 상소기구 보고서, 397-398.

각하였다.

4.6.4. 기술규정의 국제표준 조화 의무 관련 쟁점

TBT협정은 궁극적으로 무역에 대한 기술장벽 문제를 두 가지 차원에서 다루려고 한다. 그 하나는 다른 WTO 대상 협정들이 구현하고 있는 기본원칙들 즉, 기술규정, 표준 및 적합성 평가 절차에 대한 비차별의무 및 최소한의 무역제한 의무를 바탕으로 정당한 정책 목적을 추구하는 과정에서 불가피하게 초래되는 무역제한 효과를 최대한 줄이고 GATT가 추구하는 공정한 시장경쟁을 보장하려는 것이다.[74]

다른 하나는 무역 관련 불공정하지 않더라도 국가들마다 서로 다른 기술정책과 제도를 도입함에 따라 발생하는 시장 진입비용을 최대한 줄이기 위하여 기술규제의 다양성에 기인하는 무역장벽을 규율하기 위한 규범을 적용하고 있다. 이러한 규범들이 바로 기술규제의 국제표준과 조화(harmonization), 각국 규제 간의 일방 또는 상호인정(mutual recognition) 의무 등이다. 특히 국제표준과의 조화의무는 TBT협정 전문에서 확인될 뿐만 아니라[75] 제2조 4항에서 중앙정부기관의 기술규정이 국제표준을 기초로 사용할 의무를 규정하고 있고 제2조 5항에서는 관련 국제표준을 따르는 기술규정이라면 국제무역에 불필요한 장애가 되지 않는 것을 전제하며 이는 반박이 가능하다고 규정함으로써 기술규정의 국가 간 차이에 의한 무역장벽을 사전적으로 억제하기 위한 중요한 의무를 규정한다.[76]

미국-멕시코 참치분쟁(Ⅱ)에서 상소기구는 '국제'표준의 개념에 대한 검토기준을 충분히 구체적으로 제시하지 않았다. 동 분쟁에서 패널은 표준개발에 참여하는 행위도 '승인'으로 인정되고 표준의 존재, 합법성, 유효성에 관한 승인도 '승인'으로 인정된다고 해석한 것에 대해 미국은 만일 표준을 '개발'하는 행위가 '승인'으로 인정된다면 표준의 존재 그 자체만으로도 승인이 일어난 것이므로 '표준화활동이 승인'되어야 한다는 명시적인 규정이 불필요했을 것이라고 주장하면서

---

74 TBT협정 전문 2항.
75 TBT협정 전문 3항, 4항.
76 TBT협정의 '국제표준과의 조화' 의무는 WTO무역규범에 있어 상당히 '대범한' 발전 요소로 평가되고 있다. 이는 국제표준으로부터의 이탈을 위법성 사유로 규정하고 있기 때문이다. Sykes, Alan O., Product Standards for Internationally Integrated Goods Markets, The Brookings Institution, pp. 63-86.

항소하였다.[77]

　이에 대해 상소기구는 패널판정을 인정하면서 '승인'의 주체로서 WTO 회원국, 국가표준화기관 및 국제표준화기관이 모두 관련이 있고 표준 개발과정에의 참여 자체가 '승인' 입증에 충분하지 않을 수는 있지만 불가능한 것은 아니라고 설명하였다.[78] 또한 널리 사용되는 표준을 개발, 채택한 기관만이 '국제' 표준화기관으로 고려되는 것은 아니며 하나의 표준을 개발한 국제기구라 하더라도 가령 이 기구가 표준화 행위 '들'을 승인하거나, 이 기구의 표준 개발에 다수의 WTO 회원국들이 참여하여 해당 표준의 유효성과 합법성을 인정하거나 또는 이 기구가 TBT 위원회 결정에 있는 원칙을 이행하였다면 이러한 '승인'은 모두 인정이 된다고 평결하였다.[79] 그리고 국제표준은 국제 표준화 기관들(bodies)에 의해 채택되어야 하며, 국제 표준화 기구(organization)가 포함될 수 있다고 해석하였다.[80]

　이처럼 상소기구는 '국제' 표준 개념을 해석하면서 많은 가능성을 고려하여 그 범위를 포괄적으로 열어 둔 것을 알 수 있다. 그러나 '관련 국제표준'을 포괄적으로 해석하였다 하더라도 실제 사안의 적용에 있어서는 신중하고 엄격한 입장을 취하였다. 단적인 예로 앞서 살펴본 바와 같이 상소기구는 AIDCP의 개방성을 검토하는 과정에서 WTO 회원국이 가입할 방법이 '초청'이라는 형식을 통하여 잠재적인 기회가 있었다 하더라도 실제로 그 방법이 가용한 것인지가 검증되지 않았다는 점을 중요하게 고려하였다.

　이처럼 TBT협정 목적상 '국제표준'은 무역제한을 최소화하기 위한 중요한 규범이며 국가의 규제자율권 침해를 최소화하기 위한 핵심적인 개념이라 할 수 있다. 후속 분쟁에서의 해석·적용을 통해 보다 명확하고 구체적인 기준이 확립되어야 할 것이다.

77　상소기구 보고서, 387-388.
78　상소기구 보고서, 390-393. 상소기구는 표준개발에 참여하는 주체의 승인만으로 동 사안에 대한 입증이 충분하지 않을 수 있는데 그 이유는 TBT협정상 국제표준에 관한 의무와 권리는 모든 WTO 회원국에게 적용되는 사안이며 표준개발에 참여한 주체에게만 적용되는 것이 아니기 때문이라고 해석하였다. 그럼에도 불구하고 표준개발에 참여하는 국가의 수가 많을수록, 기관의 해당 표준화 활동이 '승인된' 것으로 판정될 가능성이 높다고 평결하였다.
79　상소기구 보고서, 392-394.
80　상소기구 보고서, 395.

4.7. 결론: 이행분쟁과 시사점

2012년 6월 분쟁해결기구는 패널과 상소기구 보고서를 채택하였고 미국의 돌고래보호를 위한 참치제품 라벨조치가 TBT협정을 위반한다고 최종 판정 내렸다. 그러나 WTO 판정이 해양포유류 보호 증진을 목적으로 하는 국제적 합의와 국내적 이행에 반한다는 비판과 함께 환경단체와 여론으로부터 거센 저항을 받았다. 이후 미국은 동 분쟁판정을 이행하는 과정에서 많은 난황을 겪었으며 양국의 통상 분쟁은 한동안 계속되었다.[81]

WTO 판정 직후 양국은 이행을 위한 합리적인 기간을 2013년 7월로 합의하였고 이에 따라 조만간 문제가 해결될 수 있을 것으로 기대하였다. 미국은 이 기간 동안 "2013년 최종규정(2013 Final Rule)"을 제정하였는데 이는 참치제품에 대한 돌고래안전 라벨 사용을 위하여 제출해야 하는 증빙서류를 강화하는 내용을 골자로 하였다. 미국은 동 규정이 WTO 판정을 이행하기 위하여 종전을 이행규정을 개정한 것이라고 통보하였는데, 멕시코는 미국의 이행조치가 여전히 WTO협정과 불합치하다고 주장하였다.

미국의 개정조치에 대한 분쟁은 WTO의 공식적인 이행분쟁 절차에 따라 진행되었다. 11월 멕시코는 미국의 개정사항을 충분한 이행으로 볼 수 없으며 TBT협정 제2.1조와 GATT협정 제1.1조 및 제3조 위반을 주장하며 이행분쟁 절차를 개시하였다. 분쟁해결양해(DSU) 제21.5조에 따라 이행패널이 구성되고 미국의『해양포유류보호법 제1385조 돌고래보호 소비자정보법』, 돌고래안전 참치 라벨에 관한 규정을 개정하는 "2013년 최종규정", Hogarth 사건의 법원 판례 그리고 모든 관련 사항이 TBT협정과 불합치한지를 검토하였다.

이행분쟁에서 패널은 미국의 개정 조치상 돌고래안전 라벨 요건이 크게 세 가지 요소로 구성된다고 보았는데 라벨 자격요건, 인증 요건 그리고 이력·검증요건이 이에 해당하였다. 이행패널의 심의 결과, 인증요건과 이력·검증요건은 TBT협

---

81 2012년 10월 30일 미국 의회에서 일부 의원들은 무역대표부(USTR)에 서신을 보내 WTO 판결 이행을 거부하고 12월에 있을 멕시코가 참석하는 환태평양경제동반자협정(Trans-Pacific Partnership: TPP) 협상에서 돌고래보호에 성공적인 현행 미국 조치를 변경할 수 없다는 입장을 분명히 나타내자고 촉구하였다.

정 제2.1조 및 GATT협정 제1.1조와 제3.4조와 불합치하며 GATT 제20조에 의하여 정당화될 수 없다는 판정이 내려졌는데 미국은 이에 대하여 항소하였다.[82]

멕시코도 이행패널의 검토 기준 일부에 대하여 항소하였는데 요지는 패널이 고려한 분쟁의 미국 대상 조치가 기존의 조치에서 개정 및 非개정 사항 모두를 포함하는 조치 전체가 아니라 개정사항만을 고려하였고 이는 패널이 기존 조치의 일부만을 검토한 오류라고 주장하며 상소기구의 법률심의를 요청하였다.

이처럼 동 이행분쟁에서 핵심적인 쟁점사항은 미국의 개정조치가 개정된 사항만을 의미하는 것인지 개정된 사항을 포함하는 기존의 조치 전체를 의미하는 것인지와 관련 있었다. 패널은 기존 조치에서 개정된 사항과 개정되지 않은 사항을 구분하고 각각에 대하여 개별적으로 분석을 실시하였는데, 멕시코의 문제제기에 동의하며 상소기구 역시 패널의 검토 방법에 문제가 있다고 보았다. 상소기구는 조치에서 개정된 부분과 개정되지 않은 부분들이 서로 연결되어 하나의 제도를 형성하고 있는데 이행패널이 이러한 규제를 종합적으로 고려하지 않은 것을 결정적인 오류라고 지적하며 이행패널의 판정을 대부분 기각하였다.

구체적으로 살펴보면, 이행패널은 개정 조치 요소 각각에 대하여 검토한 후 자격요건은 TBT협정 제2.1조에 불합치하지 않으나 인증요건과 이력·검증제도가 불합치하다고 판정하였는데 상소기구는 이 판정을 기각하였다. 우선, 상소기구는 조치의 전체적인 운영과 멕시코 참치제품의 미국시장 내 경쟁상황에 어떤 영향을 주는지에 관하여 종합적으로 검토하지 않았음을 오류로 지적하였다.

그리고 독립적으로 진행한 법률 검토에서 상소기구는 우선 개정 조치에 의하여 미국 내 멕시코산 참치제품의 경쟁조건이 변경되어 피해를 입었음을 확인하면서 이행패널의 판정을 인정하였다. 다음으로, 불리한 대우를 검토하기 위하여 구체적으로 위험 구분과 규제 구분 사이에 일관성 여부를 분석하여야 했는데 이는 정보 불충분으로 진행하지 못하였다. 다만 인증제도상 옵저버 신청자의 경우 다른 신청자와 동일한 기준에서 인증이 결정되지 않고 있다는 점을 주목하며 이는 제2.1조 위반이라고 평결하였다. 이어서 상소기구는 GATT 제1조와 제3조 관련 이행패널의 불합치 판정을 모두 기각하였는데, 그 이유도 역시 상기 TBT협정 관련 판정의 근거와 동일하게 개정규정을 전체 조치의 일부로 고려하여 종합적인 분석을 하지 않은 데 있었다.

82 21.5 이행분쟁에 관한 상소기구 보고서, WT/DS381/AB/RW, 20 November 2015.

마찬가지로 상소기구는 GATT 제20조상의 예외조치 검토에 있어서도 이행패널이 개정 조치의 요소별로 각각을 고려한 검토방법이 오류라고 지적하였다. 이 사안의 구체적인 검토에서 상소기구는 참치어업 관행에 의하여 돌고래가 위험에 처하는 상황은 GATT 제20조상 국가들마다 동일한 상황이며 각각의 어업 관행에 따라 돌고래 위험에 어떤 차이가 있는지 그리고 그러한 위험 차이에 근거하여 개정조치상의 차별적 요소를 판단해야 하는데 이에 대해서 정보는 불충분하여 검토를 완결할 수 없다고 하였다. 그럼에도 불구하고 인증결정 방식을 보면 옵저버 신청자들은 인증신청시 제출해야 하는 증빙 요건이 강화되어 시행되고 있고 제품이력·검증 요건도 다르게 적용되고 있어 제20조 전문을 위반한다고 평결하였다.

2015년 12월 이행패널 및 상소기구 보고서가 최종 채택되었다.[83] 멕시코는 이듬해 3월 이행분쟁의 판정에 따른 미국의 후속적인 이행조치가 기대만큼 신속하게 진행되지 않자 보복(양허정지)을 위한 절차를 시작하였고 2017년 4월 DSU 제22.6조상의 중재절차에 따라 연간 1억 6천 3백만 달러 상당의 보복(양허정지) 수준을 중재패널로부터 승인받았다.[84] 그리고 5월 이를 바탕으로 분쟁해결기구에 보복승인 신청을 진행하였다.[85]

한편, 미국은 이듬해인 2016년 4월 상기 이행분쟁의 최종 결정에 따라 "2016년 참치조치(Interim Final Rule of 22 March 2016 또는 2016 Tuna Measure)"를 도입하여 라벨 요건을 모두 동일하게 적용하였고 이를 근거로 분쟁해결기구의 권고사항을 이행하였다고 통보하였다. 4월 미국은 이행에 관한 검토를 신청하였으나 멕시코는 이의를 제기하였고 두 번째 이행 분쟁이 진행되었다. 그리고 2017년 10월 회람된 검토 결과에 따라 "2016년 참치조치"에 의하여 미국의 이행이 최종적으로 확인되었다.[86]

이로써 미국-멕시코 참치분쟁(Ⅱ)은 2008년 10월 멕시코의 협의요청에서 시작하여 2017년 10월 미국의 이행이 최종적으로 확인되기까지 10년에 걸친 치열한 법적 공방과 이행 난항을 겪으며 종료되었다. 2012년 6월 패널 및 상소기구 보고서가 채택되고부터 이행이 완료되기까지 5년여가 걸린 사실을 보더라도 환경정책 관련 통상분쟁을 해결하기가 얼마나 까다로운지를 잘 알 수 있는데, 이는 근본

---

83 21.5 이행분쟁 패널보고서, WT/DS381/RW, 14 April 2015.
84 양허정지에 관한 중재패널 보고서, WT/DS381/ARB, 25/04/2017.
85 보복승인 신청서, WT/DS381/44, 12/05/2017.
86 21.5 이행분쟁 패널보고서, WT/DS/RW/2, 26 October 2017.

적으로 환경정책이 환경보호라는 궁극적인 공공정책의 목적과 이를 실행하기 위한 국가적 합의와 입법 그리고 정부의 전문적이고 객관적인 평가 등 복합적인 요소들을 기반으로 하기 때문일 것이다. 어떤 환경 정책이 단순히 무역이익을 침해하거나 시장진입 장벽을 초래하였다는 이유로 국제통상 체제에서 그 합법성과 필요성을 단편적으로 논의할 수는 없을 것이다. 분쟁의 상황을 신중하게 고려하여 WTO 협정상의 규범을 해석하고 적용하여야 할 것이며, 통상마찰을 해소하기 위한 노력 속에 점차 중요해지고 있는 환경문제에 대한 고려가 함께 이루어져야 할 것이다.

끝으로 TBT협정에는 핵심적인 법적 개념과 요소가 명확하지 않아 이행과 적용에 어려움이 많다. 이는 WTO 체제에서 법제도적으로 개선되어야 할 향후 과제이며 FTA협상과 이행을 통하여 발전되어야 할 정책적 과제이기도 하다. TBT협정의 이행 제고와 규범발전에 있어 오늘날 활발하게 전개되고 있는 국제환경법 규범과의 조화 또한 중요하게 고려되어야 할 사항이다. 더욱이 국제환경체제에서 유효한 분쟁해결제도가 없으므로 환경과 무역에 관한 분쟁이 발생하는 경우 WTO 분쟁해결절차가 적용될 여지가 높으며 따라서 통상관점의 분쟁해결은 환경 조치의 규제 방법과 기준 등에 대하여 불가피하게 영향을 주게 될 것이기 때문이다. 이러한 관점에서 WTO협정 운용에 있어 환경에 관한 고려는 더욱 중요한 과제가 될 것이며 앞으로 많은 후속 연구가 이루어져야 할 것이다.

참고문헌

김민정, "〈미국-멕시코 참치분쟁Ⅱ〉에 대한 WTO판결 분석", 「국제경제법연구」 제10권 제2호, 한국국제경제법학회, 2012.

Marceau, Gabrielle and Trachtman Joel, "The technical barriers to trade agreement, the sanitary and physanitary measures agreement, and the general agreement on tariffs and trade: a map of the new World Trade Organization law of domestic regulation of goods", Journal of World Trade, 2002.

McDonald, Jan, "Domestic Regulation, International Standards, and Technical Barriers to Trade", *World Trade Review*, Vol. 4 No. 2, 2005.

Sykes, Alan O, <u>Product Standards for Internationally Integrated Goods Markets</u>, The Brookings Institution, 1995.

Wolfrum, Rudiger, <u>WTO: Technical Barriers and SPS Measures</u>, Max Plank Institute for Comparative Public Law and International Law, 2006.

WTO 보고서

GATT, United States-Restrictions on Imports of Tuna, Report of the Panel, DS21/R-39S/155.

WTO, <u>World Trade Report 2005</u>, 2005.

_____, <u>Seventeenth Annual Review of the Implementation and Operation of the TBT Agreement</u>, TBT Committee, G/TBT/31.

_____, United States-Measures Concerning the Importation, Marketing and Sale of Tuna and Tuna Products, Panel Report, WT/DS381/R.

_____, United States-Measures Concerning the Importation, Marketing and Sale of Tuna and Tuna Products, Appellate Body Report, WT/DS381/AB/R.

_____, United States - Measures Concerning the Importation, Marketing and Sale of Tuna and Tuna Products from Mexico - Recourse to article 21.5 of the DSU by Mexico - Report of the Panel, WT/DS381/RW.

_____, United states - Measures Concerning the Importation, Marketing and Sale of Tuna and Tuna Products - Recourse to article 21.5 of the DSU by Mexico - AB-2015-6- Report of the Appellate Body, WT/DS381/AB/RW.

_____, United States - Measures Concerning the Importation, Marketing and Sale of Tuna and Tuna Products - Recourse to Article 21.5 of the DSU by the United States, WT/DS/RW/2.

_____, United States - Measures Concerning the Importation, Marketing and Sale of Tuna and Tuna Products – Recourse to article 22.6 of the DSU by the United States – Decision by the Arbitrator, WT/DS381/ARB.

녹색공공영역(Green Public Sphere)의 관점에서 본 WTO: EC-캐나다 석면사건 분석[*]

이태화(서울시립대학교 조교수, 도시문제 및 공공정책학 박사)

5.1. 서 론

세계무역기구(World Trade Organization: WTO)는 각 회원국들 간의 무역협상 과정에서 비국가 행위자들(Non Government Actors)[1] 특히 비정부기구(Non Governmental Organizations: NGOs)[2]의 참여를 허용하지 않는다는 점 때문에 투명성과 민주성의 결여로 비판을 받아왔다. 이러한 비판에 대한 대응으로 최근에 WTO의 분쟁패널과 항소기구 둘 다 비국가 행위자들로부터 사건의 당사자가 아닌 제3자 진술서(Amicus Curiae briefs) 제출을 수용하여 비국가 행위자들의 의견서들을 고려하는 쪽으로 판결을 진행해왔다. 이러한 흐름의 중요한 원인 중의 하나는

---

[*] 이 장은 필자가 2011년 12월에 「ECO」 제15권 제2호에 게재한 "녹색공공영역(Green Public Sphere)의 관점에서 본 WTO: EC-캐나다 석면사건 분석"을 이 책의 목적에 맞추어 수정한 것임을 밝힌다.

[1] 정인섭은 비국가 행위자들을 단일한 법적 기준을 적용하여 정의 내리기 어렵고 기능적으로 파악하여 정의하여야 한다고 했다. 그의 표현에 따르면, 비국가 행위자란 "국제적 상호작용에는 참여하고 있으나, 법인격·권한·참여의 목적과 자격·참여의 방식 등에 있어서 주권국가와는 구별되는 모든 행위자들"을 의미한다. 정인섭, "왜 비국가 행위자를 말하는가?", 「서울국제법연구」 제17권 제2호, 서울국제법연구원, 2010, p. 1-17 참조.

[2] NGO는 "공동의 목적을 함께 달성하려는 개인들의 자발적인 조직"이라고 정의한다. Charnovitz, S, "Opening the WTO to Non-Governmental Interests", 24 *Fordham International Law Journal*, Vol. 173, 2000, p. 1-35.

국제 환경 NGO들이 지속적으로 WTO의 의사결정과정에 참여하려는 노력이 있었기 때문이다. 또한 1992년 브라질 리우데자네이루에서 열린 유엔환경개발회의(United Nations Conference on Environment and Development: UNCED)에서 국제사회가 합의한 '지속가능한 발전'이라는 국제적 가치를 WTO가 수용하려는 과정 역시 영향을 미쳤다고 볼 수 있다.

환경 NGO들이 WTO의 의사결정과정에 참여하고자 하는 것은 WTO가 이미 국제환경문제에 관한 판결을 다룬다는 측면에서 중요한 국제논의의 포럼들 중의 하나가 되어 왔기 때문이다. 이에 따라 국내외의 다양한 논문들은 WTO 무역분쟁에 관한 의사결정과정에서 NGO의 참여에 대한 분석을 해왔다. 다만, 국내의 논문들은 주로 WTO 무역분쟁에서 분쟁의 법적인 사실부분에 대해서만 다루었기에 국내에서는 무역분쟁을 둘러싼 좀 더 폭넓은 범위의 논의가 부재한 상황이다. 따라서 본 논문에서는 WTO 무역분쟁의 법적인 분석을 넘어서 그 판정 과정의 환경정치적·환경사회학적 측면을 국내에 소개하고자 한다. 이에 본 논문은 NGO의 WTO 의사결정과정에서 NGO 참여의 획기적인 분수령이 되었고 처음으로 GATT 제20조 환경조항[3]에 근거한 무역조치의 정당성이 인정된 EC-캐나다 석면분쟁과정에서 발생한 NGO 참여에 대한 논의와 그 수단이 된 제3자의 진술서를 공식적으로 수용하는 과정을 환경정치학적·환경사회학적 관점에서 접근하고자 한다. 본 논문은 먼저 WTO 무역 분쟁시 패널과 항소기구의 판결에 대한 NGO 참여에 대한 국내외의 이론적 논의를 소개한다. 두 번째, 본 논문은 WTO에서의 *Amicus Curiae* 제도를 소개하고 EC-캐나다 석면분쟁의 배경을 소개한다. 세 번째, 본 논문은 EC-캐나다 석면분쟁에서 *Amicus Curiae* 제도를 통한 환경 NGO들의 참여과정을 이론적으로 분석하고 그 시사점을 분석·정리한다. 그리고 마지막으로 본 논문의

---

3 GATT(General Agreement on Tariffs and Trade: 관세 및 무역에 관한 일반협정) 제20조의 환경 관련 예외에 관한 조문은 다음과 같다:
다음의 조치가 동일한 여건이 지배적인 국가 간의 자의적이거나 정당화할 수 없는 차별의 수단을 구성하거나 국제무역에 대한 위장된 제한을 구성하는 방식으로 적용되지 아니한다는 요건을 조건으로, 이 협정의 어떠한 규정도 체약당사자들이 이러한 조치를 채택하거나 시행하는 것을 방해하는 것으로 해석되지 아니한다. (a) 인간, 동물 또는 식물의 생명이나 건강을 보호하기 위하여 필요한 조치, (b) 고갈될 수 있는 천연자원의 부존과 관련된 조치로서 국내 생산 또는 소비에 대한 제한과 결부되어 유효하게 된 경우. http://www.wto.org/english/docs_e/legal_e/gatt47_02_e.htm (최종 검색일: 2011.10.5.). 우리말 번역은 김호철, 「기후변화와 WTO: 탄소배출권 국경조정」, 경인문화사, 2011, 참조

결론을 소개한다.

5.2. 이론적 논의

국내에서는 WTO의 의사결정과정에 비국가 행위자들, 특히 환경 NGO들이 참여해온 과정에 대한 논의는 활발하지 않았다. 그러나 주목할 만한 논문으로 NGO의 WTO 협상과정 참여에 대한 손태우(2004)[4]의 연구가 있다. 손태우(2004)는 WTO 체제에 국제사회의 가치수용을 하기 위한 방안에 대한 연구에서 WTO가 단순히 국가 간의 회합체가 아니며 WTO의 정책과 방향이 각 회원국의 국민과 관련 이해단체에 직·간접적으로 영향을 미치는 실질적인 국제적 정책기구로 변화되고 있는 만큼, 무역과 관련된 다른 사회가치를 수용해야 할 것이라고 주장하였다. 이러한 가치수용을 위해서 WTO 분쟁해결시 당사자적격을 관련 회원국에서 사적당사자까지 확대시키자는 견해는 사적 이해당사자 간의 지위와 능력의 차이에서 오는 불평등이 있고 WTO의 자유무역의 이상을 좌절시킬 수 있다고 하였다. 따라서 WTO 분쟁해결 절차상의 당사자 자격을 사적당사자로 확대시키는 것보다는 NGO 등 제3자의 진술서를 수용하거나 국제사회의 가치를 적절하게 반영할 수 있도록 WTO 분쟁해결 패널 구성원을 무역과 법률전문가뿐만 아니라 환경전문가 등을 포함하는 것이 더 바람직할 것으로 보았다. 또한 그는 각 국민들에게 영향을 미치는 WTO의 운영에 개개인의 이익단체인 NGO의 영향을 배제시킬 수는 없을 것이며 NGO의 관여가 WTO 운영의 투명성과 합법성에 일조할 것이라고 주장했다.

한편, 논의가 활발하지 못한 국내와는 대조적으로 해외에서는 NGO 특히 환경 NGO의 WTO 의사결정 참여에 대한 논의가 꾸준히 이어져 왔다. 그 이유는 1990년대 말, WTO의 의사결정과정의 불투명성, 비민주성에 대해 집단적으로 항의한 세계 환경 NGO들의 목소리가 있었기 때문이다. WTO 의사결정과정에서 *Amicus Curiae*제도를 통한 NGO의 참여에 관해 논의한 대표적인 해외 논문으로는 Charnovitz(1996, 2000)[5], Cawley(2004)[6], Keller(2005)[7], Eckersley(2007)[8],

---

4 손태우, "WTO체제에 국제사회의 가치수용을 위한 법적 방안에 관한 연구: WTO 분쟁해결 절차상 NGO와 사인의 역할확대를 중심으로.",「상사판례연구」제17권, 한국상사판례학회, 2004, p. 87-121.

5 Charnovitz, S, "Participation of Nongovernmental Organizations in the World

Sapra(2009)[9]가 있다. Charnovitz(1996)는 무역장벽들을 제거하는 것은 공공의 승인을 필요로 하기에, 각국의 국내 무역정책에 있어서의 NGO들의 참여가 적절한 것과 마찬가지로 무역과 관련된 국제기구에 NGO들이 의견을 피력하는 것은 바람직하다고 보았다. 또한 초창기의 국제무역기구(International Trade Organization) 창설역사에서 NGO 참여를 허용하였듯이, NGO 참여는 다자간 무역 시스템 설계의 원래 의도에서 크게 벗어나지 않는다고 주장하였다. Charnovitz(2000)는 이후의 논의에서 WTO는 국가중심주의에서 벗어나서 개인의 의견을 존중해야 하는가란 질문에서 그렇다고 답하면서, 시민사회에 기회를 제공하는 것은 경제적 국가주의와 보호주의에 이들이 도전하게 함으로써 WTO로 하여금 더 나은 세상을 만드는데 무역을 활용할 수 있도록 도울 것이라고 보았다. 즉, 그는 NGO들이 어떤 특정한 이슈에 대해 그 이슈를 찬성하거나 반대하는데 충분히 관심을 가지고 있으므로, 각국 정부들이 이러한 도전적인 관점을 받아들여 NGO들과 더불어 더 나은 무역 시스템을 만들기 위해 노력할 필요가 있다고 했다. 이는 더 나은 세계를 만들기 위한 현명한 판단을 할 기회로 이어질 것이라고 보았다. 또한 WTO에 NGO의 참여를 허용하기 위해서는 다른 국제기구들이 NGO 참여를 허용한 과정을 참고하고 WTO의 투명성을 높이기 위해 정부 brief공개, 패널의 정보공개, brief제출에 대한 안내서 공지 등이 이루어져야 한다고 주장했다. 한편 Cawley(2004)는 WTO 체제에 제3자 진술서를 받아들이는 것이 정당한지 아닌지에 대하여 논의하면서 NGO들의 WTO 체제에서의 참여여부에 대한 논의는 끝나지 않을 것으로 예측하

Trade Organization", U. Pa, *J. Int'l Econ. L*, Vol. 17, Issue 1, 1996, p. 331-357.; Charnovitz, S, "Opening the WTO to Non-Governmental Interests", 24 *Fordham International Law Journal*, Vol. 173, 2000, p. 1-35.

6 Cawley, J. B, "Friends of the Court: How the WTO justifies the Acceptance of the Amicus Curiae Brief from Non-Governmental Organizations", *Penn State International Law Review*, Vol. 23, Issue 1, 2004, p. 47-78.

7 Keller, J, "The Future of Amicus Participation at the WTO: Implications of the Sardines Decision and Suggestions for Further Developments", *International Journal of Legal Information*, Vol. 33, 2005, p. 449-470.

8 Eckersley, R, "A Green Public in the WTO?: The Amicus Curiae Interventions in the Transatlantic Biotech Dispute", *European Journal of International Relations*, Vol. 13, Issue 3, 2007, p. 329-356.

9 Sapra, S, "The WTO System of Trade Governance: The Stale NGO Debate and the Appropriate Role for Non-state Actors", *Oregon Review of International Law*, Vol. 11, 2009, p. 71-107.

면서 WTO 회원국들은 NGO들을 배제할 것이 아니라 그들의 제3자 진술서 제출에 대한 절차와 정책에 NGO 참여를 준비하는 것이 더 바람직하다고 결론지었다.

한편, WTO에서의 *Amicus Curiae*의 역할을 환경정치적·환경사회학적 관점에서 분석한 주목할 만한 글로는 Eckersley(2007)[10]가 있다. Robyn Eckersley는 WTO에서의 *Amicus Curiae*의 역할을 분석하면서 사적 경제력과 국가에 대항하여 시민권을 강화시키는 영역으로써 공공영역(Public Sphere)[11]을 바라본 Jurgen Habermas의 초창기이론을 재구성하고 초국적인 공공영역을 비판이론의 입장에서 접근하였다. 그녀는 국제협약의 당사국 총회와 같은 규범을 창조하는 기구들과 WTO 패널이나 항소기구와 같은 규범을 해석하는 기관들은 공공에 민감한 논쟁들을 교환하는 공간이라는 점에서 정치시스템과 생활세계의 '중간적인 구조'로서 공공영역으로 정의할 수 있다고 보았다(Eckersley, 2007: 335).[12] 더 나아가 공공영역에 대한 논의에 지속가능성을 더하여 녹색공공영역이라는 이론을 새로이 전개하였다. Eckersley의 주장에 의하면, *Amicus Curiae*를 통해 NGO들이 WTO 의사결정과정에 참여하려고 하는 것은 WTO내에 녹색공공영역(Green Public Sphere)을 창조하고 국가만이 합법적인 주체라는 시각을 변화시키기 위해서였다. 또한 Eckersley는 환경 NGO들이 제3자 진술서 제출을 하는 목적 중 하나가 특정한 법적인 결과에 영향을 주는데 초점을 맞추는 것이 아니라 WTO의 합법성에 대한 대중의 인식, 국제 레짐들 간의 적절한 관계에 대한 국내적·국제적인 논의를 형성하

---

10 Eckersley, R, "A Green Public in the WTO?: The Amicus Curiae Interventions in the Transatlantic Biotech Dispute", *European Journal of International Relations*, Vol. 13, Issue 3, 2007, p. 329-356.

11 Harbermas(1991)는 공공영역을 국가의 행정과 법에 의해 발생한 공공의 사안들에 대해 자유롭고 동등한 시민이 이성적이고 비평적인 논쟁을 할 수 있는 독립적이고 구속받지 않는 포럼이라고 정의한다. 하버마스(J. Habermas)(한승완 역), 「공론장의 구조변동: 부르주아 사회의 한 범주에 관한 연구」, 나남, 2008.

12 하버마스는 공공영역은 돈과 관료주의 시스템으로부터 생활세계(life-world)의 식민지화에 시민들이 저항할 수 있는 중요한 공간이라고 정의하였다. 하버마스는 공공영역을 정치시스템과 생활세계의 민간 섹터들과 기능적인 시스템들 간의 '중간적인 구조(intermediary structure)'로서 보고 있다. 하버마스는 정치적인 의지를 형성하는데 책임이 있는 사람들이 그들의 합법성을 유지하려면 공공영역 안에서 전개되는 정치적 의견들에 민감해야만 한다고 주장한다. 따라서 공공영역과 규칙을 만드는 기관들(입안자들, 관료들, 재판정)은 상호 배타적인 것이 아니라 중첩적이며 상호 구성한다고 본다. Eckersley, R, "A Green Public in the WTO?: The Amicus Curiae Interventions in the Transatlantic Biotech Dispute", *European Journal of International Relations*, Vol. 13, Issue 3, 2007, p. 329-356.

는 것이라고 했다.

Eckersley에 따르면, 제3자 진술서 제출로 인해 생성된 초국적 공공영역이 '녹색'이 되는 데는 두 가지 조건이 있다. 첫째, 이러한 초국적 공공영역은 단순 근대화(simple modernization)에 반하여 성찰적 근대화(reflexive modernization)를 지지하는 의견들이 모이는 공공영역이라는 것이다. 성찰적 근대화는 위험(risk)을 정의, 평가, 관리하는 권위의 구조들로 이해되는 '정의의 관계들(relations of definition)'에 대하여 급진적으로 다시 생각할 것을 요구한다. 즉, 녹색공공영역은 전문적이고 기술적인 의사소통의 영역인 '행정적인 영역'에 직접적으로 이의를 제기하는 것이다. 또한 녹색공공영역은 산업발전의 추구라는 자연스럽게 인정되어 온 사고의 기본틀(framework)에 도전하는 공간이다.[13] 두 번째, 녹색공공영역에서는 국가의 이해가 대변될 뿐만 아니라, 국가적으로 혹은 국경을 넘어 초국가적으로 소외된 환경계층, 즉 소외된 지역사회, 미래 세대, 인간이 아닌 생물종과 생태계를 옹호하는 측면이 존재하기도 한다. 녹색공공영역에서 환경 NGO들은 *Amicus Curiae* 제도를 통하여 의견서를 제출함으로써 WTO 거버넌스의 의사결정과정에서 의견을 제출하지 못하지만 의사결정으로 인해 영향을 받는 많은 비국가 행위자들을 대표할 수 있다.[14]

한편, Sapra(2009)[15]는 NGO들이 WTO에 참여해야 하느냐 아니냐는 논의는 이미 논외의 질문이며, 이제는 NGO들이 어떤 영향을 끼쳤으며 어떻게 영향을 미쳤는지에 대하여 탐구해야 할 때라고 주장한다. 저자는 WTO는 다양한 행위자들이 다양한 결과를 얻기 위해 다양한 수준에서 교류하고 있는 시스템으로 이해되어야 하며, WTO에서 비국가 행위자들의 참여를 논의할 때 국내차원에서의 비국가 행위자들의 역할에 대하여 좀 더 주의를 기울여야 한다고 주장한다. 또한 개발도상국들은 비국가 행위자들의 WTO 참여에 무조건적으로 반대한다는 논리도 수정되어야 함을 주장했다.

---

13 녹색공공영역에 대한 자세한 논의 내용은 Douglas Torgerson(1999)의 *The Promise of Green Politics: Environmentalism and the Public Sphere* 참조.

14 Eckersley, R, "A Green Public in the WTO?: The Amicus Curiae Interventions in the Transatlantic Biotech Dispute", *European Journal of International Relations*, Vol. 13, Issue 3, 2007, p. 329-356. p. 346-347 참조.

15 Sapra, S, "The WTO System of Trade Governance: The Stale NGO Debate and the Appropriate Role for Non-state Actors", *Oregon Review of International Law*, Vol. 11, 2009, p. 71-107.

국내외 이론적 논의들을 정리하면, 대다수의 학자들은 WTO의 투명성과 민주성을 증진시키기 위해서 NGO 참여는 피할 수 없는 흐름이라고 분석한다.[16] 다만 NGO들을 어떻게 WTO 의사결정과정에 참여시킬 것인가는 학자들마다 입장의 차이가 있는데, *Amicus Curiae* 제도를 WTO 패널과 항소기구가 적극적으로 활용하여야 한다는 데는 대체적인 동의를 하고 있다. 본 논문에서는 EC-캐나다 석면사건을 분석하여 환경 NGO들이 어떻게 *Amicus Curiae* 제도를 활용하였는지 그리고 WTO에서 *Amicus Curiae* 제도가 어떻게 공식적으로 수용되게 되었는지를 검토한다. 특히 본 논문은 이론적인 분석틀로서 Eckersley(2007)[17]의 녹색공공영역의 개념을 차용하여 EC-캐나다 석면사건을 재조명해보고자 한다.

5.3. EC-캐나다 석면사건

5.3.1. WTO와 Amicus Curiae

비국가 행위자들이 WTO에 불만을 가지는 이유는 WTO가 무역협상 과정에서 NGO들과 같은 비국가 행위자의 참여를 허용하지 않았기 때문이다. 하지만 최근에 일련의 사례들을 보면 WTO 분쟁패널과 항소기구 모두 WTO 회원국들 간의 법적 분쟁에서 NGO와 같은 비국가 영역 당사자들로부터 제3자 진술서를 받아들이고 이를 고려할 것으로 판결하는 방향으로 나아가고 있다. *Amicus Curiae*는 '법정의 친구들'이란 뜻으로, 법적 분쟁에 있어 관련 당사국은 아니지만 판정과정에 특별한 이해를 가지며 법정으로 하여금 관련 당사자가 제출하지 않는 논건이나 사안

---

16 물론 이에 대해서는 WTO의 분쟁해결 패널에 NGO의 brief를 제출하는 것이 WTO의 민주적 의사결정에 거의 영향을 못 미치고 NGO가 일반대중의 의사를 반영하고 있는지도 회의적이라고 주장하는 학자도 있다. Atik, J, "Democratizing the WTO", *George Washington International Law Review*, Vol. 33, Issue 3-4, 2001, p. 451-472. 또한 NGO들의 의사가 분쟁해결과정에 반영되면, 특정이익집단의 이익을 대변할 뿐이라는 견해도 있다. Dunoff, J, "The Misguided Debate over NGO Participation at the WTO", *Journal of International Economic Law*, Vol. 1, Issue 3, 1998, p. 433-457.

17 Eckersley, R, "A Green Public in the WTO?: The Amicus Curiae Interventions in the Transatlantic Biotech Dispute", *European Journal of International Relations*, Vol. 13, Issue 3, 2007, p. 329-356.

을 제출하여 그들이 가지고 있는 지식을 공유함으로써 재판정이 결정을 하는데 법정을 '지원'하는 역할을 한다. 비국가 영역 당사자들은 이러한 *Amicus Curiae* 제도를 통하여 WTO내에 '중요한 공공이유'를 제시할 새로운 공간을 발견하게 되었다.[18]

　　WTO의 전신인 GATT는 비회원과 NGO와 같은 비국가 당사자들이 분쟁해결 절차에 국가의 의견에 첨부하지 않고 단독으로 제출하는 제3자 진술서를 허용하지 않았다. WTO협정의 제13조 분쟁해결 규칙 및 절차에 대한 양해(Understanding on Rules and Procedures Governing the Settlement of Disputes: DSU)는 어떤 누구에게서도 정보와 조언을 구할 수 있는 각 중재(arbitration) 패널의 권리에 대해 언급하는 조항이다.[19] 미국-가솔린 사건[20]과 EC-호르몬 사건[21]때 NGO들이 단독으로 제출한 제3자 진술서는 무시되었다. 그러나 전환점이 된 사례가 있는데 이는 새우-바다거북 사건이다.[22] 이 사건의 배경은 1996년 5월부터 멸종위기에 처한 바다거북을 보호하기 위해 거북보호장치(Turtle Excluder Device: TED)를 설치하지 않고 조업한 국가로부터 새우를 수입하는 것을 미국이 금지한 것에서 발생했다. 이에 태국, 말레이시아, 인도, 파키스탄 아시아 4개국은 미국의 결정이 불공정하다며 WTO에 제소하였다. 한편, 1997년 9월 17일 국제환경법 센터(The Center for International Environmental Law)와 파트너 조직들인 해양보호센터(Center for Marine Conservation), 칠레의 생태보호단체 Red Nacional de Accion Ecologica, 스리랑카의 환경단체인 the Environmental Foundation Ltd와 필리핀의 Philippine Ecological Network가

---

18 Eckersley, R, "A Green Public in the WTO?: The Amicus Curiae Interventions in the Transatlantic Biotech Dispute", *European Journal of International Relations*, Vol. 13, Issue 3, 2007, p. 329-356. p. 331 참조.

19 Cawley, J. B, "Friends of the Court: How the WTO justifies the Acceptance of the Amicus Curiae Brief from Non-Governmental Organizations", *Penn State International Law Review*, Vol. 23, Issue 1, 2004, p. 47-78.

20 미국은 1990년 청정대기법을 개정하여 오존 오염이 심한 지역에서 오염물질을 적게 배출하는 개질유만을 판매하도록 하였고, 개질유 및 전통휘발유로 인한 오염물질 배출이 1990년 기준치대비 심해지지 않도록 하기 위한 규제를 도입하고 환경보호청으로 하여금 비교를 위한 기준치를 설정하도록 하였다. 브라질과 베네주엘라는 이런 미국의 가솔린 규정은 미국산 휘발유와 수입 휘발유를 차별하는 것으로 GATT 제3조 4항에 위배된다며 제소하였다. 김호철, 「기후변화와 WTO: 탄소배출권 국경조정」, 경인문화사, 2011.

21 EC는 성장호르몬을 투여하여 육성한 육류 및 육류 제품의 판매와 수입을 금지하였다. 이러한 EC지침에 대하여 미국과 캐나다는 SPS협정 제2조, 3조, 5조, TBT협정 제2조, GATT협정 제3조에 위반된다며 제소하였다. 김호철, 「기후변화와 WTO: 탄소배출권 국경조정」, 경인문화사, 2011.

22 Appellate Body Report on *US-Shrimp*.

미국이 멸종 위기종인 바다거북을 죽이는 방법으로 잡은 새우를 금지하는 것을 지지하는 *Amicus Curiae* brief를 WTO 분쟁패널에 제출하였다. 패널은 1998년 4월 6일 패널보고서를 발표하였는데 제20조 (b)호와 (g)호를 고려할 필요도 없이 TED를 사용해서 수확한 새우만을 수입하도록 명시한 Section 609조항은 상대국을 불공정하게 차별하는 내용이라고 결론지었다. 논쟁이 되는 환경조치를 WTO의 원래 '목적'인 '무역자유화'에 대한 잠재적인 '위협'으로 바라봄에 따라 그 보고서의 법적인 근거나 뉘앙스로 인해 패널 보고서가 발표되고 나서 많은 환경 NGO들이 항의하게 되는 결과가 발생했다. 이 결과에 대하여 전문가들의 평가가 매우 흥미롭다. WTO의 가장 비판적인 그룹 중 일부에게 공격의 기회를 제공함으로써 국제무역체제를 위협한 것은 미국의 환경조치가 아니라 오히려 패널의 판결문이었다고 전문가들은 평가하였다. 즉 패널이 판결한 내용의 옳고 그름을 떠나 전략이 부족했다는 것을 전문가들이 지적한 것이었다[23]. 한편 미국 환경 NGO들의 압력을 받고 있던 미국정부는 항소를 했고 1998년 10월 12일 항소기구 보고서가 발표되었다. 항소기구의 보고서는 그 뉘앙스나 법적인 근거 두 가지 측면 다 패널보고서와는 달랐다. 그러나 수입금지의 이행이 부당하게 이루어졌다는 패널의 판결에는 동의하였다(Liebig, 1999).[24]

한편, 항소기구는 *Amicus Curiae* brief와 관련하여 제소국인 미국이 첨부한 환경 NGO들의 의견서를 접수할 수 없다는 패널의 판정을 번복하면서 제3자 진술서 수용 여부는 항소기구의 판단에 달려있다고 판정하였다(손태우, 2004).[25] 항소

---

23 Liebig K, "The WTO and the Trade-Environment Conflict: the (new) Political Economy of the World Trading System", *Intereconomics*, March/April 1999, p. 83-85.

24 항소기구는 Section 609가 제20조 (g)호와 관련하여서는 정당한 조치라고 판정하였다. 첫째, WTO 항소기구는 다른 회원국의 다양한 상황을 고려하지 않고 TED 사용이라는 단일 규제조치를 국제무역관계에 확대 적용한 것은 수용불가라고 판결하였다. 둘째, 미국이 다른 회원국들과 바다거북 보호를 목적으로 하는 양자 또는 다자협의의 체결을 목표로 진지하게 국제협상에 임하지 않았다는 점도 정당화할 수 없는 차별 여부의 평가요인으로 고려하였다. Liebig K, "The WTO and the Trade-Environment Conflict: the (new) Political Economy of the World Trading System", *Intereconomics*, March/April 1999, p. 83-85. Appellate Body Report on *US-Shrimp*, para 162-164.

25 손태우, "WTO체제에 국제사회의 가치수용을 위한 법적 방안에 관한 연구: WTO 분쟁해결 절차상 NGO와 사인의 역할확대를 중심으로.", 「상사판례연구」 제17권, 한국상사판례학회, 2004, p. 87-121. 그러나 Stern(2005)은 이 새우-바다거북 사건의 항소기구 판결을 살펴보면, 이 단계에서는 제3자 진술서의 직접적인 수용을 허용하기는 했으나, 주로 회원

기구는 제3자 진술서를 수용하는 것은 패널이 NGO들로부터 특정한 정보를 얻기 위해 사용할 수 있는 수단이라고 판단했다.

새우-바다거북 사건 이후로 NGO들은 패널이든 항소기구든 회원국에 첨부하 거나 혹은 단독으로 제3자 진술서를 제출할 수 있게 되었다. 그 다음 제3자 진술서 제출과 관련하여 획기적인 전환점이었던 EC-캐나다 석면사건이었다. 이 사건은 항소기구가 회원국이나 제3의 회원국을 제외한 그룹으로부터 제출된 제3자 진술 서에 대한 "절차규칙(Additional Procedure)"을 만들었다는 점에서, 또한 WTO가 만들어진 이래 처음으로 제20조 일반 예외 조항 하에서 회원국의 조치가 정당화되 었다는 점에서 매우 의미 있는 사건이다. 다음 절에서 이 사건에 관한 WTO의 패널 과 항소기구의 판결 과정을 자세하게 분석하고 이 과정에서 환경 NGO들이 어떻게 WTO 분쟁판결 과정에서 녹색공공영역을 확보하고자 하였는지를 검토하고자 한다.

5.3.2. EC-캐나다 석면사건 논의

1950년대부터 뛰어난 단열 효과와 방음 효과 때문에 건축 신소재로 각광받던 석면은 프랑스에서도 1970년대까지 광범위하게 사용되었다. 1974년의 아미솔 (Amisol) 사건이 계기가 되어 프랑스에서 석면사용이 제한되기 시작된 것은 1978 년부터였다. 프랑스 클레르몽에 위치한 석면으로 천을 짜는 아미솔 공장의 노동자 271명 중 12명이 폐암으로 사망했고, 공장은 문을 닫게 되었던 것이다.[26] 1996년 에는 파리 6, 7대학이 사용하고 있던 쥐시외(Jussieu) 캠퍼스에서 교직원 12명이 석면으로 인한 폐암 등에 걸려 사망했다는 주장이 제기되었다. 또한, 석면의 환경 및 건강에 대한 피해로 인해 다수의 NGO가 프랑스 전역에 생겨나기 시작했으며 그 중 가장 대표적인 NGO인 석면피해자들을 위한 협의회 Andeva(National

---

국 정부가 제출한 진술서에 첨부된 제3자 진술서만을 고려하였다. 회원국 정부가 공식 진 술서에 첨부한다는 것은 제3자 진술서들의 논조에 동의할 경우만이어서 사실상 정부 검열 혹은 장벽이 공식적으로 존재하는 것처럼 보인다고 주장한다. Stern, B, "The Intervention of Private Entities and States as "Friends of the Court" in WTO Disputes Settlement Proceedings." pp. 1427-1458 in *The World Trade Organization: Legal, Economic and Political Analysis*, Vol. I, edited by P.F.J. Macrory, A. E. Appleton and M. G. Plummer, New York: Springer, 2005.

26 http://www.ban-asbestos-france.com/luttes_histoire.htm#amisol (최종검색일: 2011.8.10.).

Association for Defending Victims of Asbestos)가 1996년에 설립되었다.[27]

　석면에 대한 불안감이 프랑스 전역을 강타한 후, 프랑스 정부는 1996년 12월 24일 석면 및 석면함유 제품의 생산, 수입 및 판매 금지 법안 (Decree No.96-1133 of 24 December 1996)을 채택하였으며, 1997년 1월 1일부로 이를 시행하였다. 이 법을 통해 석면이 포함된 물질의 제작·가공·판매·수입·유통이 전면 금지되었는데, 예외적으로 온석면(Chrysotile Asbestos)의 경우 질병유발위험이 낮거나 대체물질이 없는 경우에 한하여 제한적으로 예외를 인정하였다.[28]

　이러한 프랑스의 조치에 대해 세계 최대 석면 수출국인 캐나다는 1998년 5월 28일 EC와의 협의를 요청하였다. 1998년 10월 8일 캐나다는 EC와의 분쟁해결 협의에서 만족하지 못하자, 프랑스의 법안이 GATT 1994의 제3조 내국민대우원칙을 위반했다고 주장하며 분쟁해결기구(Dispute Settlement Body: DSB)에 패널 설치를 요청했다. 이에 대해 EC는 석면금지조치는 GATT 제20조 (b)호로 정당화된다고 주장하였다. 즉, EC는 프랑스의 법안이 인간의 생명과 건강을 보호하기 위한 것으로 프랑스 정부의 공중위생목표를 달성하기 위하여 필요하며, 그것은 같은 조건하에 있는 국가들 사이에서 자의적이거나 차별적이지 않고, 국제무역에서의 위장된 제한을 구성하는 방법에도 해당하지 않는다고 주장하였다. GATT 제3조 4항 내국민대우원칙 위반에 대하여 EC는 섬유물질들의 최종단계에서 사용되는 목적이 유사한 면도 있지만, 많은 부분에서 다르게 사용될 수 있음을 주장하였다.[29]

　2000년 9월 18일 발표된 패널보고서가 발표되었다. 패널의 법안은 동종제품에 대한 차별대우로 GATT 제3조 4항 내국민대우원칙을 위반하였으나, 이는 GATT 의무의 예외를 규정하고 있는 GATT 제20조 (b)호와 두문에 의해 정당화된다고 판결하였다.[30] GATT 제20조 (b)호의 요건을 만족시키기 위해서는 첫째, 해

27　http://www.ban-asbestos-france.com/ban_en_anglais.htm (최종검색일: 2011.8.17.).

28　김호철, 「기후변화와 WTO: 탄소배출권 국경조정」, 경인문화사, 2011; 박덕영, "WTO EC-캐나다 석면 사건과 첫 환경예외의 인정", 「국제법학회논총」 제51권 제3호, 대한국제법학회, 2006, p. 219-241.

29　Panel Report on *EC-Asbestos*, para. 8.160.

30　이제는 WTO 항소기구가 Shrimp-Turtle 사건 보고서를 통하여 제20조의 각 개별 항목을 먼저 검토하고, 두문(chapeau) 규정의 합치 여부를 검토하는 원칙을 확립한 것으로 보인다. GATT 제20조 (b)호와 두문(chapeau)에 따르면, 인간과 동·식물의 생명과 건강의 보호를 위하여 필요한(necessary) 조치인 경우, 그것이 동등한 조건하에 있는 국가 간의 자의적이거나 정당화할 수 없는 차별의 수단으로 사용되거나 위장된 무역제한에 해당하지 않는다면 GATT의 의무로부터 예외를 인정받을 수 있다고 명시하고 있다. 박덕영, "WTO

당조치가 인간의 생명이나 건강을 보호하기 위한 조치인지를 증명해야 하고, 둘째, 정책목적을 달성하기 위해 필요한(necessary) 조치임을 입증해야 한다.[31] 첫째 요건에 대해, 석면의 발암성은 국제조직 등에 의해 인정되어 왔으며 패널이 자문을 구한 전문가들에 의해 확인되었다고 하였다.[32] 둘째 패널은 양한 형태의 온석면에 대한 사용금지의 필요성에 관하여 온석면에 관한 의심할 수 없는 공중보건 위험이 있으며, 이러한 위험에 대하여 프랑스 법안의 온석면 금지규정은 인간과 동·식물의 생명과 건강 보호를 위해 "필요한"조치라고 판정하였다.[33] 또한 패널은 프랑스의 법안이 동등한 조건하에 있는 국가 간의 자의적이거나 정당화할 수 없는 차별의 수단인가에 대해, 법안의 금지규정과 예외규정 모두에서 원산지에 관해 언급하지 않음으로써 그 조치에 차별이 없다고 판단하였다.[34]

이에 대해 캐나다는 2000년 10월 23일 항소기구에 항소할 것을 DSU에 통보하였다. 한편, WTO는 항소기구 재판실무 절차규정 제16조 1항에 따라 본 사건에만 적용되는 절차규칙(Additional Procedure)을 제정하였다. 동 규칙에 따르면, 의견서를 제출하고자 하는 개인이나 단체는 정해진 시간 내에 의견 제출 신청(apply for leave)을 하여야 하며, 신청서에는 특히 제출자가 밝히고자 하는 쟁점을 명확히 하고, 의견 제출이 본 사건에 기여할 수 있는 바가 무엇인지를 밝혀야 하며, 항소심 과정에 있어 제출자의 이해관계를 기재할 것이 요구된다(박덕영, 2006). 항소심과정에서 NGO들은 17개의 제3자 진술서를 제출하였는데, 6개는 절차 규정상 시한이 지나서 반려되었고 나머지 11개는 항소기구가 살펴보았으나 거부하였다. 항소기구는 절차 규정에 나타나있는 규정을 준수하지 않았기에 반려한다고 밝혔다. 2001년 1월 17일과 18일에 항소기구의 구두 청문회가 있었다.[35] 한편, 구두 청문회 직후인 2001년 2월 6일 Foundation for International Environmental Law and Development는 국제적인 환경 NGO들인 Ban Asbestos Network, Greenpeace International, International Ban Asbestos Secretariat, World Wide Fund for Nature, International과 함께 서면 brief를 WTO 항소기구에 제

EC-캐나다 석면 사건과 첫 환경예외의 인정", 「국제법학회논총」 제51권 제3호, 대한국제법학회, 2006, p. 219-241.
[31] Panel Report on *EC—Asbestos*, paras. 8.169-172.
[32] Panel Report on *EC—Asbestos*, paras. 8.188.
[33] Panel Report on *EC—Asbestos*, paras. 8.222.
[34] Panel Report on *EC—Asbestos*, paras. 8.227 - 8.229.
[35] Appellate Body Report on *EC—Asbestos*, para. 9.

출하였다.[36]

이들 국제 환경 NGO들은 패널이 프랑스의 석면금지에 지지하는 것은 환영하지만 패널의 판결에는 몇 가지 오류가 있다고 주장했다. 즉, GATT 1994의 제3조(내국민대우)의 '동종상품'의 의미와 제20조 예외 조항과 관련한 해석에서 실수를 했다고 지적하며 오류가 수정되지 않는다면 각국의 건강과 환경의 합법적인 규제에 대한 각국의 국내 제도에 문제를 일으킬 수 있다고 주장했다.[37] 먼저, 이들 환경 NGO들의 brief에는 GATT 1994의 제3조 4항의 의미에 관하여 온석면(구체적으로는 온석면 섬유와 온석면 섬유제품)과 대체 물질들(PVA(폴리비닐 알콜), 셀룰로스와 유리 섬유 그리고 섬유-시멘트 제품들)이 '동종 상품'이라는 패널의 해석은 잘못되었다고 지적했다. 이들은 패널이 온석면의 독성(Toxicity)이 GATT 1994의 제3조에서 말하는 상품을 구별하는 주요하고 정당한 기준이 된다는 것을 인정하지 않은 것은 잘못이라고 비판했다. 독성은 제3조에서 말하는 보호주의를 피하는 목적과 연관이 되는데 왜냐하면 이것은 한 상품을 다른 것과 구별하는 주요한 비보호주의적 기준을 제공하기 때문이다. 따라서 환경 NGO들은 상품의 성질, 특성, 최종사용, 관세분류와 같은 전형적인 '동종 상품' 범위에다 온석면의 독성 특성을 함께 고려하면 온석면과 소위 다른 대체 상품들 간의 실제적인 차이가 드러난다고 주장했다.[38]

환경 NGO들은 패널이 프랑스의 법안이 인간의 건강과 생명을 보호하기 위한 조치로써 제20조 (b)호하에서 정당화된다고 결론지은 것은 옳은 판단이라고 지지했다. 그러나 역시 패널이 그와 관련하여 오류를 범하고 있다고 다음과 같이 지적하였다. 제3조의 '동종 상품' 정의의 목적상 상품의 독성을 고려하는 것은 제20조

---

36 Appellate Body Report on *EC—Asbestos*, paras. 22.

37 FIELD, "European Communities - Measures Affecting Asbestos and Asbestos-Containing Products(AB-2000-11)", Submission of Written Brief by Non-Parties, 2001, http://www.field.org.uk/files/npart.pdf.

38 이외에도 환경 NGO들은 독성이 온석면과 다른 대체 상품들을 구별하지 않는다는 것을 증명하는 부담을 캐나다에게 주지 않은 것은 실수라고 비판했다. 또한 이들 단체들은 온석면과 '동종'인 제품이 프랑스에서는 생산되지 않는다는 것을 패널이 인지하지 않았다고 비판했다. 폴리비닐 알콜은 프랑스에서 생산되지 않으며 셀룰로스와 유리는 온석면의 대체물질로서 프랑스에서 흔히 생산되거나 사용되지 않는다. FIELD, "European Communities - Measures Affecting Asbestos and Asbestos-Containing Products(AB-2000-11)", Submission of Written Brief by Non-Parties, 2001, http://www.field.org.uk/files/npart.pdf. p. 2-3 참조.

의 일반적 예외 조항을 불필요한 것으로 만들 수 있기 때문에, 이러한 해석이 GATT 1994 각각의 조항에 대해서도 완전한 효력을 지니는 것은 아니라고 결론내린 것은 오류라고 지적했다. 또한 GATT 제20조 (b)호에서는 각국 정부의 합리적인 대응이라는 관점에서 독성에 대한 검토가 이루어진다면 GATT 제3조에서는 상품의 내재된 측면으로써의 독성에 대한 객관적인 평가가 이루어져야 한다고 평가했다. 환경 NGO들은 위험에 대한 과학적 증거는 당 조치가 '필요한'가 하는 질문과 관련이 있지만 당 조치가 (b)호에 부합하는 조치들의 범주 내에 있는지를 고려할 필요는 없다고 주장했다. 더 나아가서 그들은 규제자들이 과학적인 확실성이 없더라도 사전주의원칙하에서 정책을 만들 수 있도록 보장되어야만 한다고 주장했다. 환경 NGO들은 패널의 결정으로 인해 제한적인 제20조 예외 조항 하에 조치나 정책을 먼저 정당화시키지 않고서는, 각국의 정책입안자들이 보호주의 목적이 없는 정책과 조치를 만드는데 심각한 제약을 받게 되었다고 주장했다.[39]

한편, 환경 NGO들은 제3자 진술서에서 절차규칙에 대한 의견을 첨부하였는데, 패널이 문제 삼은 절차규칙의 3문단의 7가지 요구조건들[40]을 각각 만족시키려 하였으며 모든 요구조건들을 충족시켰다고 생각한다고 밝혔다. 환경 NGO들은 항소기구가 절차규칙을 채택한 것으로 인해 WTO 분쟁해결 시스템의 외부적인 투명성을 증진시키는데 기여하였다고 평가하였다. 그러나 그들은 패널이 시민사회의 대표들이 제출한 제3자 진술서를 아무런 이유 없이 받아들이지 않는 것은 잘못이라고 비판했다. 또한 그들은 소수의 제한된 수의 사람들만이 서면제출을 할 수 있도록 하는 구체적인 제한이 있기 때문에 전 세계 모든 시민사회로부터 제출이 쏟아질 것이라고 우려하는 것은 잘못이라고 주장했다. 또한 Amicus Curiae제도가 개발도상국들에 불리할 것이라는 것도 잘못된 견해라고 환경 NGO들은 주장했다. 왜냐하면 제출자들은 개발도상국들의 국민을 포함한 전 세계 모든 사람들의 공익

---

39 FIELD, "European Communities - Measures Affecting Asbestos and Asbestos-Containing Products(AB-2000-11)", Submission of Written Brief by Non-Parties, 2001, http://www.field.org.uk/files/npart.pdf. p. 3 참조.

40 일곱 가지 절차규칙에는 분쟁에 있어 이해관계의 구체화, 제출자가 밝히고자 하는 쟁점을 밝혀야 하는 것, 의견 제출이 분쟁당사자들의 의견과 중복되지 않은 방식으로 본 사건에 기여할 수 있는 바가 무엇인지에 대한 설명, 제출자가 회원국 누구에게도 재정적 지원을 받지 않았다는 확신 등이 포함된다. FIELD, "European Communities - Measures Affecting Asbestos and Asbestos-Containing Products(AB-2000-11)", Submission of Written Brief by Non-Parties, 2001, http://www.field.org.uk/files/npart.pdf.

을 대표하기에 amicus 제출이 투명한 방법으로 이루어진다면 절차규칙을 통한 민간단체들의 공식적인 제출은 개발도상국과 선진국 모두의 소외된 계층의 목소리를 대변할 수 있기 때문이다. 즉, 적절하게 규제된 비정부기구들의 제3자 진술서 제출은 국제 무역 시스템의 영향을 받는 모든 구성원들의 완전하고도 공정한 참여를 이끌어낼 수 있다고 주장한 것이다.[41] 한편 항소기구는 이러한 NGO의 지적을 담은 brief를 절차규칙의 규정에 따라 받아들일 수 없다고 밝혔다.[42] 환경 NGO들이 의견 제출 신청을 하는데 절차규칙 3문단의 어떤 조항을 구체적으로 준수하지 않았는지 항소기구에 계속 질문을 했지만, 항소기구는 이 이유 이외에 자세한 반려 이유를 밝히지 않았다.[43]

한편, WTO에 분쟁해결을 위한 패널이 설치되고 패널보고서가 나오고 항소기구의 판결이 내려지기를 기다리는 기간 동안 프랑스 내부에서는 석면과 관련된 여러 가지 사건이 발생하였다. 석면에 노출됨으로써만 발생한다고 하는 종피종[44]에 관해 프랑스 전역을 감독하는 프로그램이 1998년 시작되었다. 이 프로그램 조사자들은 1998년부터 2000년 사이 3년간 17개 지역에서 조사를 실시하였다. 이 조사에서 1999년 한 해에만도 남성 610명, 여성 110명의 새로운 종피종 환자가 발생한 것으로 추정되었다.[45] 또한 북부 프랑스의 Velizy Villacoublay에 있는 Alstom Power Boiler회사에서 1998년에서 2001년 사이에 400명의 노동자가 석면에 노출되어 85명의 환자가 발생하고 10명이 죽는 사건이 발생했다.[46]

프랑스 내에서 석면파동이 여전히 계속되는 가운데, 2001년 4월 5일 항소기구 보고서가 채택되었다. 문제된 금지 상품 또는 물질이 GATT 제3조 4항 내국민 대우원칙의 적용 목적에 부합하는 '동종 제품'인지에 대하여 항소기구는 '건강위험(health risks)'과 관련된 증거가 '동종 제품'인지 구별하는 심사와 관련될 수 있

---

41 FIELD, "European Communities - Measures Affecting Asbestos and Asbestos-Containing Products(AB-2000-11)", Submission of Written Brief by Non-Parties, 2001, http://www.field.org.uk/files/npart.pdf.

42 Appellate Body Report on *EC—Asbestos*, para 57.

43 FIELD, "European Communities - Measures Affecting Asbestos and Asbestos-Containing Products(AB-2000-11)", Submission of Written Brief by Non-Parties, 2001, http://www.field.org.uk/files/npart.pdf.

44 종피종이란 석면 등의 발암물질 흡입 시 복강 내에 발생하는 악성 종양을 말한다.

45 Remontet, L, "Cancer incidence and mortality in France over the period 1978-2000", *Rev Epidemiol Sante Publique*, Vol. 51, 2003, p. 3-30.

46 http://ibasecretariat.org/lka_mix_res_fr_spa_asb_vict.php (최종검색일: 2011. 8. 5.).

다고 판결하였다. 그렇지만 항소기구는 온석면과 관련된 '건강위험'에 대한 증거를 따로 독립된 요인 하에서 검증할 필요는 없이 동종성을 판단하는 네 가지 고려 요인인 최종용도, 소비자의 기호 및 습관, 물리적 특성, 관세분류 중 상품의 물리적 특성과 소비자 선호 및 습관 내에서 검토될 수 있다고 판결하였다.[47] 또한 발암성 혹은 독성은 온석면 섬유의 중요한 물리적 특성을 구성하며 문제가 된 제품들은 '동종' 제품이 아니라고 판결하였다.[48]

항소기구는 GATT 제20조 (b)호 적용 여부에 대하여 다음과 같이 판결하였다. 항소기구는 캐나다가 패널이 과학적 증거를 인위적으로 추론하였다고 주장한 데 대하여, 패널이 내린 판정은 전문가의 의견을 따른 것이었고, 온석면 시멘트가 인간의 생명 또는 건강에 유해하다고 판정을 내리는 과정에서 온석면의 발암성질은 1977년 이후 WHO와 암연구국제기관(IARC) 등 국제기구에 의해 이미 알려진 것이었기에 패널이 재량권의 한계를 넘지 않았다고 판정했다.[49] 필요성 테스트와 관련해서는 일단 수입금지 조치가 건강 보호를 목적으로 한 것으로 인정되면 필요성 여부의 판단은 대체수단이 있는 지를 검토하는 것이라고 하였다. 합리적인 다른 대체수단이 존재하지 않으므로 프랑스의 금지 조치는 (b)호상의 필요성 요건을 충족한다고 보았다.[50] 항소기구는 또한 각국은 자국민의 건강 보호에 관련된 기준을 어느 정도로 할 것인지에 있어서 각국이 적절하다고 판단하는 바에 따라 결정할 권리가 있다고 하며[51] 사전주의원칙(precautionary principle)을 묵시적으로 인정하였다.[52]

한편 이러한 항소기구의 판결에 대해 환경 NGO들은 과학적 견해의 관련성에 대한 항소기구의 판결은 첫째, 위해하다는 이유로 보호를 정당화시키는 것에 과학자들이 동의하지 않더라도 모든 회원국 정부가 인간, 동물 그리고 식물의 최대한의

---

47 Appellate Body Report on *EC-Asbestos*, para. 113.
48 Appellate Body Report on *EC-Asbestos*, para. 114.
49 Appellate Body Report on *EC-Asbestos*, para. 162.
50 Appellate Body Report on *EC-Asbestos*, paras. 169-172.
51 Appellate Body Report on *EC-Asbestos*, paras. 178.
52 어떤 물질이나 행위가 유해한가 아닌가에 대하여 현재의 과학적 지식으로 판단을 확실하게 내릴 수 없더라도 많은 인구에 광범위하게 심각한 피해를 줄 수 있는 가능성이 있다면 그 유해성이 입증되기 이전이라도 이를 예방하기 위하여 미리 노력을 기울여야 하는 것을 사전주의 원칙이라고 한다. 박덕영, "WTO EC-캐나다 석면 사건과 첫 환경예외의 인정", 「국제법학회논총」 제51권 제3호, 대한국제법학회, 2006, p. 219-241.

보호를 선택하도록 할 권리가 있다는 것을 확신시키고, 둘째, 무역과 관련한 분쟁 사안에 사전주의원칙의 정당성을 입증했다는 점에서 의의가 있다고 했다.[53]

한편, EC-캐나다 석면사건에서, 제3자 진술서에 관해 항소기구는 절차의 투명성을 지키기 위해 제출에 있어서의 절차와 그에 따르는 규칙들을 포함한 "운영방침(operating instructions)"을 만들기로 결정했다. 그러나 이러한 규칙들은 진행되고 있는 사건에 한한다는 단서를 붙여서 제한적으로 적용했다.[54] 1995년 WTO 출범 이후 무역분쟁 심의과정에서 제3자 진술서를 허용하는 문제를 놓고 여러 차례 논란이 벌어졌으나 EC-캐나다 석면분쟁의 항소기구가 이를 공식적으로 수용하겠다는 방침을 정한 것은 처음 있는 일이라는 점에서 시사하는 바가 크다.[55] 절차에 대한 내용을 항소기구가 채택하고 나서 이 내용은 사무국에 널리 알려져 WTO 웹사이트에 공지되었고 WTO 리스트에 있는 모든 NGO들에게 채택된 바로 그날 이메일로 보내졌다. 많은 WTO 회원국들은 이런 행위가 NGO들의 제3자 진술서 제출을 적극적으로 수용할 뿐만 아니라 NGO들이 더 많은 제3자 진술서를 제출하도록 장려하는 것으로 보았다. 이에 대해 WTO 임시총회에서 여러 WTO 회원국들은 비회원들이 그러한 제3자 진술서를 제출하는 권리를 가지는 것에 대해 불안감을 표현했다. 왜냐하면 비회원이나 비국가 당사자들도 패널이나 항소기구에 대표성을 가질 수 있게 되고 따라서 WTO 법 해석에 영향을 줄 수 있기 때문이다.[56] WTO 회원국들이 불만을 표시하자마자 항소기구는 그 이후 EC-캐나다 석면사건에 제출된 제3자 진술서를 받지 않기로 결정했다. 비록 EC-캐나다 석면사

53 Greenpeace, IBAS, FIELD and WWF, "Joint Statement: NGOs welcome WTO greenlight to French ban on asbestos but remain skeptical about the WTO dispute settlement process", 2001, http://hesa.etui-rehs.org/uk/dossiers/files/wto-joint-statement.pdf.

54 Stern, B, "The Intervention of Private Entities and States as "Friends of the Court" in WTO Disputes Settlement Proceedings." pp. 1427-1458 in *The World Trade Organization: Legal, Economic and Political Analysis*, Vol. I, edited by P.F.J. Macrory, A. E. Appleton and M. G. Plummer, New York: Springer, 2005.

55 손태우, "WTO 체제에 국제사회의 가치수용을 위한 법적 방안에 관한 연구: WTO 분쟁해결절차상 NGO와 사인의 역할확대를 중심으로.", 「상사판례연구」제17권, 한국상사판례학회, 2004, p. 87-121.

56 Stern, B, "The Intervention of Private Entities and States as "Friends of the Court" in WTO Disputes Settlement Proceedings." pp. 1427-1458 in *The World Trade Organization: Legal, Economic and Political Analysis*, Vol. I, edited by P.F.J. Macrory, A. E. Appleton and M. G. Plummer, New York: Springer, 2005.

건에서 항소기구가 제3자 진술서 제출을 공식적으로 수용하는 절차를 공표하였으나 제출된 제3자 진술서가 받아들여지는 경우는 회원국에 첨부된 경우를 제외하고는 흔하지 않았다.[57][58]

5.4. 녹색공공영역의 관점에서 바라본 EC-캐나다 석면사건

　WTO 분쟁해결 과정에 환경 NGO들이 제3자 진술서를 제출하고 민주성과 투명성이 결여되었다고 비판받아온 시스템인 국제무역체제에 참여하려는 것은 논쟁을 불러일으키는 새로운 시도였다. NGO들의 제3자 진술서 제출은 이어졌지만, EC-캐나다 석면사건은 WTO가 처음으로 회원국의 제출에 첨부되지 않은 환경 NGO들의 제3자 진술서를 받아들이는 절차를 마련하였다는 측면에서 매우 의미 있는 사건이다. 이 사건에서 WTO 판결 과정과 제3자 진술서를 받아들이는 과정을 살펴보면 WTO와 환경 NGO들의 제3자 진술서 제출과의 관계에 관한 '새로운 읽기'가 가능하다.

　먼저, Eckersly가 주장했듯이, 제3자 진술서를 제출하고 그것을 공식적으로 받아들이는 절차가 WTO내에 존재한다는 것은 환경 NGO와 같은 비국가 당사자들에게 분쟁의 당사국들인 개별 국가들의 이해를 넘어서는 환경과 인간의 건강에

---

57 Eckersley, R, "A Green Public in the WTO?: The Amicus Curiae Interventions in the Transatlantic Biotech Dispute", *European Journal of International Relations*, Vol. 13, Issue 3, 2007, p. 329-356.

58 U.S.-Carbon Steel 사건에서 항소기구는 분명하게 직접 제출된 제3자 진술서를 받을 자유재량의 권한을 가지고 있음을 판결했다. 이 사건에서 미국 철과 강철 연구소(American Iron and Steel Institute)와 북미 특수철강산업(Speciality Steel Industry of North America)과 같은 산업 조합들이 제3자 진술서를 제출했는데 패널은 시기가 늦었다고 거부했으며 이들은 항소기구에 다시 제출하였다. 이 사건에서 항소기구는 "우리가 제3자 진술서가 적절하고(pertinent) 그렇게 하는 것이 유용하다고 판단될 경우 항소(appeal)에서 받아들일"것이라고 판단함으로써, 항소기구는 제3자 진술서를 받아들이거나 혹은 거부하거나에 관한 무제한의 판단의 자유를 자신에게 주었다. Stern, B, "The Intervention of Private Entities and States as "Friends of the Court" in WTO Disputes Settlement Proceedings." pp. 1427-1458 in *The World Trade Organization: Legal, Economic and Political Analysis*, Vol. I, edited by P.F.J. Macrory, A. E. Appleton and M. G. Plummer, New York: Springer, 2005. Appellate Body Report on *US—Lead and Bismuth* II, para 42.

관한 우려사항들을 표현할 기회를 준다는 점에서 중요하다. WTO가 패널과 항소기구에서 판결을 내리는 사이 프랑스 전역에서는 석면의 공포로 환경과 보건에 관한 사건들이 계속 발생하고 있었다. 환경 NGO들의 제3자 진술서는 프랑스 국민들의 불안감이나 공포, 세계 시민사회의 석면에 대한 불안감을 WTO에 전달하는 역할을 하였다. 따라서 Eckersley가 말한대로, 제3자 진술서 제출은 중간자로서 '소음'에서 WTO 거버넌스 구조가 '읽을' 수 있는 '신호'로서 시민사회의 염려사항을 해석하는[59] 역할을 하였다.

한편, 환경 NGO들이 시민사회의 염려사항을 해석하여 전달한 것이 WTO 패널과 항소기구 판결에 영향을 미쳤는가? 패널이나 항소기구의 판결에 직접적인 영향을 미쳤다는 증거는 어디에도 없다. 다만, 환경 NGO들이 항소기구에 낸 제3자 진술서들과 항소기구의 판결문을 같이 검토해보면 비슷한 주장을 하고 있다는 것을 알게 된다. '동종 상품'의 분류기준에 발암성 혹은 독성, 즉, '건강위험'과 관련된 사항이 제외되었다는 것은 패널의 오류라는 점에 대해 환경 NGO들과 항소기구는 같은 입장을 보인다. 또한 항소기구가 각 국가가 자국민의 건강보호에 관련된 기준을 자의적으로 정할 수 있는 권리가 있다고 판정함에 따라 환경 NGO들이 주장한 사전주의원칙을 묵시적으로 인정하는 결과가 되었다. Eckersley가 주장한대로, 비록 직접적인 영향을 미쳤다는 증거는 없지만, 환경 NGO들의 제3자 진술서의 내용이 항소기구의 판결내용과 비슷하다는 사실은 정치적으로 민감성이 높은 사안들에 대하여 WTO 분쟁해결에 관한 판결의 정당성을 높여주는 역할을 하게 되었다.

그렇다면 EC-캐나다 석면사건에서 WTO는 녹색공공영역으로 기능하였는가? EC-캐나다 석면사건은 환경이나 건강에 치명적인 위해가 되는 상품의 무역자유화가 도전을 받은 사건이다. 이것은 모든 물품과 서비스의 자유화가 공공의 이익을 증대시킬 것이라는 WTO의 근본적인 논리에 대하여 환경과 인간의 생명에 위해한 상품의 무역자유화에 제동이 걸리고 WTO가 그 제동을 인정한 사건이다. 한편, 환경 NGO들은 그들이 제출한 제3자 진술서에서 패널의 판결내용을 전문적으로 비판하고 향후 개선을 위한 방향을 제시했다는 점에서 법적이거나 과학적인 전문성으로부터 소외된, 석면에 노출된 근로자나 다른 대중들의 이해와 석면이 제거

---

59 Eckersley, R, "A Green Public in the WTO?: The Amicus Curiae Interventions in the Transatlantic Biotech Dispute", *European Journal of International Relations*, Vol. 13, Issue 3, 2007, p. 329-356. p. 337 참조.

되지 않으면 지속적으로 고통을 받을 다음 세대를 WTO 거버넌스 구조에서 적절하게 대변했다고 볼 수 있다. 이 두 가지를 평가해 보았을 때 EC-캐나다 석면사건에서 제3자 진술서 제출로 인해 WTO는 '녹색공공영역'의 역할을 어느 정도 수행하였다고 볼 수 있다. 한편, 1992년 UN 리우환경회의에서 채택된 아젠다 21의 23장과 27장에서 알 수 있듯이 지속가능한 개발의 목표를 추구하는데 있어서 가장 근본적인 선행조건들이 공공의 참여와 NGO의 역할이다.[60] NGO 제3자 진술서를 받아들이는 절차규칙을 정하고 제3자 진술서가 환경 NGO들에 의해 인터넷에 공개됨으로써 분쟁 당사국을 넘어서 더 많은 범위의 대중의 참여를 가능하게 하였다. EC-캐나다 석면사건에서 WTO는 공공의 참여를 보장하려고 함으로써 지속가능한 개발이라는 목표추구에 간접적으로나마 기여했다고 볼 수 있다. 따라서 이러한 관점에서 살펴봤을 때도 WTO가 EC-캐나다 석면사건에서 환경 NGO들의 참여로 인해 녹색공공영역의 역할을 하는 측면이 있었다는 점을 알 수 있다.

한편, WTO에 *Amicus Curiae* 제도가 도입되게 된 계기는 WTO의 민주성과 투명성이 결여되었다는 비판 때문이다.[61] 회원국들만 발언권이 있기 때문에 실제로 WTO의 의사결정에 의해 영향을 받는 NGO들, 기업들, 다른 사적 기관들 그리고 개인들이 WTO의 의사결정에 영향을 미칠 방법이 없다는 점에서 비민주성이 지적되어왔다. 이러한 비민주성은 *Amicus Curiae* 제도에 비국가 영역 당사자들이 참여함으로써 일정 부분 해소될 수 있다고 판단된다. Joseph Keller(2005)는 *Amicus Curiae* 제도는 개인의 이익에 영향을 미치는 WTO 패널과 항소기구의 판정에 대해 간접적인 접근을 제공하는 수단이라고 주장한다. 그는 공적이익에 관한 문제들을 정부들에게만 맡겨둔다는 것보다는 *Amicus Curiae* 제도를 통해 NGO를 참여시키는 것이 타당하다고 보았다. 그는 또한 NGO들의 견해는 한쪽으로 치우친 경향이 많지만, 패널과 항소기구는 그들의 정보를 충분히 선별하여 자신들이 가장 필요한 내용을 선택할 수 있다고 하였다.[62] 한편, 투명성도 *Amicus Curiae* 제도

---

60 Stern, B, "The Intervention of Private Entities and States as "Friends of the Court" in WTO Disputes Settlement Proceedings." pp. 1427-1458 in *The World Trade Organization: Legal, Economic and Political Analysis*, Vol. I, edited by P.F.J. Macrory, A. E. Appleton and M. G. Plummer, New York: Springer, 2005.

61 Keller, J, "The Future of Amicus Participation at the WTO: Implications of the Sardines Decision and Suggestions for Further Developments", *International Journal of Legal Information*, Vol. 33, 2005, p. 449-470.

62 Keller, J, "The Future of Amicus Participation at the WTO: Implications of the

가 활용된 중요한 이유였다. NGO들은 투명성이 각 국가 내에서 중요한 규범이라면 국제적 차원에서도 그것은 역시 적절한 규범이라고 주장해왔다.[63] 또한 투명성은 WTO가 불공정성이라는 구조적인 위험에 처하게 될 위험을 피할 수 있게 해 주고 회원국과 비회원국 간의 더 나은 정책결정들을 이끌어내도록 도우며, WTO 체제의 공적인 정당성을 부여하는 역할을 한다.[64] 투명성과 관련하여 Keller(2005)는 NGO가 WTO에 제3자 진술서를 제출하고 그 전 과정을 웹사이트에 올리고 학계나 다른 관심 있는 NGO들에게 정보를 공유하면, 제3자 진술서에 주장된 사실과 법적 이슈들과 관련하여 투명성이 증가할 것이라고 주장한다.

EC-캐나다 석면사건에서 WTO가 절차규칙을 제정함으로써 투명성과 비민주성의 비판에 대해 능동적으로 대응한 측면이 있는 것은 분명하다. 즉 항소기구가 단독으로 제출된 제3자 진술서를 공식적으로 수용하겠다는 절차규칙을 정한 것은 비민주성을 해소하려는 시도였다고 평가할 수 있다는 것이다. 또한 NGO들의 제3자 진술서 제출의 내용과 과정이 인터넷에 공지된 것은 환경 NGO들이 WTO 거버넌스 구조의 투명성을 증가시키려고 노력한 것으로, WTO가 절차규칙을 재빠르게 인터넷에 공지한 것은 WTO가 자신의 투명성을 증가시키려고 노력한 것으로 해석할 수 있다. 다른 모든 국제기구들처럼 WTO도 강력한 시민사회의 반응과 환경피해로부터 자유로운 사람들의 지속가능한 삶이라는 국제 가치에 민감할 수밖에 없는 국제기구이고 NGO 참여를 허용한 다른 모든 국제기구들의 경우를 무시할 수 없는 국제적인 법적 조직체이다. 절차규칙을 공식적으로 발표함으로써 WTO는 이러한 국제적 요구에 대응했다고 볼 수 있다. 그런데 절차규칙이 있음에도 불구하고 EC-캐나다 석면사건에서 WTO가 투명성과 비민주성에 있어 여전히 비판받은 이유는 무엇인가? 그 이유는 EC-캐나다 석면사건에서 WTO 항소기구는 환경 NGO들의 제3자 진술서를 모두 거부하고 그 거부의 이유를 제대로 밝히지 않았기 때문이다.[65] WTO가 환경 NGO가 제출한 제3자 진술서를 모두 거부한다는 것을 WTO

Sardines Decision and Suggestions for Further Developments", *International Journal of Legal Information*, Vol. 33, 2005, p. 449-470.

63 Charnovitz, S, "Participation of Nongovernmental Organizations in the World Trade Organization", U. Pa, *J. Int'l Econ. L*, Vol. 17, Issue 1, 1996, p. 331-357. p. 332 참조.

64 Keller, J, "The Future of Amicus Participation at the WTO: Implications of the Sardines Decision and Suggestions for Further Developments", *International Journal of Legal Information*, Vol. 33, 2005, p. 449-470.

65 환경 NGO들은 WTO 항소기구가 서면제출을 허용하는 절차규칙을 채택한다는 것은 서면

임시총회 이후에 발표했다는 점은 의미심장하다. WTO가 민주성과 투명성의 증진을 위해 나름대로 노력한 측면이 있지만, 그 구성원인 회원국들의 반발을 고려하지 않을 수 없는 상황이었다. 따라서 EC-캐나다 석면사건에서 WTO는 회원국들만의 닫힌 체제로 있기를 요구받는 WTO와 NGO들로부터 열린 체제로 존재해야 한다는 것을 요구받는 그 사이에 놓여있었다고 볼 수 있다. 결론적으로 보자면, 이 사건에서 WTO는 녹색공공영역으로서의 역할을 일정 정도 한 것은 사실이나, 회원국들의 압력으로 인해 투명성과 민주성의 향상을 이루려는 노력은 실패했다.

5.5. 시사점 및 결론

WTO가 녹색공공영역으로서의 기능을 어느 정도 수행하였다는 것이 인간의 생명이나 환경을 위해 각국이 만든 모든 관련 정책들이 현행 WTO 규범에서 수용된다는 것을 의미하는 것은 아니다. EC-캐나다 석면사건 판결에서 프랑스 법안이 허용된 것은 석면의 위험이 확실하게 인정되었고 프랑스의 법안과 그것을 정책적으로 프랑스에서 실행하는 과정이 WTO 규범과의 합치성에 어긋나지 않았기 때문이다. 또한 이 사건에서 환경 NGO들이 *Amicus Curiae* 제도를 통해 의견서를 제출하는 과정에서 WTO가 '녹색공공영역'으로서의 기능을 하고 투명성과 민주성의 결여라는 부분에서 비판받던 WTO의 부담을 줄여주는 역할을 한 것만은 틀림없으나 이에 대한 비판을 완전히 없애준 것은 아니었다. 즉, WTO는 아직까지는 회원국끼리의 '그들만의 리그'로 존재하며 폐쇄적인 의사결정구조를 크게 변화시킨 것은 아니었다.

그럼에도 불구하고 EC-캐나다 석면사건을 우리가 다시 재조명해봐야 하는 것은 환경 NGO들이 의견서를 제출함에 따라 환경과 인간의 생명에 관한 시민사회의 우려사항이 WTO 거버넌스 구조가 읽어낼 수 있는 신호로 바뀌어 전달되어 '녹색공공영역'을 창출하였다는 측면에서 의의가 크기 때문이다. 또한 EC-캐나다 석면사건 이후의 환경과 관련한 무역분쟁 사건들을 보면, 환경 NGO들에 의해

제출에 대해 적절한 고려를 할 것이고, 제3자 진술서가 거부되면 그 거부의 이유를 항소기구가 밝힐 것이라고 기대했다고 밝혔다. FIELD, "European Communities - Measures Affecting Asbestos and Asbestos-Containing Products(AB-2000-11)", Submission of Written Brief by Non-Parties, 2001, http://www.field.org.uk/files/npart.pdf.

WTO는 끊임없이 '공공영역' 혹은 '녹색공공영역'으로서의 역할을 요구받아 오고 있다. 특히 향후에는 기후변화에 대응하려는 각국의 정책과 WTO 규범이 충돌할 때 지속적으로 WTO 의사결정 구조에 참여하려는 환경 NGO들로 인해 WTO는 '녹색공공영역'이 될 것을 요구받을 것이고 충돌에 대한 해결점을 찾고자 할 것이다. 이것이 '녹색공공영역'으로서의 WTO의 역할에 대한 논의가 계속 필요한 이유이다.

참고문헌

김호철, 「기후변화와 WTO: 탄소배출권 국경조정」, 경인문화사, 2011.

박덕영, "WTO EC-캐나다 석면 사건과 첫 환경예외의 인정", 「국제법학회논총」 제51권 제3호, 대한국제법학회, 2006, 219-241면.

손태우, "WTO체제에 국제사회의 가치수용을 위한 법적 방안에 관한 연구: WTO 분쟁해 결절차상 NGO와 사인의 역할확대를 중심으로." 「상사판례연구」 제17권, 한국상 사판례학회, 2004, 87-121면.

정인섭, "왜 비국가 행위자를 말하는가?", 「서울국제법연구」 제17권 제2호, 서울국제법 연구원, 2010, 1-17면.

하버마스(J. Habermas)(한승완 역), 「공론장의 구조변동: 부르주아 사회의 한 범주에 관 한 연구」, 나남, 2009.

Atik, J, Democratizing the WTO, *George Washington International Law Review* 33(3-4), 2001, 451-472.

FIELD, European Communities – Measures Affecting Asbestos and Asbestos-Containing Products (AB-2000-11): Submission of Written Brief by Non-Parties. http://www.field.org.uk/files/npart.pdf, 2001.

Cawley, J. B., Friends of the Court: How the WTO justifies the Acceptance of the Amicus Curiae Brief from Non-Governmental Organizations. *Penn State International Law Review.* 23(1), 2004, 47-78.

Charnovitz, S., Participation of Nongovernmental Organizations in the World Trade Organization, U. Pa. *J. Int'l Econ. L.* 17(1), 1996, 331-357.

Charnovitz, S., Opening the WTO to Non-Governmental Interests. 24 *Fordham International Law Journal* 173, 2000, 1-35.

Dunoff, J., The Misguided Debate over NGO Participation at the WTO, *Journal of International Economic Law* 1(3), 1998, 433-457

Eckersley, R., A Green Public in the WTO?: The Amicus Curiae Interventions in the Transatlantic Biotech Dispute. *European Journal of International Relations.* 13(3), 2007, 329-356.

Greenpeace, IBAS, FIELD and WWF, Joint Statement: NGOs welcome WTO greenlight to French ban on asbestos but remain skeptical about the WTO dispute settlement process. http://hesa.etui-rehs.org/uk/dossiers/files/wto-joint-statement.pdf, 2001.

Keller, J., The Future of Amicus Participation at the WTO: Implications of the Sardines Decision and Suggestions for Further Developments. *International Journal of Legal Information.* 33, 2005, 449-470.

Liebig K., The WTO and the Trade-Environment Conflict: the (new) Political

Economy of the World Trading System. *Intereconomics*, March/April 1999, 1999, 83-85.

Remontet, L., Cancer incidence and mortality in France over the period 1978-2000 *Rev Epidemiol Sante Publique*. 51, 2003, 3-30.

Stern, B., "The Intervention of Private Entities and States as "Friends of the Court" in WTO Disputes Settlement Proceedings." pp. 1427-1458 in *The World Trade Organization: Legal, Economic and Political Analysis, Volume I*, edited by P.F.J. Macrory, A. E. Appleton and M. G. Plummer. New York: Springer, 2005.

Sapra, S., The WTO System of Trade Governance: The Stale NGO Debate and the Appropriate Role for Non-state Actors. Oregon Review of International Law. 11, 2009, 71-107.

WTO EC-석면 사건과 첫 환경예외의 인정*

박덕영(연세대학교 법학전문대학원 교수)

6.1. 서 론

WTO 제 협정들의 일반적인 목표는 자유시장경제를 바탕으로 한 국제무역의 증진 그리고 자유무역과 공정무역의 실현이다. GATT와 GATS는 무역에 대한 장벽을 축소 또는 제거함으로써 상품 교역과 서비스 교역에 있어 자유롭고 공정한 무역을 추구하고 있으며, TRIPs협정은 특허권, 저작권, 상표권, 영업비밀 등의 보호를 각 국가가 보장함으로써 지적재산권의 보호를 그 목적으로 하고 있다. 이러한 국제경제법의 일반적인 자유화 추구는 국제환경법의 일반적 경향인 규제적 성질과는 그 방향을 달리하고 있다. 국제경제법이 지향하는 바가 일반 국제거래관계(private business transactions)에 있어 정부의 간섭을 가능한 한 줄이고자 함이라면, 국내 및 국제환경법은 사경제(private businesses) 주체의 행위에 정부가 간섭하는 경향을 띠게 된다. 오늘날까지 국제무역을 규율하는 과정에서 이 두 분야가 잠재적 충돌의 여지를 가장 많이 내포하였던 것이 상품무역을 규율하는 GATT이었으며, 아직도 뚜렷한 조화방안을 찾지 못하고 있다.

무역과 환경 문제에 있어 현실적으로 WTO에 분쟁이 야기되는 경우는 GATT 규정상으로는 원칙상 허용되지 않는 조치이나, 환경보호를 목적으로 무역을 제한

* 이 장은 필자가 2006년 12월에 「국제법학회논총」 제51권 제3호에 게재한 "WTO EC-석면 사건과 첫 환경예외의 인정"을 이 책의 목적에 맞추어 저자의 동의하에 전재한 것임을 밝힌다.

하는 조치를 취하는 경우이다. 예컨대, 어떤 물질의 사용을 금지하기 위한 조치일 수도 있고, 유해한 물질의 거래를 제한하기 위한 조치일 수도 있으며, 혹은 경우에 따라서는 다른 회원국이 행한 환경적으로 유해한 조치에 대한 경제적 제재 조치일 수도 있을 것이다. 이러한 무역과 환경문제의 충돌을 다룸에 있어서는 두 단계를 필요로 할 것이다. 우선은 환경 관련 문제를 규율하고 있는 GATT의 규정들을 살펴보는 것인데 이 단계에서는 환경문제를 규율하는 GATT의 규정들을 명확히 한 후 이러한 원칙들이 실제 무역과 환경 관련 사례에 어떻게 적용되는지를 살펴보는 것이다. 다음으로는 상충하는 국제환경법의 개념이 있는지를 살펴보고, 그렇다면 어느 규정이 우위에 있는지 혹은 양자와의 관계를 어떻게 조율할 것인지를 알아볼 필요가 있다.

1995년 WTO 출범 후에 무역과 환경과 관련하여 가솔린 사건, 새우-바다거북 사건 등 몇 가지 분쟁 사례가 있어 왔고, 2001년 발표된 EC-석면 사건에는 환경보호라는 측면에서 조금 더 진전된 모습을 보이고 있다. 이 글에서는 그동안의 GATT 제20조의 해석동향을 먼저 살펴보고, 특히 인간과 동식물의 생명 또는 건강을 보호하기 위해 필요한 무역 제한적 조치에 관한 동조 (b)항에 따른 예외를 GATT/WTO 분쟁 역사상 처음으로 인정한 사건[1]인 EC 석면사건[2]의 전반적인 내용을 살펴보기로 한다. 그리고 석면 사건에서 제기된 몇 가지 주요 쟁점들, 즉 동종제품의 개념과 범위, Amicus Brief의 WTO 분쟁해결제도에서의 수용문제 등의 법률적 문제에 대해 고찰해 본 후, 마지막으로 무역과 환경 문제의 조화로운 해결 논의와 필요성 등을 살펴보고자 한다.

6.2. WTO 그리고 무역과 환경

1971년 GATT 이사회에 의해 설립된 "환경조치와 국제무역에 관한 작업실무반"(Working Group on Environmental Measures and International Trade: EMIT)은

---

1 Marie-Claire Cordonier Segger and Markus W. Gehring, "The WTO and Precaution: Sustainable development Implications of the WTO Asbestos Dispute," *Journal of Environmental Law*, vol. 15, 2003, p. 290.
2 정식 명칭은 *European Communities — Measures affecting Asbestos and Asbestos—Containing Products* (WT/DS135/R, WT/DS135/AB/R).

1991년에 모임을 갖고,[3] a) 기존 다자간 협약상의 무역 관련 규정이 GATT 원칙과 규정에 대해 갖는 관계, b) 무역에 영향을 끼치는 개별 국가의 환경규정의 다자적 투명성, c) 환경보호를 위한 포장과 마크 표시가 무역에 미치는 영향 등을 세 가지 주요의제로 설정하고 그동안 무역과 환경문제에 관한 연구를 하여 왔다. 1992년 UN환경개발회의 (UNCED) 이후 GATT 체약국단은 EMIT Group의 또 다른 후속 의제를 결정하였으며, 동 결정에서는 다자간 무역체제가 '지속가능한 개발'을 강화하고 환경파괴와 천연자원의 지나친 개발문제를 부각시키는데 중요한 역할을 하며, GATT가 환경문제를 다루는데 한계가 있음을 지적하였다.

1993/94년에는 GATT의 EMIT Group을 비롯하여 GATT의 무역개발위원회, GATT 이사회, 무역협상위원회, 국내적으로 금지된 상품과 기타 유해한 물질의 수출에 관한 GATT 작업반 등이 무역관련 환경조치(TREMs)와 UNCED 후속 조치를 검토하기 위해 수차례 회의를 가졌다. 1993년 12월 15일 우루과이 라운드 최종의정서와 함께 채택된 결정에서 무역협상위원회는 '무역과 환경'에 관한 작업계획을 마련하고 다자간 무역체제와 환경보호의 조화, 다자간 무역체제의 역할이 무역정책 및 무역관련 환경정책에 관한 검토에 국한될 것임을 강조하였다.[4]

무역과 환경에 관한 관심과 정책적 지지는 그 후 1994년 마라케쉬 최종의정서와 함께 채택된 '무역과 환경에 관한 결정'[5]에서도 나타났고, WTO 무역환경위원회 및 소위원회에 의해 논의되어 오고 있다. 무역과 환경에 관한 1994년 각료결정은 다자간 무역체제와 TREMs 사이의 관계, 환경 목적을 위한 부과금 및 세금 등의 문제, 기술과 표준규정, 포장, 마크표시 및 재활용을 포함한 상품관련 환경목적을 위한 제반 조건들, TREMs의 투명성, 다자간 무역체제와 MEA상의 분쟁해결 절차의 관계, 환경관련 조치가 시장에 미치는 영향, 국내적으로 금지된 상품의 수출 문제, 1994년 서비스 무역과 환경에 관한 결정 및 TRIPs에 규정된 작업계획 등의 주제를 무역과 환경위원회가 다루어야 할 주요한 의제로 제시하고 연구를 지속하고

---

3 EMIT는 비록 1971년에 설립되었으나, 초기 20년간은 전혀 모임을 갖지 않았다. 1991년 모임이 첫 모임이자 본격적인 무역과 환경 논의의 시발점이라고 할 수 있다. M. Matsushita, T.J. Schoenbaum & P.C. Mavroidis, The World Trade Organization: Law, Practice, and Policy, 2nd edition (Oxford: OUP, 2006), p. 794.

4 For the text, GATT, *Trade and Environment*, 17 February 1994, p. 9.

5 For the text, The Results of the Uruguay Round of Multilateral Trade Negotiations: The Legal Text, pp. 469-471 & 박덕영·이재형, 「WTO 통상조약집」, 박영사, 2006, 814-816면 참조.

있으나, 아직 이렇다 할 성과를 내지는 못하고 있는 현실이다.[6]

WTO 설립협정은 GATT와는 달리 그동안의 국제사회의 환경문제에 대한 관심의 증대를 반영하여 그 전문에서 환경보호의 중요성을 명시적으로 언급하고 있다. 즉 "(WTO) 설립협정의 당사자들은 상이한 경제발전단계에 있어서 각자의 필요와 관심에 일치하는 방법으로 환경을 보호하고 보존하며 이를 위한 수단의 강화를 모색하면서, 지속가능한 개발 (sustainable development)이라는 목적에 일치하는 세계자원의 최적이용을 고려"하도록 규정하여 환경보호에 관한 기본적 관심과 지속가능한 개발이라는 환경법상의 주요한 개념을 수용하였다. 이는 앞으로 WTO의 무역 환경 관련 분쟁의 해결사례에 있어 관련 규정들을 해석하는데 주요한 길잡이 역할을 할 수 있을 것으로 보이며, 앞으로의 WTO 발전 방향과 관련해서도 시사하는 바가 크다 하겠다.

설립협정은 더 나아가 제5조 2항에서 명시적으로 WTO의 소관사항과 관련이 있는 비정부기구(NGO)와의 협의 및 협력가능성을 열어 놓음으로써 국제 환경 관련 각종 NGO들이 WTO 무대에서 활약할 수 있는 길을 활짝 열어 놓았다. 국제 환경 관련 NGO들이 실제 분쟁사례에서 어떠한 역할을 할 수 있을지, 그들이 제출한 Amicus Brief[7]는 어떠한 법적 성격을 띠고, 패널이나 항소기구는 이를 어떻게 받아들이는지 등을 EC 석면 케이스를 통하여 살펴보고자 한다. 그 밖에도 SCM협정,[8] SPS협정,[9] TBT협정,[10] 보조금협정, TRIPs협정[11] 등 각종 부속서에도 환경 관련 규정을 두고 있으나,[12] 그동안의 경험으로 보면 무역과 환경과 관련하여 가장

---

6 고준성,「환경 관련 무역분쟁 및 WTO/CTE 의 제 1, 5에 대한 조사연구」, 산업연구원 연구보고서, 2002. 6 및 강상인,「환경통상분쟁 및 도하라운드 WTO-MEAs 관계정립 논의 대응방안 연구」, 한국환경정책평가연구원 연구보고서, 2002. 6 참조. 국제사회의 이 분야에 대한 논의는 Jeffrey A. Frankel, "The Environment and Globalization," NBER Working Paper 10090 (http://www.nber.org/papers/w10090) (November 2003) & M. Jansen and A. Keck, "National Environmental Policies and Multilateral Trade Rules," WTO Staff Working Paper ERSD-2004-01 (January 2004) 참조.

7 Latin term meaning "friend of the court". The name for a brief filed with the court by someone who is not a party to the case.

8 협정 제8조 2(c)항은 기업에 대한 보다 많은 제약과 재정적 부담을 초래하는 법 및/또는 규정에 의하여 부과된 새로운 환경요건에의 기존시설의 적응을 촉진하기 위한 지원을 일정 요건 하에 허용하고 있다.

9 협정 제5조 6항.

10 협정 제2조 1항, 4항, 9항.

11 협정 제27조는 환경에 심각한 위해를 가할 수 있는 특허의 부여를 금지하고 있다.

12 WTO와 국제환경협약 등 여러 협정상의 환경 관련 규정에 대해서는 "환경-통상 연계에 관한 국제입법의 현황과 평가",「환경법연구」, 한국환경법학회, 1999, 225-264면.

많이 인용된 조항은 역시 GATT 제20조 (b)항과 (g)항 및 두문(chapeau) 규정이라고 할 수 있다. 이하에서는 그동안 GATT 제20조 해석방법의 점진적 발전과정[13]과 EC 석면 사건을 통한 새로운 발전을 살펴보기로 한다.

6.3. EC 석면(Asbestos) 사건의 법적 쟁점

6.3.1. 사안의 경과

1998년 5월 28일 캐나다는 프랑스의 석면 및 석면함유 제품의 제한에 대해 EC와 협의를 요청하였다. 1998년 10월 8일 캐나다는 EC와의 분쟁해결 협의에서 만족할 만한 결론에 이르지 못하자, DSB에 프랑스의 석면 및 석면함유 제품의 제한조치에 대한 검토를 위한 패널의 설치를 요청하였고, 이에 따라 DSB는 1998년 11월 25일 패널을 설치하였으며, 브라질, 미국, 짐바브웨는 제3당사국으로 패널 참가를 인정받았다. 패널은 2000년 7월 25일 최종보고서를 제출하였고, 이에 대해 2000년 10월 23일 캐나다가 항소하여 2001년 4월 5일 항소기구 보고서가 채택되었다.[14]

---

13 GATT 제20조의 해석과 관련한 상세한 내용은 심영규, "국제통상법상 환경보호를 위한 통상규제조치의 정당성 요건과 법위", 「환경법연구」 제26권 제1호, 한국환경법학회, 2004, 183-212면, 서철원, "WTO에서의 환경관련 통상분쟁의 해결추이", 「법학논총」 제26집, 숭실대학교 법학연구소, 2002, 99-109면, 이춘삼, "WTO 협정상 환경보호를 위한 무역규제의 성립요건에 관한 분석", 「무역학회지」 제31권 제2호, 한국무역학회, 2006, 31-46면 등을 참조.

14 본 사안에 관한 해외문헌으로는 L. Yavitz., "The WTO Appellate Body Report, European Communities - Measures affecting Asbestos and Asbestos-Containing Products, Mar. 12, 2001, WT/DS135/AB/R," Minnesota Journal of Global Trade, vol. 11. 1, 2002, pp. 43-67; SM Cone, Ⅲ, "The Asbestos Case and Dispute Settlement in the World Trade Organization: The Uneasy Relationship between Panels and the Appellate Body," Michigan Journal of International Law, vol. 23. 1, 2001, pp. 103-142; J. Pauwelyn, "Cross-agreement complaints before the Appellate Body: a case study of the EC-Asbestos dispute," World Trade Review, vol. 1. 1, 2002, pp. 63-87; R. Howse and E. Tuerk, "The WTO Impact on Internal Regulation - A Case Study of the Canada-EcAsbestos Dispute," in G. Burca and J. Scott (ed.), The EU and the WTO: Legal and Constitutional Issues, London: Hart, 2001, pp. 283-328 등을 참조.

6.3.2. 사실관계의 검토

1996년 12월 24일 프랑스 정부는 석면 및 석면함유 제품의 생산, 수입 및 판매 금지 법안 (Decree No.96-1133 of 24 December 1996: 이하 Decree라 칭함[15])을 채택하였으며, 1997년 1월 1일부로 이를 시행되었다. 동법에서는 노동자와 소비자들을 보호하기 위하여 석면 또는 석면류를 포함하는 상품 등의 제조, 판매, 수입, 수출, 유통 등을 포괄적으로 금지하였으며, 예외적으로 온석면의 경우 산업재해의 위험이 보다 적은 기술적으로 입증된 적절한 대체물이 없는 경우에 한시적으로 사용을 허용하였다.[16] 이러한 예외는 프랑스 당국에 의해 규정되고 매년 검토된다.[17] 프랑스 자체에서만 매년 석면으로 인하여 2000명이 사망하고 있으며, 온석면은 이미 당시의 유럽연합 15개국 중 9개국에서 금지가 되고 있었다.[18]

15 제1조
1. 노동자들을 보호하기 위하여 그리고 노동법에 따라 그 명칭 및 생산단계에서의 형태를 불문하고 석면섬유 혹은 석면섬유를 포함하는 제품의 제조, 제조과정, 판매, 수입, 국내시장에서의 매출 그리고 유통은 금지된다.
2. 소비자들을 보호하기 위하여 그리고 소비자보호법에 따라 그 명칭 및 생산단계에서의 형태를 불문하고 석면섬유 혹은 석면을 포함하는 생산물의 제조, 수입, 국내시장 및 수출을 위한 소유, 제공, 판매 그리고 유통은 금지된다.
제2조
1. 예외적이고 한시적으로 제1조상의 금지규정은 다음의 조건하에서 온석면 섬유를 포함하는 특정된 기존의 물질, 상품, 기구에는 적용되지 않는다. 온석면 섬유와 동일한 기능을 수행할 수 있으면서 한편으로 현재의 과학기술상황에서 온석면 섬유보다 관련물질을 처리하는 노동자에게 끼치는 산업 재해의 위험이 적으며 또 다른 한편으로, 그 물질의 사용목적에 상응하는 안전에 대한 기술적으로 입증된 다른 적절한 대체물이 없어야 한다.
16 Panel Report, paras. 2.3-2.6.
17 Panel Report, para. 2.6.
18 WHO & WTO, WTO Agreements & Public Health, 2002, p. 82, para. 149. 최근 언론보도에 의하면(연합뉴스, 2006. 9. 21), 석면(石綿·Asbestos)은 화산활동으로 생긴 화성암에서 채취하는 규산화합물로 직경 $0.02\mu m$-$0.03\mu m$ 정도의 극세섬유상 물질이며, 석면함유물질은 표면재(분사식 또는 바름용 미장재), 단열재(보온 및 결로방지를 위해 배관, 보일러, 탱크 등에 사용), 기타자재(천장타일, 바닥타일, 지붕재) 등 건축용 자재로 82%가 쓰인다. 그리스어로 '불멸의 물건'이란 의미를 가지며, 내산성이 강한 석면은 가루가 일단 폐에 들어가면 대식세포의 공격을 받아도 용해되지 않아 폐암, 중피종, 석면폐 등을 유발. 석면은 미국 산업안전보건청(OSHA)이 제시한 '인체에 암을 일으키는 것이 확실한 1급 발암물질' 27종 중 하나이다. PVA(Polyvinyl Acetate), 셀룰로오스, 유리섬유 등은 석면을 대체하는 건축자재로, 유리섬유의 경우 평균직경이 $5\mu m$ 이상의 크기로 폐속 흡입이 불가능하며, 세계보건기구(WHO)는 직경 $3\mu m$ 이하의 섬유만 인체 내에 흡입이 가능한

6.3.3. 주요 법적 쟁점

6.3.3.1. Decree가 TBT협정이 규율하는 범위 내에 있는지 여부

캐나다는 Decree가 생산품에 적용가능한 행정적 규정 이외에 석면섬유 특히 온석면의 제조, 공정, 제품 등의 사용을 금지하는 등 상품의 특질에 관한 기술을 설명하고 있다고 주장하였다.[19] 이에 대해 EC는 TBT협정은 상품 생산의 구체적인 특질과 연관된 기술적 규정이나 표준을 감독하는 것이므로, 인간의 건강보호를 이유로 하여 석면제품의 일반적 금지조치를 취하는 프랑스의 법안은 TBT협정상의 기술규정이 아니라고 주장하였다.[20]

6.3.3.2. GATT 제3조 4항 및 제11조 적용여부

캐나다는 상품의 유사성은 상품의 최종사용용도, 소비자의 기호, 상품의 특질, 관세분류에 의해 고려되나, 이러한 기준이 모두 적용되어야 하는 것은 아니라고 하였다. 온석면의 섬유와 셀룰로오스, 유리섬유가 시멘트와 혼합되어 온석면시멘트, 섬유시멘트로 사용되듯이 최종단계에서 이들 제품들은 하나의 같은 목적으로 사용되므로 유사성을 갖는다고 주장하였다.[21] 이에 대해 EC는 섬유물질들의 최종단계에서 사용되는 목적이 유사한 면도 있지만, 많은 부분에서 달리 사용될 수 있음을 주장하였다.[22] 패널은 GATT 제3조 4항이 석면과 석면함유 제품 금지조치에 적용되므로 제11조를 검토하는 것은 필요하지 않다고 보았다.[23]

6.3.3.3. GATT 제20조 (b)항 적용여부

EC는 석면금지 조치는 인간의 생명과 건강을 보호하기 위한 것으로 프랑스 정부의 공중위생목표를 달성하기 위하여 필요하며, 그것은 같은 조건하에 있는 국가들 사이에서 자의적이거나 차별적이지 않고, 국제무역에서의 위장된 제한을 구성

것으로 알려져 있다.
19 Panel Report, para. 8.21.
20 Panel Report, para. 8.22.
21 Panel Report, para. 8.101.
22 Panel Report, para. 8.102.
23 이른바 Judicial Economy 이론으로 WTO의 확립된 관행이다.

하는 방법에도 해당하지 않는다고 주장하였다.[24] 반면, 캐나다는 GATT 제20조 (b)항 예외 규정은 GATT의 다른 규정이 설정한 의무들에 대하여 제한적이고 조건부의 예외들을 허용한 조항이므로 좁은 의미로 해석되어야 한다고 주장하였다.

6.3.3.4. GATT 제23조 1항 (b)호 적용여부

이 문제에 대해, 캐나다는 문제의 조치의 적용은 캐나다가 갖는 이익을 무효화시키거나 침해하므로 GATT 제23조 1항 (b)호를 적용할 수 있다고 주장하였다. 그러나 EC는 동규정은 조심스럽게 접근되어야 하며, 자국 이익의 무효화 또는 침해가 예외적인 개념으로 다루어져야 한다고 주장하였다.[25]

6.4. 패널과 항소기구의 판정내용과 이유

6.4.1. 패널의 판정내용

패널의 주요 판정 요지는 다음과 같이 정리할 수 있다. 즉;

1) Decree상의 금지부분은 TBT협정의 기술규정에 해당하지 않는다. 예외부분은 TBT협정의 기술규정 범위 내에 포함되나, 캐나다는 예외와 관련한 Decree의 TBT협정과의 적합성에 대해 어떠한 주장도 하지 않았기 때문에 예외와 관련하여 결론에 도달할 수 없다.

2) 법안은 동종 제품에 대한 차별대우로 GATT 제3조 4항 내국민대우원칙을 위반하였으나, 이는 GATT 의무의 예외를 규정하고 있는 GATT 제20조 (b)호와 두문에 의해 정당화된다.

3) 캐나다는 GATT 제23조 1항 (b)호에 해당하는 이익의 무효화나 침해에 대하여 충분히 설명하지 못하였다.[26]

---

24 Panel Report, para. 8.160.
25 Panel Report, para. 8.244.
26 Panel Report, para. 8.305.

6.4.2. 항소기구의 판정내용

항소기구의 주요 판정 요지는 다음과 같다. 즉;

1) 프랑스의 석면금지제한법에 동법 일부분이 기술규정의 의미 범위 내에 있지 않으므로 TBT협정이 적용되지 않는다는 패널의 판정을 파기한다.

2) 온석면의 건강에 위해한 성질을 고려하지 않고 온석면과 PCG 섬유를 동종제품으로 보아 동조치가 GATT 제3조 위반으로 본 패널의 판정을 파기한다.

3) 동조치가 인간의 생활과 건강에 보호를 위해 필요한 조치라는 패널의 판정을 지지한다.

4) 동조치가 GATT 제23조 1항 (b)호의 소인을 제기한다는 패널의 판정을 지지한다.[27]

6.4.3. 판정 내용과 그 이유

6.4.3.1. Decree가 TBT협정의 규율범위에 속하는지 여부

패널은 프랑스 Decree의 금지부분과 예외부분을 구별하여 예외부분에 대해서는 기술규정임을 인정하였으나,[28] 항소기구는 Decree의 법적 성질을 적절하게 이해하기 위해서는 Decree가 전체적으로(as a whole) 검토되어져야 한다고 보아 패널의 견해를 받아들이지 않았다. TBT협정이 본 사건에 적용되는지 여부에 대해서 패널이 TBT상의 어떠한 문제에 대해서도 결정을 하지 않았기 때문에, 항소심은 TBT상의 본안 문제를 검토할 적절한 근거를 갖지 않는다고 판단하였다.[29]

---

27 Appellate Body Report, para. 192.
28 패널은 어떠한 조치가 기술규정이 되기 위해서는 "(a) 당 조치가 하나 이상의 상품에 영향을 미치고, (b) 당 조치가 상품의 기술적 성질(technical character)을 구체화(specify)하고 이것이 동 조치를 취한 회원국 내에서의 판매를 가능케 하며, (c) 조치에 따를 것이 의무적(mandatory)이어야 한다."고 보았다. Panel Report, para. 8.57-58.
29 DSU 제17조 6항에 따르면 상소심의 범위는 (1) 패널절차에서 다룬 법률문제와 (2) 패널의 법률해석으로 국한되기 때문에 상소기구는 패널이 판단하지 않은 Canada의 substantive claims에 대해 판단할 수 없다. 다만, Canada-Periodicals 사건에서 상소기구는 패널의 결정을 파기하면서 패널이 수행하지 않은 법적 분석을 완료한 바 있는데 이에 대해 상소기구는 해당 법적 분석은 파기된 패널의 결정과 "밀접하게 연관(closely related)"되었기 때문이라고 밝혔다. Appellate Body Report, paras. 78-83.

6.4.3.2. GATT 제3조 4항 및 제11조의 해석과 적용

국경세조정 작업반(Working Party on Border Tax Adjustments)의 보고서는 여러 패널과 항소기구들에 의해 발달된 유사성 분석 기준으로 i) 상품의 특성, ii) 상품의 최종 사용 용도, iii) 소비자의 기호, iv) 상품의 관세분류를 제시하였으며,[30] 이 네 가지 기준은 상호 연관되어 검토된다. 온석면섬유와 PVA, 셀룰로오스와 유리섬유는 물리적, 화학적인 구조는 다르나 GATT 제3조의 목적에 비추어 시장접근적(market access) 입장에서 일정 상황에서는 동일한 공업적 용도로 사용되므로 특성과 성질이 유사하다고 보며, 이러한 제품들은 최종 사용목적에서도 같은 것으로 판단되어 동종 제품으로 판단된다.[31]

또한 GATT 1994의 특성상 유사성의 의미는 경제적인 분야에서 검토되는 것으로 인체 유해성은 유사성 분류의 기준으로 이용될 수 없으며, 그렇지 않다면 인간과 동식물의 보호를 규정한 제20조 (b)항을 무효화시키는 결과를 갖는다.[32] Decree는 석면과 관련하여 일반적인 금지를 규정하고 있고 이러한 규정은 프랑스에서 생산되는 다른 대체물질인 PVA, 셀룰로오스 유리섬유에 대하여는 그 제한을 두고 있지 않으므로 온석면섬유와 그것이 함유된 제품에 대하여 제3조 4항의 범위 내에서 PVA, 셀룰로오스, 유리섬유에 적용되는 것보다 불리한 대우를 하고 있다고 결정하였다.[33] 따라서 Decree 규정은 제3조 4항에 위반되며, GATT 제11조 위반과 관련하여서 제기한 캐나다의 주장은 검토할 필요가 없다[34]는 것이 패널의 판단이다. 한편, 일본소주사건(Japan - Taxes on Alcoholic Beverage Case)에서 항소기구는 사안에서 문제된 상품들이 '동종(like)'인지 여부를 결정하는 데 있어서 패널은 그가 할 수 있는 한 최선의 판단을 내려야 한다고 하여, 무엇이 동종 제품인지 여부는 필수불가결하게, 패널의 주관적·재량적 측면이 부각될 수밖에 없음을 인정하였다. 그럼에도 불구하고 대부분의 패널들은 이전 선례들로부터 이끌어낼 수 있는 기준들을 그 지침으로 삼는 것이 일반적이었으나[35] EC 석면사건의 패널은,

---

30 Panel Report, para. 8.150.
31 Panel Report, paras. 8.122-8.126.
32 Panel Report, paras. 8.129-8.130.
33 Panel Report, para. 8.156.
34 Panel Report, para. 8.159.
35 Segger and Gehring, supra note 1, p. 308.

지속가능한 개발의 목적 등과 같은 기본적인 개념들에 대한 세심한 고려 없이 재량적 판단의 권한을 넘어서는 판정을 하였다는 점에서 비판을 받은 바 있다.

그러나 항소기구는 제3조 4항상의 동종 제품(like products)의 의미는 각 조항의 대상과 목적, 문맥을 종합하여 해석되어야 한다고 보았다.[36] GATT 제3조에 대한 일반원칙을 규정하고 있는 제3조 1항은 수입국과 수출국 간에 동등한 경쟁관계(competitive relationship)에 대한 기대를 보호하고 있는데, 제3조 4항의 해석에는 이를 고려하여야 한다. 따라서 제3조 4항상의 동종 제품의 의미는 동등한 경쟁조건의 원칙을 보장하는 방향으로 해석되어야 하고 또한 제3조 2항의 첫 문장의 '동종'의 범위보다는 넓지만 동조 동항 제2문의 직접경쟁 또는 대체할 수 있는 상품보다는 좁거나 같은(not broader than) 의미로 해석하는 것이 적절하다고 보았다. 즉, GATT 제3조 2항의 'like'는 'directly competitive and substitutable'이라는 비교가능 개념에 의해 그 의미가 명확하게 정해지지만, 제3조 4항상의 'like'는 그러하지 않다. 대신 제3조 4항상의 'like'를 판단하는 데에는 제3조 1항상의 일반원칙을 반드시 반영해야 한다고 하였다. 즉, 국내 상품을 보호할 목적으로 경쟁조건(competitive relationship)을 변화시키는 것을 방지해야 한다는 것이다.[37]

이 사건에서 GATT 제3조 2항과 제3조 4항에서 사용하고 있는 like product의 판단과 관련하여 4항의 동종 제품은 2항의 동종 제품과 비교할 때, 2항에서 규정하고 있는 직접 경쟁 대체 상품의 범위와 같거나 좁다는 견해를 취하고 있다. 그러나 생각건대, 제3조 2항 2문이 어느 정도의 유연성을 부여하고 있으나(similarly taxed), 제3조 4항에서는 그러한 유연성의 여지가 없으므로 같거나를 포함하는 것은 바람직한 해석이 아니라고 생각된다. 필자의 견해로는 제3조 4항상의 like product는 제3조 2항 1문상의 like product 개념보다는 넓고, 2문상의 directly competitive or substitutable product의 개념보다는 좁게 해석하는 것이 제3조의 취지나 문언에 맞는 해석이라고 생각된다.[38]

---

36 Appellate Body Report, para. 88.
37 Appellate Body Report, paras. 93-99.
38 GATT 제3조의 Like Product 개념에 대해서는 별도의 논문에서 다루는 것이 바람직한 것으로 판단된다. 최근의 이에 대한 논의는 Robert E. Hudec, ""Like Product": The Differences in Meaning in GATT Article I and Ⅲ," and Petros C. Mavroidis, ""Like Product": Some Thoughts at the Positive and Normative Level," in Thomas Cottier and Petros C. Mavroidis (eds), Regulatory Barriers and the Principle of Non-Discrimination in World Trade Law (Ann Arbor: Michigan University

항소기구는 동종 제품을 판단하는데 있어서 네 가지 요소가 모두 고려되어야 하지만, 네 가지 요소만을 고려하는 것이 아니라 그 밖의 관련 증거들도 고려하여 전반적으로 판단하여야 한다고 보았다.[39] 항소기구는 상품에 내재된 건강에의 유해 가능성(health risks)이 최소한 위 네 가지 요소 중 상품의 물리적 특성과 소비자의 기호에 관련이 있다고 보고,[40] 유해가능성을 충분히 고려하지 않은 패널의 결정은 잘못되었다고 판단하였으며,[41] 캐나다가 동종 제품임을 입증하지도 못하였다고 보았다. 문제된 금지 상품 또는 물질이 GATT 제3조 4항 내국민대우원칙의 적용 목적에 부합하는 '동종 제품'인지에 대하여 항소기구는 "상품에 결합된 건강 또는 환경적 위험이 소비자의 행동에 영향을 준다."는 증거가 GATT 제3조 4항의 동종 제품여부를 결정하는 중요한 요소라고 말하였다. 따라서 제품이 건강이나 환경 위험을 수반한다는 사실은 유사한 제품에 대해 상이한 대우를 하는 것을 정당화하고, 수입금지가 국내 제조 및 판매 금지에도 동일하게 적용되면 GATT 제3조 4항상의 내국민대우 의무를 만족시킨다는 것이다.[42] 그러나 상품의 안전성(product safety)과 관련된 문제가 동종 제품을 결정하는 요인으로 인정되는 것이 적합한지 여부에 대해서는 여전히 논란이 있다.[43]

본 사건에서 GATT 제11조 수량제한금지 위반 여부에서는 패널은 소송경제(judicial economy)를 이유로 검토하지 않았다.

6.4.3.3. GATT 제20조 (b)호의 해석과 적용

그동안 WTO 분쟁해결기구는 GATT 제20조를 해석하는데 있어, 3단계의 분석 절차에 따른 것으로 보여진다. 첫째, 문제된 조치의 목적이 동조하에 명시된 목

Press,2000), pp. 101-123 & 125-135 참조. 그 밖에 Raj Bhala, Modern GATT Law (London: Sweet & Maxwell, 2005), 제1장 "Product Relationships"에서도 이 문제를 상세히 다루고 있고, N. Bernasconi-Osterwalder et al., Environment and Trade : A Guide to WTO Jurisprudence (London: Earthscan, 2006), 제1장 "Like Product"에서도 심도 있는 분석을 하고 있다.

39 Appellate Body Report, para. 102. GATT/WTO에서 Like Product의 판단에 대해서는 최원목, 「WTO 비차별원칙의 이해와 적용 연구」, 법무부, 2003 참조.

40 WHO & WTO, supra note 18, para. 150.

41 Appellate Body Report, para. 126.

42 Matsushita, et al., supra note 3, pp. 799-800.

43 Lorand Bartels, "The Legality of the EC Mutual recognition clause under WTO law.", Journal of International Economic Law, vol. 8, September 2005, p. 697.

적에 부합하는지 여부를 먼저 판단하고, 둘째, 그와 같은 목적을 달성하기 위해 필요한 조치인지 여부를 살펴보아야 한다. 마지막으로, 문제된 조치가 동조 두문에서 도출되는 요건들을 위반하지 않는지 판단하게 된다.[44] 그동안 다양한 분석 방법이 시도되었으나, 이제는 WTO 항소기구가 Shrimp-Turtle 사건 보고서를 통하여 제20조의 각 개별 항목을 먼저 검토하고, 두문(chapeau) 규정에의 합치 여부를 검토하는 원칙을 확립한 것으로 보인다.

　　GATT 제20조 (b)호와 두문(chapeau)에 따르면, 인간과 동·식물의 생명과 건강의 보호를 위하여 필요한(necessary) 조치인 경우, 그것이 동등한 조건하에 있는 국가 간의 자의적이거나 정당화할 수 없는 차별의 수단으로 사용되거나 위장된 무역제한에 해당하지 않는다면 GATT의 의무로부터 예외를 인정받을 수 있다고 명시하고 있다. 패널은 US-Gasoline 사건과 US-Shrimp 사건에서와 마찬가지로, 먼저 해당조치가 제20조 (b)호의 요건에 합치하는지 살펴본 후 제20조 두문(chapeau) 규정을 만족하는지를 살펴보기로 하였다.

　　GATT 제20조 (b)호의 요건을 만족시키기 위해서는 첫째, 해당조치가 인간의 생명이나 건강을 보호하기 위한(designed to protect human life or health) 조치인지를 증명해야 하는데 이는 "health risk"의 존재를 의미하는 것이며, 둘째, 정책목적을 달성하기 위해 필요한(necessary) 조치임을 입증해야 한다.[45] 첫째 요건에 대해, 석면의 발암성은 국제조직 등에 의해 인정되어 왔으며 패널이 자문을 구한 전문가들에 의해 확인되었다고 하였다.[46] 둘째 '필요한(necessary)' 조치 요건에 대해, 패널은 태국 담배사건에서 제시된 바와 같이 'GATT 의무에 합치(consistent)하거나 덜 위반적인(less inconsistent) 다른 대안을 찾을 수 없는 경우'로 평가하였다.

　　다양한 형태의 온석면에 대한 사용금지의 필요성에 관하여 온석면에 관련한 의심할 수 없는 공중보건 위험이 있으며, 이러한 위험은 아주 낮거나 간헐적인 농도의 경우에도 존재하며 인구의 넓은 부분에 영향을 미칠 수 있다고 하여 Decree의 온석면 금지규정은 인간과 동·식물의 생명과 건강 보호를 위해 "필요한" 조치

44 Sarah Harrell, "Beyond 'Breach'? An Analysis of the European Union's Chemical Regulation program under World Trade Organization Agreements.", Wisconsin International Law Journal, vol. 24, Spring 2006, p. 515.
45 Panel Report, paras. 8.169-172.
46 Panel Report, para. 8.188.

라고 판정하였다.⁴⁷ 캐나다가 제시한 "제한된 사용(controlled use)"은 합리적으로 가능한 대안이 되지 못한다고 하였다.⁴⁸

　항소심에서 캐나다는 석면이 인체에 유해한 영향을 준다는 패널의 결론은 과학전문가들과 보고서에 의해 도출된 것으로 패널의 과학적인 증거에 대한 신뢰평가에 문제를 제기하였다. 항소심은 패널이 증거를 인정함에 있어 사실 확정시 자유재량의 범위를 벗어난 경우에만 이를 패널의 인정을 제한할 수 있을 것인데, 온석면의 발암성질은 1977년 이후 WHO 등 국제기구에 의해 알려진 것으로 패널의 결정은 재량을 벗어났다고 할 수 없다고 보았다.⁴⁹

　필요성 테스트와 관련하여도 진보된 모습을 보이고 있는데, 일단 수입금지 조치가 건강 보호를 목적으로 한 것으로 인정되면 필요성 여부의 판단은 대체수단의 존재여부에 대한 검토라고 보았다. 한국 – 수입쇠고기 사건에서 항소기구는 필요성이라는 개념을 '필수적인'(indispensable) 이라는 의미로부터 단순히 '기여하는'(making a contribution) 이라는 의미까지 유연하게 사용할 수 있다는 점을 지적하고 필요한 조치의 판단기준에 '공동의 이해와 가치'(common interests and values) 요소를 포함시킨 바 있다.⁵⁰

　필요성 판단에 있어 대체수단의 존재여부를 가리는 데는 그 대체수단이 추구하는 목적의 실현에 얼마만큼 기여할 수 있는지를 판단하여야 하며, 공동의 이해와 가치가 보다 불가결하고 중요한(vital and important) 정책목표의 추구일수록 필요성 요건을 통과하기가 보다 용이할 것이다.⁵¹ 캐나다가 주장한 통제된 사용(controlled use)에 대해 그 방법이 실질적이라는 것이 증명되지 못하였고, 합리적인 다른 대안도 존재하지 않으므로 프랑스의 금지조치는 (b)항상의 필요성 요건을 충족한다고 보았다.⁵² 최근 US-Gambling 사건에서도 GATS 제14조상의 예외 조항 해석이 문제가 되었는데, 항소기구는 'necessary'를 판단하는 것은 조치에 의해서 얻어지는 이익 또는 가치의 상대적 중요성, 그러한 조치가 추구하는 목적을 실현시키는 방법과 무역에 대한 제한적 효과를 비교형량(weighing and balancing)

47　Panel Report, para. 8.222.

48　Panel Report, para. 8.217.

49　Appellate Body Report, para. 162.

50　Korea – Measures Affecting Imports of Fresh, Chilled and Frozen Beef (WT/DS161, 169/AB/R), Appellate Body Report, paras. 162.

51　Appellate Body Report, paras. 169-172.

52　WHO & WTO, supra note 18, para.151. & Matsushita, et al., supra note 3, p. 800.

하는 것과 관련이 있다고 언급하였다.[53]

　패널은 Decree가 동등한 조건하에 있는 국가 간의 자의적이거나 정당화할 수 없는 차별의 수단인가에 대해, 법안의 금지규정과 예외규정 모두에서 원산지에 관해 언급하지 않음으로서 그 조치에 차별이 없다고 판단하였다.[54] 첫째, 동 조치가 동등한 조건하에 있는 국가 간의 자의적이거나 정당화할 수 없는 차별의 수단으로 사용되지 않아야 하며, 둘째, 위장된 무역제한에 해당하지 않아야 한다.

　첫째 요건에 대해, 먼저 자의적이거나 정당화될 수 없는 차별은 조치의 '적용'상의 차별과 관련된 문제이다. 두문(chapeau)에서 언급하는 차별은 GATT 제3조 4항에서의 차별 기준, 즉 'less favorable treatment'와는 달라야 한다. 그렇지 않다면 제3조 4항 위반 사건에 대해 제20조상의 예외를 인정받을 길이 없기 때문이다.[55] 따라서 여기서는 다른 형태의 차별, 예컨대 공급국가 간의 차별이 고려될 수 있을 것이다. Decree상의 금지규정은 해당 상품의 원산지와 관련, "프랑스를 포함한 동등한 조건하의 어느 국가"라고 규정하고 있어 차별적이지 않고, 또한 캐나다는 제3조 4항상의 차별 주장 이외에는 Decree가 차별적으로 적용되었다는 어떠한 증거도 제시하지 못하였으므로 Decree는 자의적이거나 정당하지 못한 차별의 수단으로 사용되었다고 볼 수 없다.[56]

　둘째 요건에 대해, 관건은 '위장된'(disguised)이라는 단어의 의미로서 해당 조치가 무역제한적인 목적을 숨기고 있는가의 여부가 답변되어야 한다고 보았다. 어떠한 조치의 목적을 확인하는 것은 매우 어려운 일인데, 패널은 Japan-Alcohol 사건에서 상소기구가 특정 조치의 보호주의적 목적을 발견하는데 사용한 "구도, 구성 및 드러난 구조"(design, architecture and revealing structure)를 상기하였고, 이 요건에 따라볼 때 Decree에는 보호주의적 목적을 찾을 수 없다고 결론지었다. 따라서 Decree는 GATT 제20조 (b)호와 두문(chapeau)상의 규정을 만족시키므로 GATT 제20조에 의해 정당화된다고 판정하였다.

　항소기구는 또한 각국은 자국민의 건강 보호에 관련된 기준을 어느 정도로 할 것인지에 있어서 각국이 적합하다 생각하는 바에 따라 결정할 권리가 있다고 하며 사전주의원칙(precautionary principle)을 묵시적으로 인정하고 있는 입장을 보이

53　Matsushita, et al., supra note 3, pp. 800-801.
54　Panel Report, paras. 8.224-8.229.
55　Panel Report, para. 8.227.
56　Panel Report, para. 8.227-8.229.

고 있다. 사전주의 원칙에 따르면,[57] 과학적인 명확성의 결여를 이유로 인간과 환경에 돌이킬 수 없는 위협이 되는 것을 막기 위한 조치를 배제시킬 수 없게 된다.[58] 언급한 바와 같이, 동 사건은 패널과 항소기구가 적극적으로 GATT 제20조 (b)호에 따른 국내 조치를 인정한 것이라는 점에 큰 의의가 있으며 많은 학자들과 관련 비정부기구 등에서 환영받았다. 그러나 과연 그 법률적 논증 과정 역시 적절하였는지 여부, 특히 사전주의 원칙의 역할에 대해서 여러 의문이 제기되었다.[59]

6.4.3.4. GATT 제23조 1항 (b)호 해당여부

GATT 제23조 1항 (b)호는 만약 어느 당사국이 이 조약에 의해 갖게 되는 직접, 간접의 이익이 무효화되거나 침해되는 경우에는 이 조약의 목적 달성을 위한 분쟁해결절차를 개시할 수 있다. 협약상의 규정위반에 상관없이 어떤 조치에 영향받은 타체약 당사국에 의해 개시될 수 있다. 즉, 동 규정은 그 조치가 GATT 규정의 위반여부와 상관없이 적용된다.[60] 또한 동규정은 상업적 성질의 조치와 인체보호로 의도된 조치를 구분하지 않는다. 비위반제소의 경우에 적용되어야 할 기준으로는 i) WTO 체약국에 의한 조치의 적용, ii) 적용된 협약 하에 갖는 이익의 존재 iii) 조치의 결과 이익이 무효화되었거나 침해되었다는 조건이 필요하다.[61] 비위반제소에서 소에 대한 구체적인 정당화의 입증책임은 캐나다에 있다.[62] 이익의 존재와 관련하여 캐나다가 어떠한 이익이 되는 석면 양허를 합리적으로 기대했는지 밝힐 필요가 있다. 과거의 패널들은 이익의 합리적인 기대를 검토한 반면 이 사건에서는 조치에 대한 합리적인 기대가능성을 살펴보고 있는데, 석면수입금지는 과거 수입량이 어느 정도 되었는지에 상관없이 경쟁 기회의 부인이라고 판단하였다.

문제의 조치가 합리적으로 기대되었는지에 관해, 1977년 이래로 온석면은 WHO에 의해 발암물질로 분류되었고, 1990년 이래로 유럽공동체는 Directive

---

57 사전주의 원칙의 일반적인 논의에 대해서는 Elizabeth Fisher, et al., Implementing the Precautionary Principle: Perspective and Prospects (Cheltenham: Edward Elgar, 2006)를 참조.

58 Marie-Claire Cordonier Segger and Markus W. Gehring, "Precaution, Health, and the World Trade Organization: Moving Toward Sustainable Development", Queen's Law Journal, vol. 29, Fall 2003, p. 154.

59 Segger and Gehring, supra note 1, p. 308.

60 Panel Report, para. 8.260.

61 Panel Report, para. 8.283.

62 Panel Report, para. 8.280.

90/394/EEC하에서 석면의 대체물을 제공해왔고, 1983년 WHO 회원국들은 온 석면을 포함한 석면의 사용을 금지하기 시작했으므로, 캐나다는 합리적으로 볼 때, 프랑스가 석면의 사용에 대해 보다 제한적인 기준을 채택할 것이라고 기대할 수 있었을 것이다.[63] 결과적으로 캐나다는 GATT 1994 제23조 제1항 (b)호에 해당하는 이익의 무효화나 침해에 대하여 구체적으로 설명하지 못하였다.

항소심은 제23조 1항 (a)호와 (b)호의 관계에서 전자는 GATT 규정의무를 위반한 경우 소인을 규정한 것으로 GATT 규정과 불일치한 행위에 대해 적용되며, 후자는 그 조치가 GATT 규정과 충돌하는지 여부와 상관없이 타국이 갖는 이익을 무효화하거나 침해했다는 별개의 청구 소인을 규정한 것으로 보고, 이러한 구제는 매우 조심스럽게 접근되어야 하며 예외적인 경우에만 인정된다고 판단하였다.[64]

6.4.4. Amicus Brief 규범 제정 시도

Amicus Curiae Brief란 "법정의 친구들"이라는 의미의 라틴어 어휘 amicus curiae에 영어 어휘인 brief가 추가되어 사건의 당사자가 아닌 사람이 법원에 제출하는 brief를 말한다.[65] 그동안에도 WTO 분쟁해결 과정에서 패널 또는 항소기구에 Amicus Brief가 접수된 바가 여러 차례 있었으나,[66] 그 명확한 법적 근거는 없었다고 볼 수 있다.[67]

---

63 Panel Report, paras. 8.285-8.290.
64 Appellate Body Report, paras. 185-186.
65 Black's Law Dictionary, 제8판에 따르면 Amicus Brief는 [Latin "friend of the court"] A person who is not a party to a lawsuit but who petitions the court or is requested by the court to file a brief in the action because that person has a strong interest in the subject matter - Often short ended to amicus. - Also termed friend of the court.
66 최근까지 WTO에서 amicus brief 문제가 다루어진 사례로는 EC - Hormones (1998), US - Shrimp/Turtle I (1998), Japan - Varietals (1999), Australia - Salmon 21.5 (2000), US - Lead and Bismuth Carbon Steel (2000), US - Copyright (2000), EC - Asbestos(2001), EC - Cotton from India (2001), Thailand - Antidumping Duties (2001), US - Shrimp/Turtle 21.5 (2001), EC - Sardines (2002), US - Softwood Lumber(Preliminary Determinations) (2002), US - Countervailing Measures on Certain EC Products (2003), US - Softwood Lumber (Final Determinations) (2004) 등이 있다. 위 사례들에서 언급된 구체적인 내용에 대해서는 N. Bernasconi-Osterwalder et al., Environment and Trade: A Guide to WTO Jurisprudence (London: Earthscan, 2006), pp. 317-362를 참조.
67 현재의 DSU 제13조 2항에 의하면 패널이 능동적으로 관련 정보를 구하거나 전문가의 조

EC 석면사건의 항소심 과정에서도 요청하지 않은 의견서가 17건이 접수되어 항소기구는 7인 멤버 간의 논의를 거쳐 17건을 모두 반려하고, 내부적으로 항소기구 재판실무 절차규정 제16조 1항에 따라 본 사건에만 적용되는 절차규칙(Additional Procedure)을 제정하였다. 동 규칙에 따르면, 의견서를 제출하고자 하는 개인이나 단체는 정해진 시간 내에 의견제출 신청(apply for leave)을 하여야 하며, 신청서에는 특히 제출자가 밝히고자 하는 쟁점을 명확히 하고, 의견 제출이 본 사건에 기여할 수 있는 바가 무엇인지를 밝혀야 하며, 항소심 과정에 있어 제출자의 이해관계를 기재하도록 요구하였다.[68]

항소심의 이러한 시도는 그동안에 있어 왔던 관행을 공식화해 보려는 긍정적인 노력으로 평가된다. 미국은 그동안 줄곧 패널 및 상소기구 절차의 공개 등 WTO 분쟁해결 절차의 투명화를 주장하여 왔으며, WTO가 이번 시도를 기회로 이러한 Amicus Brief의 접수 절차를 공식화할 수 있다면 또 한 걸음의 진전을 이룰 수 있을 것이다.[69]

6.4.5. 본 사건의 의의

본 사건은 1991년의 참치-돌고래사건 I, II, 1996년의 가솔린 사건 및 1998년의 새우- 바다거북 사건에 이어 가장 최근에 환경과 무역관계를 다룬 대표적 사건으로 기록된다. 1991년의 참치-돌고래 사건 I에서는 환경논리보다는 비교적 자유무역논리에 충실하였던 반면, GATT 패널에 의한 1994년의 참치-돌고래 사건

언을 구할 수는 있으나 요청하지 않은 자료의 취급에 대해서는 규정을 두고 있지 않다. 항소기구의 경우 이미 재판실무절차(working procedure) 규정을 두고 있으며, 이 실무규정의 제정은 DSU 규정 제17조 9항의 요건에 따라 DSB와 사무총장과의 협의절차를 거쳤다.

68 이 절차에 따라 17건의 의견제출 신청이 접수되었으나, 6건은 지연된 제출로 기각되었고, 11건의 의견제출 신청은 추가절차(Additional Procedure) 제3조상의 요건을 충족시키지 못하였다는 이유로 모두 거부되었는데, 그 구체적인 이유는 밝히지 않았다.

69 그러나 현실적으로는 그리 쉬워 보이지 않는다. 현 DSU에 근거규정도 희박하고, 모든 회원국의 컨센서스를 통하여 공식화하기에는 반대하는 국가들이 너무 많은 것으로 보인다. 가장 좋은 방법은 DDA 기간 중 분쟁해결제도 개선방안 논의에서 이 문제를 다루는 것이나 이 문제를 다루거나 어떠한 합의를 도출해 낼 가능성은 매우 희박해 보인다. 이상 논의에 대한 상세한 내용은 G.A. Zonnekyn, "The Appellate Body's Communication on Amicus Curiae Briefs in the Asbestos Case: An Echtnach Procession?" Journal of World Trade, vol. 35. 3, 2001, pp. 553-563 참조.

Ⅱ와 WTO 분쟁해결기구에 의한 1996년의 가솔린 사건 및 1998년의 새우-바다 거북사건, 본 석면금지조치 관련 사건을 거치면서 점차적으로 환경적 요인을 보다 많이 고려하는 해석이 내려지고 있다는 것을 볼 수 있다. 그러나 환경오염과 인간의 건강을 해칠 수 있는 문제의 근본적인 원인이 무엇인지 밝히는 것은 쉽지 않으며 이와 같은 불확실성은 오늘날, 국제통상 법 제체를 이끌어 가는 학자들과 재판관들에게 복잡한 질문과 어려운 과제를 던져주고 있다.[70] 한편, 패널이 밝힌 바 있듯이, 합리적으로 실행 가능한 조치를 속히 확립하는 것은 비단 지구 환경과 인간의 건강을 보호하기 위한 목적을 위해서뿐만이 아니라, 경제적·행정적 견지에서도 요청되는 바이다.[71]

특히 GATT 제3조 4항의 동종 제품 분류에 있어 인체에 유해한 성질이 동종 제품의 분류 기준으로 검토될 수 있는지에 대한 패널과 항소심의 다른 입장은 이를 잘 반영하고 있다. 상품의 특성을 결정하는 기준으로 패널과 항소심 양자 모두 GATT 제3조의 대상, 목적, 문맥을 살펴보았는데, 전자는 단순히 인체의 해로운 성질은 경제적 개념이 아니라는 이유로 이를 동종 제품 구분에 이용하지 않도록 해석한 반면, 항소기구는 인체 유해성이 자유 경쟁관계에 영향을 미치게 되므로 이를 GATT 제3조 4항의 상품특성과 소비자기호의 판단기준으로 검토하도록 하였다. 이는 무역과 환경을 더 이상 별개의 분야로 볼 수 없는 현실이 반영된 조약의 해석으로 볼 수 있을 것이다. WTO 패널과 항소기구의 환경 관련 최근 판정들을 살펴보면, WTO 체제에서 '지속가능한 개발'(sustainable development)과 '자유무역'(free trade)이라는 가치를 상호보완적인 관계로 이끌어 가기 위해 끊임없이 노력하고 있음을 알 수 있으며 이것은 지난 GATT 당시의 소극적인 태도와는 매우 변화된 태도인 것이다.[72]

특히, EC 석면사건에서 패널과 항소기구는 결코 통상법이 공공보건과 환경법 분야에서 제기되고 있는 지속가능한 개발이란 과제를 무너뜨리는 것이 아니라, 오히려 이에 기여할 수 있다는 점을 강조하여 최근 가속화된 환경 관련 국내적 그리고 각국 간의 정책적 충돌을 해결하고자 노력하고 있다.[73] 더불어, WTO가 단순히 경제적 이익만을 목적으로 한 집단이 아니라, 국제공법의 여러 가치들과 함께 양립

---

70 Panel Report at para. 8.207 참조.
71 Segger and Gehring, supra note 58, p. 134.
72 Segger and Gehring, supra note 1, pp. 315, 321.
73 Harrell, supra note 44, p.519.

할 수 있는 방향으로 나아가는데 있어서 중요한 첫 걸음을 내딛었다는 점에서 향후 무역과 환경의 관련 분쟁사례와 이 분야의 법 발전에 큰 시사점을 줄 것으로 평가 된다.

6.5. 결 론

프랑스 국민의 건강을 보호하기 위한 프랑스의 석면금지 조치는 궁극적으로 인간의 건강 보호라는 GATT 제20조상의 예외로 인정받았다는 점에서는 패널이 나 항소심의 견해가 일치한다. 그러나 양자의 가장 큰 차이는 패널은 프랑스의 석 면 대체물이나 캐나다산 석면이 최종 사용 용도에 있어 동일하므로 GATT 제3조 4 항상의 동종 제품으로 본 반면에, 항소심은 인간 건강에의 유해 가능성을 소비자의 기호의 일부로 동종 제품을 구별하는 하나의 요인으로 인정함으로써 한 발짝 더 환 경친화적으로 진전되었다고 볼 수 있겠다.

EC석면 사건의 항소심은 다음과 같은 교훈을 남겼다고 볼 수 있을 것이다. 첫 째, WTO 회원국들은 그들이 적절하다고 여기는 건강보호의 수준을 결정할 수 있 는 권리를 갖는다. 둘째, GATT 제3조 4항상의 동종성을 판단함에 있어 건강에의 유해성 여부를 하나의 요소로 고려할 수 있다. 셋째, 회원국들은 과학적 근거의 제 시에 있어 반드시 다수 과학자들의 동의를 필요로 하지는 않는다.[74] 넷째, GATT 제20조 (b)호상의 필요성 판단에 있어서 그 판단요소들인 그 조치에 의해서 보호 되는 공동의 이익이나 가치, 그 정책의 추구에 있어 당해조치의 유효성(efficacy), 수출입과 관련한 법과 제도에 미치는 영향 등 여러 요소들을 비교형량하는 과정(a process of weighing and balancing a series of factors)을 포함한다.[75] 본 석면 사건 은 이와 같은 요건을 갖추었기에 프랑스의 석면 수입금지 조치가 인정된 것이다.

지금까지 살펴본 바와 같이 WTO는 현재 체제 내에서 점진적으로 진보적인

---

[74] "a Member is not obliged, in setting health policy, automatically to follow what, at a given time, may constitute a major scientific opinion.": AB report, p.64.

[75] 국제사법재판소와 우리나라를 포함하여 다수 국가의 대법원들이 소수의견, 반대의견, 개 별의견 등을 판결문에 포함하고 있다. 그러나 그동안의 WTO 관행은 보고서에 다른 의견 을 첨부하지 않는 것이 관행이었으나, 이 사건은 항소기구 보고서 사상 처음으로 개별의견 (separate opinion)을 남긴 사건이다. 패널에서는 US-Certain EC Products Case와 EC-Poultry Case에서 전례가 있었다.

판정을 통하여 환경론자들의 비판을 조금씩 수용하는 방향으로 나아가고 있다. 그러나 무역과 환경분쟁의 궁극적인 조화로운 분쟁해결 방법은 각종 환경협약 등을 고려하여 현재 진행되고 있는 무역과환경위원회(CTE)의 논의과정을 거쳐 GATT 제20조의 개정이나 각료회의 해석선언을 통하여 공식적인 해결책을 마련하여 양자 간의 관계를 보다 명확히 하는 것이 바람직할 것이다.

참고문헌

강상인, 「환경통상분쟁 및 도하라운드 WTO-MEAs 관계정립 논의 대응방안 연구」, 한국
　　환경정책평가연구원 연구보고서, 2002. 6.
고준성, 「환경 관련 무역분쟁 및 WTO/CTE의 제1, 5에 대한 조사연구」, 산업연구원 연구
　　보고서, 2002. 6.
박덕영·이재형, 「WTO 통상조약집」, 박영사, 2006.
서철원, "WTO에서의 환경관련 통상분쟁의 해결추이," 「법학논총」 제26집, 숭실대학교
　　법학연구소, 2002.
심영규, "국제통상법상 환경보호를 위한 통상 규제조치의 정당성 요건과 법위", 「환경법
　　연구」 제26권 제1호, 한국환경법학회, 2004.
이춘삼, "WTO 협정상 환경보호를 위한 무역규제의 성립요건에 관한 분석", 「무역학회지」
　　제31권 제2호, 한국무역학회, 2006.
최승환, "특집 3: 다양한 환경법 분야의 과제; 환경-통상연계에 관한 국제입법의 현황과
　　평가", 「환경법연구」 제21권, 한국환경법학회, 1999.
Appellate Body Report, *Korea—Measures Affecting Imports of Fresh, Chilled and
　　Frozen Beef*, WT/DS161/AB/R. WT/DS169/AB/R, 10 Jan 2001.
N. Bernasconi-Osterwalder et al., Environment and Trade : A Guide to WTO
　　Jurisprudence, London: Earthscan, 2006.
Elizabeth Fisher, et al., Implementing the Precautionary Principle: Perspective
　　and Prospects, Cheltenham: Edward Elgar, 2006.
European Communities - Measures affecting Asbestos and Asbestos-Containing
　　Products (WT/DS135/R, WT/DS135/AB/R).
GATT, Trade and Environment, 17 February 1994.
M. Jansen and A. Keck, "National Environmental Policies and Multilateral Trade
　　Rules", WTO Staff Working Paper ERSD-2004-01. January 2004.
R. Howse and E. Tuerk, "The WTO Impact on Internal Regulation - A Case Study
　　of the Canada-Ec Asbestos Dispute", in G. Burca and J. Scott (ed.), The
　　EU and the WTO: Legal and Constitutional Issues, London: Hart, 2001.
Jeffrey A. Frankel, "The Environment and Globalization", NBER Working Paper
　　10090(http://www.nber.org/papers/w10090), November 2003.
Lorand Bartels, "The Legality of the EC Mutual recognition clause under WTO
　　law", Journal of International Economic Law, vol. 8, September 2005.
Marrakesh Agreement Establishing the World Trade Organization, Annex 1A,.
　　"The Legal Texts: The Results of the Uruguay Round of Multilateral Trade
　　Negotiations", 1999.
Marie-Claire Cordonier Segger and Markus W. Gehring, "The WTO and

Precaution: Sustainable development Implications of the WTO Asbestos Dispute", Journal of Environmental Law, vol. 15, 2003.

Marie-Claire Cordonier Segger and Markus W. Gehring, "Precaution, Health, and the World Trade Organization: Moving Toward Sustainable Development", Queen's Law Journal, vol. 29, Fall 2003.

M. Matsushita, T. J. Schoenbaum & P.C. Mavroidis, The World Trade Organization: Law, Practice, and Policy, 2nd edition, Oxford: OUP, 2006.

J. Pauwelyn, "Cross-agreement complaints before the Appellate Body: a case study of the EC-Asbestos dispute," World Trade Review, vol. 1. 1, 2002.

Petros C. Mavroidis, ""Like Product": Some Thoughts at the Positive and Normative Level," in Thomas Cottier and Petros C. Mavroidis (eds), Regulatory Barriers and the Principle of Non-Discrimination in World Trade Law, Ann Arbor: Michigan University Press, 2000.

Raj Bhala, Modern GATT Law, London: Sweet & Maxwell, 2005.

Robert E. Hudec, ""Like Product": The Differences in Meaning in GATT Article I and III," in Thomas Cottier and Petros C. Mavroidis (eds), Regulatory Barriers and the Principle of Non-Discrimination in World Trade Law (Ann Arbor: Michigan University Press, 2000.

Sarah Harrell, " 'Beyond 'Breach'? An Analysis of the European Union's Chemical Regulation program under World Trade Organization Agreements", Wisconsin International Law Journal, vol. 24, Spring 2006.

SM Cone, III, "The Asbestos Case and Dispute Settlement in the World Trade Organization: The Uneasy Relationship between Panels and the Appellate Body", Michigan Journal of International Law, vol. 23. 1, 2001.

WHO & WTO, WTO Agreements & Public Health, 2002.

L. Yavitz. "The WTO Appellate Body Report, European Communities – Measures affecting Asbestos and Asbestos-Containing Products, Mar. 12, 2001, WT/DS135/AB/R", Minnesota Journal of Global Trade, vol. 11. 1, 2002.

G.A. Zonnekyn, "The Appellate Body's Communication on Amicus Curiae Briefs in the Asbestos Case: An Echtnach Procession?" Journal of World Trade, vol. 35. 3, 2001.

WTO SPS 위생조치의 적법성에 관한 연구[*]

― 소고기 호르몬사건을 중심으로 ―

박원석(중앙대학교 법학전문대학원 교수)

7.1. 들어가는 말

1980년대 EU는[1] 세 개의 이사회지침(Council Directive), 즉 1981년의 Council Directive 81/602/EEC of 31 July 1981(이하 "Directive 81/602")[2]과 1988년의 Council Directive 88/146/EEC of 7 March 1988(이하 "Directive 88/146")[3]과 Council Directive 88/299/EEC of 17 May 1988(이하 "Directive

---

[*] 이 장은 필자가 2007년 8월에 「중앙법학」 제9집 제2호에 게재한 "WTO SPS 위생조치의 적법성에 관한 연구-소고기 호르몬사건을 중심으로"을 이 책의 목적에 맞추어 저자의 동의하에 전재한 것임을 밝힌다.

[1] 당시 EC이나 편의를 위하여 모두 EU로 통칭한다.

[2] 1981년 지침은 호르몬과 갑상선(thyrostatic action) 작용을 유발하는 물질을 가축에 대해 처방하는 것을 금지하고 이 물질이 처방된 가축의 육고기는 역내 상품이나 역외 상품을 불문하고 시중판매를 금지하였다. 단, 치료적이거나 축산학적 목적으로 사용되고 수의사가 직접 또는 수의사의 감독하에 처방되는 경우에는 예외로 하였다. World Trade Organization Report of the Appellate Body on EC Measures Concerning Meat and Meat Product (Hormones), WT/DS26/AB/R과 WT/DS48/AB/R (Jan. 16, 1998), para. 3. [이하 소고기 호르몬사건 상소기구보고서]. 소고기호르몬 사건의 인용번호가 두 개(WT/DS26/AB/R과 WT/DS48/A B/R) 인 이유는 소고기호르몬 사건이 미국과 캐나다에 의해 각각 제기되어 두 개의 패널이 설치되었으나 동일의 재판관으로 구성되어 병합심리되었고 그 패널보고서는 별개로 제출되었기 때문이다.

[3] 동 지침은 두 개의 합성호르몬(trenbolone acetate (TBA)와 zeranol)은 그 목적을 불문하고 가축에 대한 사용을 금지하였고, 3종의 자연발생 호르몬(즉, oestradiol-I7(beta), progesterone, testosterone)은 성장촉진용으로의 사용을 금지하였다. 그러나 3종의 자

88/299")[4]을 발표하여 동물의 성장을 촉진하기 위해 사용되는 여섯 종의 호르몬을 지정하고 이 호르몬들 중 하나라도 주입된 동물이나 그 육고기의 수입을 금지하였다. EU는 1996년에 다시 동 지침들을 개정하여 성장을 촉진하는 특정 호르몬의 가축에 대한 처방을 금지하고 이러한 호르몬이 주입된 동물로부터 생성된 역내산 및 역외산 육고기의 판매를 금지하였다. 그러나 예외적으로 치료적 그리고 축산학적 목적으로 호르몬 처방을 받은 동물의 판매는 허용하였다.[5] 이에 미국은 EU가 지정한 호르몬들의 안전성에 문제가 없음에도 불구하고 과학적 증거도 없이 위생 검역 조치를 채택하여 WTO SPS협정상의 의무를 위반하였다고 주장하였다.[6]

1997년 8월 18일, WTO 패널은 EU의 조치가 WTO SPS협정에 위반하는 국제무역에 대한 위장된 제한에 해당된다고 판정하였다.[7] 이에 EU는 패널의 판정에 항소하였다. 1998년 1월 16일, WTO 상소기구는 SPS 조치는 적절하게 수행된 위험평가에 기초하여야 하는데 EU의 조치는 이러한 위험평가에 기초한 것이 아니라는 패널의 판정에 동의하였다. 그러나 패널의 판정과는 달리, 상소기구는 호르몬 소고기 금수조치가 국제기준과 완전히 불합치하는 것은 아니라고 판시하였다.[8]

미국은 EU의 조치가 SPS협정 제2조, 제3조 그리고 제5조를 위반하였다고 주장한다.[9] SPS협정 제2조는 SPS협정의 근간이라 할 수 있는데, 인간, 동물 또는 식물의 생명 또는 건강을 보호하기 위하여 필요한 위생 및 식물위생 조치를 취할 수 있는 회원국의 기본적 권리 및 의무를 규정하고 있다.[10] SPS협정 제3조는 회원국들의 위생 및 식물위생 조치를 가능한 한 광범위하게 조화시키기 위하여 동 조치에

연발생 호르몬은 치료적이거나 축산학적 목적으로의 사용을 허용하였다. 소고기호르몬사건 상소기구보고서 para. 4.

[4] 동 지침은 치료적이거나 축산학적 목적으로 호르몬이 처방된 동물과 그 육고기의 무역에 관한 조건을 규정하고 있다. *Id.*

[5] Council Directive 96/92/EC of 29 April 1996. 문제의 호르몬은 3종의 자연발생 호르몬, 즉, oestradiol-17(beta), progesterone, testosterone과 3종의 합성호르몬 trenbolone acetate(TBA), zeranol 그리고 melengestrol acetate (MGA) 총 여섯 종이다. 소고기호르몬사건 패널보고서, WT/DS26/R/USA, Aug. 18, 1997, at 13-14.

[6] 소고기호르몬사건 패널보고서, WT/DS26/R/USA, 동 보고서는 미국이 제소한 사건에 대한 패널보고서이다.

[7] 소고기호르몬사건 패널보고서, p. 765.

[8] Regine Neugebauer, *Fine-Tuning WTO Jurisprudence and the SPS Agreement: lessons from the Beef Hormone Case*, 31 Law Policy International Business 1255, 1256 (2000).

[9] 소고기호르몬사건 패널보고서, p. 599.

[10] SPS협정 제2조 1항.

대한 국제기준, 지침 또는 권고가 있는 경우 이에 기초하도록 요구하여 위생조치의 일관성과 국제기준과의 조화를 확보하기 위한 협정의 목표를 설정하고 있다.[11] 그러나 제3조는 동 3항에서 특정의 경우에 이에 대한 예외를 설정하고 있다. SPS협정 제5조는 위생조치를 채택하는 회원국은 관련 국제기구에 의해 개발된 위험평가 기술을 고려하여 여건에 따라 적절하게 인간, 동물 또는 식물의 생명 또는 건강에 대한 위험평가에 기초하도록 요구하여 국제수준보다 더 엄격한 적절하다고 판단되는 위생조치를 채택하려는 경우 반드시 위험평가를 수행하도록 강제하고 있다.[12]

이 연구는 2007년 4월 현재 대한민국이 미국산 소고기의 수입을 완전히 금지하고 있는 상황에서, 과연 이러한 전면적인 수입금지 조치가 WTO 규범에서 허용되는 것인지? 허용된다면 그 법적 근거는 무엇인지? 회원국의 SPS 위생조치가 인간, 동물 또는 식물의 생명을 보호하는데 필요한 범위 내에서만 가능하고 과학적 원리에 기초할 것이 요구되는데 그 입증방법은 무엇인지? 회원국은 국제기준보다 더 높은 보호수준의 식품위생 조치를 취할 수 없는가? 있다면 그 요건은 무엇인지? 회원국은 자유로이 보호의 적정수준을 결정할 수 있는지? SPS협정의 규율대상은 보호의 적정수준인가? 아니면 보호의 적정수준을 성취하기 위해 채택된 위생조치의 적절성 여부? 등을 소고기호르몬 사건의 판결요지를 통해 살펴본다.

이 연구는 위에서 제시된 여러 문제를 해결하기 위해 EU와 미국 간에 8년에 걸쳐 지속된 소고기호르몬 사건에 대한 WTO 패널보고서와 상소기구보고서를 분석한다. 먼저 WTO 위생 및 식물위생 조치의 적용에 관한 협정(이하 SPS협정)을 살펴보고, 나아가 EU의 수입금지 조치와 당사국들의 주장을 검토한 후, 마지막으로 패널과 상소기구의 판결내용과 그 요지를 분석한다.

7.2. 사건개요

7.2.1 EU의 수입금지 조치

1989년 EU가 호르몬소고기에 대해 수입금지 조치를 채택한 이유는 유럽 소

---

11 SPS협정 제3조 1항. Neugebauer, 전게논문, p. 1259.
12 SPS협정 제5조 1항.

비자들의 호르몬이 주입된 소고기의 안전성에 대한 의혹을[13] 해소할 필요가 있었기 때문이다.[14] 연구보고서에 따르면 문제의 호르몬이 주입된 동물은 그렇지 않은 동물들보다 성장속도가 8%-25% 정도 빠르고 사료도 적게 필요하다고 한다.[15]

금수조치가 발동되기 직전인 1986년부터 1988년 사이에 미국산 소고기의 수출량을 금액으로 환산하면 매년 수억 달러에 달하였고 그 수출량도 매년 30% 이상으로 증가하고 있었다.[16] 그러나 금수조치로 인해 수출은 완전히 봉쇄되었고 미국의 낙농산업은 매년 약 2억 5천만 달러의 손실을 입게 되었다.[17] 이 같은 손실에 대한 보복으로 미국은 EU산 수입품 중 일부 품목에 대해 100% 관세를 부과하였다.[18]

미국은 EU의 조치가 1994 GATT 제3조 또는 제11조, SPS협정, 기술장벽협정 제2조, 그리고 농업협정 제4조 등 WTO협정 중 4개의 협정을 위반하였다고 주장하며 패널의 설치를 요청하였다.[19] 이에 WTO는 1996년 7월 2일 동 분쟁을 해결하기 위해 패널을 설치하였다.

7.2.2. 당사국의 주장

미국은 EU의 동 조치가 먼저, 위생 또는 식물위생 조치를 가장한 보호주의적 무역장벽으로서 SPS협정 제2조 제3항을 위반하였다고 주장하였다.[20] 미국 주장의 핵심은 EU의 SPS 조치가 정당화되기 위해서는 SPS협정 제5조 1항의 위험평가에

---

13 EU 농업위원회 소속 Franz Fischler는 세계육고기의회(World Meat Cong대SS)에서 행한 연설에서 EU 소비자들이 과학적 증거에 가지는 의혹 그리고 생산자들이 과학적 증거들을 조작하였다는 의혹을 거론하였다. 특히 호르몬이 함유된 유아용 음식을 먹은 이탈리아 아이가 성적으로 다른 신체적 특성을 보였다는 소문 때문에 EU가 동물사육에 대한 강도 높은 규제를 채택하게 되었다고 설명하였다. 소고기호르몬 패널보고서, p. 27.
14 이 지침에 따라 EU 회원국은 회원국들 간의 역내 무역뿐만 아니라 역외 수입품에 대하여도 동일한 기준을 적용하여 문제의 호르몬이 주입된 소고기의 수업을 금지하여야 한다. 소고기호르몬사건 패널보고서, pp. 6-7.
15 제1차 미국제안서, p. 11. EU의 미국산 소고기 수입금지 조치가 발동된 1989년에 미국산 소고기 중 약 70%가 문제의 호르몬(들)을 주입받은 것으로 판명되었고, 1998년에는 90% 정도가 문제의 호르몬을 주입받았다.
16 소고기호르몬사건 패널보고서, p. 53.
17 *Id.*
18 *Id.*, p. 36. 이 보복관세는 패널이 설치된 순간 종료되었다. *Id.*
19 소고기호르몬사건 패널보고서, p. 3.
20 미국의 제1차 제안서, p. 14.

기초하여야 하는데 이를 위반하였다는 것이다.[21] 미국은 또한 EU의 조치가 SPS협정 제2조 2항과 제5조 6항을 위반하였다고 주장하였다. 그 근거로 EU의 조치는 첫째, 과학적 원리에 기초하지 않았다는 점(제2조 2항). 둘째, 인간의 생명이나 건강을 보호하는데 필요한 범위를 벗어났다는 점(제2조 2항). 셋째, 적정보호수준을 성취하는데 필요한 수준보다 교역을 더 제한하는 조치라는 점. 넷째, 동일한 또는 유사한 상태에 있는 회원국들 간에 자의적이고 부당한 차별을 한다는 점(제2조 3항). 다섯째, 해당 국제기준에 기초하는 경우 예외를 인정하는 SPS협정 제3조에 따라서도 정당화될 수 없다고 주장한다(제3조 3항).

이와 반대로 EU는 다음과 같이 반박하였다. 첫째, SPS협정은 회원국에게 위험평가를 한 후 적정하다고 판단되는 보호수준을 채택할 권한을 부여하고 있다.[22] 둘째, 문제의 호르몬에 대한 Codex의 권고기준보다 높은 보호수준을 채택했을 뿐이라고 주장한다.[23]

7.3. 소고기호르몬 사건에 대한 SPS협정의 적용

7.3.1. 입증책임

미국은 문제의 위생조치를 채택한 EU가 입증책임(burden of proof)을 부담하여야 한다고 주장하였다.[24] 그러나 EU는 문제의 위생조치가 SPS협정에 합치하지 않다고 이의를 제기하는 회원국, 즉 본 사건에서는 미국이 입증책임을 부담하여야 한다고 주장하였다.[25] 이에 패널은 제소국인 미국이 먼저 EU의 위생조치가 SPS협정과 불합치하다는 것을 일단입증(prima facie evidence)[26] 하면 피제소국인 EU가

---

21 *Id.*, p. 17. SPS협정 제5조 1항 위험평가의 요지는 특정 물질로 인한 위험이 없으면 이러한 물질에 대한 위생 및 식물위생 조치는 불필요하다는 것이다.
22 소고기호르몬사건 패널보고서, p. 42.
23 First Written Submission of the European Community to the Panel, European Community--Measures Concerning Meat and Meat Product, September 20, 1996, at 18 [이하 EU 제1차 제안서].
24 소고기호르몬사건 패널보고서, p. 601.
25 소고기호르몬사건 패널보고서, p. 602.
26 Prima facie의 사전적 의미는 일견, 또는 일응(at first face)으로 번역되고 있으나, 법률적으로는 차후 거짓으로 판명될 수 있으나 일단 진실한 것으로 추정되는 경우를 말한다.

동 조치의 SPS협정 합치성을 입증할 의무를 부담한다고 판시하였다.[27] 패널은 나아가 SPS협정은 위생조치 채택국에도 입증부담(evidentiary burden)을 부과한다는 일반적인 해석을 제시하였다. 패널이 이러한 해석을 하게 된 이유는 SPS협정의 여러 규정(SPS협정 제2조 2항, 3항과 제5조 1항, 6항)에서 SPS협정상의 의무를 준수하도록 강제하기 위해 "회원국은 --하도록 보장한다(Member shall ensure that)"라는 구절을 사용하고 있기 때문이다.[28] 그리고 조치 채택국이 입증책임을 부담한다는 결론은 제5조 8항과 제3조 2항의 해석에 근거하였다.[29]

　　제3조 2항은 국제기준에 기초한 위생조치는 SPS협정 합치성이 추정됨으로 조치채택국은 그 입증책임 의무가 면제되고, 반대로 국제기준에 부합하지 않는 위생조치를 채택하는 회원국은 그 불합치를 주장하는 소송에서 그 합치성을 입증하는 입증책임을 부담하여야 한다는 역증거입증론을 패널은 추론하였다.[30] 패널은 또한 제3조 1항과 3항이 입증책임을 조치채택국에 부과하고 있다고 주장하였다. 즉 제3조 1항은 SPS협정에 달리 규정된 경우를 제외하고(특히 제3조 3항) 위생조치가 국제기준에 기초할 일반적인 의무를 부과하고 있는데, 특히 제3조 3항은 이러한 예외에 해당된다는 것이다. 그리고 제3조 2항은 국제기준에 기초한 SPS협정의 합치성 추정을 뒤집는 입증책임은 제소국에 있다는 것을 의미한다는 것이다. 따라서 국제기준에 기초하지 않은 위생조치가 제3조 3항의 예외에 해당되어 허용된다는 것을 입증하는 책임은 조치채택국에 있다는 것을 의미한다는 것이다.

　　그러나 상소기구는 패널의 입증책임(burden of proof)에 대한 일반적 해석에

따라서 이 논문에서는 "일단성립" 또는 "일단입증"이라고 번역한다. 이러한 해석은 외교통상부의 한-미 FTA 협정문 번역담당자의 의견을 반영한 것이다.

27 소고기호르몬사건 패널보고서, p. 606. 패널은 동 원칙을 적용하는데 있어 미국 셔츠와 블라우스 사건(United States-Shirts and Blouses, WT/DS33/AB/R, p. 14)를 원용하였다.

28 소고기호르본사건 패널보고서, pp. 604-605.

29 SPS협정 제5조 8항은 다음과 같이 규정한다; 다른 회원국이 도입 또는 유지하는 특정 위생 또는 식물위생 조치가 자기나라의 수출을 제한하거나 제한할 잠재력이 있으며 동 조치가 관련 국제표준, 지침 또는 권고에 기초하지 않거나, 그러한 표준, 지침 또는 권고가 없다고 믿을만한 이유가 있을 때에는, 동 위생 또는 식물위생 조치에 대한 해명이 요구될 수 있으며, 동 해명은 조치를 유지하는 회원국에 의해 제공된다.
SPS협정 제3조 2항은 다음과 같이 규정하고 있다; 관련 국제표준, 지침 또는 권고에 합치하는 위생 또는 식물위생 조치는 인간, 동물 또는 식물의 생명 또는 건강을 보호하는데 필요한 것으로 간주되며, 이 협정 및 1994년도 GATT의 관련 규정에 합치하는 것으로 추정된다.

30 소고기호르몬사건 상소기구보고서, *para.* 101.

동조하였지만, 조치 채택국에게 증거부담(evidentiary burden)을 전가한 판정은 번복하였다.[31] 상소기구는 SPS협정 제5조 8항, 즉 조치채택국의 자료제출 의무규정은 입증책임을 다루는 규정이 아닐 뿐만 아니라 분쟁해결과는 관련이 없는 규정이라고 판시하였다.[32] 둘째, 패널이 언급한 SPS협정 제2조 2항, 즉 위생조치는 "인간의 생명이나 건강을 보호하는데 필요한 만큼 적용되고--" 규정과 입증책임의 분담과는 어떠한 논리적 관련성이 없다고 판시하였다.[33] 셋째, 그리고 국제기준에 부합하는 위생조치에 SPS협정 합치성 추정을 부여하는 제3조 2항은 국제기준을 준수하는 회원국에게 혜택(incentive)을 제공하기 위한 규정이지 일반적 의무와 예외의 관계에 있는 것이 아니라고 판시하였다.[34]

상소기구는 패널이 제3조와 관련하여 입증책임을 잘못 해석한데는 제3조 1, 2, 3항의 관계를 오해한 데 있다는 것이다.[35] 패널은 제3조 1항이 회원국에게 위생조치가 국제기준에 기초할 일반적 의무를 부과하고, 제3조 3항은 그 예외에 해당하는 것으로 판단하고 있는데 이는 잘못된 해석이라는 것이다.[36]

상소기구는 먼저, 제3조 1항은 제3조 3항의 상황, 국제기준이 성취하려는 조치보다 더 높은 수준의 보호를 성취하려는 경우를 적용의 범위에서 제외하는 것에 불과한 것이지 일반적 의무를 규정하고 있는 것이 아니라는 것이다. 그리고 제3조 3항은 높은 보호의 기준을 채택하려는 회원국의 주권을 인정하는 별개의 규정이라는 것이다. 즉 일반적 의무의 예외 관계에 있는 규정이 아니라는 것이다.[37] 둘째, 일단성립(prima facie case)의 입증책임의 부담은 문제의 조치가 예외 조항에 해당된다는 이유로 경감되거나 면제될 수 없다는 것이다.[38] 또한 예외에 해당된다는 이

---

31 World Trade Organization of the Appellate Body on EC Measures Concerning Meat and Meat Products (Hormones), WT/DS48/AB/R (January 16, 1998) [이하, 소고기호르몬사건 상소기구보고서], paras. 102-104.
32 *Id*. 상소기구는 동 규정은 역으로 자료제출 요청국이 동 자료를 근거로 제소하기 때문에 자료제출 요청국에게 입증책임을 부담하게 하는 규정으로 해석될 수 있다고 판시하였다. *Id*.
33 소고기호르몬사건 상소기구보고서, *para*. 102.
34 *Id*. 국제기준을 일치하지 않는 위생조치를 채택하기로 결정하였다고 하여 특별한 입증책임을 부과하는 것은 경우에 따라 일종의 징벌에 해당하기 때문에 허용될 수 없다고 판시하였다. *Id*.
35 동 세 개항의 관계는 상소기구보고서, papas. 169-172 참조.
36 *Id*.
37 상소기구보고서, *para*. 104.
38 *Id*.

유로 당연히 엄격하게 해석하거나 협의로 해석하는 것은 조약의 기본적 해석원칙에 반한다는 것을 분명히 하였다. 셋째, 제3조 2항의 어디에도 입증책임의 전환을 암시하는 구절이 없다고 판시하였다.

따라서 제5조 1항의 위험평가와 관련하여서도 위험평가의 부존재를 입증하는 제소국의 책임과 제3조 3항의 의무를 위반하였다는 것을 입증하는 제소국의 책임을 경감하는 것은 잘못된 해석이라는 것이다. 그리고 조치채택국에게 위험평가의 존재를 입증하게 하거나 위생조치가 제5조 4, 5, 6항의 요건을 충족하였음을 입증하게 하는 해석은 그러한 책임이나 부담을 조치채택국에 주는 것만큼 잘못된 해석이라는 것이다[39]

결론적으로 피제소국은 제소국이 일단성립(prim a facie)의 입증책임을 명백히 한 이후에 이를 반박하는 책임을 부담한다는 것이다.[40]

7.3.2. 국제기준 기초(based on) 의무(제3조 1항)

SPS협정 제3조 1항은 협정에 달리 규정하거나 동 조항의 특정한 경우를 제외하고는, 회원국이 채택하고자 하는 위생 및 식물위생 조치에 대한 국제기준, 지침 또는 권고가 있는 경우 이에 기초하도록 요구하고 있다. 따라서 패널은 SPS협정이 EU의 소고기호르몬 사건에 적용할 수 있는가를 판단하기 위해 먼저 동 사건의 성장촉진호르몬의 사용에 관한 국제기준, 지침 또는 권고가 있는가를 분석하였다.[41] SPS협정은 수의약품과 농약의 잔류물에 대한 국제기준으로 Codex 기준을 채택하고 있어,[42] 회원국은 위생조치를 채택하는 경우 그 조치가 Codex 기준에 기초하든지, 아니면 국제기준에 기초하지 아니하는 경우에 적용되는 SPS협정 제3조 3항의

---

39 상소기구보고서, para. 108.
40 *Id., para.* 109.
41 소고기호르몬사건 패널보고서, p. 607.
42 수의약품과 농약의 잔류물, 오염물질, 분석 및 표본추출방법, 위생관행의 규약 및 지침에 관한 국제식품규격위원회(Codex)에 의해 수립된 표준 지침 및 권고"라고 정의하고 있다. SPS 조치 관련 WTO 분쟁에 있어 국제기구의 역할에 대해서는, Terence P. Stewart & David S. Johnson, The SPS Agreement of the World Trade Organization and International Organizations: The Roles of the Codex Alimentarius Commission, the International Plant Protection Convention, and the International Office of Epizootics, 26 Syracuse Journal of International Law and Commerce 27 (1998).

요건을 충족하여야 한다. 따라서 패널은 먼저 문제의 호르몬에 대한 Codex 기준
이 존재하는가를 조사하였다.

7.3.2.1. Codex 기준의 규범성; 권고적 효력

Codex는 문제의 6개의 호르몬 중 5개에 대한 기준을 정해놓고 있었다.[43]
Codex는 이러한 수의약품(veterinary drugs)에 대해 기본적으로 일일최대섭취량
(Acceptable Daily Intakes(ADIs)과 최대잔류량(Maximum Residue Limits: MRLs)
기준을 두고 있다.[44] 그러나 SPS협정에 따르면 Codex 기준은 Codex 회원국들을
구속하지 아니하고 권고적 효력만을 가진다.[45]

EU는 Codex 기준이 본 사안에 적용되지 않는다고 주장하며 4개의 이유를 제시
한다. 첫째, Codex 동 기준은 성장호르몬촉진제의 사용에는 적용되지 않고 최대잔
유량(MRL)에만 적용된다는 점. 둘째, Codex 동 기준은 Codex의 보호수준을 반영하
는 것이 아니라는 점. 셋째, Codex의 동 기준은 위원회를 간신히 통과되었다는 점.
넷째, Codex 회원국들은 Codex 기준이 SPS협정에서 보조적인 효력을 가지는 것으
로 예정된 상태에서 구속력 있는 기준이 될 것으로 예견할 수 없었다는 점이다.[46]

그러나 패널은 SPS 제3조 1항은 국제기준이 있는 경우 이에 기초하여야 한다
고 명시적으로 규정하고 있기 때문에 Codex 기준은 동 사건과 관련이 있다고 판
시하였다.

7.3.2.2. 국제기준(Codex 기준)의 "기초(based on)" 의무 (제3조 1항)

미국은 EU가 문제의 위생조치를 채택하는데 있어 Codex 기준을 간과하였다
고 주장하였다.[47] 이에 EU는 자국의 위생조치가 Codex 기준에 기초하지 않았음
을 인정하면서 그 이유로 Codex 기준에는 동 사건에 적용될 수 있는 기준이 없다
고 항변하였다.[48] 그러나 패널은 위생조치에 대한 국제기준이 존재하고 있다면, 동
조치가 SPS협정 제3조 1항을 충족하기 위해서는 해당 국제기준과 동등한 위생보

---

43 소고기호르몬사건 패널보고서, p. 608.
44 *Id.* Codex의 이러한 기준은 Codex 식품수의약물잔류위원회 (Committee on Residue
   of Veterinary Drugs in Foods)와 JECFA의 권고안을 반영한 것이다.
45 *Id.*, p. 609.
46 *Id.*, pp. 615-616.
47 *Id.*, p. 619.
48 *Id.*

호 수준임을 입증하여야 한다고 판시하였다.[49]

다음으로 패널은 EU가 합성호르몬 제라놀과 트렌보론 호르몬에 대한 기준을 채택함에 있어 해당 Codex 기준에 기초(based on)하고 있는가를 조사하였다.[50] 패널은 "기초(based on)"와 "부합(conform to)"을 동일한 의미로 해석하였다. SPS협정은 제3조 1항에서 사용된 "기초"의 의미에 대한 정의를 내리지 않고 있지만, 패널은 국제기준에 부합하는 위생조치는 SPS협정과 적합한 것으로 추정하고 있는 SPS협정 제3조 2항에 따라, 국제기준에 기초하는 위생조치도 국제기준에 부합하는 조치와 동등함을 보여주는 것이라고 판시하였다.[51] 또한 제3조 3항은 명시적으로 국제기준에 기초한 조치와 동 기준이 성취하는 위생보호 수준을 서로 비교하고 있음으로, 패널은 국제기준에 기초한 모든 조치는 원칙적으로 통일한 보호수준을 성취하여야 하고, 이와 다른 보호수준을 암시하는 위생조치는 국제기준에 기초하였다고 볼 수 없다고 판시하였다.[52]

따라서 패널은 EU가 육고기 또는 육고기 상품에 위 합성호르몬 잔류량을 일절 금지하고 있었고 (즉, 0% 잔유량), Codex 기준은 이 보다 덜 엄격한 기준을 채택하고 있기 때문에 국제기준에 기초했다고 볼 수 없다고 판시하였다.[53] 패널은 또한 다른 3개의 호르몬에 대해서도 EU는 잔류량을 조금도 허용하고 있지 않지만, Codex는 동 호르몬에 대해 잔류량을 무제한적으로 허용하고 있기 때문에 국제기준에 기초(based on)하지 않았다고 판시하였다.[54]

그러나 상소기구는 먼저 SPS협정 제3조 1항에 있는 용어 "기초(based on)"와 "부합(conform to)"을 동일한 의미로 해석한 패널의 해석에 동의하지 아니하였다.[55]

---

49 *Id.*, p. 621. 그러나 제3조 3항에 비추어 볼 때 위생조치가 반드시 Codex 보호수준을 따를 필요는 없다. 왜냐하면 동 조항은 Codex의 기준보다 엄격한 기준을 경우에 따라 허용하고 있기 때문이다.

50 SPS협정 제3조의 문안에 "부합(conform to)"이라는 용어대신 "기초(based on)"라는 용어를 사용한 목적은 각 국의 상용 음식(diet)의 차이로 발생하는 국가 간의 기준에 사소한 차이를 허용하기 위한 것이다. Neugebauer, 전게서, p. 1259. 예를 들어, 한 국가의 상음 음식이 쌀인데 Codex 기준은 지역적인 자료가 아니라 범세계적 자료이기 때문에 동 국가는 쌀 경작 시 Codex 기준보다 높은 농약물 잔류허용치를 설정할 수 있도록 하는 것이다. *Id.*

51 소고기호르몬사건 상소기구보고서, para. 161 (패널보고서, paras. 8.72와 8.73 인용).

52 *Id.*

53 *Id.*, pp. 623-624 .

54 Id., p. 610.

55 소고기호르몬사건 상소기구보고서, paras. 160-167.

그 이유로 상소기구는 먼저 "기초"와 "부합"은 통상적인 의미가 다르다고 해석한다. "기초"는 다른 것에 토대를 둔다거나 지지를 받을 때 사용되는데 반해, "부합"은 "기초"보다 요건이 더 엄격한 경우, 즉 형식이나 방법 또는 성질(form or manner or nature)에서 일치할 때 사용된다고 판시하였다.[56] 둘째, "기초"와 "부합"이라는 용어는 SPS협정의 여러 조문과 조항, 즉 제2조 2항은 "기초", 제2조 4항은 "부합", 제3조 1항은 "기초", 제3조 2항은 "부합", 그리고 제3조 3항은 다시 "기초"를 사용하고 있는데, SPS협정에서 이러한 용어들을 선택하고 사용하는 것은 의도적인 것이고 그 의미도 다르기 때문이라는 것이다.[57] 셋째, 상소기구는 SPS협정 제3조의 목표와 목적에 대해 패널과 견해를 달리한다. 상소기구는 제3조 1항은 그 목적이 "SPS 조치를 가능한 한 널리 조화"하는데 있다고 규정하고, 전문도 "조화된 조치의 사용을 조장하기를 희망"한다고 기술하고 있으며, 제12조 1항은 "국제기준의 사용을 권장"하기 위해 SPS 위원회를 설립한다는 문안으로부터 판단하여 볼 때, 회원국의 SPS 위생조치를 조화시키는 문제는 장래 실현할 목표로 설정한 것이라는 것이다. 따라서 SPS협정 제3조 1항을 "회원국의 위생조치를 국제기준과 부합하게 함으로써 조화"시키는 것으로 해석하는 것은 실제로 국제기구에 강제적인 권한과 효과를 부여하는 것, 즉 국제기준을 구속력 있는 규범으로 변형시키는 것인데 SPS협정은 그러한 의도를 암시한 바 없다고 판시하였다.[58] 그리고 제3조 3항이 "국제기준에 기초한 모든 위생조치는 원칙적으로 동일한 보호수준을 성취하여야 하는 것"으로 해석하고 그렇지 아니한 위생조치는 국제기준에 기초한 것으로 간주될 수 없다는 패널의 판단에 대해 상소기구는 패널의 해석은 조약의 실제 문안에 없는 원칙을 확대해석한 것이라고 판시하였다.[59]

동 사건에서 패널은 SPS 조치가 Codex 기준, 지침 또는 권고에 "부합"하여야 한다고 판시하였지만, 상소기구는 Codex 기준과 "부합"하여 채택된 SPS 조치는 Codex 기준에 "기초"한 것이라고 할 수 있지만, Codex 기준에 "기초"했더라도 해당 기준의 요건 중 일부만을 수용한 조치는 동 기준과 "부합"하는 것이라고 할 수 없다고 판시하였다.[60] 따라서 상소기구는 SPS협정 제3조 1항을 "국제 기준이나

---

56 *Id.*, para. 163.
57 *Id.*, para. 164.
58 *Id.*, para. 165.
59 *Id.*, paras. 167-168.
60 *Id.*

지침 또는 권고를 구속력 있는 규범"으로 해석한 패널의 해석은 SPS협정의 취지와 부합되지 않는다고 판시하였다.[61]

7.3.3. 국제기준보다 엄격한 기준의 채택 (제3조 3항)

EU는 또한 호르몬이 주입된 소고기의 금수조치가 위의 SPS협정 제3조 1항을 위반하였다고 하더라도 SPS협정 제3조 3항이 허용한다고 주장하였다.[62] SPS협정 제3조 3항은 위생조치에 과학적 정당성이 있거나 협정 제5조의 위험평가 요건을 충족시키는 경우 회원국이 국제기준보다 엄격한 기준을 도입할 수 있도록 허용하고 있는데, EU는 자국의 조치가 과학적 정당성에 기초하고 있다고 주장하였다.[63] 제3조 3항의 목적상 과학적 정당성은 "회원국이 SPS협정의 관련 규정과 합치되는 이용가능한 과학적인 정보의 조사와 평가에 기초하여 관련 국제기준, 지침 또는 권고가 위생 또는 식물위생 보호의 적정수준 달성에 충분치 않다고 결정하는 경우"에 존재하는 것으로 인정된다.[64] 또한 국제기준보다 엄격한 위생조치는 "관련 국제기준, 지침 또는 권고에 기초한 조치에 의해 달성되는 보호 수준보다 높은 보호를 초래"하여야 한다.[65]

동 사건에서 패널은 EU의 위생조치가 Codex 기준보다 더 엄격한 보호수준을

---

61 *Id.*

62 소고기호르몬사건 패널보고서, pp. 624-5. SPS협정 제3조는 "회원국은 과학적 정당성이 있거나, 회원국이 특정 보호의 수준의 결과 협정 제5조 1항부터 8항까지의 관련 규정에 따라 적절하다고 결정하는 경우 회원국은 관련 국제기준, 지침 또는 권고에 기초한 조치에 의해 달성되는 위생 또는 식물위생 보호 수준보다 높은 보호를 초래하는 위생 또는 식물위생 조치를 도입 또는 유지할 수 있다"고 규정하고 있다.

63 따라서 제5조 1항의 위험평가는 자국의 조치에 적용되지 않는다고 주장한다. 소고기호르몬사건 상소기구보고서, para. 174. 이러한 회피조항은 회원국의 국내법상 또는 상이한 문화적 인식으로 독자적이고 별도의 과학조사와 위험평가를 수행할 필요가 있다고 느끼는 회원국의 입장을 수용하기 위해 협상 중 삽입되었다. Neugebauer, 전게서, p. 1259. 예를 들어, 미국 식약청(Food and Drug Administration)은 Codex의 과학심사절차 사용을 불허하는 독자적인 절차를 수행하여야 한다. Id. 미국이 이러한 규정을 채택하고 있는 이유는 Codex의 절차에 대한 불신이 아니라 국제기구의 절차는 경우에 따라 너무나 더디게 진행되는 데서 유래한다. Id. 이 조항은 또한 국제기구의 심사는 8년마다 이루어지는데 다른 과학적 연구결과 특정 물질이 국제기구가 정한 기준보다 훨씬 인체에 악영향을 미칠 우려가 있는 경우에도 적용된다. Id.

64 SPS협정 제3조 3항 Remark 2.

65 *Id.*, 제3조 3항.

제시하고 있다고 판단하였다.[66] 패널은 동 조치가 허용되기 위해서는 다음의 두 요건 중 하나를 충족하여야 한다고 판시하였다. 첫째, EU가 SPS협정의 관련 규정과 합치되는 이용가능한 과학적인 정보의 조사와 평가에 기초하여 국제기준이 위생보호의 적정수준 달성에 충분하지 않다고 결정한 경우(즉, 과학적 정당성이 있는 경우); 또는 둘째, 특정 보호의 수준의 결과 제5조의 관련 규정에 따라 적절하다고 결정하는 경우이다.[67]

패널은 위 두 예외 중 하나라도 충족하기 위해서는 결국 SPS협정 제5조의 위험 평가 요건과 합치하여야 한다고 판시하였다.[68] 패널의 이러한 결론은 명시적으로 제5조를 언급하고 있는 협정 본문에서 도출되었다.[69] 그러나 패널은 위생조치가 SPS협정 제5조를 충족하면 자동적으로 허용되는 것이 아니라 SPS협정의 기타 다른 모든 규정을 충족하여야 하는데 특히 위생조치가 제3조 3항에 따라 정당화되기 위해서는 제2조상의 요건, 즉 "생명 또는 건강을 보호하는데 필요한 범위 내에서만 적용될 것", "과학적 원리에 기초할 것", 그리고 "충분한 과학적 증거 없이 유지되지 않도록 할 것"을 충족시켜야 한다고 판시하였다.[70]

상소기구는 제3조 3항에 대한 패널의 해석에 동의하였다.[71] 그리고 제3조 3항의 문장구조가 완벽하게 명쾌하지 않지만 제3조 3항의 요건을 충족하기 위해서는 제5조의 위험평가 요건 및 절차를 충족하여야 한다는 패널의 판결에 동의하였다.[72] 상소기구는 또한 제3조의 목적이 회원국들의 SPS 조치를 최대한 조화시키는 데 있음을 고려하여 볼 때, 회원국에게 자국의 독자적인 적정 보호수준을 결정할 수 있는 권리를 부여하는 동시에 제5조의 의무를 부과하여 두 권리와 의무가 서로

---

66 소고기호르몬사건 패널보고서, p. 628.
67 *Id*. 위의 두 조건이 충족된 경우에도 위생조치 채택국은 SPS협정 기타 요건을 충족하여야 한다 *Id*., pp. 628-629.
68 *Id*., p. 630.
69 동 판결요지는 상소기구보고서에서 다시 확인된다. 즉, SPS협정 제3조 3항의 마지막 문장은 제3조 3항의 두 경우에 해당하는 모든 조치는 "SPS협정의 기타 규정과 불합치 하여서는 아니된다"고 규정하고 있는데 이 기타 규정은 제5조를 포함하고 있다는 것이다. 소고기호르몬사건 상소기구보고서, para. 175.
70 소고기호르몬사건 패널보고서, pp. 630-631.
71 소고기호르몬사건 상소기구보고서, para. 176.
72 상소기구는 이러한 결정이 제3조 3항에서 제시한 두 경우간에 실제적인 구별이 없다는 것을 인정하면서도 제3조 3항의 문장구조는 달리 다른 선택을 남기지 않는다고 판단한다. *Id*.

상계되도록 하는 것이 제5조의 목적이라고 판단한다.[73]

따라서 패널과 상소기구는 다음으로 제5조를 분석하였다.

7.3.4. 위험평가 및 보호의 적정수준 결정

7.3.4.1 위험평가: 제5조 1–3항

SPS협정 제5조 1항은 "회원국은 관련 국제기구에 의해 개발된 위험평가 기술을 고려하여, 자기나라의 위생 또는 식물위생 조치가 여건에 따라 적절하게 인간, 동물, 식물의 생명 또는 건강에 대한 위험평가에 기초하도록 보장"할 것을 요구하고 있다.[74] 이때의 위험평가란 "적용될 수 있는 위생 또는 식물위생 조치에 따라 수입회원국의 영토 내에서 해충 또는 질병의 도입 또는 전파의 가능성과 이와 연관된 잠재적인 생물학적 및 경제적 결과의 평가 또는 식품, 음료 및 사료 내의 첨가 제, 오염물질, 독소 또는 질병원인의 존재로 인하여 발생하는 인간 또는 동물의 건 강에 미치는 '악영향의 잠재적 가능성(potential for adverse effects)'에 대한 평가"라고 정의하고 있다.[75] 상소기구는 SPS협정 제5조 1항은 사실상 동 협정 제2조 2항에 규정된 의무를 구체적으로 이행하기 위해 마련된 규정이기 때문에 항상 동시에 검토되어야 한다고 말한다.[76]

SPS협정 제5조 2항은 1항의 위험평가를 수행할 때 고려될 요소를 적시하고 있다.[77] SPS협정 본문은 "shall"을 이용하여 적시된 고려사항이 위험평가를 수행할 때 반드시 고려되어야 하는 요소임을 분명히 하고 있다. 그러나 적시된 목록이 망라적 목록인지(closed list) 아니면 문화적 선호도나 사회적 가치판단 또는 소비

---

73 *Id.*, para. 177.
74 상소기구는 제5조 1항을 해석함에 앞서 두 가지 사항을 분명히 하였다. 첫째, 제5조 1항은 SPS협정 제2조 2항에 명시된 기본적 의무사항을 구체적으로 적용하는 규정이라는 것이다. 따라서 제5조 1항과 제2조 12항은 항상 같이 분석되어야 한다는 것이다. *Id.*, para. 180. 둘째, 패널이 제5조를 위험평가 영역과 위험관리 영역으로 구분하고 있지만, 제5조는 오직 위험평가만을 규정하고 있기 때문에 그러한 분석은 조약 문안에 기초하지 않은 것이라는 점이다. *Id.*
75 SPS협정 부속서 4항.
76 소고기호르몬사건 상소기구보고서, para. 180.
77 제5조 2항은 위험평가에 있어서 회원국은 이용가능한 과학적 증거, 관련 가공 및 생산방법, 관련 검사, 표본추출 및 시험방법, 특정 병해충의 발생율, 병해충 안전지역의 존재, 관련 생태학적 및 환경조건 그리고 검역 또는 다른 처리를 고려하도록 규정하고 있다.

자의 인식 등과 같은 추가적인 사항이 고려될 수 있는지 그리고 나아가서 각 고려사항이 모두 분석되어야 하는지 아니면 일부만 고려될 수 있는지 등에 대해서는 견해가 나뉘었다.[78]

상소기구는 동 사건에서 "제5조 2항의 위험평가시 고려될 수 있는 요소의 목록이 망라적으로 의도되었다는 것을 보여주는 것은 없다"고 하여 망라적이지 않다고 판시하였다.[79] 따라서 상소기구는 SPS 위생조치의 위험평가 시 문화적 선호도나 사회적 가치판단 또는 소비자의 인식과 같은 요소가 포함될 수 있는 여지를 열어 두었다.[80]

위험평가에 대한 SPS협정 부속서에 나타난 정의를 근거로 동 사건의 패널은 동 사건에서의 위험평가란 먼저 (i) 동물의 육고기나 육고기상품에 성장호르몬으로 사용된 문제의 호르몬이 잔류하여 인간의 건강에 부정적 효과가 있음을 확인하고, 다음으로 (ii) 위의 부정적 효과가 있는 경우 "이러한 효과의 발생가능성(potential or probability of occurrence of such effects)"을 평가하는 것이라고 해석하여 2단계 분석방법을 제시하였다.[81] 따라서 위생조치를 채택하는 회원국은 위험평가를 수행하여 위험평가에서 발견된 특정 물질과 관련된 부정적 효과의 잠재적 가능성을 확인하고 어느 정도까지 이를 수용할 수 있는가에 대해 결정해야 한다.[82]

상소기구는 먼저 위험평가에 대한 패널의 2단계 분석이 실질적으로(substantially) 틀린 것은 아니라고 하여 일부 동조하였으나,[83] 패널이 위험발생 '가능성(potential)'이라는 협정문상의 용어 대신에 '개연성(probability)'이라는 용어를 사용한데 대해 이 용어를 사용한 목적이 위험발생 가능성을 계량적으로 분석하는 것과 관련이 있다면 이는 잘못된 것이라고 판시하였다.[84] 둘째, 상소기구는 패널이 위험평가를 수행함에 있어 평가되는 위험을 지칭하기 위해 "과학적으로 발견된 위험(scientifically identified risk)" 또는 "확인가능한 위험(identifiable risk)"이라는 용어를 사용하고

78 Neugebauer, 전게논문, p. 1260.
79 소고기호르몬사건 상소기구보고서, para. 190.
80 Neugebauer, 전게논문, p. 1266.
81 소고기호르몬사건 패널보고서, p. 638.
82 *Id.*, pp. 635-637.
83 소고기호르몬사건 상소기구보고서, para. 184.
84 *Id.* 잠재성(potential)은 가능성(possibility)과 그 통상적 의미에서 비슷하다고 할 수 있지만 개연성(probability)과는 다르다는 것이다. 즉, 개연성은 더 높은 정도의 가능성이나 잠재성을 의미하기 때문이다. *Id.*

있지만 그 의미에 대한 정의가 없음을 지적하고, 그 의미를 "확인가능한 위험 (ascertainable risk)"을 의미하는 것으로 유추하였다.[85] 그러나 확인가능한 위험을 암시하는데 있어 일정한 크기나 일정한 수준 이상의 위험이 존재하고 있을 것을 요구한다면 이는 잘못된 해석이라고 판단하였다.[86] 즉, 위험평가에서의 위험을 발견하는데 있어 최저한도 이상의 위험과 같은 수량적 요건은 없고, 위생조치가 위험평가에 의해 충분히 지지되거나(sufficiently supported) 합리적으로 보증(reasonably warranted)되고 있는가를 판정하는 것이 패널의 임무라고 상소기구는 판단하였다.[87]

패널은 또한 제5조 1항이 위생조치를 채택하는 회원국에 다음과 같은 절차적 요건과 실체적 요건을 부과하고 있다고 판단하였다.

7.3.4.1.1. 최소한의 절차적 요건의 존재여부

패널은 SPS협정 제5조에 절차적 요건이 명시적으로 규정되어 있지 않지만 제5조는 위생조치를 도입하는 회원국에게 최소한의 절차적 요건을 요구하고 있다고 말한다.[88] 즉, 위생조치가 위험평가에 기초하기 위해서는, 위생조치 도입국은 조치의 입안 및 도입 단계에서 "실제로" 위험평가를 수행하였음을 입증하여야 한다고 판단하였다.[89] 패널은 본 사건에서 EU의 위험평가는 사후적인 것으로 보았다. 그 이유는 EU가 위생조치를 도입할 단계에서 EU가 언급한 연구결과와 과학적 결론들이 고려되었다는 증거를 제시하지 못하였음에 주목하였다.[90] 따라서 패널은 EU의 이러한 조치가 제5조 1항의 절차적 요건을 위반하였다고 결론지었다.[91]

그러나 상소기구는 제5조 1항이 조치채택국에 위험평가를 위한 최소한의 절차적 요건을 부과하고 있다는 패널의 판정을 번복했다. 그 이유는 제5조 1항 어디에도 그러한 요건이 있다고 기초할 만한 구절이 없다는 것이다.[92] 상소기구는 패널

---

85 *Id.*, para. 186.

86 *Id.*

87 *Id.* 그러나 상소기구는 이러한 위험이 "실험실과 같은 엄격히 통제된 조건에서 확인될 수 있는 위험만이 아니라, 인간이 살고, 일하고 죽는 실제 세상에서 인간의 건강에 부정적 효과를 유발할 수 있는 실제적 가능성이 있는 위험"이어야 한다고 판시하였다. *Id.*, para. 187.

88 소고기호르몬사건 패널보고서, p. 649.

89 *Id.*

90 *Id.*

91 *Id.*, pp. 651-652.

92 소고기호르몬사건 상소기구보고서, paras. 188-191.

이 제5조 1항에 사용된 "위험평가에 기초하여야 한다(based on)"라는 구절을 최소한의 절차적 요건을 요구하고 있는 것으로 해석하는 것을 거부하였다. 나아가 상소기구는 패널이 위의 기초라는 의미에 특정 문서를 고려하는 것과 같은 "주관적인 요소"가 있는 것으로 판단한데 대해 이를 거부하고, 대신에 "기초"란 위생조치와 위험평가 간에 "객관적인 관계(objective relationship)"가 존재해야 하는 것으로 해석하였다.[93]

상소기구는 또한 패널이 제5조 1항은 회원국으로 하여금 자체적인 위험평가를 "실제로" 수행하도록 요구한다는 패널의 판정을 기각하고, 제5조 1항은 회원국이 위생조치를 도입하기 위해서는 위험평가를 통해 그 기초가 마련될 것을 요구할 뿐이지 "직접" 위험평가를 수용하도록 요구하는 것은 아니라고 판시하였다.[94] 따라서 위생조치를 도입하는 회원국은 자국의 위생조치를 정당화하기 위해 다른 회원국의 위험평가를 사용할 수 있다는 것이다.[95]

7.3.4.1.2. 실체적 요건

패널은 SPS협정 제5조 1항이 절차적 요건을 요구하고 있다는 입장을 가지고 EU의 위생조치가 제5조 1항의 실체적 요건을 충족하는지 판단하였다. 패널이 판단하는 실체적 요건이란 먼저, 인간의 건강에 부정적 효과가 있음을 확인하고, 다음으로 위의 부정적 효과가 있는 경우 그 효과의 발생가능성(potential or probability of occurrence) 요건을 충족하여야 한다는 것이다.[96] 그러나 패널은 문제의 호르몬의 전부 또는 일부에 대해 EU가 제기한 안전성 의혹을 뒷받침하는 EU의 증거를 받아들이지 아니하였다.[97] 또한 패널은 EU가 문제의 호르몬이 적절한

---

93 *Id.*, para. 189.
94 *Id.*, para. 190.
95 *Id.*, 이는 패널이 판단한 최소한의 절차적 요건으로 기존의 수많은 위험평가 연구결과가 배제될 가능성에 대한 상소기구의 우려 때문이었다.
96 *Id.* 192.
97 소고기호르몬사건 패널보고서, p. 652. EU는 호르몬소고기 금수조치는 문제의 호르몬과 관련이 있는 다음의 위험에 근거하였다고 주장하였다:
   (i) 호르몬의 성질 및 작동모드로부터 유발하는 위험;
   (ii) 대사산물(신진대사에 필요한 물질)의 작동으로 유발하는 위험;
   (iii) 여러 호르몬들의 결합으로 또는 인체의 여러 노출로 유발하는 위험;
   (iv) 호르몬의 발견과 통제와 관련된 문제로부터 유발하는 위험;
   (v) 호르몬의 처방과 사용으로부터 유발하는 위험; 그리고

방법으로 사용되는 경우에 있어서도 인간의 건강에 "확인 가능한 위험(identifiable risks)"을 유발한다는 주장을 입증하지 못했다고 판시하였다.[98] 나아가 문제의 호르몬들 중 일부에 대한 일반적인 안전성을 언급하고 있는 증거로는 SPS협정 제5조 1항이 요구하는 실체적 요건을 충족하지 못한다고 판시하였다.[99]

패널은 EU의 위생조치는 문제의 호르몬의 잔류량이 0%인 육고기만을 받아들이는데, 문제의 호르몬을 수의학적으로 아무리 주의 깊게 사용하여도 항상 최소한의 흔적은 남기기 때문에 EU가 요구하는 0%의 잔류량은 실현이 불가능하고, 이는 호르몬이 주입된 육고기나 육고기 상품의 수입을 원천적으로 봉쇄하는 조치라고 판단하였다.[100] 따라서 패널은 인간의 건강을 보호하기 위해서는 문제의 호르몬 잔류량이 0%이어야 한다는 EU의 주장은 과학적 증거에 기초하지 않았다고 판시하였다.[101]

상소기구는 원칙적으로 패널이 제5조 1항에서 발견한 실체적 요건의 존재와 그 해석을 지지하였다.[102] 즉 위험평가의 과학적 결과는 문제의 위생조치를 합리적

(iv) 기타, 특히 과학의 내재적 한계로 인한 위험.

그러나 패널은 (i, ii, iii)의 위험을 부정하는 여러 연구자료들에 대해 EU는 이를 뒤집는 증거를 제시하지 못했다고 판시하였다. 또한 EU가 (iv, v) 위험에 대한 연구결과들은 호르몬이 적절하게 처방된 경우만을 상정하고 있다고 주장하는 것에 대해 패널은 문제의 호르몬들 중 5개의 호르몬은 적절히 처방되지 않는 경우에도 안전하다는 전문가들의 일부 증언이 있다고 반박하였다.

EU는 나아가 세 개의 천연 호르몬의 사용이 허용된다면 문제의 호르몬과 "인체에 자연적으로 발생하는 호르몬(hormones present endogenously in meat)"과의 구별이 불가능하여 육고기에서 문제의 호르몬 잔류량 검사에 심각한 어려움이 있다고 주장하였다. 이에 패널은 EU가 당시 허용하고 있는 호르몬들도 이와 동일한 문제를 가지고 있어 문제의 호르몬만이 가지는 어려움이 아니라고 반박하였다. (iv, v) 위험에 대해 패널은 이러한 위험은 경제적 그리고 사회적인 문제로 발생하는 위험이지 동 사건의 호르몬으로 발생하는 위험이 아니라고 반박하였다. 그리고 이러한 위험은 비과학적인 위험이기 때문에 SPS협정 제5조 1항의 실제적 요건과는 관계가 없고, 제5조의 다른 조항들 즉, 위험관리와 관계가 있다고 판단하였다.

(vi) 위험과 관련하여, EU는 EU가 참조한 어떠한 연구결과도 호르몬의 잔유로 인해 인체에 어떠한 위험도 없다는 것을 단정적으로 입증하지 못하고 있다고 주장하였다. 이에 패널은 EU가 채택한 0%위험 기준은 결코 달성될 수 없는 기준이다. 이러한 이유로 패널은 EU의 금수조치가 위험평가에 기초하였다고 볼 수 없다고 판시하였다.

98 소고기호르몬사건 패널보고서, p. 660.

99 *Id.*, p. 672.

100 *Id.*, p. 673.

101 *Id.*, p. 674.

102 소고기호르몬사건 상소기구보고서, para. 193.

으로 지지하여야 한다고 해석하였다.[103] 그러나 EU의 소고기호르몬 금수조치는
이러한 과학적 결과에 의해 합리적으로 지지를 받지 못하기 때문에 SPS협정 제5조
1항과 불합치하다고 판시하였다.[104] 나아가 EU의 위생조치가 정당화되기 위해서
는 위험평가를 통해 합리적으로 지지되어야 한다는 제5조 1항의 규정은 항상 제2
조 2항과 연계하여 해석되어야함을 분명히 하였다.[105]

7.3.4.2. 제5조 4항–6항: 위험관리

위험평가가 과학적 조사와 관계있다면, 위험관리는 사회적 가치판단과 관계
가 있다고 할 수 있다.[106] 관행적으로 회원국은 위생조치를 채택할 때 이에 필수적
인 위험평가를 수행하고, 이후 위험평가에서 발견된 위험을 감내할 것인지, 감내
한다면 위생 또는 식물위생 보호의 적정수준을 어느 정도로 설정할 것인지를 결정
하여야 한다.[107] 그러나 상소기구는 위험관리라는 용어는 조약문안에 없는 것으로
서 조약문안의 해석자가 이러한 용어의 존재필요성을 의식하여 자의적으로 사용
하는 것에 반대하였다.[108]

동 사건에서 패널은 확인 가능한 위험에 대한 과학적 증거를 발견하지 못하여
EU의 위생조치는 SPS협정의 요건을 충족하지 못하였다고 판단하였다.[109] 이러한
경우 원칙적으로 패널은 EU의 조치가 위생보호의 적정수준에 해당하는지를 판단
할 필요가 없다. 그러나 패널은 재판의 목적상 EU의 보호수준이 적정한지 그리고
그 결정과 적용이 SPS협정 제5조 4항 내지 6항에 합치하는가를 검토하였다.

7.3.4.2.1. SPS협정 제5조 4항: 무역에 대한 부정적 효과 최소화

SPS협정 제5조 4항은 회원국이 위생 및 식물위생 보호의 적정수준 결정시 무
역에 미치는 영향을 최소화하는 목표를 고려할 것을 규정하고 있다. 패널은 제5조

---

103 *Id*.
104 구체적인 과학적 결과에 대한 분석은, *Id*., paras. 197-203.
105 *Id*., para. 193.
106 Seinheimer, 전게서, p. 560.
107 *Id*. 여기서 말하는 위생 또는 식물위생 보호의 적정수준이란 자기 나라 영토 내의 인간,
　　동물 또는 식물의 생명 또는 건강을 보호하기 위하여 위생 또는 식물위생 조치를 수립하
　　는 회원국에 의해 적절하다고 판단되는 보호 수준을 의미한다. SPS협정 부속서 A, 5항.
108 소고기호르몬사건 상소기구보고서, para. 181.
109 소고기호르몬사건 패널보고서, p. 690.

4항의 문안에 "shall" 대신 "should"가 사용되었기 때문에 이 조항은 회원국에 특정 의무를 부과하는 것은 아니라고 판시하였다.[110] 그러나 패널은 이 조항은 SPS협정의 다른 규정들을 해석하는데 고려되어야 한다고 판단하였다.[111]

상소기구는 패널의 이러한 해석에 대해 침묵을 지켰다.

7.3.4.2.2. SPS협정 제5조 5항: 적정수준에서의 자의적이거나 부당한 구별의 금지

패널은 먼저 세 종류의 자연발생적 호르몬에 대한 금지가 제5조 5항과의 불합치성에 대해 분석하였다. SPS협정 제5조 5항은 인간, 동물 또는 식물의 생명 또는 건강에 대한 위험으로부터의 위생 또는 식물위생 보호의 적정수준이라는 개념의 적용에 있어서 일관성을 달성할 목적으로, 각 회원국은 상이한 상황에서 적절한 것으로 판단되는 수준에서의 구별이 국제무역에 대한 차별적 또는 위장된 제한을 초래하는 경우에는 자의적 또는 부당한 구별을 회피할 것을 규정하고 있다.[112]

그러나 상소기구는 동 규정이 보호의 적정수준의 일관성을 확보할 목적으로 고안된 것이지만 법적 의무는 없다고 말한다.[113] 상소기구는 패널의 제5조 5항에 대한 해석을 검토하면서 제5조 5항은 동일한 또는 유사한 상황에서 자국과 다른 회원국 간, 그리고 회원국 간에 자의적이고 부당하게 차별적인 위생조치를 도입하는 것을 금지하고 그 위생조치가 국제무역에 대한 위장된 제한을 구성하는 방법으로 적용되는 것을 금지하고 있는 제2조 3항에 비추어 해석되어야 한다고 판시하였다.[114] 상소기구는 나아가 "제5조 5항의 규정이 추구하는 목표가 완벽하거나 절대적인 일치성이 아니라-- 단지 자의적이거나 부당한 불일치성을 피하자는 것"이라는 사실을 강조했다.[115]

---

110 소고기호르몬사건 패널보고서, p. 693-694.
111 *Id*.
112 SPS협정 제5조 5항.
113 소고기호르몬사건 상소기구보고서, para. 213.
114 *Id*. SPS협정 제2조 3항은 "회원국은 자기 나라 영토와 다른 회원국 영토 간에 차별 적용하지 않는 것을 포함하여 자기 나라의 위생 및 식물위생 조치가 동일하거나 유사한 조건 하에 있는 회원국들을 자의적이고 부당하게 차별하지 아니하도록 보장한다. 위생 및 식물위생 조치는 국제무역에 위장된 제한을 구성하는 방법으로 적용되지 아니한다"라고 규정하고 있다.
115 소고기호르몬사건 상소기구보고서, p. 86.

패널은 위생조치가 제5조 5항과 불합치하기 위해서는 다음의 세 요건이 충족되어야 한다고 판단하였다.[116] 첫째, 회원국이 "상이한 상황에서 상이한 보호의 적정수준"을 채택하여야 한다.[117] 둘째, 이러한 보호수준에서의 구별이 "자의적이거나 부당한(arbitrary or unjustified)"것이어야 한다.[118] 셋째, 보호수준에서의 구별이 국제무역에 차별적 또는 위장된 제한을 초래하여야 한다.[119]

상소기구는 패널의 이러한 분석에 동의하고, 제5조 5항이 위반되기 위해서는 세 요건이 모두 충족되어야 하며, 특히 두 번째와 세 번째 요건이 존재하여야 한다고 판단하였다.[120] 첫 번째 요건을 적용함에 있어, 패널은 육고기에서 자연적으로 발생하는 호르몬과 치료적 또는 축산학적[121] 목적으로 처방된 호르몬들은 제5조 5항이 의미하는 비교할 만한(comparable), 즉 유사한 상황으로 보았다.[122] EU는 자연발생적 호르몬이 내생적으로(endogenously) 존재하거나 치료 또는 축산학적으로 처방되는 경우에는 최대잔류허용치(maximum residue limit)를 설정하지 않아 무제한적으로 허용하고 있는 반면에 성장의 목적상 처방되는 경우에는 0%의 잔류허용치를 채택하여 일절의 사용을 금지하였기 때문에 제5조 5항의 목적상 비교가 능한 상황에서 보호수준에서의 구별이 있다고 패널은 판시했다.[123] 따라서 EU의 소고기호르몬 위생조치는 자연발생적 호르몬에 대해서는 위 첫 번째 요건을 충족

116 소고기호르몬사건 패널보고서, p. 698.
117 EU의 견해에 따르면 "상이한 상황"이란 "동일한 잔류량의 상이한 상황 또는 건강에 대한 악영향이 동일함에도 상이한 잔류량"만을 포함하는 것이다. 이에 반해 미국은 "상이한 상황"이란 "비교할 만한 상황(comparable situations)"을 의미한다고 주장하였다. 패널은 미국의 해석을 받아들였다. 소고기호르몬사건 패널보고서, p. 700.
118 미국은 상이한 보호수준을 채택한 데 대한 "원칙이나 기준(principle or criterion)"이 없다면 그 구별은 자의적이거나 부당한 것이라고 주장하였다. 반면에 EU는 자의적이거나 부당한 구별은 무역에 대한 차별 또는 위장된 제한을 초래하는 경우에만 발생하는 것이라고 주장하였다. Id.
119 미국의 견해에 따르면, 위장된 제한은 회원국이 보호수준에서의 차별에 대한 정당한 근거를 제시하지만 그 보호수준이 무역장벽을 세우기 위한 구실인 경우에 존재한다고 주장하였다. 이에 대해 EU는 위생조치가 수입에 악영향을 준다고 하여 이것이 무역을 제한한다거나 차별한다고 주장할 충분한 이유가 될 수 없다고 말한다. Id., pp. 706-707.
120 소고가 호르몬사건 상소기구보고서, paras. 214-215.
121 EU는 육고기나 기타 음식에서 내생적으로 발생하는 호르몬에 대해서는 승인하고 있다. 소고기호르몬사건 패널보고서, p. 711. 또한 EU는 치료적 목적 또는 축산학적 목적으로 처방된 호르몬에 대해서도 예외적으로 승인하고 있다. Id., p. 708. 치료적 처방은 "질병이나 기타 건강상의 문제에 대한 처방"으로 정의된다. Id., p. 569.
122 Id., pp. 708-709.
123 Id., p. 712.

하였다는 것이다.

상소기구는 동 사건에서는 첫 번째 요건, 즉, 상이한 상황에서 적절하다고 판단되는 조치채택국 고유의 보호수준을 채택하였는가에 대해 상세하게 분석할 필요는 없지만 회원국이 적절하다고 판단한 여러 보호수준에 대한 비교를 할 필요가 있음을 인정하였다. 즉, 여러 상이한 보호수준을 보여주는 상황은 비교가능하다고 할 만큼 충분히 공통의 요소들을(common elements) 보여주지 않는다면 비교가능하지 않다는 것이다.[124] 따라서 조사를 위해 제공된 상황들이 상호 완전히 다르다면 이러한 상황들은 합리적으로 비교가능하지 않고, 보호수준의 차이들도 자의성이 있는가를 확인하기 위해 조사될 필요도 없다는 것이다.[125]

두 번째 요건, 즉, 보호수준에서의 구별이 "자의적이거나 부당한"것과 관련하여 패널은 EU가 치료목적이거나 자연발생적으로 존재하는 호르몬과 성장목적으로 처방되는 두 부류의 자연발생적 호르몬에 대해 상이한 보호수준을 채택하게 된 이유를 보여주는 추가적인 증거를 제시하지 않았음을 주목하였다.[126] 패널은 EU가 설령 보호수준의 차이를 어느 정도 정당화할 수 있는 이유를 제시하였다 하더라도 성장촉진을 위해 처방되는 동일한 호르몬에 대해서는 0%의 잔류허용치를 두면서, 내생적으로 발생하는 호르몬에 대해서는 무제한적 잔류허용치를 설정한 조치는 보호수준에 있어 납득할 수 없는 실질적 구별에 해당된다고 판시하였다.[127] 따라서 패널은 보호수준에서의 이 같은 특정적인 구별은 자의적이거나 부당하다고 판시하였다.

그러나 상소기구는 보호수준에서의 자의적이거나 부당한 차이를 심리하면서, 자연발생적으로 고기에 발생하는 호르몬과 치료 또는 수의학적 목적으로 처방된 호르몬을 달리 구별하여 다루는 것은 상황을 자의적이거나 또는 부당하게 다루었다는 패널의 해석을 종국에는 기각하였다.[128] 그 이유로 육고기나 음식에 처방되는 호르몬(합성 또는 자연발생 불문)과 자연적으로 발생하는 호르몬들 간에는 근본적인 차이가 있다는 것이다.[129] 상소기구는 이 같은 결론에 도달하면서 무엇보다 자연적

124 소고기호르몬사건 상소기구보고서, para. 217.
125 *Id.*.
126 소고기호르몬사건 패널보고서, p. 713.
127 Id., p. 716.
128 소고기호르몬사건 상소기구보고서, para. 221.
129 *Id*.

으로 발생하는 호르몬은 성장촉진에 사용되는 호르몬과 다른데 그 이유는 "이러한 음식의 생산 및 소비를 완전히 금지하도록 요구하거나 또는 음식에 자연적으로 발생하는 호르몬의 잔류물을 제한하도록 요구하는 것은 자연과 인간의 일상적인 생활에 정부가 터무니없을 만큼 광범위하고 대규모로 개입하는 결과를 초래하기 때문"이라고 판시하였다.[130] 그러나 상소기구는 카바독스와 문제의 호르몬을 비교한 것에 대해서는 보호수준에서의 차이가 자의적이거나 부당하다는 패널의 판단을 지지하였다.[131]

셋째 요건을 분석함에 있어, 패널은 첫 번째 요건에서 나타나는 보호수준의 실질적 차이, 그리고 두 번째 요건에서 보여주는 자의성으로 비추어 볼 때 보호수준에서의 차이가 국제무역에 대한 차별 또는 위장된 제한을 초래한다고 결정할 수 있는 충분한 이유가 있다고 판시하였다.[132] 패널은 동 사건에서 그 차이에 대한 납득할만한 설명이 없이 어떤 상황에서는 0% 잔류량을 또 다른 상황에서는 무제한적 잔류량 수준을 채택한 것은 중요한 증거가 된다고 판시하였다.[133] 패널은 이러한 보호수준에서의 차이가 국제무역에 대한 차별적 또는 위장된 제한을 초래하여 마지막 요건을 충족하였다고 판시하였다.[134] EU의 조치가 위 세 요건을 충족하였기 때문에 SPS협정 제5조 5항의 규정과 불합치하다고 판시하였다.

패널은 다음으로 합성 호르몬인 제라놀(zeranol)과 트렌보론(trenbolone)에 대한 EU의 조치가 SPS협정 제5조 5항과 합치하는가를 심리하였다.[135] 패널은 제라놀과 트렌보론에 대해 설정한 0%의 잔유허용치와 자연발생적 호르몬에 대한 무

---

130 *Id.*
131 *Id.,* p. 93.
132 소고기호르몬사건 패널보고서, pp. 719-720.
133 *Id.,* p. 720.
134 *Id.*
135 *Id.,* pp. 724-725. 패널은 문제가 된 세 종의 합성호르몬 중 MGA 호르몬은 분리하여 심리하였다. *Id.,* 750-762. MGA 호르몬에 대해서는 어떤 국제기준도 존재하지 않기 때문이다. *Id.,* p. 750. 이러한 이유로 EU는 MGA 호르몬에 대한 위생조치를 SPS협정 제3조 1항이 요구하는 국제기준에 기초할 필요가 없었다. 그러나 EU는 MGA 호르몬과 관련하여 여전히 SPS협정의 다른 규정들과 부합하여야 한다. 패널은 제라놀과 트렌보론에 실시된 것과 동일한 실험을 한 후 다음과 같은 결론을 도출하였다: (1) EU는 MGA 호르몬에 대한 위생조치를 도입함에 있어 SPS협정 제5조가 요구하는 위험평가에 기초하지 아니하였고, 육고기나 기타 다른 음식물에 내생적으로 발생하는 천연호르몬에 비교되는 성장촉진용 MGA 호르몬의 처방과 카바독스에 비교되는 성장촉진용 MGA 호르몬의 처방을 서로 구별하는 이유를 제시하지 못하였다고 판시하였다. *Id.,* pp. 758-762.

제한적 잔류허용치 사이의 보호수준에서의 차이는 제5조 5항의 첫 번째 판단요건, 즉, 상이한 상황에서의 상이한 보호수준이 존재할 것을 요구하는 요건을 충족시킨다고 판시하였다.[136] 두 번째 요건과 관련하여, 패널은 EU가 합성호르몬이 자연적으로 발생하는 호르몬보다 "내재적으로 더 유해하다"는 설득력 있는 증거를 제시하지 못하였다고 판시하였다.[137] 즉 위 호르몬들 간에 보호수준을 구별하는 이유에 대해 설득력 있는 설명이 없으므로 이 구별은 "자의적이거나 부당하다"고 판시하였다.[138] 셋째 요건에 대해서 패널은 잔류허용치에 있어서의 너무나 뚜렷한 차이, 그리고 EU가 이렇게 중대한 차이에 대한 설득력 있는 증거를 제시하지 못했으므로 제라놀과 트렌보놀에 대한 EU의 조치는 SPS협정 제5조 5항이 의미하는 국제무역에 대한 차별 또는 위장된 제한을 초래한다고 판시하였다.[139]

　　패널은 다음으로 위 여섯 종의 호르몬을 돼지사육시 사료첨가제로 사용되는 항균성 성장촉진제(antimicrobial growth promoter)인 카바독스(carbadox)와 비교하여 분석하였다.[140] EU는 카바독스가 처방된 가축으로부터 생성된 육고기의 판매와 소비를 허용하고 있었다.[141] 패널은 건강에 대해 동일한 악영향을 유발하는 경우에는 상이한 물질이라도 이를 비교하는 것은 허용된다고 판시하였다.[142] 패널은 문제의 6종의 호르몬과 카바독스는 모두 동일한 발암효과(carcinogenic effects)를 초래하기 때문에 호르몬에 대한 EU의 조치는 카바독스에 대한 EU의 규제와 제5조 5항의 목적상 비교 가능하다고 판시하였다.[143] 따라서 패널은 EU의 위

136　*Id.*, p. 727.
137　*Id.*
138　*Id.*, pp. 729-730.
139　*Id*, pp. 731 -732.
140　*Id*, p. 732.
141　*Id*, p. 733.
142　*Id*, pp. 732-733.
143　*Id.*, p. 732. 미국은 차바독스로부터 발생할 수 있는 위험은 최소한 문제의 여섯 종의 호르몬의 사용으로 발생할 수 있는 위험만큼 심각함으로 EU가 카바독스와 문제의 호르몬들에 대해 너무나 상이한 기준을 설정한 조치는 결코 정당화될 수 없다고 주장하였다. 이에 대해 EU는 카바독스는 호르몬이 아니기 때문에 그 구별은 정당화될 수 있다고 반박하였다. 그러나 패널은 EU가 카바독스에 대해서 이처럼 다르게 처리하는 이유를 정당화하는 증거를 제시하지 못했기 때문에 EU의 주장은 설득력이 없다고 판시하였다. EU는 또한 문제의 호르몬들은 성장촉진제로 사용될 때 동물에 대해 치료적 효과를 가지지 않지만 카바독스는 치료적 효과가 있다고 주장하였다. 이에 대해 패널은 문제의 호르몬도 치료적 효과가 있을 수 있다는 반대의견을 제시하였다. 또한 패널은 카바독스가 가공사료에서만 사용되기 때문에 남용의 여지가 적다는 EU의 주장도 설득력이 없다고 판시하였다.

생조치가 상이한 상황에서 보호수준에서의 구별이 있으므로 제5조 5항이 요구하는 불합치 요건 중 첫 번째를 충족시켰다고 판시하였다.[144]

상소기구는 이에 대한 패널의 견해에 일부분 동의하면서도 보호수준에서의 자의적이거나 부당한 차별 또는 구별이 실제로 국제무역에 대한 차별 또는 위장된 제한을 초래하였는가에 대한 해답은 개별사건의 상황에 따라 분석되어야 한다고 판시하였다.[145] 동 사건에서는 이러한 쟁점이 카바독스에서 발생하는데 국제무역에 대한 차별 또는 위장된 제한을 초래하지 않았다고 판시하였다.[146] 즉, 상소기구는 이에 대한 패널의 판정을 번복하였다.

7.3.4.2.3. 보호의 적정수준을 달성하는데 필요한 수준보다 교역에 덜 제한적일 것(제5조 6항)

패널은 EU의 보호수준이 제5조 5항을 위반했기 때문에 제5조 6항을 분석할 필요 없다고 판시하였고,[147] 상소기구도 패널의 이러한 판정을 수락하였다.[148] 패널과 상소기구는 제2조 2항에 대한 해석에 대해서도 동일한 결론을 도출하였다.

7.3.5. 위험평가와 사전주의의 원칙과의 관계

EU는 사전주의의 원칙(precautionary principle)을 거론하며 호르몬소고기의 위험성이 가지는 불확실성에 대해 사전에 대비하여야 함을 역설하였다. 그러나 패널은 사전주의원칙도 EU의 금수조치가 위험평가에 기초하지 않았다는 사실을 번복하지는 못한다고 판시하며,[149] 그 이유로 사전주의원칙은 이미 SPS협정 제5조 7항에 반영되어 특별한 의미가 부여되어 있기 때문이라고 하였다.[150]

---

144 *Id.*, p. 735. EU는 카바독스의 사용을 허용하고 있지만 카바독스에 대한 엄격한 통제와 특유한 성질 그리고 그 처방방법으로 인해 카바독스가 주입된 돼지가 도살될 때 어떠한 잔류물도 남아 있지 않을 것이라고 주장하였다. *Id.*, p. 735. 이에 패널은 EU의 조치는 어쨌든 돼지고기에 대한 카바독스 잔류량을 무제한으로 허용하는 것이라고 판시하였다. *Id.*
145 *Id* , p. 98.
146 *Id.*, p. 100.
147 소고기호르몬사건 패널보고서, p. 749.
148 소고기호르몬사건 상소기구보고서, para. 102.
149 소고기호르몬사건 패널보고서, pp. 687-688.
150 제5조 7항: 과학적 증거가 불충분한 경우 잠정적으로 조치 채택 가능. 그러나 추가정보 수집 노력 후 합리적 기간 내에 재검토.

상소기구는 EU가 주장하는 사전주의원칙이 SPS협정 제5조 1, 2항보다 우위에 있는가를 심리한 후 이 원칙은 현재 법의 일반원칙으로 발전단계에 있는 상태이고, 또한 SPS협정 제5조 7항에 이 원칙이 반영되어 있지만 통상적인 조약해석 원칙에 따라 적절하게 SPS협정을 적용한 패널의 판정을 지지하였다.151

7.4. 소고기호르몬 사건이 남긴 교훈과 문제점

1995년 WTO 체제가 발족한 이후 SPS협정의 적용을 받아 처리된 최초의 사건으로서 협정의 적용범위, 입증책임, 국제기준의 효력 및 기초의무, 국제기준보다 엄격한 기준의 채택을 위한 요건, 보호의 적정수준 결정을 위한 요건 등 협정에 내재하는 모호한 정의들에 대한 해석을 제공하고 있다. 동 판례는 이후 SPS 위생조치와 관련하여 심리된 호주 연어사건,152 일본 농산물사건153 등에 많은 교훈을 주고 있다.

그러나 소고기호르몬 사건이 남긴 위와 같은 혜택에도 불구하고 동 사건의 패널과 상소기구는 여러 가지 해석상의 문제점을 남기고 말았다.

상소기구는 먼저 SPS 위생조치는 국제기준이 존재하는 경우 국제기준에 기초(based on)하여야 한다는 SPS협정 제3조의 규범력을 약화시켰다는 비난을 받는다. 패널은 SPS 조치가 Codex 기준, 지침 또는 권고와 "부합"하여야 한다고 판시하여 "기초(based on)"와 "부합(conform to)"을 동등한 요건으로 해석하였지만, 상소기구는 이를 기각하고 Codex 기준을 "부합"한 SPS 조치는 Codex 기준에 "기초"한 것이라고 할 수 있지만, Codex 기준에 "기초"했더라도 해당 기준의 여러 요건 중 일부만을 수용한 조치는 동 기준을 "부합"한 것이라고 할 수 없다고 판시하여 "기초" 규정을 "부합" 규정보다 규범력에 있어 하위의 개념으로 해석하였다는 점이다.154 또한 상소기구는 "기초(based on)"가 과연 구체적으로 무엇을 의미하

151 소고기호르몬사건 상소기구보고서, para. 194.
152 WTO Appellate Body Report, Australia—Measures Affecting Importation of Salmon, WT/DS18/AB/R, para. 199, Oct. 20, 1998 [이하 호주연어사건 상소기구보고서].
153 WTO Panel Report, Japan-Measures Affecting Agricultural Products, WT/DS76/R, Oct. 27, 1998; WTO Appellate Body Report, Japan-Measures Affecting Agricultural Products, WT/DS76/AB/R, Feb. 22, 1999.
154 소고기호르몬사건 상소기구보고서, p. 66.

는지에 대해 구체적인 정의를 내려야 함에도 불구하고 이를 게을리 하고 말았다.

둘째, 상소기구는 국제기준이 존재하는 경우 SPS 위생조치 도입국은 이에 기초하도록 강제하고 국제기준에 기초한 위생조치는 필요한 것으로 간주하는 제3조 1항과 2항을 일반적인 원칙으로 설정한 반면에, 국제기준보다 엄격한 위생조치의 허용을 규정한 3항을 예외로 인정하지 않고 세 개의 조항은 공히 동등한 규범력을 가지는 것이라고 해석하여 국제기준의 규범력을 또 다시 약화시켰다는 것이다.[155]

셋째, 상소기구는 회원국의 위생조치는 SPS협정 제5조 1항의 위험평가와 합리적 관계에 있어야 한다고 해석하면서도 EU의 금수조치는 위험평가에 기초하지 않았다는 이유로 합리적 관계의 정의에 대해 더 이상 분석을 하지 않았다는 비판을 받는다.[156]

넷째, 상소기구는 위생조치 채택국이 문제의 조치를 채택할 당시 위험평가가 수행되었음을 입증하여야 한다는 패널의 판정을 번복하고 "위생조치와 위험평가 간에 지속적이고 인식가능한 객관적인 상황"만 존재하면 된다고 하여, 위생조치를 채택할 당시에 실제로 위험평가가 수행되었는가를 중요한 요건으로 간주하지 않는다는 점이다. 이는 위생조치가 실시되고 분쟁이 발생한 후 위험평가를 하여도 무방하다는 해석을 남겨 SPS 조치를 채택하기 전 위험평가를 요구하는 제5조의 목적을 훼손하였다.

다섯째, 상소기구는 EU의 위생조치가 SPS협정의 핵심 규정이라 할 수 있는 제2조, 즉 위생조치는 필요한 범위 내에서만 적용되고, 과학적 원리에 기초할 것을 요구한 규정과 합치하는가에 대한 분석을 하지 않았다. 상소기구의 변명은 EU의 위생조치가 SPS협정 제3조와 제5조를 위반하였기 때문이라고 하지만 위생조치가 과학적 원리에 입각하여야 한다는 강력한 메시지를 국제사회에 던질 수 있는 기회를 스스로 포기한 것이다. 그러나 SPS 위생조치의 분석의 첫걸음은 바로 제2조에 있음은 판결문의 곳곳에 산재되어 있다.

여섯째, SPS협정상 회원국이 결정할 수 있는 보호의 적정수준이 실제로 무엇을 의미하는가? 이다. 먼저, 보호의 적정수준은 문제의 위생조치를 채택한 회원국이 적정하다고 간주한 보호의 수준으로 정의된다. 회원국은 보호의 적정수준을 결

---

155 Neugebauer, 전게서, p. 1263.
156 David Hurst, Hormones: European Communities-Measures Affecting Meat and Meat Products, 9 European Journal of International Law 182, 1998.

정할 독자적 재량권을 행사할 수 있는데, 이는 호주-연어사건에서 상소기구가 "보호의 적정수준의 결정은 — 관련 회원국의 특권(prerogative) 이지, 패널이나 상소기구의 특권이 아니다"[157] 라고 판시하면서 회원국의 권리를 분명히 하였다. 보호의 수준은 "병해충, 질병매개체 또는 질병원인체의 유입, 정착 또는 전파로 인하여 발생하는 위험의 범위(degree of risk)로 이해된다.[158] 이러한 보호수준은 수량적일 필요는 없지만 위생조치의 적용으로 성취될 수 있는가를 결정할 수 있을 정도의 명확성은 존재하여야 한다.[159] 그 이유는 SPS협정이 보호의 적정수준의 결정이 적절한가를 판단하는 것이 아니라 보호의 적정수준을 성취하기 위해 채택된 위생조치가 적절한가를 판단하는 것이기 때문이다.[160]

일곱째, 회원국이 보호의 적정수준을 결정하는데 있어 0%의 위험을 목표로 전제할 수 있는가이다. 이러한 문제는 상당히 고도의 정치적인 성격을 내포하고 있는데 그 이유는 일반 대중은 국가가 광우병(Bovine Spongio-form Encephalitis, BSE, 또는 Mad Cow Disease)이나 구제역과 같은 심각한 질병으로부터 자국의 국민을 모든 가능한 위험으로부터 완벽하게 보호하는 것은 당연한 의무라고 생각하고 있기 때문이다. 그러나 상소기구는 소고기호르몬 사건에서 보호의 수준이 0% 일 수는 없다고 판시하고 있다. 상소기구는 회원국에게 위험평가를 통해 구체적으로 최저 얼마 이상의 위험이 존재한다고 밝힐 것을 요구하고 있지는 않지만 "확인 가능한(ascertainable, identifiable) 위험"이 있다는 것은 입증할 것을 요구하고 있다. 이러한 입장은 호주 연어사건의 패널에서도 인용된 바 있는데, 동 패널은 위험평가가 0% 위험의 개념에 기초할 수는 없다고 판시하였다.

---

157 WTO Appellate Body Report, Australia--Measures Affecting Importation of Salmon, WT/DSl8/AB/R, para. 199, Oct. 20, 1998 [이하 호주연어사건 상소기구보고서].

158 SPS협정 부속서 I, 1항.

159 호주연어사건 상소기구보고서, para. 125.

160 Andrew P. Thomson, Australia-Salmon and Compliance Issues Surrounding the SPS Agreement: Sovereign Acceptance and Measure Adaptation, 33 Law & Policy in International Business 717, 731, 2002.

7.5. 맺는 말

1997년 소고기호르몬 사건이 종결된 이후, 캐나다·호주 연어사건(Canada vs. Australia-Salmon), 미국-일본 농산품 품종사건(US vs. Japan-Agricultural Products), 미국-일본-사과 화상병(fire blight) 사건(US vs. Japan-Apples), 아르헨티나, 캐나다, 그리고 미국-EC 유전공학 상품사건(Argentina, Canada, US vs. EC-Biotech Products ("GMO", 유전자변형식품 사건)) 등 총 다섯 건의 SPS 조치 사건이 발생하였다. 2007년 8월 현재 GMO 사건을 제외한 모든 사건이 상소기구에 항소되어 판정을 받았다.

그러나 이후에 발생한 사건들의 법적 쟁점은 GMO 사건을 제외하고 대부분 소고기호르몬 사건에서 다룬 내용들이다. 호주 연어 사건에서는 호주가 제출한 연어 수입품 위험 분석에 관한 보고서가 제5조 1항의 위험평가에 해당하는가가 그리고 제5조 5, 6항 위반 여부가 문제가 되었다. 일본 농산품 품종 사건에서는 SPS협정 제2조 2항, 제5조 1항, 2항, 6항과 조치의 투명성 여부에 관한 7항 등이 분쟁의 대상이 되었다. 일본 사과 화상병 사건은 특히 제5조 7항의 잠정조치로 인정 여부와 관계가 있었다. GMO 사건은 패널이 설치된 후 최종보고서가 제출되기까지 무려 3년 2개월이 소요된 사건으로 DSU 제12조 9항의 9개월 심리기간을 준수하지 못했을 뿐만 아니라 지금까지 패널 보고서 중 가장 많은 1,100페이지에 달할 만큼 과학적인 사실과 기술적 심리가 많은 사건으로 기록되고 있다. GMO 사건은 특히 법규의 사실상 중단(de facto moratorium)이 위생 조치(measure)에 해당하는가 등이 문제가 되었다.

SPS협정은 원래 회원국의 SPS 위생조치가 계량가능한 과학적 원칙, 즉, 가능한 한 국제기준에 기초하도록 강제하는 장치로 마련되었다. 소고기호르몬 분쟁은 WTO 체제에서 SPS협정의 적용을 받는 첫 번째 사건으로서는 가장 중요한 판례로 인정된다. 이 분쟁의 쟁점과 그 결과는 정부, 생산자, 소비자 그리고 관련 산업에 의미하는 바가 크다고 할 수 있다.

2003년 12월 미국 워싱턴주에서 광우병(BSE) 감염 소가 발견된 이후 미국산 소고기의 수입을 금지하고 있는 우리나라는 2007년 4월 미국과의 FTA 협상을 체결할 때 미국산 소고기의 수입재개 여부는 국제수역사무국(OIE)의 과학위원회가 오는 동년 5월 열리는 총회에서 미국소고기 평가내용에 따라 판단하기로 결정하였다.[161] 실제로 2007년 4월 9일 외교통상부의 고위 관료는 국제수역사무국이 미국을 광우병 위험이 통제되는 국가로 확정하면 갈비까지 수입 검토 대상이 될 것이라고 밝히고 있다.[162] 그러나 국제수역사무국이 미국산 소고기에 대해 안전성 판정을 내리는 경우에도 국내의 농가와 소비자들의 미국산 소고기의 안전성에 대한 강한 저항과 거부가 있으면 외교통상부의 의지는 좌절될 수 있다.

그러면 국제수역사무국이 미국산 소고기의 안전성에 우호적인 평가를 내리고 그 검역기준을 설정한 경우에 우리나라가 과연 국제기준보다 더 엄격한 기준을 채택할 수 있을 것인가가 문제이다. 소고기호르몬 사건은 이에 대해 어느 정도 해답을 주고 있다.

SPS협정은 모든 회원국에 국제기준보다 더 높은 수준의 위생조치를 도입할 권한을 부여하고 있다. 그러나 이러한 위생조치는 과학적 정당성이 있거나 위험평가와 위험관리라는 엄격한 심사를 통과하여야 한다. 그리고 국제기준보다 높은 보호 수준은 높은 보호를 초래하여야 한다. 보호의 적정수준을 채택하는 것은 전적으로 회원국의 권한사항이다. 그러나 보호의 적정수준을 성취하기 위해 채택되는 조치는 SPS협정의 심사대상이다. 과연 우리나라가 국제수역사무국이 수집한 정보보다 더 설득력 있는 정보를 보유하고 있는가는 두고 볼 일이다.

---

161 『프레시안 뉴스』, 국제수역사무국 "미 쇠고기, 광우병 위험 여전", 2007. 4. 15.
[http://www.pressian.com/scripts/section/article.asp?article_num=300].
162 *Id*.

참고문헌

Andrew P. Thomson, Australia-Salmon and Compliance Issues Surrounding the SPS Agreement: Sovereign Acceptance and Measure Adaptation, 33 *Law & Policy in International Business* 717, 731, 2002.

David Hurst, Hormones: European Communities-Measures Affecting Meat and Meat Products, 9 *European Journal of International Law* 182, 1998.

First Written Submission of the European Community to the Panel, Europe Community-Measures Concerning Meat and Meat Product, September 20, 1996.

Regine Neugebauer, Fine-Tuning WTO Jurisprudence and the SPS Agreement: Lessons from the Beef Hormone Case, 31 Law & Policy in *International Business* 1255, 1256, 2000.

Terence P. Stewart & David S. Johnson, The SPS Agreement of the World Trade Organization and International Organizations: The Roles of the Codex Alimentarius Commission. the Internaitonal Plant Protection Convention, and the International Office of Epizootics, 26 *Syracuse Journal of International Law and Commerce* 27, 1998.

World Trade Organization Report of the Appellate Body on EC Measures Concerning Meat and Meat Product (Hormones), WT/DS26/AB/R과 WT/DS48/AB/R, Jan. 16, 1998.

WTO Appellate Body Report, Australia—Measures Affecting Importation of Salmon, WT/DS18/AB/R, Oct. 20, 1998.

WTO Panel Report, Japan-Measures Affecting Agricultural Products, WT/DS76/R, Oct. 27, l998; WTO Appellate Body Report, Japan-Measures Affecting Agricultural Products, WT/DS76/AB/R, Feb. 22, 1999.

유럽의 신·재생에너지정책과
FIT(Feed-in tariff)의 통상법적 쟁점*
— 캐나다-재생에너지발전분야사건을 중심으로 —

박지현(영산대학교 법과대학 부교수)

8.1. 서 론

2010년 9월, 일본은 캐나다의 재생에너지에 대한 발전차액(發電差額)지원제도(Feed-in-tariff :FIT)[1]가 WTO협정에 위반한다고 주장하면서 협의를 요청하였고, 협의가 실패함에 따라 2011년 6월 20일 캐나다-재생에너지발전분야사건 패

---

* 이 장은 필자가 2012년 2월에 「홍익법학」 제13권 제1호에 게재한 "유럽의 신·재생에너지정책과 FIT(Feed-in tariff)의 통상법적 쟁점-캐나다-재생에너지발전분야사건을 중심으로"를 이 책의 목적에 맞추어 저자의 동의하에 전재한 것임을 밝힌다.

1 유럽환경부(The European Environment Agency)는 다음과 같이 정의한다. "The price per unit of electricity that a utility or supplier has to pay for renewable electricity from private generators. The government regulates the tariff rate." http://glossary.eea.europa.eu/terminology/concept_html?term=feed-in%20tariff ; 또 다른 용어설명으로는 Renewable 2010 Global Status Report http://www.ren21.net/REN21Activities/Publications/GlobalStatusReport/GSR2010/tabid/5824/Default.aspx 참조. A policy that (a) guarantees grid access to renewable energy producers; and (b) sets a fixed guaranteed price at which power producers can sell renewable power into the electric power network. Some policies provide a fixed tariff while others provide fixed premiums added to market- or cost-related tariffs.; 우리나라에서는 발전차액지원제도라고 하며 전력생산에 소비되는 비용을 포함하는 전력거래가격이 국가에서 제시하는 기준가격보다 낮은 경우에는 발전차액을 지원하여 손실이 없도록 보장한다.

널이 설치되었다.[2] 일본은 캐나다의 재생에너지 발전차액지원제도가 국내상품 사용을 조건으로 보조금을 지급한다고 규정하고 있어서 첫째, 보조금협정의 위반이며 둘째, 국내상품 사용조건부 지원규정으로 인하여 일본기업에게 덜 우대적인 대우(less favorable treatment)가 부여되고 있으므로 GATT의 내국민대우원칙위반이라고 주장하였다.

캐나다 FIT프로그램에 대한 WTO 분쟁해결기구의 판정은 각국의 녹색투자향방을 결정하는 중요한 선례가 될 것이라는 관망 아래[3], 미국, EU, 우리나라 등 13개국이[4] 제3자로 참여하였는데 EU는 2011년 8월 별도로 협의를 요청한 상태이다[5]. 캐나다-재생에너지발전분야사건은 여러 가지 분야에서의 논의와 결부되어 있는데 우선 환경유해보조금중단이 그 중 하나이다. 이는 화석연료가 기후변화에 미치는 영향 때문인데 2009년 오바마대통령이 G20회의에서 화석연료 보조금 지급중단을 제안한 것에서 시작하여 현재는 개별국가차원에서 해당 보조금의 단계적 폐지(phase out)를 적용하는 시점이다[6]. 또한 포스트-교토의정서체제가 답보상태에 있으며 신·재생에너지의 개발과 이용촉진이 기후변화에 대응하는 돌파구로 제시

---

2 Appellate Body Report, *Canada—Certain Measures Affecting the Renewable Energy Generation Sector— Measures Relating to the Feed—in Tariff Program*, WT/DS412/AB/R (본 논문은 재생에너지 발전분야사건이 제기되기 시작한 시점에서 작성되었으며 이에 따라 이후 EU가 제기한 DS426과 함께 캐나다-재생에너지발전분야사건으로 통칭함), 관련협정은 보조금 및 상계관세협정 제3조 1(b)항, 제3조 2항, 제1조 1항과 무역관련투자조치협정 제2조 1항, GATT 제3조 4항, 5항, 제23조 1항이다.

3 재생에너지분야와 관련하여 제기된 또 다른 WTO 사건은 2010년 12월 미국이 중국의 풍력산업지원에 대한 사건이다. China-Measures concerning wind power equipment, WT/DS419/3. 관련협정은 보조금협정 제3조, 제25조 1항, 2항, 3항, 4항. 가입의정서 Part 1. para. 1.2, GATT 제16조 1항이다.

4 Australia, Brazil, China, El Salvador, European Union, Honduras, India, Kingdom of Saudi Arabia, Republic of Korea, Mexico, Norway, Chinese Taipai, United States.

5 Appellate Body Report, *Canada—Certain Measures Affecting the Renewable Energy Generation Sector— Measures Relating to the Feed—in Tariff Program*, WT/DS426/AB/R. (이하 캐나다-재생에너지발전분야사건) 관련협정은 보조금 및 상계관세협정 제3조 1(b)항, 제3조 2항, 제1조 1항과 무역관련투자조치협정 제2조 1항, GATT 제3조 4항이다.

6 2004년 독일재생에너지원법(Erneuerbare Energien Gesetz-EEG))은 동 법이 화석에너지자원을 둘러싼 충돌을 피하는데 기여하기 위하기 위한 목적을 지니고 있음을 입법목적에 밝히고 있다. 이러한 목적에 따라 재생에너지 보조를 위한 비용 산정에는 전통적인 에너지자원을 쓰지 않는 것에 대한 이득, 신규투자에 대한 초기비용 등을 포함하고 있다. Volkmar Lauber, "The Politics of European Union Policy on Support Schemes for Electricity from Renewable Energy Sources", *Energy Policy*, vol. 34, No.3, 2005. p. 2.

되었다는 측면에서도 중요하다[7].

　FIT제도를 채택하는 국가의 수가 증가하고 있는 현재 상황에서 볼 때 무조건적 보조를 동반하지 않은 재생에너지로의 적절한 투자와 운영이 필요하다는 것을 시사한다.[8] 전 세계적으로 83개 국가가 재생에너지발전과 관련된 정책을 두고 있는데 50여 개의 국가가 FIT프로그램을 운영하고 있으며,[9] 이중에는 18개의 선진국이 포함되어 있다. 일본이 FIT프로그램 자체에 대해 문제를 삼은 것이 아닌 점은 다행이나 이후 FIT의 설계에 상당한 영향을 미칠 것으로 보인다.

　한편 유럽사법재판소(European Court of Justice: ECJ)에서는 이미 전기공급업자가 재생에너지로부터 생산된 전력생산분을 실제 동 유형의 가치보다 높은 가격에 구매하도록 하고 재정적 부담을 공급기업과 상류의 민간전력네트워크 운영자에게 분산하도록 한 독일의 Feed-in Law of 1990을 다루었다. 유럽사법재판소는 2001년

7　ICTSD, "EU trade chief proposes new WTO round on Energy" *Bridges Trade BioRes*, Vol. 6. 2006.; ICTSD conference on Global challenges at the intersection of trade, energy and the environment.

8　재생에너지와 관련된 뇌물, 부패사건의 조사·연구·해결방안 제시 등에 대한 논평에 대해서는 Corruption and fraud in agricultural and energy subsidies: Identifying the key issues, iisd, 2010. 10. 스페인의 태양발전은 전력통합망에 존재하는 회사가 연결되어 보조금을 받았으며 남이탈리아의 풍력보조금 지원과정에는 마피아가 개입하여 EU로부터 교부금을 부당하게 받은 사례를 소개하고 있다; NewEnergyWorldNetwork.com. (2010, September 29). Subsidies to blame for Mafia infiltration of renewable energy sector? Retrieved September 25, 2010, from NewEnergyWorldNetwork.com: http://www.newenergyworldnetwork.com/cleantech-features/subsidies-toblame-for-mafia-infiltration-of-renewable-sector.html.

9　Renewable 2010 Global Status Report p.11. FIT도입국/주/지방 1978 United States, 1990 Germany 191 Switzerland, 1992Italy, 1993 Denmark, India, 1994 Spain, Greece, 1997 Sri Lanka, 1998 Sweden, 1999 Portugal Norway, Slovenia, 2001 France, Lativa, 2002 Algeria, Austria, Brazil, Czech Republic, Indonesia, Lithuania, 2003 Cyprus, Estonia, Hungary, South Korea, Slovak Republic, Maharashtra (India), 2004 Israel, Nicaragua, Prince Edward Island (Canada), Andhra Pradesh and Madhya Pradesh (India), 2005 Karnataka, Uttarakhand, and Uttar Pradesh (India); China, Turkey, Ecuador, Ireland, 2006 Ontario (Canada), Kerala (India), Argentina, Pakistan, Thailand, 2007 South Australia (Australia), Albania, Bulgaria, Croatia, Dominican Rep., Finland, Macedonia, Mongolia, Uganda, 2008 Queensland (Australia); California (USA); Chattisgarh, Gujarat, Haryana, Punjab, Rajasthan, Tamil Nadu, and West Bengal (India); Kenya, the Philippines, Tanzania, Ukraine, 2009 Australian Capital Territory, New South Wales, Victoria (Australia); Japan; Serbia; South Africa; Taiwan; Hawaii; Oregon and Vermont (USA), 2010 United Kingdom 총 78개국.

PreussenElecktra AG v. Schleswag AG 사건에서[10] Stromeinspeisungsgesetz법
에 규정된 FIT가 제92조 1항(TFEU 제87EC)의 국가보조(state aid)에 해당하는지
여부와 상품의 자유로운 이동을 제한하였는지 여부를 판단하였는데 이 프로그램
이 국가보조의 정의에 미치지 않는다고 판시하였다.

본 논문은 첫째, 신·재생에너지정책을 주도하고 있는 유럽의 관련정책을 개
괄적으로 살펴보고 둘째, 보조방법으로 제시된 대표적인 제도로써 FIT를 살펴보
고 셋째, 보조금협정을 예시적으로 적용해봄으로써 캐나다-재생에너지발전분야
사건이 보조금협정위반으로 판결날 수 있다는 결론으로 마무리한다.

8.2. 유럽의 신·재생에너지정책과 FIT

8.2.1. 유럽의 신·재생에너지정책

재생에너지의 에너지원에 대해 다양한 의견이 제시되고 있는데 EU의 2001년
재생에너지지침에서는 재생가능에너지로 풍력, 태양에너지, 파력(wave), 조력, 수
력, 바이오매스, 쓰레기매립지 가스(landfill gas), 폐기물처리가스(sewage treatment
plant gas) 및 바이오가스를 예시하였다. 재생에너지는 개발 및 채취로 인하여 고갈
되지 않는 에너지원을 의미하는데 석유, 석탄 그리고 원자력을 배제한다.

1997년 EU집행위원회가 재생에너지백서(Energy for the future: renewable
sources of energy: White Paper for a Community Strategy and Action Plan)를 제시
한 이후 재생에너지에 의해 생산된 전력공급의 촉진에 관한 2001년 재생에너지지
침(Directive 2001/77/EC)을 마련하였고, 2006년 유럽의회가 에너지소비비율에
서 재생에너지가 차지하는 비율을 2020년 25%까지 증가되도록 요청함으로써
2007년 Renewable Energy Roadmap을 발표하고 2009년에는 2001년 지침을
수정하여 지금까지 시행하고 있다[11].

유럽연합은 2011년 12월 15일 에너지전략서인 Energy Roadmap 2050을

---

10 Case C-379/98-PreussenElektra AG v. Scheleswag AG, [2001] ECR I-2099.
11 Directive 2009/28/EC of the European Parliament and of the Council of 23 April
   2009 on the promotion of the use of energy from renewable sources and
   amending and subsequently repealing Directive 2001/77/EC and 2003/30/EC.

발표하였는데 동 전략서에는 2050년까지 온실가스 배출을 1990년 대비 80-95%로 줄이는 로드맵을 제시하였다. 전략서에 제시하는 목표를 달성하기 위해 i) 에너지효율성(energy efficiency)향상에 주력을 하며 ii) 유럽온실가스배출량거래제도(EU-Emission Trading System: EU-ETS)제도를 정비하며 iii) 새로이 도입되는 발전기에 필수적으로 탄소포집저장기술(carbon capture & storage: CCS)을 도입하며 iv) 시장에 근거하여 에너지시장을 효과적으로 운영하기 위한 조세정책을 펴야 하며 v) 지능형 전력공급망(smart gird)의 기술적 운영이 필요하다고 제시하고 있다. 환경정책을 선두하는 유럽연합의 에너지전략을 담은 Energy Roadmap 2020 이후 재정비되어 제시된 Energy Roadmap 2050은 재생에너지분야와 지원방식을 판단할 수 있는 좋은 가이드라인이라고 보인다.

에너지산업의 민영화·자유화와 함께 에너지수급의 역내시장조성이 유럽에너지법의 핵심이다. 신·재생에너지에 대한 지원은 1990년대 풍력·태양광에 대한 산업과 시장의 조성에 크게 기여하였으며 현재 독일, 스페인은 동 분야 선두주자가 되었다. 2006과 2007년 러시아-우크라이나, 러시아-벨로루시 간 가스가격협상 과정에서 러시아가 유럽으로 가는 송유관을 닫아버린 사건 이후로는[12] 가스시장전체의 효율적 관리, 역내 회원국 간 에너지교역 등을 유동적으로 할 수 있는 정책 등이 추가적으로 보충되었다.

재생에너지지침, Energy Roadmap 2050에 나타난 유럽의 에너지정책의 핵심 중 하나는 신·재생에너지비율의 향상이라고 볼 수 있는데 이를 지원하는 법적 제도로서 FIT를 알아보자.

8.2.2. FIT(발전차액지원제도)

재생에너지비율을 향상시키기 위한 지원제도로는 에너지발전자에 대한 교부금지급, 소비자에 대한 교부금지급, 조세감면, 조세환급, 녹색인증서, 투자보조금, 발전차액지원제도, 발전원증명서 등을 예로 들 수 있는데 발전차액지원제도는 이러한 지원제도의 하나이다.

2005년 12월 유럽위원회가 발표한 보고서에는 모든 지원체계를 4가지 유형으로 구분하고 있는데 i) 발전차액지원제도 ii) 녹색인증서제도(green certificates)

---

12 김보은 기자, "벨로루시·러시아 송유관 싸움 유럽까지 '불똥'", 『세계일보』, 2007. 1. 9.

iii) 입찰제도(tendering systems) iv) 조세감면이 그것이다[13]. FIT를 처음 설계 한 곳은 미국이지만 유럽이 재생에너지분야에 적용하기 시작하였다. 1980년대 덴마크에서 풍력사업자와의 자발적인 합의에 의해 FIT원리를 적용하였는데[14] 법적인 제도로 시행한 것은 독일이 최초이며[15] 스페인의 경우 FIT원리에 프리미엄시스템을 더한 제도를 도입하였다[16]. 독일과 스페인은 FIT도입을 재생에너지분야에서 선두주자로 활동하게 된 동력으로 평가한다. 우리나라도 2001년 10월부터 도입하였는데 신에너지 및 재생에너지 개발·이용·보급촉진법 제17조2에 규정을 두었다. 동 제도는 그러나 신·재생에너지 '의무할당제(Renewable Portfolio Standard)'로 지원방식을 변경함에 따라 2011년 말까지 한시적으로 존재하고 폐지되었다.

재생에너지를 동력으로 하는 전기공급이 이루어지기 위해서는 재생에너지기술개발에 누군가의 투자가 필요하다. 개인이나 기업의 투자가 이루어져야 하는데 사업투자가들을 유인하는 정책은 다양한 방식일 수 있지만 이들의 가장 큰 관심사는 재생에너지를 통한 계속적인 공급과 수급이 안정되게 이루어질 것인지 또한 잉

---

13 Energy subsidies in the European Union: A brief overview, European Environment Agency, 2004.

country	capital	Feed-in Tariffs	Certificates/ Obligation	Competitive tender	Fiscal mechanism
Austria	o	o			o
Belgium	o	o	o		o
Denmark		o		·	
Finland	o				
France	o	o			o
Germany	o	o			
Greece	o				o
Ireland	o			o	
Italy	o		o		
Luxembourg	o				o
Netherlands	o		o		o
Portugal	o				o
Spain	o	o			o
Sweden	o		o		o
UK	o				o

14 Niels Meyer, "Development of Danish Wind Power Market", *Energy & Environment* vol. 15 No. 4, 2004; Paul Morthorst, "The development of a green certificate market", *Energy Policy*, vol. 28 No. 15, 2000.

15 Stromeinspeisungsgesetz, or StrEG; Staffan Jacobsson and Volkmar Lauber, "The politics and policy of energy system transformation-explaining the German diffusion of renewable energy technology", *Energy Policy*, vol. 34 No. 3, 2006.

16 Pablo Del Rio and Miguel Gual, "An integrated assessment of the feed-in tariff system in Spain", *Energy Policy*, vol. 35 No. 2, 2007.

여분에 대한 거래시장이 있어서 손실없는 투자를 할 수 있는지 여부이다. 이러한 관심사를 충족하도록 설계된 것이 FIT이다. FIT는 전력생산에 소비되는 비용을 포함하는 전력거래가격이 국가에서 제시하는 기준가격보다 낮은 경우에는 발전차액 (發電差額)을 지원하여 손실이 없도록 보장하며, 재생에너지가 전력시장에 우선 접근할 수 있도록 보장한다[17].

Feed-in cooperation은 스페인, 독일, 슬로베니아가 참여하여 다양한 FIT운영방식에 대해 논하고 모범관행(best practice)모델을 연구·제시하고자 설립된 단체인데 유럽연합 회원국들의 FIT모델을 분석하고 디자인하는데 도입된 요소들을 제시하고 있다. FIT를 결정하는 큰 요소로 7가지를 두는데[18] i) 지원수준의 결정[19] ii) 정기적인 요금변경을 통한 적정단가결정 iii) 전력공급망 운영자, 에너지공급회사 또는 소비자의 재생에너지 의무구매[20] iv) 위치, 규모, 연료종류에 따른 다른 요금설정 v) 누적경험량의 증가에 따른 경험곡선의 재생에너지정책에 반영 vi) 고정가격 vs. 기타옵션에 따른 변경가격[21] vii) 전력통합망을 통한 측정 viii) 기타 인센

---

17 기준가격을 설정하는 기준으로 "levelized cost of RE generation"와 "Value of that generation to the utility and/or society"이 있는데, 전자는 프로젝트를 실행하는 비용에 이익(profit)을 더하여 산정하고 후자는 그것이 사회에서 가지는 가치까지 포함하는 경우인데 후자를 모델로 한 경우 신·재생에너지의 급성장에 도움이 되지는 않았다는 조사결과가 있다. Karlynn Cory, Toby Couture, Claire Kreycik,, "Feed-in Tariff Policy: Design, Implementation, and RPS Policy Interactions", *National Renewable Energy Laboratory*, 2009. pp. 2-3.

18 원문은 다음과 같이 표기하고 있다. i) determining the support level, ii) revision of tariff, iii) purchase obligation, iv) stepped tariff designs, v) incorporating technological learning in RES-E policy, vi) premium versus fixed tariff design, vii) net metering.

19 발전단가에 투입되는 비용에 따라 요금이 산정하는데 대표적인 요소로는 발전소 건립, 허가 등의 행정비용, 유지비용, 연료비용, 투자비용에 대한 이자부담, 이윤이 있다. 이외에도 avoided external costs(피할 수 있게 된 외부비용)를 감안하는 국가들이 있는데 기후변화, 대기오염, 농업생산감소, 실질적 피해, 에너지안보에의 영향 등을 감안하는데 예를 들어 대기오염이 덜 되게 한 것을 요금에 반영하는 것이다. 투자가들이 가장 주목하는 것은 지원수준과 기간인 것으로 본다.

20 통상적으로는 생산된 전력에 대해 고정가격에 따라 구매하도록 하는데, 일부 국가는 시장에서 판매되는 전력분에 대해서는 구매할 의무를 없애거나, 전략 수급상황에 따라 변하는 공급의무에 따른 이익·손실에 있어서 손실이 발생하지 않는 경우에는 고정가격으로 구매하는 의무가 없도록 규정하는 국가도 있다.

21 고정가격 디자인의 경우 시장운영에 있어서 가격에 영향을 주지 않고 독립적으로 보상이 이루어지는데, 프리미엄 옵션디자인의 경우에는 보상과 연계되어 운영되는데 프리미엄 옵션에는 개별 국가에 따라 다른 디자인을 선정하고 있는데 스페인의 경우를 예를 들면 전력

티브[22]가 있다.

　FIT의 단점으로는 i) 에너지소비자를 포함하여 국민경제에 부담을 주는 보조
금부여방식이며 ii) 전기를 대량생산하는 풍력과 태양광을 제외한 다른 신·재생에
너지의 발전에는 효과를 보이고 있지 않으며 iii) 정부로부터 제시된 구입가격이
생산자에게 주어지는 적정한 이익을 넘어설 수 있으며 iv) 대체 기술이라던가 생산
단가에 대한 정보에 대해 정부가 가진 정보능력이 최신이어야만 적정한 FIT가 적
정가격으로 설정될 수 있다는 것이다.

　반면 장점으로는 i) 신·재생에너지에 투자가 없던 지역에서도 발전과 관련된
개발이 이루어지며 ii) 에너지생산에 따른 경제적 부담을 정부, 소비자, 개발자에
게 분산할 수 있으며 iii) 관리하기가 쉽고 iv) 초기에 부여되는 FIT는 높게 설정되
더라도 점점 낮아짐으로 다양한 에너지 분야로의 투자가 발생하는 효과와 전기의
공급이라는 이득을 얻을 수 있다는 점을 들 수 있다. 우리나라에서는 FIT도입 이후
'시민발전소', '마을에너지사업', '시민출자형 태양광 협동조합' 등의 자발적 에
너지 전환운동이 일어났는데 이는 FIT가 기존기업이 아닌 새로운 형태의 투자를
유도한다는 것을 증명하는 것이다.

　FIT와 함께 주목을 받는 제도가 신재생에너지의무할당제도(Renewable Portfolio
Standard: RPS)이다. 이 제도는 10개국, 46개의 국가/주/지방정부가 채택하고 있
는데[23] 전체 에너지제공의 5-20%를 재생에너지로 충당해야하는 의무를 주요발전
사 또는 해당기업에게 요구하며 2020년까지 주기적으로 목표치를 상향하는 방식
이다.

　　시장에서 경매를 통해 직접 소비자에게 판매를 하는 방식을 도입하고 있다.

22 이것에는 고효율 공단의 조성, 정기적 공급 등을 들 수 있다.

23 See *Supra* note 9. RPS 도입국/주/지방 1983 Iowa (USA) 1994 Minnesota (USA)
　1996 Arizona (USA) 1997 Maine, Massachusetts, Nevada (USA) 1998 Connecticut,
　Pennsylvania, Wisconsin (USA) 1999 New Jersey, Texas (USA); Italy 2000 New
　Mexico (USA) 2001 Flanders (Belgium); Australia 2002 California (USA); Wallonia
　(Belgium); United Kingdom 2003 Japan; Sweden; Maharashtra (India) 2004
　Colorado, Hawaii, Maryland, New York, Rhode Island (USA); Nova Scotia,
　Ontario, Prince Edward Island (Canada); Andhra Pradesh, Karnataka, Madhya
　Pradesh, Orissa (India); Poland 2005 District of Columbia, Delaware, Montana
　(USA); Gujarat (India) 2006 Washington State (USA) 2007 Illinois, New
　Hampshire, North Carolina, Oregon (USA); China 2008 Michigan, Ohio (USA);
　Chile; Philippines; Romania 2009 Kansas (USA), Renewable 2010 Global Status
　Report p. 62.

FIT는 새로운 기술으로의 투자·발전에 초점을 두는 반면 RPS는 얼마나 많은 소비자에게 재생에너지를 공급할 것인가에 초점을 두는 것으로 보인다. 즉, FIT는 신규기술투자가를 유인하기 위한 '공급가격'에 정책의 초점이 가는 반면, RPS는 '공급량'에 초점을 두어 발전사 간에 입찰시스템을 두고 경쟁하도록 하는 것이다. 두 가지 정책에 대한 평가를 종합하면 FIT가 RPS보다 우세하다. RPS는 입찰에 신경을 쓰고 입찰선정이 되지 않을 경우까지 위험을 분산해야 하는 반면 FIT는 신규기술개발에도 지원을 받을 수 있는 안정성을 제공하며, 교부된 지원금에 대비하여 시장의 형성과 재생에너지사용비율의 결과도 FIT가 우수하게 보고되고 있다[24]. 그러나 꼭 한 가지 모델을 선택해야 하는 것은 아니며 종국적으로는 RPS와 FIT를 결합한 시스템의 도입을 권장하는 보고도 보인다[25].

한편 재생에너지비율향상을 추구하는 FIT가 국내산업을 보호하기 위한 보조금으로 왜곡되는 것은 무역의 흐름에 방해요소가 되므로 WTO협정에 부합하는 정책으로 설계하는 것이 요구된다. 다음에서는 FIT의 보조금적 측면을 WTO협정에 적용하여 살펴보고자 한다.

8.3. 보조금협정과 FIT

8.3.1. 에너지는 상품인가 서비스인가? 사회간접자본인가?

에너지를 무엇으로 볼 것이냐에 따라 적용되는 WTO협정이 다르다. 2012년 협의 중이거나 패널이 설치된 에너지관련 사건들에서 제소국들은 GATT조항과 보조금협정, 기타 투자협정을 관련협정을 근거로 상대국의 위반을 주장하고 있다. 에너지원은 통상적으로 석유, 석탄, 가스, 바이오연료 등을 예로 들 수 있는데 이러한 에너지원을 상품(goods)으로 볼 수 있다면 GATT조항이 적용될 것이다. 신재생에너지에는 바람, 파도, 쓰레기, 폐기물 등의 이용이 동반되며 관련 상품과 서비스의 적절한 분류의 문제는 구제방식의 차이로 이어지므로 우선적으로 해결되어

---

24 Dinica, V. "Support systems for the diffusion of renewable energy technologies – an investor perspective," *Energy Policy*, Vol. 34 No. 4, pp. 461-480, 2006.
25 *Supra* note 17, pp. 10-11.

야 할 부분이다.

WTO협정의 조항은 모든 형태의 무역에 적용되며 이는 에너지상품과 에너지 서비스를 포함하는 것으로 이해된다[26]. 협상당시 에너지분야가 중요 쟁점으로 부각되지 않은 것은 유감이지만 그렇다고 하여 에너지관련사건이 분쟁해결기구에 제소되는 것을 막을 수는 없다고 보아야 한다[27]. 도하라운드에서 에너지 분야를 논의하기 시작할 때에는 에너지는 서비스분야에서 논의하기 시작하였다[28]. 그러다가 에너지원이 되는 주원료인 사탕수수, 옥수수 등에 대한 수량제한과 수입세의 이슈가 부각되어 농업분야와의 관련성, 상품분야와의 관련성에 대한 명확한 분류(classification)가 우선되어야 한다는 의견이 제시된 바 있다.

전통적으로는 에너지산업과 관련하여 이를 상품 또는 서비스로 분류하지 않았다. 민간화와 시장개방이 에너지 분야에 도입됨에 따라 이를 상품과 서비스로 나누게 되었다. 원유(crude oil)는 국제중개상품으로 1860년부터 거래가 되었으며[29] 천연가스의 경우에는 송유관을 통해 국가 간 이동이 통상적으로 이루어졌으며 액화가스로도 변형시킬 수 있는 상품으로 보았다. 석유, 가스, 석탄거래의 연혁, 물질의 특성을 볼 때 석유나 가스, 석탄은 GATT의 상품으로 볼 수 있을 것이다. 한편 이들의 수송·배분과 관련된 행위는 서비스협정(General Agreement in Services: GATS)상 서비스로 볼 수 있을 것이다[30].

전기는 어떠한가? 우리나라 민법 제98조에는 물건이라 함은 "유체물 및 전기 기타 관리할 수 있는 자연력을 말한다."고 규정하고 있다. 이렇게 볼 때 우리나라는 전기를 상품으로 본다고 할 수 있다. 전기생산은 1차 에너지원에서 발전기(generator)를 통해 2차 에너지원으로 변형되는 것으로 볼 수 있는데 그 과정은 발전, 송전, 배분, 공급 네 단계로 구분할 수 있다[31]. 전기는 국제관세기구의 HS코드

26 O. Nartova, 'Trade in Energy Service Under WTO Law: The Impact of Competition Policies', PhD thesis, University of Bern, 2009.
27 P. Lamy, Speech at the 20th World Energy Congress on 15 November 2007 in Rome.
28 *Ibid*.
29 Energy Charter Secretariat, Putting a Price on Energy: International Pricing Mechanisms for Oil and Gas, 2007, p. 67.
30 Thomas Cottier, Garba Malumfashi, Sofya Matteotti-Berkutova, Olga Nartova, JoËle de SÉpibus and Sadeq Z. Bigdeli, *Energy in WTO law and policy*, World Trade Institute. 2010, p. 3.
31 *Ibid*.

(harmonized system Nomenclature)2716번이며 양허표에도 포함되어 있다.

명시적인 규정이 없던 유럽연합은 20년 전 전기를 상품으로 해석하는 판결을 내렸다. EC조약이 에너지에 대한 규정을 두고 있음에도 불구하고 전기(electricity)에 대한 별도의 규정이 없어서 유럽사법부는 오랫동안 명시적으로 입장을 밝히지 않았으나[32] 1994년 Almelo사건에서[33] 상품의 자유로운 이동에는 전기도 포함된다는 판결을 내림으로써 전기를 상품으로 판단하였다. 한편 여전히 전기는 특정 형태를 지니지 않으며 망을 통해 이동하며 전기는 그 자체로 어떤 의무를 지닌다기보다는 사용하는 행위(act of use)에 의해 소비가 되므로 현재 일부 국가에 도입된 전력통합망(smart grid)은 상품이라기보다는 서비스에 해당하는 것으로 볼 수 있을 것이다.

전기의 또 한 가지 성격은 사회간접자본이라는 점이다. 사전적인 의미로는 사회간접자본(Social overhead capital: SOC)은 하부구조(infrastructure)로도 불리는데 "각 산업의 생산이나 유통, 소비활동 및 국민생활이 편익을 창출하는데 있어 필수불가결한 서비스로 공공재적인 성격을 갖는 실물 또는 비실물의 간접재"로 정의할 수 있으며 도로, 항만, 철도, 전력, 전기, 통신 전력, 상하수도 등이 이에 해당한다[34]. 그런데 사회간접자본의 경우에는 보조금협정 대상에서 적용을 제외하고 있다. 즉, 협정 제1조 1(a)(1)(iii)에서 정부 또는 공공기관의 재정적인 기여로 '사회간접자본 이외의 상품이나 서비스'를 구매하는 경우, 그로 인해 혜택이 있으면 보조금으로 보기 때문에 일반적인 사회간접자본의 구매는 보조금에서 제외되는 것으로 볼 수 있다.

종합하면 전기를 상품이나 서비스로 볼 경우에는 각각 GATT, 서비스협정 그리고 중복하여 보조금협정의 대상이 되며, 사회간접자본으로 볼 경우에는 보조금협정의 논의에서 제외된다. 따라서 전기를 상품으로 분류할 것인지, 서비스로 분류할 것인지, 사회간접자본으로 분류할 것인지는 보조금협정위반을 판단하는데 있어서 핵심적인 사항이 될 수도 있다. 참고로 Softwood Lumber사건의 예비판정에서 캐나다는 산에 뿌리를 박고 있는 산림(standing timber)은 보조금협정 제1조 1(a)(1)(iii)의 상품이나 서비스에 해당하지 않는다고 주장하였으나 패널은 제1

---

32 ECJ, Case 6/64, Costa v ENEL [1964] ECR 1141.
33 ECJ, Case C-393/92 Almelo and Others [1994] ECR I-1477, para. 28.
34 한국민족문화대백과,한국학중앙연구원, 2010.

조 (1)(iii)에서의 상품은 정부가 제공할 수 있는 아주 폭넓은 의미의 것이 포함될 수 있다고 하면서 산에 뿌리를 박고 있는 산림은 상품에 해당한다고 판시하였는데[35] 이러한 선례는 전기가 상품으로 분류될 가능성이 큼을 시사한다.

이렇듯 에너지원의 거래성격이 정해지면 그에 따라 적용되는 협정이 달라지는데, FIT에는 생산된 전력을 구매하는 정부의 과정이 포함되므로 조달협정이 적용될 가능성이 있다. 이하에서는 전력의 구매가 조달협정상 조달에 해당하는지, 조달인 경우에도 여전히 보조금협정의 적용을 받는지 여부를 살펴본다.

8.3.2. 보조금인가 조달행위인가?

1979년의 정부조달협정은 중앙정부기관의 일정액 이상의 구매에 적용되었고 지방정부, 통신, 상하수도, 운송분야 등 공공부문과 서비스 및 건설구매는 제외되었다. 그러나 1993년 확장협상에서 첫째, 적용대상기관이 지방정부와 정부의 통제 및 영향력 하에 있는 기관까지 확대되었고 둘째, 적용범위가 물품에서 건설 및 서비스 조달계약까지 확대되었다. 그런데 우리나라 양허표를 보면 부속서3에 한국전력공사의 물품이 포함되어있으며, HS8504, 8535, 8537 및 8544를 제외목록으로 등재하고 있는데 앞에서 언급하였지만 전기는 HS2716으로 해당 제외물품에 포함되어 있지 않다. 따라서 민법에서의 규정에 따라 전기가 물건에 해당하고 정부가 전기를 구매한다면 최소한 조달의 대상이라는 결론에는 이를 수 있다.

그렇다면 조달의 정의는 무엇인가? 조달협정은 제2조 1항에서[36] 조달을 설명하고 있는데 상업적 판매 또는 상업적 재판매 목적으로 구매되지 않은 것을 요건으로 하고 있다. 즉, 본질적으로 이득이 남지 않아야 하는데 이때 비상업적인 목적을 주장하기에 중요한 요소는 가격이라고 볼 수 있다. 그러나 전력은 또한 모두에게

---

35 Panel Report, US-Preliminary Determinations with Respect to Certain Softwood Lumber from Canada, pp. 7.6-30, WT/DS236/R, Sept. 27, 2002.
36 제2조 1항.
"본 협정의 목적을 위하여, 협정 적용대상 조달이란 정부 목적으로 이루어지는 다음의 조달을 말한다.
가. 물품, 용역 혹은 물품과 용역이 결합된 것에 대한 조달
(1) 각 당사국의 부록 I에 명시된 것으로서
(2) 상업적 판매 또는 상업적 재판매 목적으로 구매되지 않은 것 또는 상업적 판매 또는 상업적 재판매를 위한 물품이나 용역의 생산 또는 공급에 사용하기 위해 구매되지 않은 조달"

필수적인 간접재여서 완전한 경쟁시장에서 제시된 가격이라고는 볼 수 없으므로 이러한 경우에도 "비상업적인 목적"을 판단하는 동일한 기준으로 사용할 것인가의 결정은 재판부의 선택이라고 할 것이다. 또한 재생에너지 판매에서 파생되는 적자나 흑자상태를 상업적 이득으로 볼 것인가의 문제도 대두된다.

　　만약 전력구매정책인 FIT를 정부조달행위로 본다면 FIT는 조달협정에서만 다루어야 하는가? 보조금협정은 조달행위를 예외로 인정하고 있지 않으며 오히려 정부의 상품 또는 서비스구매를 보조금협정상 보조금의 정의에 포함시키고 있다. 만약 정부의 구매가격이 시장가격보다 높은 경우에는 재정적인 기여가 있었다고 판단될 수 있을 것이다. 하지만 조달협정 제2조 3항에는 보조금인 경우 조달협정이 적용되지 않는다고 규정하고 있기 때문에 보조금으로 보는 경우에는 조달협정에서 논의하지 않는다[37]. 따라서 보조금협정으로 조달행위를 판단하는 것은 아무런 문제를 야기하지 않는다.

　　한편 내국민대우원칙을 규정한 GATT 제3조도 조달행위에 대한 예외를 두고 있는데[38] 만약 정부의 전력구매를 조달로 볼 수 있다면 FIT에 근거한 차별적 구매는 예외에 근거한 정당한 행위에 해당할 수 있다. 따라서 일본이 내국민대우원칙을 주장한 이 사건에서 전력구매를 조달로 볼 경우 캐나다는 제3조 8항으로 반박함으로써 덜 우대적인 대우를 정당화할 수 있고 정부의 자원으로 전력을 구매한 것을 보조에 의한 것이 아니라고 주장할 수 있을 것이다.

37　제2조 3항
　　각 당사국 부록 I에서 달리 명시하는 경우를 제외하고는, 본 협정은 다음 사항에는 적용되지 않는다.
　　가. 토지, 기존 건물 또는 다른 부동산이나 그에 대한 권리의 취득이나 임차
　　나. 비계약적 합의나 또는 협력적 합의, 보조금, 차관, 지분 투입, 보증금, 재정적 인센티브를 포함하여 당사국이 제공하는 모든 형태의 지원
　　다. 재무기관의 매입이나 취득 또는 예치 용역, 피규제 금융기관에 대한 청산 및 관리 용역 또는 차관이나 국공채, 어음, 기타 증권 등을 포함한 공채의 판매, 상환, 배분과 관련된 용역의 구매 또는 취득
38　GATT 제3조 8항. (a) 이 조의 규정은 상업적 재판매 또는 상업적 판매를 위한 재화의 생산에 사용할 목적이 아닌, 정부기관에 의하여 정부의 목적을 위하여 구매되는 상품의 조달을 규율하는 법률, 규정 또는 요건에는 적용되지 아니한다.

8.3.3. 보조금으로서 FIT

일본은 캐나다의 FIT프로그램이 국내상품사용(local input requirement)조건을 부여하고 있어서 온타리오(ontario)외부에서 재생에너지 설비를 생산하는 이들에 대한 차별이 이루어지고 있다고 주장하였다. 온타리오의 FIT에는 국내 상품 사용조건을 다양한 항목에 부여하고 있는데 2009년부터 2011년까지 10kw 이상을 생산하는 풍력프로젝트의 경우에는 25%, 2011년부터 10kw이상을 생산하는 태양관련 프로젝트의 경우에는 60%를 국내상품이나 서비스로 충족하여야만 FIT보조금을 받을 수 있도록 규정하고 있다.

한편 보조금은 특히 신규산업의 정착을 위해 필수적인 요소이며 정부는 정부정책의 실현을 위해 산업계에 대한 설득, 지원 법률 등을 동원하게 된다. 국내의 상황과는 반대로 이러한 보조금이 무역의 흐름을 왜곡시켰을 때 국제사회는 협정위반의 문제로 부각시킨다. 보조금협정은 무역의 흐름을 왜곡시키는 보조금의 종류와 정의를 규정하여 질서를 유지하도록 하고 있다. 5가지 요건이 중요 요소인데 i) 정부나 공공기관의 재정적인 기여가 있는 경우 또는 ii) 1994년 GATT 제16조의 가격지지에 해당하는 경우 iii) 이로 인한 혜택이 있는지 iv) 지시나 위임에 의한 하부기관의 행위이지만 사실상 정부 또는 공공기간의 행위인지 v) 특정성이 있는지 여부를 판단하여 결정한다. 이하에서는 캐나다의 FIT가 보조금협정과 충돌하는지를 살펴본다.

8.3.3.1. 재정적 기여와 가격지지

FIT는 서두에서도 정의를 살펴보았지만 첫째, 전력생산에 소비되는 비용을 포함하는 전력거래가격이 국가에서 제시하는 기준가격보다 낮은 경우에는 발전차액을 지원하여 손실이 없도록 보장하는 점 둘째, 재생에너지가 전력시장에 우선 접근할 수 있도록 보장하는 점이 특징적이다. 두 가지 특징을 제외하고는 각국마다 설계에 따라 큰 차이를 보인다.

전력거래시장[39]에서는 발전사업자가 시장을 통해 전력판매가 이루어지고 발전사업자의 수익은 시장거래과정에서 달성하는 것으로 과거 안정적 전력공급을 위해 투자하는 비용을 모두 요금에서 회수하는 시스템이었던 반면 시장가격에 따른

| 39 우리나라에서는 2001년 4월 전력거래소를 발족하고 전력거래시스템을 도입하였다.

변동비용과 기업어음에 지불하는 고정비용을 기준으로 산정된 정산금액으로 전력판매에 대한 수입이 발생하게 된다.

우리나라를 예로 들면 우리나라에는 6개의 발전회사를[40] 포함한 400여 개의 발전사업자가 있는데 발전회사는 표준발전기 공사비와 연료비단가를 1년 단위로 제출하고 전력거래소는 이를 바탕으로 발전계획을 수립하여 시장가격을 결정한다. 공급가능용량을 입찰하면 결과에 따라 발전기를 가동하고 실시간으로 발전기 출력을 조정하며 월 단위로 대금을 지불받게 된다. 전력거래소는 1시간 단위로 변경된 전력가격을 제공하는데 거래 하루 전에 예측된 전력수요곡선과 공급입찰에 참여하는 발전기들로 형성되는 공급곡선이 교차하는 점에서 시장가격이 매 시간 단위로 결정된다[41]. 신·재생에너지를 이용하여 생산한 전력의 경우에는 전력시장을 통하여 전력거래를 하는 경우 계량된 전력거래량에 대해 '신재생에너지이용발전전력의 기준가격 지침'에서 규정한 전원별 기준가격에서 전력시장에서 이루어진 계통한계가격을 뺀 값에 발전량을 곱하여 산정한다.

그렇다면 전력가격의 형성과정에서 발전차액을 지급하는 것이 보조금에 해당하는가? 최소할당량부여방식(minimum quota measure)[42] 또는 최소가격방식(minimum price mechanism)은 정책설계에 따라 다르기는 하지만 일반적으로 볼 때 기업의 입장에서는 분명히 혜택(benefit)이 있지만 가격상승에 따른 부담이 전력생산기업과 전력소비자에게 분산되어 정부로부터의 재정적 기여가 없기 때문에 보조금을 형성하지 않는다[43]. 그러나 FIT는 설정된 가격이 시장가격 자체에 지원금이 포함된 것이어서 정부의 재정적 기여가 있다고 판단 될 수 있다.

한편 보조금협정 제1조 1(a)(2)는 1994년도 GATT 제16조상의 의미의 소득 또는 가격 지지가 어떤 형태로든 존재하고(any form of income or price support in the sense of the Article XVI of GATT 1994) 이로 인해 혜택이 부여된 경우에 보조금을 형성한 것으로 보고 있는데 FIT를 가격지지로 볼 수 있을까? 가격지지(price support)에 대해 1960년 보조금에 관한 패널리포트[44]는 "생산을 증가시키는 동기

---

40 한국수력원자력(주), 한국서부발전(주), 한국동서발전(주), 한국남부발전(주), 한국남동발전(주), 한국중부발전(주).

41 전력거래소 홈페이지 참조. http://www.kpx.or.kr/.

42 유럽에서 RPS정책을 할당량방식메카니즘(quota-based mechanisms), 할당량의무(quota obligations) 또는 재생에너지의무방식(renewable obligations)이라고 한다.

43 M. Mendonca, Feed-in Tariffs, Accelerating the Deployment of Renewable Energy (London: World Future Council, Earthscan, 2007).

를 부여하는 보조금은 상쇄수단이 없는 경우에는 수입을 증대시키거나 수출을 감
소시킨다고 볼 수 있다."고 밝히고 있다[45].

그렇다면 발전차액을 보장하는 수단은 국내에서 높은 가격으로 전력을 생산
하는 기업에게 상품과 서비스를 판매할 수 있는 충분히 시장을 형성하도록 하는 것
으로, 이렇게 형성된 가격차이로 인하여 발전차액의 보장이 없이 신재생에너지를
생산하는 다른 국가의 상품이 수입될 기회가 없어지는 경우 제1조 1(a)(2)의 요건
에 해당할 수 있을 것이다. 무엇이 가격지지에 해당하는지 여부에 있어서 수입증대
나 수출감소와의 관련성은 판례를 통해 좀 더 명확해 질 수 있을 것이다.

8.3.3.2. 수입품 대신 국내 상품의 사용을 조건으로 지급되는 금지보조금

이 사건에서 보다 명확한 것은 온타리오주 정부가 국내 상품의 사용을 조건으
로 금전적 지원을 하였다는 것이다. 보조금협정 제3조 2항은 "유일한 조건으로서
또는 다른 여러 조건 중의 하나로서, 수입품 대신 국내 상품 사용을 조건으로 지급
되는" 경우 금지보조금으로 보고 있다.

문언적으로 볼 때 온타리오의 FIT는 국내 상품 사용을 보조금지급의 조건으로
하고 있다. 만약 FIT의 보조금이 WTO협정상 보조금의 정의를 충족한다면 금지보
조금을 포함하고 있으므로 WTO의 보조금협정을 위반한 것이 된다. 금지보조금의
경우에는 존재 자체만으로도 구제절차 적용이 가능하므로 캐나다의 조치가 금지
보조금으로 판정이 내려지는 경우, 패널은 캐나다에게 지체없이 보조금을 철폐하
도록 권고하게 된다.

일본이 캐나다의 FIT를 조치 가능 보조금으로 주장하였다면 다른 여러 사회적
정황에서 FIT를 떼어내어 단지 FIT프로그램 때문에 다른 회원국의 국내 산업에 대
한 피해를 포함하는 부정적 효과(adverse effects)와 심각한 손상(serious prejudice)
이 있다는 것을 입증해야 하며 이는 GATT 일반 조항보다 더 높은 수준의 복잡한
입증과정이 필요하므로 쉽지 않았을 것이다. 설사 부정적 효과와 심각한 손상에 대
한 판단이 일본의 대외무역부에 의해 내부적으로 이루어지겠지만 그것이 WTO 분

---

44 Panel report on subsidies and state trading: Report on Subsidies, L/1160, March 1960, Para. 10.

45 "it is fair to assume that a subsidy which provides an incentive to increased production will, in the absence of offsetting measures, e.g., a consumption subsidy, either increase exports or reduce imports.

쟁해결기구에서 요구되는 수준의 입증이 아니어서 일본은 (이후 중국의 풍력프로그램에 대한 미국의 제소에서도 마찬가지로) 금지보조금 조항을 근거 조항으로 함으로써 입증책임을 상당히 완화시켰다.

8.3.3.3. 혜 택

재정적 기여 또는 가격지지에 해당하여도 '혜택'이 있어야만 보조금이 될 수 있다. 보조금협정 제1조 1(a)(1)(iii), 그리고 제14조 (d)항[46]은 '적절한 수준의 보상'을 기준으로 그 '이상'인 경우에는 혜택이 있다고 판단하고 그 '이하'인 경우에는 혜택이 없다고 판단한다. 이는 캐나다 Aircraft 사건[47]에서도 확인할 수 있다.

보조의 종류에 따라 입증의 정도가 다른데 국고보조금(government grants)의 경우에는 본질적으로 수혜자에게 혜택을 수여하기 때문에 판단이 용이하나 지분자본(equity capitals), 정부에 의한 대출(loans), 지급보증(loan guarantees)의 경우에는 수혜자에게 혜택을 수여하였다고 판단하기 위해서는 시장기준(market benchmark)과의 비교가 필요하다.

혜택의 수혜 이후 전후 변경 기준은 수혜자이다. 즉, 'better off'대상 기준은 수혜자이며 수혜자가 정부의 재정적인 기여를 받기 전과 후를 비교하는 것이지 절대적인 기준에서 시장의 다른 경쟁자와 비교하여 더 나은 상태가 되었다는 것은 아니다. 이러한 면에서 세금감면, 세금면제는 수혜자의 재정을 항상 더 나은 상태로 만들므로 그 자체로 혜택이 있다고 판단할 수 있다. 사실 세금감면이나 면제를 부여하는 민간시장은 형성조차 되어 있지 않기 때문에 비교가 불가능하기도 하다.

다만 공적 목적 달성 중 하나인 환경보호에 대한 의무를 부과하는 법규를 신설하고 이 과정에서 보조금(grants)을 주거나 세금감면, 면제 등의 행위가 동반되었다면 의무자에게 추가로 발생하게 된 비용을 초과하지 않는 범위 내에서 보조가 이루어진 부분에 대해서는 재정적 기여가 혜택으로 이어지지 않았다고 볼 수 있을 것이다. 대표적인 예가 UK-ETS 등 온실가스 배출권 거래이다[48].

---

46 "정부에 의한 상품 또는 서비스의 제공 또는 상품의 구매는, 이러한 제공이 적절한 수준 이하의 보상을 받고 이루어지거나, 구매가 적절한 수준 이상의 보상에 의해 이루어지지 아니하는 한 혜택을 부여한 것으로 간주되지 아니한다".

47 Canada-Measures Affecting the Export of Civilian Aircraft WT/DS70/AB/R, 2 August 1999.

48 박지현, "보조금협정으로 분석한 이산화탄소배출권", 「국제경제법연구」 제9권 제1호, 한국국제경제법학회, 2011.

가령 FIT프로그램의 운영내용으로 탄소배출을 줄이기 위한 목적에 의거하여 배출을 줄이는 의무를 신설한 후 그 일환으로 연료에서 배출되는 탄소의 비율을 줄이기 위해 신·재생에너지사용의무를 달성하도록 하기 위한, 비용을 초과하지 않는 범위 내에서 보조를 부여하는 경우에는 혜택이 없었다고 주장할 수 있을 것이다. 이것은 하나의 정책적인 옵션을 부여하는 부분인데 신·재생에너지사용의무 RPS와 같은 의무비율을 부여하면서 FIT프로그램을 복합적으로 적용하여 보조금협정으로 인한 논란을 피해갈 수 있도록 하는 방법이 될 수 있다고 보인다[49].

8.3.3.4. 지시 또는 위임

FIT프로그램의 복잡성은 민간기업이 전력분야를 담당하고 있을 때 가중된다. 대부분의 국가는 국영기업이거나 공공기관이 전력분야를 운영하는 체제를 지니고 있으나 국가의 지시나 위임 없이 운영되는 민간기업에 의한 운영도 가능하다. 그러나 표면상으로는 민간기업으로 분류하고 있지만 공공성을 강조하면서 정부정책에서 벗어나지 않도록 조정하고 있는 경우도 많지 않은가? 민간 전력기업이 실제로 운영하는 프로그램이 정부가 일반적으로 행하는 관행을 따르지 않는 형태로 독립적인 판단에 의해 운영하는 경우는 어떠한가?

협정 제1조 1(a)(1)(iv)항은 정부가 자금공여기간에 대하여 지불하거나 '일반적으로 정부에 귀속되는' 행위를 민간기관으로 하여금 행하도록 위임하거나 지시하면서 '일반적으로 정부가 행하는 관행'에 맞도록 행한 경우에는 보조금에 해당한다고 규정하여 반대의 경우인 정부의 관행으로부터 '상이하게 행위를 하는 경우'에는 보조금정의에 해당하지 않는다고 해석할 수 있는 것으로 보인다.

그렇다면 무엇이 '일반적으로 정부에 귀속되는 행위'인가? 1(a)(1)(iv)항은 세 가지의 '일반적인 형태(normal type)'로 1(a)(1)(i)부터 (iii)까지를 지정하였고, US-Restraints사건에서는 (iv)항으로 인하여 다른 종류의 정부메카니즘(other kinds of government mechanism) 범위가 확대되는 것은 아니라는 태도를 취하여 정부의 기능범위를 재확인하였다.[50] 즉, 정부의 고유한[51] 행위로서 세금부과라던가

---

49 우리정부는 2012년 FIT정책을 중단하고 공공기관에서 RPS를 도입하는 방식으로 정책을 전환하였다. 그러나 FIT를 재도입을 주장하는 이들도 있다. 박진희, "시스템전환, 기후 변화 담론 그리고 재생가능에너지: 한국의 재생가능에너지 정책의 발달", 「환경철학」 제7집, 한국환경철학회, 2008.
50 Panel Report on US-Exports Restraints, paras. 8.53-8.55.

사회간접자본(general infrastructure)확충을 포함한 목적달성을 위한 예산지출이 일반적인 정부의 기능이라고 볼 수 있다.

독일FIT를 판단한 유럽사법재판부는 "재생에너지 발전가들이 가지는 경제적 이득은 국가 자원으로부터 그러한 전력을 생산하는 기업에게 직·간접적으로 이전된 것이 아니다"라고 언급하였다[52]. 이는 재생에너지 발전에 투자하는 이들이 얻는 혜택이 국고가 아니라 민간의 부담에서 나온 것이므로 국가보조금에 해당하지 않는다는 것이다. 동 판결은 EU위원회에서 영국의 재생가능에너지 사용의무(Renewable energy obligation)와 온실가스배출권(ETS)이 국가보조에 해당하지 않는다고 결정[53]한 것과 일맥상통한다.

재판부는 "직접 간접적으로 국가의 자원(resources)이 부여(grant)된 경우에만 보조에 해당한다. 국가가자원에 의해 재정이 지원된 것과 상관없이 국가에 의해 부여되는 모든 유리한(advantages) 부분을 의미하는 것이 아니라, 국가에 의해 직접적으로 부여된 것이건 국가가 위임하거나 설립한 공적 기구 또는 민간기업에 의해 부여되건 상관없이 두 경우 모두 국가의 자원이 동원된 것과 상관없이 보조에 해당한다는 것을 의미한다."[54]고 하면서 국가보조를 결정하는 주요 요소는 자원의 이전여부에 있으며 더불어 지시와 위임을 통해 정부기능을 행하는 경우는 그 외관

---

51 이재민, 「WTO보조금 협정상 위임·지시 보조금의 법적 의미」, 경인문화사, 2008, p. 224 에는 '정부의 본연 임무의 종사'라고 표현하고 있다.

52 " … in order to preserve the effectiveness of Articles 92 and 93 of the Treaty, read in conjunction with Article 5 (now Article 10 EC), it is necessary for the concept of State aid to be interpreted in such a way as to include support measures which, like those laid down by the amended Stromeinspeisungsgesetz, are decided upon by the State but financed by private undertakings." PreussenElektra AG v. Scheleswag AG, para. 59.

53 2001/C 37/03. OJ C 37, 03/02/ 2001. 더불어 http://ec.europa.eu/eu_law/state_aids/comp-2010/n065-10.pdf. 참조.

54 " … the case-law of the Court of Justice shows that only advantages granted directly or indirectly through State resources are to be considered aid within the meaning of Article 92(1)[now 87(1)]. The distinction made in that provision between aid granted by a Member State and aid granted through State resources does not signify that all advantages granted by a State, whether financed through State resources or not, constitute aid but is intended merely to bring within that definition both advantages which are granted directly by the State and those granted by a public or private body designed or established by the State … ". *Ibid.*, para. 58.

에 상관없이 동일한 정부의 기능을 행한 것으로 판단한다고 언급하였다.

캐나다-재생에너지분야사건에서 전력을 수·공급하는 회사인 온타리오전력당국(Ontario Power Authority: OPA)은 캐나다에너지부(the Ministry of Energy)와 온타리오에너지위원회(Ontario Energy Board)의 지시(direction)하에 FIT를 설계하고 이행, 감독을 하고 있다. 그러나 캐나다에너지부는 OPA가 공공기관으로 분류되지 않는다고 주장하였다[55].

2011년 3월 US-AD/CVD[56]사건의 항소기구는 패널이 협정 제1조 1(a)(1)항의 공공기관(public body)이 정부에 의해 조정되는 기관(any entity controlled by a government)이라고 해석한 것을 번복하면서, 공공기관은 정부의 권한(public authority)이 부여되고, 소유하고 있으며, 행사되는 기관을 의미한다고 하였다[57]. 최근의 결정이라고 볼 수 있는 동 사건에 의하면 보조금협정상의 공공기관이기 위한 핵심적인 요소로 '권한(authority)'을 들고 있는데 캐나다에너지부에서 OPA를 공공기간이 아니라고 분류하고 있기 때문에 일본은 OPA가 캐나다정부의 권한을 행사한다는 점을 입증해야 한다.

동 사건에서는 또한 정부의 일반적인 기능에 대한 판단부분에서 해당 회원국의 법적구조(legal order)도 감안할 수 있다고 하여 시장경제가 아닌 다른 체제를 가진 국가의 독특한 구조가 '일반적인 정부의 기능'을 판단하는 요소가 된다고 언급하고 있는데[58] 캐나다는 연방국가의 형태를 지니고 있으므로 연방국가의 독특한 정부구조에서의 정부의 일반적인 기능 또한 입증해야 할 요소이다.

---

55 http://www.powerauthority.on.ca/; 이외 Blake, Cassels & Graydon LLP, overview of Electricity Regulation in Canada, p.12. "Independent power producer"에 OPA 가 있다.

56 US-Definite Anti-Dumping and Countervailing Duties on Certain Products form China(이하 US-CVD). WT/DS379.

57 "What matters is whether an entity is vested with authority to exercise governmental functions, rather than how that is achieved" US-CVD. WT/DS379/AB/R para. 318.

58 This suggests that whether the functions or conduct are of a kind that are ordinarily classified as governmental in the legal order of the relevant Member may be a relevant consideration for determining whether or not a specific entity is a public body. Ibid. para. 297.

8.3.3.5. 특정성

보조금협정 제2조의 '특정성(specificity)'은 또 하나의 중요한 요소이다. 그러나 무엇이 특정성을 지닌 보조금인가에 대해 확신을 준 사건은 존재하지 않는다. 오히려 US-Upland Cotton[59]사건에서는 사례별(case-by-case)로 특정성을 판단한다는 기준을 제시하였다. 그러나 유추하건데 하나의 산업분야에게 보조금이 수여되었다면 특정성이 있다고 판단되기 쉬울 것이며 또한 기업이나 산업분야에 종사하는 이들의 수에 반비례하여 낮은 비율의 기업이나 산업에 보조를 수여하였다면 특정성이 있다고 판단되기 쉬울 것이다. 현재 상황에서 신·재생에너지가 전체 에너지산업에서 차지하는 비율은 대부분의 국가에서 20%를 넘지 않으므로, 에너지산업전체에 보조를 한다하여도 여전히 특정성을 지닌다고 판단할 수밖에 없다[60]. 이러한 근거에 따라 캐나다-재생에너지사건에서의 FIT가 금지보조금의 정의에 해당하면 자동적으로 특정성이 있다고 간주되며 그렇지 않더라도 여전히 제한적인 산업분야에 대한 지원으로 특정성을 지녔다고 판단될 것이다.

8.4. 결 론

에너지가 의미하는 바는 다양하나 단순히 상품을 넘어선 국가안보의 문제와 직결된다고 보는 것이 일반적이며 정책적인 시각이다. 뿐만 아니라 개별 국가의 무역수지를 넘어서서 전체 국제사회에 영향을 미치는 기후변화와도 필수불가결적인 관련성을 지니고 있다.

최근 제기된 캐나다-재생에너지발전분야사건은 캐나다정부가 재생에너지산업에 대한 투자를 확대하고 이 분야의 일자리창출을 목적으로 진행한 발전차액지원(Feed-in tariff)프로그램에 관한 것이다. FIT는 설계에 따라 다양한 모양을 지니고 있으나 두 가지 대표적인 특징은 첫째 발전차액의 지원이며 둘째 전력시장으로의 우선접근권을 보장하는 것이다. FIT는 안정성있는 투자라는 명성을 얻으면서

---

59 US-subsidies on Upland Cotton. WT/DS267.AB/R para. 7.1142.
60 US Lumber 사건에서는 23개의 다른 분야의 산업계가 200개 이상의 상품에 대한 보조가 이루어졌으나 특정성이 있다고 판단하였다. paras. 7.117, 7.125.

외국인을 포함한 신규투자가 단시간 내에 확대되었고, 관련산업의 급격한 성장도 이루었다고 평가되고 있다.

FIT가 문제가 되는 부분은 WTO의 보조금협정상 허용되지 않는 보조금일 때이다. 협정은 금지보조금, 조치가능보조금, 허용보조금 세 가지 유형을 정의하고 있는데 허용보조금에 대한 유예기간이 종료되었고, 연장이나 개정에 대한 합의가 없기 때문에 금지보조금과 조치가능보조금이 보조금협정사건의 주를 이룬다. 동 사건은 캐나다 온타리오주에서 국내상품과 서비스사용을 조건으로 FIT를 약속하는 규정을 제정한 것에 대해 일본이 제소한 것이다. 정치적으로는 최근 온타리오주에서 있었던 태양광 설비시설투자와 아랍에미리트 원전플랜트입찰 두 건 모두 한국이 수주함으로써 신재생에너지분야에서의 일본의 위치를 재확인하기 위해 제소하였다는 배경설명이 있다. 어찌하였건 온타리오주의 FIT프로그램은 WTO 분쟁해결기구의 감시아래 분석될 예정이다.

FIT에 i) 정부나 공공기관의 재정적인 기여가 있는 경우 또는 ii) 1994년 GATT 제16조의 가격지지에 해당하는지 iii) 이로 인한 혜택이 있는지 iv) 지시나 위임에 의한 하부기관의 행위이지만 사실상 정부 또는 공공기간의 행위인지 v) 특정성이 있는지가 주요 판단요소가 될 것이다.

캐나다 온타리오주의 프로그램은 1960년 보조금에 관한 패널리포트에서 제시한 기준인 '수입을 증대시키거나 수출을 감소시킨 요소'가 있다고 판단될 수 있으며, '적절한 보상'을 넘어선 혜택이 있다고도 보인다.

그리고 온타리오전력당국(OPA)이 캐나다에너지부와 온타리오에너지위원회의 지시하에 FIT를 설계하였고 이행, 감독하고 있음에도 불구하고 캐나다에너지부가 OPA의 공공기관성을 부인하고 있는 것과 관련하여 최근 US-CVD사건에서 해당회원국의 '독특한 체제나 구조'를 일반적인 정부기능의 판단요소에 추가함으로써 캐나다 특유의 연방구조가 이를 판단하는 요소로 작용할 것이며, 또한 동일한 사건에서 '권한(authority)'의 이동이 있어야만 민간기업의 모습을 한 정부 또는 공공기간의 행위라고 판단하고 있어서 전력회사의 민영화, 시장개발 상황 등이 쟁점이 될 것이다. FIT가 특정산업이나 기업을 위한 보조금인지에 대한 특정성 판단기준은 명확하게 제시된 바가 없다. 다만 금지보조금인 경우에는 자동적으로 특정성이 있다고 간주되는데 캐나다 온타리오주에서 2009년부터 2011년까지 10kw 이상을 생산하는 풍력프로젝트의 25%, 2011년부터 10kw이상을 생산하는 태양

관련프로젝트에는 60%를 국내상품이나 서비스로 충족하여야만 FIT보조금을 받을 수 있도록 규정하고 있어서 특정성에 대한 판단은 용이할 것으로 본다.

한편 FIT로 수혜를 입은 투자자들이 재정적으로 더 나은 상태가 된 것에 실질적인 국가자원의 이동이 있었는지 그리고 공적 목적달성 중 하나인 환경보호관련 의무를 새로이 신설하는 과정에서 지급된 보조금이 사실상 추가로 발생하는 비용을 넘지 않은 부분을 사업자입장에서 혜택으로 이어졌다고 볼 것인지의 부분에 대해서는 유럽사법재판소의 독일FIT 사건과 EU위원회가 영국의 재생에너지사용비율(RPS), UK-ETS에 대해 국가보조에 해당하지 않는다고 한 결정을 참고할 수 있을 것이다.

참고문헌

김대순, 「WTO법론」, 삼영사, 2006.
성재호, 「국제통상법개론」, 성균관대학교출판부, 1998.
최승환, 「국제경제법」, 법영사, 2006.
채형복, 「국제경제법」, 영남대학교출판사, 2005.
최원목, 「국제통상법 기본자료집」, 이화여자대학교출판부, 2003.
박덕영 외, 「통상분쟁 속의 한국」, 학영사, 2006.
박지현, "보조금협정으로 분석한 이산화탄소배출권", 「국제경제법연구」 제9권 제1호, 한국국제경제법학회, 2011.
박진희, "시스템전환, 기후 변화 담론 그리고 재생가능에너지: 한국의 재생가능에너지 정책의 발달", 「환경철학」 제7집, 한국환경철학회, 2008.
이영은, "WTO 보조금협정상 특정성 규정과 주요 국가의 관행에 관한 연구: 미국, 유럽연합을 중심으로", 「무역구제」 통권 제39호, 지식경제부 무역위원회, 2010.
이석용, 「국제경제법」, 세창출판사, 2000.
이재민, 「WTO보조금 협정상 위임·지시 보조금의 법적 의미」, 경인문화사, 2008.
이환규, "WTO 보조금협정상 보조금의 정의: 미국 및 EU의 상계관세법상 정의규정과 비료분석", 「미국헌법연구」 제21권 제2호, 미국헌법학회, 2010. 8.
김보은 기자, "벨로루시 러시아 송유관 싸움 유럽까지 '불똥'", 『세계일보』, 2007. 1. 9.

Cottier, Thomas, Garba Malumfashi, Sofya Matteotti-Berkutova, Olga Nartova, JoËle de SÉpibus and Sadeq Z. Bigdeli, Energy in WTO law and policy, World Trade Institute. 2010.
Mendonca Miguel, "Feed-in Tariffs, Accelerating the Deployment of Renewable Energy", London: World Future Council, Earthscan, 2007.
Cory Karlynn, Toby Couture, Claire Kreycik,, "Feed-in Tariff Policy: Design, Implementation, and RPS Policy Interactions", National Renewable Energy Laboratory, 2009.
Dinica, Valentiana. "Support systems for the diffusion of renewable energy technologies - an investor perspective," Energy Policy Vol. 34, No. 4, pp. 461-480. 2006.
Horlick, N. Gary, "The WTO and climate change 'incentives'", in T. Cottier et al(eds). International Trade Regulation and the Mitigation of Climate Change: World Trade Forum, Cambridge University Press 2009.
Lauber, Volkmar, The Politics of European Union Policy on Support Schemes for Electricity from Renewable Energy Sources. 2005.
_____, 'REFIT and RPS': options for a harmonised Community framework', 32

Energy Policy, 2004.

Madlener, Reinhard and Fouquet, Roger, Markets for Tradeable Renewable Electricity Certificates: Dutch Experience and British Prospects. Paper presented at the 1999 BIEE Conference "A New Era for Energy? Price signals, industry structures and environment", St. John's College, Oxford, UK, 20-21 September 1999.

Meyer, Niels, "Development of Danish Wind Power Market", 15 Energy & Environment, 2004; Paul Morthorst, "The development of a green certificate market", 28 Energy Policy, 2000.

Nartova, Olga, 'Trade in Energy Service Under WTO Law: The Impact of Competition Policies', PhD thesis, University of Bern, 2009.

Rio, Del Pablo and Miguel Gual, "An integrated assessment of the feed-in tariff system in Spain", 35 Energy Policy, 2007.

S.Z.Bigdeli, 'Incentive schemes to promote renewable energy and the WTO law of subsidies;' in T. Cottier et al(eds). International Trade Regulation and the Mitigation of Climate Change: World Trade Forum (Cambridge University Press 2009).

EU연구보고서 Energy Charter Secretariat, Putting a Price on Energy: International Pricing Mechanisms for Oil and Gas, 2007.

European Commission, An Energy Policy for the European Union, COM(95)682 of 13 December, 1995.

European Commission, Green Paper for a Community Strategy-Energy for the Future: Renewable sources of Energy, COM(96)576, 19 November, 1996.

European Commission, Energy for the Future: Renewable Sources of Energy. White Paper for a Community Strategy and Action Plan, COM(97)599 final, 26 Nov, 1997.

European Parliament, Report on network access for renewable energies - creating a European directive on the feeding in of electricity from renewable sources of energy in the European Union. Committee on Research, Technological Development and Energy; rapporteur R. Linkohr. A4-0199/98, PE 224.949.fin, DOC_EN/RR/354/354415, 26 May, 1998.

European Commission, Working Paper. Electricity from renewable energy sources and the internal electricity market, SEC(1999)470, 13 April, 1999.

European Commission, Proposal for a directive of the European Parliament and of the Council on the promotion of electricity from renewable energy sources in the internal electricity market, COM(2000)279 final, 10 May, 2000a.

European Commission, Green Paper Towards a European strategy for the security of energy supply, COM(2000)769, 29 November, 2000b.

European Commission, "Community guidelines on State aid for environmental protection". Document 301Y0203(02), Official Journal C 037, 03/02/2001, pp3-15, 2001.

Held, A.; Ragwitz, M.; Huber, C.; Resch, G.; Faber, T.; Vertin, K., "Feed-in Systems in Germany, Spain and Slovenia: A Comparison." Fraunhofer Institute Systems and Innovations Research in Karlsruhe, Germany, October 2007. Accessed at http://www/feed-in-cooperation.org/images/files/ific_comparison_of_fit-systems_de_es_sl.pd, 2007.

자국민의 건강보호를 위한 기술규정 조치의
국제통상법적 쟁점에 관한 소고[*]

: 미국-정향 담배 사건을 중심으로

오선영(숭실대학교 글로벌통상학과 부교수, 법학박사)

9.1. 서 론

WTO(World Trade Organization; 세계무역기구) 회원국들은 인간의 건강 또는 환경 보호 등의 정당한 목적을 달성하기 위하여 적절한 기술규정 조치 등을 채택할 수 있는 권리를 가지는 동시에, 각 회원국들의 강제적인 기술규정이나 자발적인 표준 그리고 적합 판정 절차 등이 자유무역 증진에 불필요한 장애가 되지 않도록 무역에 대한 기술장벽을 낮추고 국제적인 표준을 사용하도록 권장 받고 있다. 이러한 두 가치의 이익을 조화롭게 균형을 이루기 위하여 WTO 설립과 함께 채택된 것이 바로 『무역에 관한 기술장벽에 관한 협정』(Agreement on Technical Barriers to Trade, 이하 TBT협정)이다.

TBT협정은 그 중요성에도 불구하고 이와 직접 관련된 WTO 분쟁은 그동안 매우 제한적이었다. 그러나 최근 2012년에, TBT협정의 주요 조항과 실체적인 규정들을 심도 있게 다룬 세 건의 사례가 채택되었다. 이에 각 사례들의 패널 및 상소

---

* 이 장은 필자가 2013년 5월에 「법학연구」 제54권 제2호에 게재한 "자국민의 건강보호를 위한 기술규정 조치의 국제통상법적 쟁점에 관한 소고-미국-인도네시아 정향담배 사건을 중심으로"를 이 책의 목적에 맞추어 저자의 동의하에 전재한 것임을 밝힌다.

기구의 주요 조항에 대한 해석 및 적용을 분석하여 장차 발생하게 될 기술규정 관련 무역과 환경 분쟁을 실질적으로 해결할 수 있는 방안을 마련하는 일이 필요하다. 세 사건들 중 본고에서 다루고자 하는 사례는 정향 담배 수입금지에 대한 인도네시아와 미국 간 분쟁이다.[1] 특히 본 사건은, 청소년의 흡연 예방 등과 같이 자국민의 건강보호를 위한 정당한 목적의 고려가 TBT협정의 주요 조항을 해석하고 이를 적용함에 있어 어떠한 역할을 담당하는지 살펴볼 수 있는 중요한 자료를 제공할 수 있을 것으로 판단된다.

더욱이 TBT협정이 회원국의 권리와 의무 간의 균형을 꾀하고 있기 때문에 자국민의 건강보호를 위한 정당한 목적의 기술규정 조치가 WTO의 규정에 위반되지 않고 유효하게 적용되기 위해서는 각 회원국에게 어떠한 노력이 필요한가를 살펴볼 필요가 있다. 이를 위하여 본고에서는, 본 사건의 개요를 먼저 설명한 후에 본 사안의 핵심쟁점인 기술규정에 대한 내국민대우원칙, 불필요한 무역장애금지원칙 및 합리적인 기간 공지원칙에 대한 패널 및 상소기구의 판정을 분석하고 이를 바탕으로 평가를 하였다.

9.2. 사건의 개요

2009년 미국 의회는 청소년의 흡연을 줄이고 자국민의 건강을 보호하기 위해 '가족흡연예방 및 담배규제법(Family Smoking Prevention and Tobacco Control Act, 이하 FSPTCA)'을 통과시켰고, 오바마 행정부는 이 법안 Section 907(a)(1)(A)에 따라 박하향(menthol) 담배를 제외한 모든 향(flavored) 담배의 판매를 금지시켰다. 즉, 청소년의 흡연율을 낮추기 위해 청소년의 흡연과 밀접한 관련이 있는 정향(clove), 시나몬, 바닐라 향 등 각종 인공 또는 천연 향이 가미된 담배의 판매가 금지되었고, 결국 이러한 향 담배의 수입조차 금지된 것이다. 그런데 또 다른 향 담배의 일종인 박하향 담배가 이러한 규제조치 범위에는 포함되지 않은 것이 화근이 되었다. 이에 당시 청소년에게 인기가 많았던 정향 담배의 최대 생산국인 인도네시

---

1 Panel Report, United States- Measures Affecting the Production and Sale of Clove Cigarettes, WT/DS406/R, 02 September 2011. Appellate Body Report, United States- Measures Affecting the Production and Sale of Clove Cigarettes, WT/DS406/AB/R, 4 April 2012 (이하, 'US-Clove Cigarettes').

아가 문제를 제기하였다. 즉, 인도네시아는 미국 정부가 각종 향 담배의 판매를 규제하면서도 자국이 생산하는 박하향(국내산) 담배 판매를 허용한 것은 인도네시아산 담배(수입산)에 대해 차별적인 조치로 TBT협정을 비롯하여 WTO의 규범에 어긋난다고 주장하였다.

이에 미국은 박하향 담배는 25% 정도의 시장 점유율을 지니고 있는 반면,[2] 정향 담배의 수요 자체는 전체 미국 흡연자 시장의 0.1% 밖에 차지하지 않으며 이러한 정향담배의 소비는 특히 17-18살의 청소년들의 흡연 소비에 매우 집중되어 있음을 강조하였다.[3] 즉, 박하향 담배의 주요 소비층은 성인인데 반해 인도네시아산 정향 담배의 주요 소비층은 청소년이기 때문에 이 둘은 서로 비교할 수 없는 상품이며, 정향 담배의 수입금지는 청소년 건강유지를 위하여 필요한 조치라는 것이다. 그리고 만약 정부가 박하향 담배까지 모두 규제를 하게 된다면, 미국 내에 박하향 암시장이 생겨날 위험이 크고, 미국의 건강보호 제도 체계(US health care system)에도 악영향을 미칠 가능성이 매우 크다는 이유로 인도네시아의 주장이 옳지 않다고 반박하였다.

두 당사국의 협의가 이루어지지 못하자, 결국 2010년 7월 20일에 패널이 설치되었고, 2011년 9월 2일, 패널 보고서를 통해, 미국이 박하향 담배를 제외한 정향담배의 수입을 금지시킨 것은 TBT협정 제2.1조,[4] 즉 내국민대우원칙을 위반한 것이며, 미국이 당해 기술규정 규제조치의 공표와 발효까지의 공백을 3개월로 둔 것은 제2.12조[5]에서 요구하는 '합리적인 기간(reasonable interval)'이라고 볼 수 없기에, 패널은 미국이 동 조항을 위반하였음을 인정하며 인도네시아의 손을 들어주었다. 반면, 정향 담배의 수입금지 조치는 미국정부가 달성하고자 하였던 '청소년 흡연 예방'이라는 정당한 목적수행에 필요한 이상으로 무역을 규제한 것은 아니었기에 제2.2조[6]의 위반은 아니라고 판정하였다. 상소기구는 패널의 판정을 확

---

2 Lukasz Gruszczynski, The TBT Agreement and Tobacco Control Regulations, Society of Int'l Economic Law Working Paper, 2012, p. 6.

3 *Ibid.*

4 TBT협정 제2.1조: 회원국은 기술규정과 관련하여 어떤 회원국의 영토로부터 수입되는 상품이 자기나라 원산의 동종 상품 및 그 밖의 국가를 원산지로 하는 동종 상품보다 불리한 취급을 받지 아니하도록 보장한다.

5 TBT협정 제2.12조: 10항에 언급된 긴급한 상황의 경우를 제외하고, 회원국은 수출 회원국 특히 개발도상 회원국의 생산자가 자신의 상품 또는 생산 방법을 수입 회원국의 요건에 적응시키는 시간을 허용하기 위하여 기술 규정의 공표와 그 발효 사이에 합리적인 시간 간격을 허용한다.

6 TBT협정 제2.2조: 회원국은 국제무역에 불필요한 장애를 초래할 목적으로 또는 그러한 효

인하면서도 특정 부분에 있어서는 그 근거를 달리하였다. 이에 대한 자세한 논의는 다음 단락에서 다루도록 하겠다.

9.3. 패널 및 상소기구 보고서 핵심 쟁점 분석

TBT협정 내에서 회원국들에 주어진 주요 권리 및 의무사항은 다음과 같다. 즉, WTO 회원국은 자국민의 건강보호 등을 실현하기 위한 목적으로 각종 기술규정 조치를 채택할 수 있다. 이때 이러한 기술규정 조치가 동종인 "A"상품(국산)과 "B"상품(수입산)을 구별하고, 이러한 구별로 인해 수입품에게 좀 더 불리한 대우가 이루어진 경우, 이는 TBT협정 내 내국민대우원칙에 반하게 되어 결국 WTO 규정 위반이 된다(제2.1조). 또한 기술규정 조치는 이를 통해 달성하고자 하는 정당한 목적 수행에 필요한 이상으로 불필요하게 무역을 제한하여서는 아니 된다(제2.2. 조). 그리고 회원국이 기술규정을 채택하여 이를 발효하고자 할 때에는, 다른 회원 국들이 이러한 기술규정으로 인해 예상치 못한 손해를 입지 않도록, 기술규정의 공표와 그 발효 사이에 합리적인 기간을 반드시 허용하여야 한다(제2.12조). 이러한 TBT협정의 주요조항들의 해석 및 적용에 대한 국제통상법적 쟁점을 이해하기 위해 본 사례의 패널 및 상소기구 보고서의 핵심 내용들을 분석하고자 한다.

9.3.1. TBT협정 제2.1조: 기술규정에 대한 내국민대우원칙

TBT협정 제2.1조는 GATT협정 제Ⅲ조 4항과 같이 내국민대우원칙을 서술하고 있다. 즉, 기술규정 조치가 외국산 상품에 대해서, 동종인 국내 상품에 부여되는 조치보다 불리하지 않은 대우를 취급해야 한다는 의무이다. 따라서 본 조항의 위반 여부를 다루기 위해서는, (1) TBT협정상의 기술규정에 해당하는가, (2) 외국산 상품과 국내 상품에 동종관계가 성립하는가, 그리고 마지막으로 (3) 국내 상품과 동종인 외국산 상품에 대하여 불리한 대우가 존재하였는가를 모두 밝혀야 한다. 본

과를 갖도록 기술규정을 준비, 채택 또는 적용하지 아니할 것을 보장한다. 이러한 목적을 위하여, 기술규정은 비준수에 의해 야기될 위험을 고려하여, 정당한 목적수행에 필요한 이상으로 무역을 규제하지 아니하여야 한다 (이하 생략).

사례에서, 미국의 정향담배 수입금지 관련 조치가 TBT협정의 적용을 받는 기술규정인가에 대한 다툼은 없었지만 이는 TBT협정 제2.1조의 핵심사항 중 하나이므로, 이에 대한 간략한 언급을 먼저 하고 '동종 상품' 여부와 '불리한 대우 존재'에 대한 논의를 중점으로 본 장을 서술하고자 한다.

9.3.1.1. 기술규정

TBT협정 부속서 제1.1조에 따르면, 기술규정이란 '상품의 특성 또는 관련 공정 및 생산방법에 관하여 규정하며 그 준수가 강제적인 문서'이다. 즉, 해당 조치가 식별 가능한 상품의 고유한 특성을 논의하고 있으면서 그 준수는 법률상(de jure) 뿐만 아니라 사실상(de facto) 강제적인 것까지 모두 포함하는 것으로 해석되어지고 있다.[7] 본 사례에서 문제되는 조치인 미국의 Section 907(a)(1)(A)는 담배가 지닌 고유한 특성인 향(flavored)을 규정하며 그 준수가 강제적이기에 TBT협정상의 기술규정에 해당한다.

9.3.1.2. 동종 상품 여부
9.3.1.2.1. 패널의 결정

본 조항의 동종 상품 여부를 판단함에 있어, 패널은 기본적으로, 두 상품의 경쟁적 관계(competitive relation) 여부를 고려하는 GATT협정 제Ⅲ조 4항의 접근방식을 언급하며, 전통적인 '상품성질설'에 의한 4가지 판단기준 구성요소를 살펴보았다. 즉, 건강 위해성의 존재여부와 연관된 상품의 물리적인 특성, 상품의 최종용도, 소비자의 기호 및 습관 그리고 상품의 관세분류를 고려하였다. 다만 패널은 GATT협정의 제Ⅲ조 4항과 TBT협정 제2.1조의 구성요소는 비슷하지만, 이 둘은 서로 다른 접근방식을 하여야 함을 강조하였다. TBT협정에는 GATT협정 제ⅩⅩ조와 같은 예외 조항이 존재하지 아니하기 때문에 TBT협정 방식은 GATT협정과는 달라야 한다는 것이 그 논거이다. 즉, 패널은 GATT협정 제Ⅲ조 4항의 동종 상품 구분 여부는 국내 상품과 수입 상품의 경쟁관계(competitive relationship) 범위 내에서 결정되는 반면, TBT협정 제2.1조에서는 문제 조치가 이루고자 하는 취지인,

---

7 Appellate Body Report, United States-Measures Concerning the Importation, Marketing and Saleof Tuna and Tuna Products, WT/DS381/AB/R, 16 May 2012, para. 196 (이하 'US-Tuna/Dolphin Ⅱ').

'규제목적(regulatory purpose)'이 동종 상품 구분에 직접 연관이 있다고 보았다.[8] 따라서 패널은 미국의 주장대로, 청소년의 흡연을 줄여 자국민의 건강을 보호하겠다는 미국 기술규정 조치의 목적을 동종 상품 판단에 고려하였다.

패널은 다음과 같은 사유로 정향담배와 박하향 담배는 동종 상품이라고 보았다: (1) 정향 및 박하향 두 향의 담배 모두는 담배 자체가 지니는 강한 쓴맛 등을 줄일 수 있는 첨가물을 내포하고 있다,[9] 그리고 (2) 소비자의 기호 및 습관을 고려한다고 봤을 때, 본 사안의 소비자층은 미국 내 흡연자 전체가 아니라 청소년층으로 한정지어야 하며,[10] 두 향 담배 모두 일반 담배의 쓴맛을 숨길 수 있는 소비자, 즉, 청소년의 필요를 충족시킬 수 있는 상품으로 정향 및 박하향은 같은 상품인 것이다.[11]

이에 미국은 '상품의 최종용도' 및 '소비자의 기호 및 습관'에 대한 패널의 판정에 대해 상소하였다. 즉, 박하향 담배의 흡연은 니코틴 섭취 등의 중독을 만족시켜주는 용도를 지닌 반면 정향 담배의 흡연은 일반 담배 맛 및 담배연기 향과 연관된 단순한 즐거운 경험(pleasurable experience)을 맛보기 위한 것으로 두 상품의 최종 용도가 엄연히 다르다고 반박하였다.[12] 또한 미국은 자국의 기술규정 조치가 단순히 청소년층에 해당한 것이라기보다는 성인 흡연자에 미치는 영향도 고려한 것이기 때문에 소비자의 기호 및 습관을 고려할 때, 성인 흡연자의 취향도 고려하여야 한다고 주장하였다.[13]

9.3.1.2.2. 상소기구의 결정

상소기구는 패널의 판정을 옹호하면서도, 그 접근방법은 달리하였다. 상소기구는 제2.1조의 해석과 적용은 TBT협정의 대상 및 목적과 문맥을 모두 고려하여야 함을 강조하며 TBT협정의 전문(Preamble)에 주목하였다.[14] 상소기구는 TBT협정 전문 자체가 다음의 사항을 확인한다고 하였다. 즉, TBT협정은 회원국의 기술규정 조치 등이 국제무역에 불필요한 장애가 되지 않도록 이를 규율하고 있는 동

---

8 Panel Report, US-Clove Cigarettes, para. 7.119.
9 *Ibid.*, para. 7.175.
10 *Ibid.*, para. 7.214.
11 *Ibid.*, para. 7.232.
12 Appellate Body Report, US-Clove Cigarettes, para. 123.
13 *Ibid.*, para. 134.
14 *Ibid.*, para. 85.

시에, 각 회원국이 정당한 특정 목적을 달성하기 위해 규제권을 행사할 권한을 갖고 있음을 보장하고 있으며, 이는 결국 GATT협정 취지와 다르지 않다고 밝혔다.[15]

    기본적으로 동종 상품을 구별하는데 있어 조치목적설(aim-and-effect theory) 적용을 오랫동안 부정해온 상소기구는, 규제목적의 고려가 동종 상품을 구분짓는데 필요한 사안이 아니라고 하였다.[16] 다만, 상품과 결부되어 있는 건강 위해성(health risk)을 규제하기 위한 목적이, 상품의 물리적 특성(physical characteristics) 또는 소비자의 선호(consumer preferences)와 직접 연관이 있을 때[17] 또는 상품들의 경쟁관계(competitive relationship)에 영향을 미칠 때, 그 범위 내에서만 동종 상품 판단 여부에 목적 고려가 관련성을 가지게 되지만 결정적인 사유는 아님을 분명히 밝히고 있다.[18] 나아가 기술규정 조치의 목적은 동종 상품의 구별이 아닌 '불리한 대우' 존재여부에 고려되어야 한다고 판정하였다.

    정향 담배와 박하향 담배의 최종 용도와 소비자의 취향에 대한 패널의 판정에 항소한 미국에 대해 상소기구는, 동종 상품을 구별함에 있어, 모든 소비자에게 두 상품이 대용할 수 있는 제품이라는 것을 증명할 필요도 없으며 전체 시장에서 두 상품이 실제로 경쟁하고 있는지를 밝힐 필요도 없다고 하면서, 결국 두 상품이 동종이라고 확정지었다.[19] 즉, 두 향 담배들 모두 니코틴을 함유하고 있는데, 이는 결국 니코틴 섭취와 즐거운 경험을 야기할 수 있다는 공통된 기능을 가지고 있다고 하였다.[20] 또한 상소기구는 미국의 주장대로, 패널이 흡연자의 소비층을 청소년으로 한정지은 것은 문제가 있다고 밝혔지만, 모든 소비자층에게 특정 상품이 대체가 능한 것인지를 따질 필요는 없다고 하였다.[21] 비록 특정 소비자층에게만 두 상품의 대체성이 매우 높고 다른 소비자층에는 그러하지 아니한다고 하더라도, 이러한 사실이 동종 상품을 결정하는데 영향을 미치는 중요한 사안이 아님을 강조하였다.

9.3.1.2.3. 평가 및 소고

상소기구는 TBT협정은 각 회원국에게 정당한 목적을 수행하기 위한 필요한

---

15 *Ibid.*, para. 96.
16 *Ibid.*, para. 112.
17 *Ibid.*, para. 104.
18 *Ibid.*, para. 117.
19 *Ibid.*, para. 142.
20 *Ibid.*, para. 131.
21 *Ibid.*, paras. 142-143.

규제권을 행사할 수 있도록 보장하고 있는 동시에 그러한 회원국의 기술규정 조치가 불필요한 무역제한적인 수단이 되지 않도록 규율하는 것을 목적으로 하고 있음을 밝히며, 이는 GATT협정의 취지와 크게 다르지 않다고 하였다. 상소기구는 GATT협정의 내국민대우원칙 조항(제Ⅲ조)과 일반적 예외 조항(제XX조)의 존재가 이러한 균형을 보여준다고 예시하였다.[22] 그러나 이미 예전 GATT협정 관련 사건들의 판례들을 살펴보면 일반적 예외조항을 굉장히 협소하게 해석하여, 사실상 이를 원용하여 구제받은 조치들이 존재하지 아니하는 점을 살펴보건대,[23] 이는 회원국이 규제조치를 채택할 수 있는 권리와 회원국의 규제가 자유무역을 불필요하게 방해해서는 아니 된다는 의무 사이에 균형을 이루고 있다고 판단하기 어렵다. 더욱이 TBT협정은 GATT협정의 제XX조와 같은 일반적 예외 조항이 존재하지 않기 때문에 이러한 회원국의 권한과 의무의 균형을 이루기 위해서는 TBT협정의 규정 해석들은 GATT협정의 해석과 적용과는 반드시 달라야 할 것이다. 따라서 TBT협정 내, 회원국의 기술규정 조치 채택 등의 권한행사에 대해서는 좀 더 유연한 시각으로 바라보아야 할 것이다.

이에 동종 상품을 판단함에 있어, 문제가 된 기술규정 조치의 목적을 고려한 패널의 입장은 인간의 건강보호를 위한 일반적 예외조치가 없는 TBT협정 문맥에서 어느 정도 회원국들의 국내규제 자치권(autonomy)을 인정해준 것이라 여겨진다.[24] 이는 자유무역 증대와 환경보호라는 두 가치의 충돌을 완화할 수 있는 효과적인 대안으로 여겨지며, 더욱이 일반적 예외조항이 없는 TBT협정의 해석은 분명 GATT협정과 달리하여야 하므로 패널의 분석방법은 높이 평가할 만하다.

기술규정 조치의 목적을 동종 상품 구별에 고려하는 것이 옳지 못하다는 근거로 많은 학자들은 정당한 목적의 확인이 사실상 쉽지 않음을 들고 있다. 그러나

22 *Ibid.*
23 *EC-Asbestos* 사례에서 패널은, 석면 수입금지 조치가 GATT협정 제Ⅲ조 4항을 위반하였지만, 제XX조 (b)항의 인간건강을 보호하기 위한 필요한 조치로 인정하면서, 최초로 제XX조 (b)항의 원용을 인정하였지만 상소기구에서 패널의 판결을 번복하면서 석면 수입금지 조치가 GATT협정 제Ⅲ조 4항을 위반한 것이 아니라고 판정하여 사실상 GATT협정 제XX조를 유효하게 원용된 사례는 없다고 볼 수 있다.
24 O'Neill Institute for National and Global Health Law Briefing Paper, *Tobacco Product Regulation and the WTO: US- Clove Cigarettes*, p. 3, 2011, *available at* http://www.law.georgetown.edu/oneillinstitute/documents/2011-09-12_O'Neill%20Institute%20Briefing%20Paper%20US%20-%20Clove%20Cigarettes.pdf(*last visited on 23* Feb. 2013).

Japan—Alcohol Beverages[25] 사례에서 상소기구는 다음과 같이 판시하였다. "무역 규제의 목적이 쉽게 확인할 수 있는 것은 아니다. 그럼에도 불구하고 규제의 '보호주의'적인 적용은 당해 무역규제의 디자인 또는 입법의 구조 및 입법 방식에서 식별할 수 있다."[26] 따라서 '보호주의' 목적이라는 것은 당해 무역규제의 여러 규정(provisions), 구조(structures), 정치적(political) 그리고 역사적(historical) 문맥에서 확연히 드러나는 '객관적 목적(objective purpose)'을 의미하는 것임을 알 수 있고 이는 그라 어려운 일이 아니다.[27]

패널의 발전적인 접근방식에도 불구하고, 상소기구는 동종 상품을 판단하는 기준으로 '정당한 목적'의 고려를 받아들이지 않은 점은 다소 아쉽다. 하지만 미국이 내국민대우원칙 위반에 취약할 수밖에 없었던 이유는 미국에서 팔리던 박하향 담배가 전적으로 미국 국내산에 의존하고 있었다는 사실에 주목할 필요가 있다. 만약, 박하향 담배 역시 모두 수입 상품에 의존하고 있다고 가정하였을 때도 같은 결론이 나왔을지는 의문이다. 또한 미국의 주장대로, 청소년의 흡연을 예방하여 결국 자국민의 건강을 보호하기 위한 목적으로 정향 담배를 비롯한 각종 향 담배의 판매를 금지한 것이라면, 최소한 미국 내 시장에서 청소년에게 박하향 담배 판매규제를 시행했어야 했다. 즉, 청소년의 흡연과 종류를 불문한 각종 향 담배의 소비는 서로 깊은 관련이 있었기 때문에, 미국 기술규정 조치는 그 정당한 목적의 고려에도 불구하고, 결국 까다로운 동종 상품 판단의 벽을 넘지 못하였다고 할 수 있다. 하지만 이러한 패널의 접근방식은 TBT협정 내 회원국의 정당한 권리행사를 인정하고, 무역과 환경의 연계를 위한 대안을 제시하였다는 데에 큰 의의가 있다고 하겠다.

9.3.1.3. 불리한 대우
9.3.1.3.1. 패널의 결정

미국의 기술규정 조치는 인도네시아산 정향 담배에 대한 대우를 국내산 박하향 담배에 시행하였던 취급보다 불리한 것이었다고 패널은 판정하였다. 패널은 단

---

25 Appellate Body, Japan-Taxes on Alcoholic Beverages, WT/DS8/AB/R, WT/DS10/AB/R, WT/DS11/AB/R, 01 Nov. 1996.

26 *Ibid.*, para. 29.

27 Robert Howse & Elisabeth Turk, "The WTO Impact on Internal Regulations: A Case Study of the Canada-EC Asbestos Dispute", *Trade and Human Health and Safety* (George A. Bermann & Petros C. Mavroids, eds., 2006), p. 265.

순히 몇 개의 수입 상품이 이와 동종인 국내 상품에 부여된 대우보다 불리하였다는 사실만으로 TBT협정 제2.1조의 '불리한 대우 존재' 구성요소를 자동적으로 충족시키는 것은 아니라고 강조하였다.[28] 이에 패널은 정향 담배에 미친 부정적인 영향의 이유가 수입되어져 오는 외국산 상품이기 때문이라는 사실과 직접 연관되어 있음을 인도네시아가 제시하였어야 했다면서, 인도네시아가 제시한 증거들은 수입된 정향 담배의 시장 경쟁성에 국내산 박하향 담배보다 손해를 입혔다고 밝히기에 충분하지 않다고 하였다.[29]

그럼에도 불구하고, 패널은 다음의 사유로 정향 담배에 불리한 대우가 있었다고 판정하였다. 우선, 미국의 기술규정 조치로 막대한 양의 인도네시아산 담배 수입이 금지된 사실에 주목하였다.[30] 나아가, 다른 향 담배 판매금지와는 예외로 박하향 담배의 판매를 인정한 이유가, 그러한 박하향 담배 자체가 인간의 건강에 미치는 위해성이 다른 향 담배와 달라서 규제대상에서 제외된 것이 아니었기 때문에 미국의 조치는 분명 정향 담배에게 불리한 대우를 제공한 것이라고 하였다.[31] 더불어 박하향 담배를 규제하게 되면 암시장이 들어설 가능성이 높고, 미국 건강보호제도 체계(US health care system)에도 악영향을 미칠 거라는 미국 측의 주장은 근거가 없다고 하였다.[32]

9.3.1.3.2. 상소기구의 결정

상소기구 역시 불리한 대우가 있었음을 인정하였다. 상소기구는 미국 시장에서의 정향 담배의 경쟁 조건(condition of the competition)을 확실히 변경시킬 때 불리한 대우 존재가 성립한다고 분명히 하였다.

상소기구는 TBT협정 제2.1조가 수입품에 대하여 법률상(de jure)뿐만 아니라 사실상(de facto) 차별을 금지하고 있는 것은 사실이지만, 수입품이 수입국 시장 내 가지는 경쟁적 기회(competitive opportunities)에 해로운 영향을 미치게 되는 규제조치가 허용될 수 있음을 분명히 하고 있다고 하였다.[33] 단, 이러한 경우에는

---

28 Panel Report, US-Clove Cigarettes, para. 7.273.
29 *Ibid.*, para. 7.268.
30 *Ibid.*, para. 7.276.
31 *Ibid.*, para. 7.291.
32 *Ibid.*
33 Appellate Body Report, US-Clove Cigarettes, para. 175.

그러한 기술규정 조치가 정당한 규제 차이로부터 절대적으로 파생되어야 함을 전제조건으로 하고 있다.[34] 본 사안에서, 정향 담배의 대부분이 인도네시아에서 수입된 반면 박하향 담배는 국내에서 주로 생산된 점을 미루어 보아, 엄청난 규모의 수입 상품에 대한 차별이 존재하였음을 상소기구는 확인하였다.[35] 또한 정향 담배와 박하향 담배 모두 담배 자체의 독한 향을 약화시켜 주고 좀 더 쉽게 흡연을 시작할 수 있도록 도와준다는 공통된 성향을 띄고 있는 점을 미루어 볼 때, 박하향 담배의 판매만 인정하고 정향 담배를 비롯한 나머지의 향 담배의 수입을 금지시킨 것은 정당한 규제 차이에 기인한다고 볼 수 없다고 하였다.[36] 이에 상소기구는 기술규정 조치 목적의 정당성 존재 여부가 '불리한 대우'를 입증할 수 있는 요건인 수입 상품과 동종인 국내 상품의 시장 경쟁 관계 변화에 영향을 미친다고 밝혔다.[37]

9.3.1.3.3. 평가 및 소고

GATT협정 제Ⅲ조 4항의 내국민대우원칙을 다뤘던 기존 판례들에서 '불리한 대우'는 수입 상품과 동종인 국내 상품 간의 '경쟁관계' 또는 '경쟁조건'에 미치는 영향을 중심으로 판단되어져 왔다. TBT협정의 내국민대우원칙도 GATT협정과 비슷하나, 반드시 기존 GATT 관련 판례의 해석을 따라갈 필요는 없을 것이다.

이에 본 사례의 상소기구 접근방식은 주목할 만하다. 회원국의 기술규정 조치가 합법적인 규제적 차이 또는 목적으로부터 절대적으로 기인한 것인 경우, 그것이 비록 수입된 외국 상품의 시장 경쟁 조건 등에 불리한 영향을 미친다고 하더라도 이는 정당한 조치로 인정받을 수 있는 길을 상소기구가 열어줬다고 볼 수 있다. 즉, 제2.1조의 내국민대우원칙 위반을 판단함에 있어 수입 상품에 대한 이질적인 악영향 및 대우는 필수적이지만, 그 자체만으로는 충분한 증거가 될 수 없음을 상소기구가 분명히 밝혔다.[38] 이로써 공중 보건 및 인간의 건강 보호 등을 위한 합리적이고 정당한 목적으로 동종인 수입 상품과 국내 상품을 합법적으로 구별하여 대우한 것은 단순한 규제적 차이이지 불리한 대우는 아닌 것이다. 왜냐하면 내국민대우 원

---

34 *Ibid.*
35 *Ibid.*, para. 224.
36 *Ibid.*
37 *Ibid.*, paras. 117 & 119.
38 *Ibid.*, para. 166.

칙의 불리하지 않은 대우는 똑같은 대우를 요구하는 것이 아니기 때문이다. 따라서 전술한 바와 같이, 미국이 정당한 목적을 수행하기 위하여 향 담배끼리가 아닌, 일반 담배와 향 담배를 구별하여 취급하였다면 이는 내국민대우원칙에 저촉되지 않았을 가능성이 매우 컸을 것이다.

기술규정 조치의 목적을 고려한 상소기구의 접근은, 회원국의 규제조치 입법권 행사의 권리와 위장된 제한을 금하고 자유 무역을 증진하기 위한 노력 의무와의 균형을 꾀하기 위한 시도로 여겨진다.[39] 상소기구가 TBT협정의 전문(Preamble)에서 이러한 균형을 거듭 강조하고 있음을 이미 확인하였고, 이에 일반적 예외 조항이 없는 TBT협정이 GATT협정과 다르게 접근될 수밖에 없음을 보여주는 것이라 볼 수 있다. 기술규정 조치 목적의 정당성에 대한 고려는 장차 다양해질 수밖에 없는 무역과 환경 분쟁에 실마리를 제공한 것으로 매우 높게 평가된다.

9.3.2. TBT협정 제2.2조: 불필요한 무역장애금지원칙 (필요성의 원칙)

TBT협정 제2.2조는 정당한 목적을 수행하기 위해 무역을 최소한으로 제한하는 조치를 채택할 것을 요구하고 있으며, 이는 곧 채택된 기술규정 조치가 국제무역에 대하여 불필요한 장애를 유발하는 방식으로 채택되거나 적용되어서는 아니 됨을 강조하고 있다. 즉, 기술규정 조치를 통해 이루고자 하는 정당한 목적 달성을 위한 여러 가지 수단들 중에 덜 무역제한적인 조치를 선택해야 한다는 것이다. 이를 '불필요한 무역장애금지원칙'이라 하며,[40] 이는 GATT협정에서 요구하고 있는 '필요성의 원칙'과 그 뜻을 같이 한다고 볼 수 있다. 조약문상에서는 '목적달성을 위한 필요한 정도보다 더 무역제한적인(more trade-restrictive than necessary to fulfil a legitimate objective)' 조치가 무엇인지에 대한 정의를 제공하고 있지 않다. 따라서 사례를 통해 본 조항의 핵심 구성요소의 의미를 정리하는 것이 필요하다.

9.3.2.1. 패널의 결정

인도네시아는 정향 담배의 수입금지 자체가 청소년 흡연율을 낮추고 자국민

---

39 Benn McGrady, "Appellate Body Report, United States-Clove Cigarettes", 3 *European Journal of Risk Regulation*, Vol. 3, 2012, p. 255.

40 한국국제경제법학회, 「신국제경제법」, 박영사, 2013, 251쪽.

의 건강을 보호하기 위한 목적을 달성하기 위해 필요한 정도보다 훨씬 더 무역제한
적이기에 이는 제2.2조 위반이라고 주장하였다. 이에 패널은 다음의 요지로 인도
네시아의 주장을 인정하지 않았다. 가장 먼저, 인도네시아는 미국이 취한 기술규
정 조치가 실제로 달성하고자 하였던 보호수준(level of protection) 정도를(본 사례
에서는 청소년의 흡연 예방) 입증할만한 충분한 자료를 제출하지 못하였고, 이로써
정향 담배 수입금지 자체가 그러한 보호수준 정도보다 지나친 정도의 조치임을 입
증하지 못하였다고 판정하였다.[41]

또한 패널은 인도네시아의 주장대로 정향 담배 수입금지 조치가 청소년의 흡
연율을 낮추는 데 기여하는 바가 그리 크지 않다는 사실에 대한 과학적 증거가 있
는지 살펴보면서, 세계보건기구(WHO) 담배규제기본협약(Framework Convention
on Tobacco Control)의 담배 내용물 규제에 대한 부분적 지침(Partial guidelines on
regulation of the contents of tobacco products)을 참고하여 청소년과 정향 담배의
흡연에는 서로 깊은 관련이 있음을 인정하였다.[42] 실제로 향 담배 판매를 금지하는
것은 WHO의 위 지침에서 실제로 권고하고 있는 방법들 중의 하나라고 설명하였
다.[43] 이와 더불어 패널은 청소년들의 정향 담배 흡연율을 고려하였다. 패널은 양
측이 제시한 자료에 대한 해석이 서로 판이할 수 있음을 인정하면서, 인도네시아가
제출한 자료에 의존하더라도 청소년들의 정향 담배 흡연율은 결코 무시할 수 있는
정도가 아님을 밝혔다.[44]

마지막으로 패널은 정향 담배의 수입금지 조치보다 '덜 무역제한적인 조치
(less trade-restrictive measures)'가 존재한다는 인도네시아의 주장을 받아들이지
않았다. 인도네시아가 제출한 청소년 흡연율을 낮추기 위한 다양한 방법들은 단순
한 예시에 지나지 않으며, 이러한 방법들은 미국정부가 기술규정 조치를 통해 이루
고자 하였던 보호수준(청소년 흡연 예방)을 달성함에 있어 정향 담배 수입금지 조치
만큼 큰 기여를 한다고 볼 수 없다고 판정하였다.[45] 이미 미국 내에 다양한 담배 규
제 정책들이 존재하고 있는데 이것들은 정향 담배 수입금지를 대체할만한 수단이
라기보다는 수입금지 조치에 상호보완적인 역할을 할 뿐이라며 정향 담배 수입금

---

41 Panel Report, US-Clove Cigarettes, paras. 7.373-7.374.
42 *Ibid.*, para. 7.401.
43 *Ibid.*, para. 7.427.
44 *Ibid.*, para. 7.389.
45 *Ibid.*, para. 7.422.

지 조치보다 덜 무역제한적인 조치는 없다고 하였다.[46]

이에 패널은 미국의 조치는 TBT협정 제2.2조 위반이 아니라고 판시하였고, 양 당사국은 이 조항에 대한 패널의 해석과 판결에 대하여 항소하지 않았다.

9.3.2.2. 평가 및 소고

패널의 이러한 판정은 자국민의 건강보호를 위한 규제 정책에 상당하고 중요한 존중(deference)을 부여하였다고 볼 수 있으며,[47] 이는 그동안 환경보호 등을 목적으로 행사하는 회원국의 규제조치 자치권에 대해서 다소 부정적인 태도를 보여줘왔던 WTO의 판결 방향 및 입장에 새로운 획을 긋는 해석이라고 볼 수 있다. 비록 TBT협정 제2.2조에 대한 패널의 판결이 항소되지 않아, 다른 조문에 비해 주목을 덜 받았지만, 본 해석이 지니는 의의는 상당하다.

9.3.2.2.1. 입증책임의 문제

패널은 TBT협정 제2.2조를 해석함에 있어, 이 조항은 GATT협정의 일반적 예외 조항인 제XX조 (b)항과 깊은 관계가 있음을 지적하였다.[48] GATT협정 제XX조 (b)항은 '인간, 동·식물의 생명 및 건강의 보호에 필요한 조치'로서 동 조항이 적용될 경우 회원국이 GATT협정 내 일반 의무조항을 위반하였다고 하더라도, 정당하고 유효한 조치로 살아남을 수 있다. 따라서 이 조항을 원용하고자 하는 회원국은 (1) 해당 조치가 인간, 동·식물의 생명 및 건강의 보호를 위한 조치에 해당하는지, (2) 해당 조치가 '인간, 동·식물의 생명 및 건강의 보호를 위한 목적'을 달성하기 위해 필요한 것인지 그리고 (3) 해당 조치가 제XX조 전문(preamble)의 규정에 따라 자의적이거나 정당화할 수 없는 차별의 수단을 구성하거나 국제무역에 대한 위장된 제한을 구성하는 방식으로 적용되는지의 여부를 모두 입증하여야 한다.

그러나 GATT협정의 제XX조 (b)항과 TBT협정 제2.2조가 깊은 연관성을 가지고 있는 것은 분명하나, 이 둘의 해석과 적용은 당연히 달리 하여야 한다. 왜냐하면 일반적 예외 조항인 GATT협정 제XX조 성립 여부는 이를 원용하는 피제소국이 입증책임을 지지만, TBT협정 제2.2조는 제소하는 국가가 그 입증책임을 부담

---

46 *Ibid.*, para. 7.425; Benn McGrady, *supra note* 38, p. 253.
47 Tania Voon, "The WTO Appellate Body Outlaws Discrimination in U.S. Flavored Cigarette Ban", *American Society of Int'l Law*, vol. 16 No. 15, 2012, p. 5.
48 Panel Report, US-Clove Cigarettes, para. 7.369.

하기 때문이다. 따라서 본 사례에서 패널은 인도네시아가 다음의 사항을 입증하였는지 살펴보았다. 즉, (1) 정향 담배의 수입금지 조치 자체가 미국이 이루고자 하였던 보호수준(level of protection)의 정도를 벗어나는 것인지, (2) 그러한 조치가 실제로 청소년들의 흡연을 줄이고자 하였던 목적을 달성하는데 중요한 기여를 하였는지, 그리고 마지막으로, (3) 이러한 미국 정부의 목표를 달성함에 있어 정향 담배의 수입금지 이외의 다른 수단으로 덜 무역제한적인 조치의 존재가 있었는지를 모두 인도네시아가 밝혀야 한다.

물론 피제소국은 자국이 택한 기술규정 조치 목적의 정당성을 밝혀야 하는 의무가 당연히 존재하기는 하나, 이는 본 조항을 해석함에 있어 피제소국이 반드시 이를 입증해야 하는 책임이 있는 것이 아니다. 입증책임과 관련하여 앞선 *EC-Sardines* 사례에서,[49] 상소기구는 다음과 같이 판시하였다. 즉, 피제소국이 목적의 정당성을 입증해야 할 책임을 부담한다는 패널의 판결에 대해 상소기구는 피제소국이 비록 자국 조치의 정당성 여부를 입증할 만한 유리한 위치에 있는 것은 사실이나, 그렇다고 이것 자체로 이 조항을 원용하여 소를 제기하는 제소국의 입증책임이 바뀌는 것은 아니라고 밝혔다.[50] 비록 이는 TBT협정 제2.4조(관련 국제표준사용의무)의 입증책임을 다룬 사례이나, 본 사건 며칠 뒤 회람되었던 또 다른 TBT협정 사례인 *US-Tuna* Ⅱ 사건[51]에서, 패널은 위 *EC-Sardines* 사례를 언급하였고, 조항을 원용하는 제소국에게 입증책임이 존재함을 재확인하였다.[52]

TBT협정 자체에 의무위반에 대한 일반적 예외 조문이 없는 점 그리고 이미 제소를 당하고 이에 항변하는 과정에서 충분히 자국 기술규정 조치의 정당한 목적을 보여주기 때문에, 제2.2조를 원용하는 과정에서 피제소국이 동시에 목적의 정당성을 입증할 필요는 없다. 단지 패널의 객관적인 검토(objective standard of review) 진행을 돕고 피제소국의 '권리'를 확보하기 위하여[53] 피제소국의 설명이 함께 검토되면 도움이 될 뿐이지, 이를 사전에 미리 그리고 반드시 행해야 하는 것은 아니다.

---

49 Appellate Body Report, European Communities- Trade Description of Sardines, WT/DS231/AB/R, 26 Septempber 2002.

50 *Ibid.*, para. 287.

51 Panel Report, United States- Measures Concerning the Importation, Marketing and Sale of Tuna and Tuna Products, WT/DS381/R, 15 September 2011.

52 *Ibid.*, paras. 7.390- 7.393.

53 김민정, "미국-멕시코 참치분쟁 Ⅱ에 대한 WTO판결 분석,"「국제경제법연구」제10권 제2호, 한국국제경제법학회, 2012, 156-157쪽.

따라서 '의무위반-예외규정'의 관계가 없는 TBT협정에서는 제소국의 입증책임의 부담이 가중될 수밖에 없으며 이러한 해석은 매우 긍정적이라고 평가할 수 있겠다.

9.3.2.2.2. "정당한 목적(legislative objective)"의 범위

제2.2조는 '정당한 목적'과 '수단' 사이에 필요성의 원칙이 존재하여야 한다. 그렇다면 TBT협정 내에서 인정하고 있는 '정당한 목적'이란 무엇을 의미하는가? GATT협정 제XX조에서 열거하고 있는 '인간의 건강보호', '동식물의 생명과 건강 보호' 또는 '고갈 가능한 천연자원의 보존' 등과 같이 의무위반에 대한 일반적 예외로서 인정받을 수 있는 예시조항들이 TBT협정에는 존재하지 않는다. 예시조항이 없다는 것은 그만큼 TBT협정 하에서 인정받을 수 있는 정당한 목적의 범위도 GATT협정보다는 넓다고 해석할 수 있겠다.

본 사안을 살펴보자. 담배의 니코틴 섭취가 폐암을 불러일으키고 각종 인간의 건강을 위협하는 것은 이미 과학적으로 밝혀진 사실이다. 따라서 청소년의 흡연을 예방하고 자국민의 건강 보호를 목적으로 하는 미국 정부의 조치는 정당한 것으로 여겨지며 실제 패널 역시 이를 인정하였다.

기존의 WTO의 사례들을 살펴보면, 인간의 건강과 직접적으로 연관되어 있고, 그 위해성(risk)이 과학적으로 증명된 사항에 대해서는, 인간 건강보호는 정당한 사유로 분류되고 회원국의 규제조치는 이러한 목적을 달성하기 위해 필요한 수단으로 인정받는다. 실제로 *EC-Asbestos*사례[54]에서, 패널은 석면이 지니는 발암 위험성 등을 이유로 프랑스의 석면 수입금지를 의무위반에 대한 예외로서 정당화하였다. 따라서 본 사례에서 청소년의 흡연 예방이라는 목적의 정당성에 대해서는 크게 다툼이 있지는 않았으나, 문제된 사안이 돌고래 등의 동식물의 생명과 건강에 연관되어 있을 때는 그 목적의 정당성 자체가 환경보호 이름하에 자국 산업을 보호하기 위한 것이라는 도전을 쉽게 받는다.

더욱이 회원국들이 기술규정 등의 조치를 통해 이루고자 하는 목적이 과학적으로 불확실하거나 불충분할 때 목적의 정당성에 대한 논의는 가열된다. 과학적 증

---

54 Panel Report, European Communities- Measures Affecting Asbestos and Asbestos-Containing Products, WT/DS135/R, 18 September 2000, Appellate Body Report, European Communities- Measures Affecting Asbestos and Asbestos-Containing Products, WT/DS135/AB/R, 21 March 2001.

거의 존재는 목적의 정당성을 부각시키는데 큰 역할을 담당하며, 나아가 '수단'의 정당성을 밝히는데도 중요한 역할을 한다. 실제로, 본 사안에서 패널은 과학적 증거와 기술적 데이터를 목적의 정당성뿐만 아니라 수단과의 연관 및 필요성을 살펴보는데 이용하였다. 그러나 이러한 과학적 증거의 존재는『위생및식품검역에관한협정(SPS협정)』에서 요구하고 있는 수준의 과학적 정당화 및 위해성 평가를 요구하는 것이 아님을 주의하여야 한다.[55] 따라서 상품이 지니는 위해성의 존재가 단순한 잠재적 가설에 근거를 둔 것이 아닌, 비록 이용가능한 현존의 과학적 증거가 불충분 또는 소수의 것이라 하더라도 그것이 믿을 만하고 존중할만한 자료에서 비롯된 것이라면 이는 TBT협정 내에서 정당한 목적의 범위로 인정해 주어야 할 것이다.

정당한 목적의 범위와 관련하여, 기술규정 조치의 목적을 식별하는 작업은 당해 피제소국이 행하고 있는 무역규제의 여러 규정들(provisions), 구조(structures), 정치적(political) 그리고 역사적(historical) 문맥에서 확연히 드러나는 '객관적 목적(objective purpose)'을 살피면 되고 이는 그리 어려운 일이 아님을 앞서 서술하였다.

9.3.2.2.3. "무역제한적인 조치"의 범위

기술규정 조치는 비준수(non-compliance)에 의해 초래될 위험 등 제반 사정을 고려하여, 정당한 목적 수행에 필요한 정도 이상으로 무역을 규제하지 아니하여야 한다.[56] 즉, 회원국이 선택한 기술규정 조치보다 국가 간의 무역을 조금이라도 덜 방해하는 방법이 존재한다면 그 방법을 따라야 할 것이다. 그런데, 그 기술규정이 다른 수단보다 더 무역제한적인 것인지를 따져보기 전에, 제시된 덜 무역제한적인 다른 조치들의 행사도 다툼이 된 기술규정이 이루고자 하였던 정당한 목적을 달성할 수 있는지를 반드시 살펴보아야 할 것이다. 여기서 중요한 것은, 정당한 목적을 달성할 수 있는지의 가능성이 아니라, 기술규정이 달성할 수 있었던 보호목적의 수준의 정도여야 할 것이다. 예를 들어, 흡연의 이로움을 경고문에 부착한다고 가정해보자. 분명 어느 정도 흡연을 예방할 수도 있고 더 나아가 청소년의 흡연시작을 늦출 수도 있을 것이다. 그런데, 청소년이 처음으로 접하게 되는 가장 흔한 담배 유형중의 하나인 향 담배의 판매를 직접적으로 규제한다면, 청소년의 흡연 예방률

---

55 Lukasz Gruszczynski, *supra note 2*, p. 9.
56 한국국제경제법학회, 258쪽.

은 급격히 올라갈 것이다. 따라서 대체수단을 통해 정당한 목적을 이룰 수 있는지의 여부도 중요하지만, '목표달성 기여 정도'의 차이도 반드시 고려하여야 할 것이다.

본 사례에서의 '무역제한적인 조치'의 범위에 대한 패널의 해석은 '필요성의 원칙'을 분석하고 있는 기존의 GATT협정 사례들보다 한층 완화되었다고 볼 수 있으며 이 또한 매우 긍정적인 방향이라고 평가할 수 있다. GATT협정 제XX조 (b)항에서 요구하고 있는 필요성 테스트 역시, GATT협정에 합치되는 다른 조치가 존재하는지, 혹은 당해 목적을 성취할 수 있는 덜 침해적이고 덜 무역제한적인 방법이 있는지의 여부를 따지고 있다.[57] GATT협정의 필요성 원칙은 *Thailand—Cigarettes* 사건을 시작으로, 그동안 매우 엄격하고 제한된 해석의 적용을 받아왔다. 즉, 본 태국-담배 사례에서 패널은 합리적으로 이용가능(reasonably available)하고 GATT협정에 일치하면서 자국민의 건강보호라는 목적을 달성하기 위한 다른 대체방안(alternative measure)이 존재하지 않을 때에만 비로소 필요한 조치라고 해석하였고, 이에 태국의 담배 수입금지 조치는 필요한 조치가 아니라고 판정하였다.[58] 왜냐하면 자국민의 건강보호를 위해 담배 소비의 양(quantity)과 질(quality)를 규제할 수 있는 다른 비차별적인 규제 방법들, 가령 경고문 강화 등이 존재하기 때문이었다. 이후 WTO 분쟁해결기구는 *Korea—Beef* 사건을 통해, 필요성의 원칙은 여러 사안들을 비교형량하고 균형을 맞추는 이른바 'weighing and balancing' 과정을 통해 최종 결정된다고 보았으며[59] 최근의 무역-환경 관련 사건이었던 *Brazil—Retreaded Tyres* 사건에서 상소기구는 필요한 조치여부 판단에, 당해 회원국의 재정적 그리고 기술적 능력을 고려한다고 추가하여 필요성 원칙에 대한 해석을 한층 완화하였다.[60] 이러한 해석 완화의 변화는 TBT협정 내에서의 필요성의 원칙 해석에도 긍정적으로 영향을 끼칠 것으로 사려 되며, 최근 GATT협정의 해석과 같이 당해 회원국이 처한 기술·경제적 사항이 '목적달성 기여정도' 여부와 함께 고려된다면 TBT협정 내에서의 필요성 정도 판단여부에 형평성이 더해질 것이다.

회원국이 선택한 기술규정의 목적의 정당성을 밝힘에 있어 과학적 증거가 중

---

57 한국국제경제법학회, 168쪽.

58 Panel Report, Thailand-Restriction on Importation of and Internal Taxes on Cigarettes, DS10/R-37S/200, 7 Nov. 1990, para. 75.

59 Appellate Body Report, Korea-Measures Affecting Imports of Fresh, Chilled and Frozen Beef, WT/DS161/AB/R. WT/DS169/AB/R, 10 January 2001, para. 159.

60 Appellate Body Report, Brazil- Measures Affecting Imports of Retreaded Tyres, WT/DS332/AB/R, 20 August 2009, para. 171.

요한 역할을 담당한다는 것은 이미 서술하였다. 이와 더불어 상품이 지니는 위해성을 줄이기 위한 적절하고 필요한 기술규정 조치 여부의 '필요성 원칙'을 논함에 있어서도 과학적 증거의 역할은 매우 크다고 하겠다. 그러나 새로운 과학기술이 나날이 발전하여 상품이 지니는 위해성에 대한 논란이 가중되고 있는 시점에서 충분한 과학적 증거만이 기술규정 조치의 정당한 목적성과 수단의 적절성을 구분 짓는 결정적인 잣대라고 평가하기보다는 과학적 증거를 보충적인 자료로 활용하면 좋을 것이다.

9.3.3. TBT협정 제2.12조: 합리적인 기간 공지원칙

회원국들은 각국의 사정에 맞는 기술규정을 채택할 수 있기 때문에, 상품을 수출하는 국가는 이를 수입하는 국가가 어떠한 기술규정 조치를 취하고 있는지 살펴볼 필요가 있다. 더욱이 기술규정 자체가 비관세장벽(non-tariff barriers)이 될 수 있기 때문에, 수입국이 새로 채택하게 되는 기술규정의 요건은 수출국이 충분히 인지할 수 있도록 기술규정 채택국은 이를 공지할 의무를 지게 된다. 따라서 기술규정 채택국은 조치의 공표와 발효 사이에 합리적인 시간을 두어야하며, 이를 TBT협정 제2.12조에서 의무화하고 있다. 그런데 조항 자체에 '합리적인 기간'은 어느 정도의 시간을 의미하는지에 대한 정의를 제공하고 있지 않기 때문에 패널 및 상소기구의 입장을 살펴보아, 이를 정리하는 것이 필요하다.

9.3.3.1. 패널의 결정

본 사례에서 미국은 FSPTCA라는 기술규정 조치를 공표하고 3개월 후 이를 발효시켰는데, 인도네시아는 도하각료결정(Doha Ministerial Decision) 제5.2항에 따라 미국의 3개월 조치는 TBT협정 제2.12조에서 이야기하고 있는 합리적인 기간이 아니라고 하였다.[61] 이를 뒷받침하기 위해, 인도네시아는 각료회의 결정이 다자간 무역 협정의 해석을 채택하는 독점적인 권한을 갖는다는 마라케쉬 협정 제IX조 2항을 제시하였고, 이는 법적효력(legally binding)을 갖는다고 주장하였다.[62] 이에 패널은 2001년 11월 도하 각료회의에서 총의로 채택된 각료결정은 WTO의 최상

---

61 Appellate Body Report, US-Clove Cigarettes, para. 238.
62 *Ibid.*

위 기관인 각료회의(Ministerial Conference)에서 모든 회원국이 동의한 것이기 때문에 본 조항을 해석함에 있어, 판단기준으로 삼을 수 있다고 밝혔지만, 이의 법적 효력에 대해서는 다루지 않았다.[63] 더불어 조항의 해석과 적용에 있어 당 조약의 문맥과 함께, 차후에 당사자들에 의해 체결된 추후합의(subsequent agreement) 내용을 같이 고려할 수 있다는 조약법에 관한 비엔나협약(Vienna Convention on the Law of Treaties) 31(3)(a)항에 따라 도하각료결정 5.2항은 TBT협정 제2.12조 해석에 참고 될 수 있다고 덧붙였다.[64] 이에 따라, TBT협정 제2.12조의 합리적인 기간은 "정당한 목적을 수행하기 위해 비효율적인 경우를 제외하고는, 일반적으로 6개월 미만을 의미하는 것은 아니다"라고 서술하면서 미국의 3개월 공백 결정은 합리적인 기간이 아니므로 충분하지 못하다고 판정하였다. 이에 미국은 인도네시아가 제2.12조를 원용하는 제소국으로서 3개월이 합리적인 기간이 아니라는 점을 입증해야 하는 책임을 부담하는데, 이를 증명하지 못했기 때문에 미국은 제2.12조를 위반한 것이 아니라고 상소하였다.

9.3.3.2. 상소기구의 결정

상소기구는 마라케쉬 협정 제IX조 2항에 의해 도하각료회의가 TBT협정의 해석에 독점적인 권한을 갖기 위해서는 동 협정의 운영을 감독하는 이사회(Council)의 권고사항에 기초하여 채택되어야 하는데, 본 사안에서는 이러한 조건을 충족하지 못하였기 때문에, 도하각료결정의 법적효력을 부정하였다.[65] 그러나 도하각료결정은 추후합의에 해당할 수 있기 때문에 제2.12조를 해석함에 활용할 수 있음을 인정하였다.[66] 이에 따라 상소기구는 제2.12조에서 서술하고 있는 합리적인 기간은 최소한 6개월을 의미한다고 보았다. 이는 인도네시아가 제2.12조를 원용하기 위해서 합리적인 기간이 얼마만큼 인지를 증명해야 한다기 보다는, 공표와 발효 사이의 시간이 6개월 미만이었음을 입증하기만 하면 바로 제2.12조의 위반이 일응 성립(prima facie)한다고 하여 미국의 청구를 기각하였다.[67]

---

63 *Ibid.*, para. 239.
64 *Ibid.*
65 *Ibid.*, paras. 251, 254, 255.
66 *Ibid.*, paras. 268-269.
67 *Ibid.*, paras. 280-281.

9.3.3.3. 평가 및 소고

본 사안에서처럼 6개월이라는 기간은 기준 시점으로서 적절하다고 본다. 다만 실제로 WTO협정 및 부속협정에 보면 '합리적인 기간'이라는 단어가 반복적으로 등장하는데, 이에 대한 해석은 협정별로 그리고 사안별로 달라질 수 있을 것이다. TBT협정을 중점으로 환경 관련 협정들을 살펴보자. 한 회원국의 새로운 환경기준을 습득하여 이에 충족하는 상품을 그 회원국에 수출하기 위해서는 재정적 그리고 기술적인 노력이 많이 필요할 것이며 이를 위해서는 충분한 시간이 뒷받침되어져야 한다는 것을 쉽게 예상할 수 있다. 더욱이 높은 수준의 환경기준을 새로이 채택하여 이를 공표하는 선진국에 상품을 수출하는 국가가 개발도상국인 경우에는 훨씬 많은 준비가 필요하게 될 것이다. 따라서 합리적인 기간이라는 것은 어떤 시점이 기준 시점이라고 일률적으로 정할 수 있는 것이 아니라, 이는 사안별로 결정되고 여러 제반사항을 반드시 함께 고려하여야 할 것이다. 이는 환경기준이 새로운 무역장벽이라는 주장에 대해서도 적절한 대안을 제시해 줄 것이다. 왜냐하면 환경 보호의 중요성은 이미 다 알고 있기 때문에, 이를 위한 여러 가지 규제 및 정책 등이 타 회원국에게 불리하게 작용되지 않기 위해서는, 이러한 기준들을 습득할 수 있도록 다른 회원국들에게 배려의 시간을 충분히 주어야 할 필요가 있으며, 결국 이를 통해 당 회원국은 규제조치의 정당한 목적도 동시에 실현할 수 있을 것이다.

9.4. 결 론

청소년의 흡연 예방 등과 같이 자국민의 건강을 보호하기 위한 목적으로 WTO 회원국들은 자유로이 기술규정 조치를 채택할 수 있다. 단, 이러한 기술규정 조치가 자유무역을 불필요하게 방해하는 방식으로 구성되어져서는 아니 될 것이다. TBT협정 내 이러한 회원국의 권리와 의무의 균형을 조화롭게 이루기 위해서는 무엇보다 GATT협정과는 다른 방식으로 접근되어져야 할 것이다. 두 협정의 적용대상 범위가 다르고, 또 각 조항들은 그 협정의 취지와 문맥에 맞게 해석되어지고 적용되어져야 하는 것은 당연한 일이기 때문이다. 더욱이 GATT협정의 원칙-예외 규정이라는 구조가 TBT협정에는 존재하지 않기 때문에 TBT협정의 의무조항들은 GATT협정의 것보다는 좀 더 유연하게 해석되어질 필요가 있다.

유연 또는 완화된 접근이라는 것은 회원국의 권리를 의무보다 좀 더 중시하여 조항을 해석하라는 이야기가 아니다. 일반적 예외조항이 없는 TBT협정 내에서의 회원국의 권리와 의무 규정 사이에 적절한 균형을 이루기 위해서는 회원국들의 기술규정 조치가 달성하고자 하는 '목적'고려가 중요한 판단 잣대가 되어야 한다는 것이다. 즉, 의무조항을 해석함에 있어서 기술규정 조치의 '목적'을 고려하는 작업이 TBT협정상의 권리와 의무를 적절히 조화시키기 위해 필요하며, 이는 결국 당사례에서 '동종 상품'의 판단에서의 패널의 접근 방식과, '불리한 대우' 존재판단에서의 상소기구의 접근 방식과 그 맥락을 같이 하는 것이다. 기술규정 조치 목적의 정당성을 확인하는 일은 결코 어려운 일이 아니며, 또한 목적의 고려가 예외조항(GATT 제XX조)의 존재를 유명무실하게 만든다는 GATT협정 관련 사례에서의 우려는 TBT협정에서는 존재하지 않기 때문에, 정당한 목적의 고려로 인한 불이익은 그리 크지 않다고 볼 수 있다. 더불어 자국민의 건강보호 등 정당한 목적을 위해 동종 상품을 구별하는 것은 단순한 규제적 차이이지 불리한 대우는 아니기 때문에, 기술규정 조치가 정당한 목적에 기인한 경우라면, 수입 상품에 불리한 시장 경쟁적 기회를 부여한다고 하여도 이는 결코 차별대우는 아닌 것이다. 따라서 정당한 목적의 고려는 TBT협정상 내국민대우원칙을 판단함에 있어 매우 중요한 사안이며, 이를 통해 회원국의 규제조치 입법권 행사 권한과 위장된 제한 및 불필요한 무역장애를 야기하지 말라는 의무 사이에 적절한 균형을 꾀할 수 있을 것이다.

불필요한 무역장애금지원칙, 즉 필요성의 원칙을 논할 때에도 제시된 각 수단들의 '목표달성 기여 정도'를 당 회원국이 처한 기술, 경제적 사항 및 여러 가지 사안들을 모두 비교형량하여 필요성의 정도를 결정하게 된다면 TBT협정의 권리와 의무사이의 형평성을 유지할 수 있을 것이다. 즉, 여러 대체 가능한 수단들의 정당한 목적 달성 기회 여부를 고려하는 것이 아니라, 그러한 수단들이 달성할 수 있는 보호 목적의 수준차이 또는 정도차이를 반드시 고려하여야 한다. 이는 최근 GATT협정의 필요성의 원칙에 대한 WTO 분쟁해결기구의 해석 완화 경향과 비슷한 취지라 하겠다.

마지막으로 새로운 기술규정 공표 및 발효사이의 합리적인 기간 공백을 결정함에 있어, 특정 기간을 미리 정해놓기 보다는 여러 제반사항들을 고려하여 사안별로, 그리고 회원국 수준별로 결정하여야 한다. 환경관련 기준은 국가별로 상이하며, 수출국은 수입국의 기준을 충족시킬 충분한 재정적 그리고 기술적 지원 및 투자가 필요하기 때문에 사안에 따라 합리적인 기간이 결정되어야 한다. 합리적인 기간을 부여하는 노력은 환경기준이 비관세장벽으로 활용되어지는 것을 막는데에도 적절한 대안으로 활용되어질 수 있을 것이다.

이러한 여건들이 모두 충족될 때, 정당한 목적달성을 위한 회원국의 기술규정 조치가 TBT협정 규범 안에서 유효하게 보호받을 수 있을 것이며 이는 결국 회원국의 권리와 의무, 나아가 자국민의 건강보호(넓은 범주로는 환경보호)와 자유무역 증진이라는 두 가치의 이익의 균형을 극대화할 수 있을 것이다. 환경보호를 위한 회원국들의 권리 행사와 의무이행이 강조되고 있는 시점에서, 당 사례의 패널 및 상소기구의 입장 분석 및 평가는 장차 우리 정부가 환경보호를 위하여 취하게 될 기술규정 조치의 입법과 행사의 방향에도 중요한 시사점을 제시할 것으로 사료된다.

참고문헌

한국국제경제법학회, 「신국제경제법」, 박영사, 2013.
김민정, "미국-멕시코 참치분쟁 Ⅱ에 대한 WTO판결 분석," 「국제경제법연구」 제10권
제2호, 한국국제경제법학회, 2012.

Appellate Body Report, *Brazil— Measures Affecting Imports of Retreaded Tyres*,
WT/DS332/AB/R, 20 Aug. 22009.

Appellate Body Report, *European Communities— Measures Affecting Asbestos and
Asbestos—Containing Products*, WT/DS135/AB/R, 21 March 2001.

Appellate Body Report, *European Communities— Trade Description of Sardines*,
WT/DS231/AB/R 26 Sep. 2002.

Appellate Body, *Japan—Taxes on Alcoholic Beverages*, WT/DS8/AB/R, WT/DS10/AB/R,
WT/DS11/AB/R, 01 Nov. 1996.

Applellate Body Report, *Korea—Measures Affecting Imports of Fresh, Chilled and
Frozen Beef*, WT/DS161/AB/R. WT/DS169/AB/R, 10 Jan. 2001.

Appellate Body Report, *United States— Measures Affecting the Production and Sale
of Clove Cigarettes*, WT/DS406/AB/R, 04 April 2012.

Appellate Body Report, *United States— Measures Concerning the Importation,
Marketing and Sale of Tuna and Tuna Products*, WT/DS381/AB/R, 16 May
2012.

Benn McGrady, *Appellate Body Report, United States—Clove Cigarettes*, 3 Eur. J. risk
Reg. 251.

Lukasz Gruszczynski, *The TBT Agreement and Tobacco Control Regulations*, Society
of Int'l Economic Law Working Paper.

O'Neill Institute for National and Global Health Law Briefing Paper, *Tobacco
Product Regulation and the WTO: US— Clove Cigarettes*.

Robert Howse & Elisabeth Turk, *The WTO Impact on Internal Regulations: A Case
Study of the Canada—EC Asbestos Dispute, in* TRADE AND HUMAN HEALTH
AND SAFETY.

Tania Voon, *The WTO Appellate Body Outlaws Discrimination in U.S. Flavored
Cigarette Ban*, 16 (15) American Society of Int'l Law 1.

Panel Report, *European Communities— Measures Affecting Asbestos and Asbestos—
Containing Products*, WT/DS135/R, 18 Sep. 2000.

Panel Report, *Thailand—Restriction on Importation of and Internal Taxes on
Cigarettes*, DS10/R-37S/200, 7 Nov. 1990.

Panel Report, *United States— Measures Affecting the Production and Sale of Clove*

Cigarettes, WT/DS406/R, 02 Sep. 2011.

Panel Report, *United States— Measures Concerning the Importation, Marketing and Sale of Tuna and Tuna Products*, WT/DS381/R. 15 Sep. 2011.

WTO '중국-원자재 사건(China-Raw Materials)'에 관한 연구[*]

류예리(경상대학교 법과대학 강사, 법학박사)

10.1. 서 론

수출제한(export restrictions)이란 수출물량을 제한할 목적으로 정부규제를 통해 운영되는 국경조치이다.[1] 수출제한 중 일반적으로 사용되는 조치는 수출세 (export duties or export tax)부과로서 수출가격을 인상하는 효과를 통해 수출물량을 감소하는 효과가 있다. 이외에도 수출물량에 직접적인 영향을 미치는 유형으로는 수출쿼터(export quotas)가 있고, 수출허가(export licensing)도 정책당국의 운영과정에서 수출물량을 감소하는 효과를 가져올 수 있다.

이러한 중국의 수출제한 조치는 주로 고갈 가능한 원자재 또는 희토류와 같은 광물자원에 취해지고 있으며, 문제는 우리나라가 이들 품목을 주로 중국에 의존하고 있다는 사실이다.[2] 중국의 원자재 또는 희토류에 대한 수출제한 조치는 세계무역기구(World Trade Organization, 이하 'WTO')협정 위반으로 제소되었고, 중국-

---

[*] 이 장은 필자가 2012년 6월에 「국제법학회논총」 제57권 제2호(2012)에 게재한 "중국-원자재 사건(China-Raw Materials)과 희토류 수출제한 분쟁과의 연관성에 관한 연구"를 이 책의 목적에 맞추어 저자의 동의하에 전제한 것임을 밝힌다.

[1] Jeonghoi Kim, "Recent trends in export restrictions", *OECD Trade Policy Papers*, No. 101, 2010. 6, p. 5.

[2] 류예리, "중국 원자재 사건과 희토류 수출제한 분쟁과의 연관성에 관한 연구", 「국제법학회논총」 제57권 제2호, 대한국제법학회, 2012, 116쪽.

원자재 사건[3]과 중국-희토류 사건[4]에서 각각 패소하였다. 그럼에도 불구하고, 미국[5]과 EU[6]는 중국의 원자재 수출제한 조치에 대해서 또다시 WTO에 제소하였다. 주목할 점은 중국 정부의 광물자원에 대한 반복되는 수출제한은 향후 우리나라 기업의 경쟁력 제고에도 영향을 끼칠 수 있다는 것이다.[7]

따라서 중국-원자재 사건은 중국 최초의 광물분쟁으로서 우리나라에도 영향을 끼칠 수 있는 중요한 사항인 만큼, 본고는 중국이 원자재 수출에 부과한 수출제한조치의 WTO 규칙 위반성에 대해서 연구하고자 한다. 본 연구에서는 먼저 중국-원자재 사건의 사실관계를 설명한 후(Ⅱ), 판결의 주요 법률쟁점을 분석하고자 한다(Ⅲ). 다음으로 판결에 따른 중국 정부의 이행에 대해서 살펴보고자 한다(Ⅳ). 끝으로 중국-원자재 사건이 시사하는 바와 우리의 대응방안을 모색하면서 본고를 마무리하고자 한다(Ⅴ).

10.2. 사건 개요

이 사건은 미국, EU와 멕시코(이하, '제소국들')가 중국의 원자재[8]에 대한 수출제한을 WTO협정을 위반으로 WTO에 제소한 사건이다. 2009년 6월 23일에는 미국과 EU가, 8월 21일에는 멕시코가 동일한 문제로 중국에 협의를 요청하였다.

---

3 Panel Reports, *China—Measures Related to the Exportation of Various Raw Materials*, WT/DS394, 395, 398/R, 5 July 2011(이하, '*China—Raw Materials*'); Appellate Body Reports, WT/DS394, 395, 398/AB/R, 30 January 2012.

4 Panel Reports, *China—Measures Related to the Exportation of Rare Earths, Tungsten and Molybdenum*, WT/DS431, 432, 433/R, 27 June 2012(이하, '*China—Rare Earths*'); *Appellate Body Reports*, WT/DS431, 432, 433/AB/R, 29 August 2014.

5 *China—Export Duties on Certain Raw Materials*, Request for the establishment of a Panel by the United States, WT/DS508/6, 14 October 2016.

6 *China—Duties and other Measures concerning the Exportation of Certain Raw Materials*, Request for the establishment of a Panel by the European Union, WT/DS509/6, 27 October 2016.

7 1990년대 이후 과학기술이 발전함에 따라 신(新)기술에는 다양한 산업용 원자재와 천연자원이 필요함. 이에 대해서는 Barbara Fliess, Christine Arriola and Peter Liapis, "Recent Development in the use of Export Restrictions in Raw Materials Trade", *OECD*, 2014, p. 17.

8 이 사건에서의 원자재에는 보크사이트, 코크스, 형석, 마그네슘, 망간, 탄화규소, 메탈 실리콘, 황린과 아연이 포함됨.

2009년 7월과 9월에 소송 당사국들은 두 차례의 협의를 진행하였지만 합의에 이르지는 못하여, 2009년 11월 4일 미국, EU와 멕시코는 WTO 분쟁해결기구(Dispute Settlement Body, 이하 "DSB")에 WTO 분쟁해결절차(DSU) 제6조에 따라 패널을 설치하도록 요구했다.

2009년 12월 21일 DSB는 DS394, DS395와 DS398를 검토하기 위하여 DSU 제9.1조에 따라 단일 패널을 설치하였다. DSB는 2010년 3월 29일 패널 구성을 확정하고, 2011년 7월 5일 패널보고서를 채택하였다. 2011년 8월 31일에는 중국이, 2011년 9월 6일에는 미국이 상소한 후, 2012년 1월 30일 DSB는 상소기구 보고서를 채택하였다.

제소국들은 중국의 수출제한 조치가 중국의 WTO 가입의정서[9] 1.2, 5.1과 11.3과 작업반보고서[10] 83, 84, 162와 165를 위반하였으며, GATT 1994의 Ⅷ:1(a), X:1, X:3(a)와 XI:1에 위반된다고 주장하였다.[11] 제소국들은 중국의 수출제한은 희소성을 야기하여 국제시장에서 원자재의 가격 상승을 조장하는 반면 중국 국내 산업에는 충분히 공급해주는 방식으로 저가의 원자재를 안정적인 가격으로 제공해준다고 주장했다. 또한 중국이 WTO에 가입함에 따라 가입의정서 부속서에 명시된 제품을 제외하고 모든 수출세를 폐지해야 하는바 일부 원자재에 대한 수출세 부과는 가입의정서 위반이라고 주장했다.

10.3. 주요 실체적 쟁점

10.3.1. 수출세

10.3.1.1. 수출세에 관한 WTO 규범의 부재

WTO협정에서 GATT 제11조는 수출제한에 관한 핵심조항이다. 그러나 동 조항에서는 수출과 수입에 대한 양적 제한의 사용만을 금지하고 있다. 따라서 구분하

---

9 Protocol on the Accession of the People's Republic of China, WT/L/432, 23 November 2001.

10 Report of the Working Party on the Accession of China, WT/ACC/CHN/49, 1 October 2001.

11 Panel Report, *China－Raw Materials*, para. 3.2.

여야 할 점은 수출세는 원칙적으로 GATT 제11조에 근거하는 내용이 아니며, 동 조항에 의해서 금지되지도 않는다. 단지 양적 규제만이 금지되는 규정임을 주의하여야 한다.

WTO는 GATT 체제 이후 8차례의 다자 간 협상을 거치면서 수입관세에 대한 규율체계는 마련하였지만, 수출세에 대한 규율체계는 마련하지 못하였다. 즉, WTO 체제가 수입품목에 대한 관세 및 비관세 장벽을 낮추는 데에는 성공하였지만, 수출품목에 대한 수출세를 낮추거나 폐지하기 위한 노력과 협상은 이루어지지 않았다. 수출품목에 관세를 부과하거나 양적 제한을 하는 것은 자국의 상품에 대한 가격경쟁력을 저하시키는 것이므로 경쟁국가들 입장에서는 굳이 수출세를 막기 위해 애쓸 필요가 없었을 것이다.

그 결과 WTO 회원국들은 수출세를 부과하는 데에는 비교적 자유로울 수 있었다. 사실 기능적으로 볼 때 관세부과와 양적 제한이 무역에 끼치는 효과가 같기 때문에 회원국들은 수출제한의 목적을 달성하기 위하여 수출관세를 쉽게 활용할 수 있었다. 그 결과 수출제한에 대한 GATT 제11조의 효과는 매우 미비할 수밖에 없었다.[12]

문제는 수출관세 부과대상인 수출품목이 고갈가능성 있는 원자재 또는 천연자원이라고 할 때 상대국가에 끼칠 영향은 크다. 지리학적으로 볼 때, 원자재와 천연자원을 많이 보유하고 있는 국가들은 중국과 인도와 같은 개발도상국들이다. 반대로 선진국들은 개발도상국들로부터 이들 원자재와 천연자원을 수입하여 그에 기술을 더한 상품을 수출하고 있다. 예컨대 우리나라는 주요 수출 상품의 원료인 원자재 및 자연자원을 중국에 의존하는 경우가 많고, 중국이 이들 품목에 수출세를 부과하게 되면 우리나라는 수출에 직접적인 영향을 받을 수밖에 없다.

이처럼 원자재와 자원 품목이 중요해짐에 따라 개발도상국들은 이들 품목에 대한 수출규제를 늘려왔고, 이러한 추세에 대처하기 위한 일환으로 EU, 미국 등 선진국들[13]은 수출세에 대한 WTO규정의 개정을 요구하는 제안서를 제출하였

---

12 Julia Ya Qin, "Reforming WTO Discipline on Export Duties: Sovereignty over Natural Resources, Economic Development and Environmental Protection", *Wayne State University Law School Legal Studies Research Paper Series*, No. 2012-04, 2012, p. 5.

13 선진국들이 수출세에 대한 규정강화를 주장한 데에는 수출제한 조치가 자국 산업 보호목적을 위해 활용됨으로써 후방산업에 대한 간접적 보조금으로 기능하고 국제 원자재 가격 인상을 가져오는 등 무역체제 및 국가 간 경쟁을 왜곡한다는 인식에 기인하고 있음. 한국무역협회, 「중국의 수출세 부과관련 국내 수입기업 애로사항과 대응방안」, 2016. 2, p. 6.

다.[14] 그러나 개발도상국들은 이들 제안서에 대해 냉담한 반응(cool response)을 보이고 있어 수출세 부과를 포함한 수출제한에 관한 논의는 향후 양자[15] 및 다자규범체제에서 지속적으로 논의될 것으로 보인다.

10.3.1.2. WTO 가입국의 수출세 약속 동향

마라케쉬협정 제12.1조에 따르면 WTO협정에 가입하고자 하는 국가는 WTO와의 합의된 조건(agreed terms)에 따라야 한다. 그러나 마라케쉬협정 제12조는 무엇이 합의되는 조건인가에 대하여 언급하고 있지 않다. 예측컨대 가입국이 WTO 회원국의 시장에 진입하여 관세 및 비관세장벽의 혜택을 누리기 위해서는 가입국 자신도 그에 상응하는 대가를 지불하여야 한다는 뜻으로 보인다. 그러한 조건의 일환으로 많은 WTO 가입국들은 중국과 같이 가입의정서에서 수출세 폐지와 관련, GATT에도 없는 추가적인 약속을 하고 WTO에 가입하게 되었다.[16]

수출세 폐지 약속과 관련된 WTO 가입국들의 가입의정서를 살펴보면 1995년 이후 WTO에 가입한 33개 국가들[17] 가운데 몽골(1997), 라트비아(1999), 크로아티아(2000), 중국(2001), 아르메니아(2003), 캄보디아(2004), 사우디아라비아(2005), 베트남(2007), 우크라이나(2008), 몬테네그로(2012)와 러시아(2012) 등 국가들이 수출세에 관한 별도의 규정을 두고 있다.

그러나 이들 국가들의 수출세에 대한 약속 범위는 매우 광범위하다. 그 중에서 수출세 폐지에 관한 약속의 정도가 가장 낮은 유형은 크로아티아의 경우이다. 크로아티아의 WTO 가입의정서에는 단순히 WTO협정 규정에 의거한다고 규정하고

14 Communication from the European Communities, Market Access for Non-Agricultural Products: Revised Submission on Export Taxes, TN/MA/W/101, 17 January 2008; Communication from Chile; Costa Rica; Japan; Republic of Korea; the Separate Customs Territory of Taiwan, Penghu, Kinmen and Matsu; Ukraine and the United States, Market Access for Non-Agricultural Products; Enhanced Transparency in Export Licensing, TN/MA/W/15/Add.4/Rev.7, 23 November 2010.
15 EU, NAFTA 등 일부 양자협정은 수출쿼터뿐만 아니라 WTO에 허용되는 수출세도 원칙적으로 금지하는 등 WTO보다 엄격한 규정을 두고 있음.
16 刘敬东, "加入议定书 : WTO法系中的定位", 《国际法研究》第二期, 2014年 7月.
17 Protocols of accession for new members since 1995, including commitments in goods and services, available at https://www.wto.org/english/thewto_e/acc_e/completeacc_e.htm 참고.

있다.[18] 그런데 WTO협정은 수출세 부과 금지 규정이 부재하기 때문에 크로아티아는 수출세 폐지에 대해 별도의 약속을 하지 않은 것과 같다.

그 외의 국가들은 특정 상품에 대해서만 수출 관세를 폐지하거나 감소할 것을 약속하였다. 예컨대 몽골리아의 경우에는 가입 후 10년 내에 캐시미어 원단에 대한 수출 관세를 폐지하는데 동의하였다. 사우디아라비아는 철과 강철 스크랩에 대한 수출세 부과 폐지를, 베트남은 철과 비철 스크랩 금속에 대한 수출세율을 점차적으로 감소할 것을 약속하였다. 우크라이나는 채유(採油)에 적합한 종자, 살아 있는 소와 가죽, 철과 비철 스크랩에 대해서 구체적인 스케줄에 따라 수출세율을 유지 및 감소하기로 약속하였다.[19] 러시아의 경우 특정 상품의 범위가 가장 광범위하며 약 700개 품목 이상에 대해 수출세를 부과하고 있다.

반면 수출세 폐지에 대한 약속 범위가 가장 광범위한 국가 중 하나인 몬테네그로는 어떤 수출 관세도 적용하거나 새로 만들지 않겠다고 규정하고 있다. 그리고 중국의 경우에도 84개 품목을 제외하고는 모든 조세와 과징금을 제거할 것을 매우 광범위하게 약속하고 있다. 라티비아도 특정 골동품을 제외하고 가입의정서에 열거된 상품에 대한 수출세를 모두 제거하는 데에 동의하였다. 중국은 수출세 폐지와 관련하여 러시아와 같은 다른 신규가입국들에 비해 매우 불리한 약속을 하고 있음을 알 수 있다.[20]

10.3.1.3. 중국의 수출세 폐지 및 예외에 관한 약속

중국도 2001년 WTO에 가입하면서 WTO와 가입의정서를 체결하였다. 중국의 WTO 가입의정서는 총 3개의 파트와 9개의 부속서, 그리고 343개 항의 작업반 보고서로 구성되어 있다. 중국 가입의정서 1.2항과 마라케쉬협정 제12.1조에 따르면, 이들 내용은 모두 WTO협정의 불가분의 일부(an integral part)로서 중국은 가입의정서와 작업반보고서에 명시된 WTO 추가적 합의사항을 이행하고 준수하여야 한다.[21]

---

18 Report of the Working Party on the Accession of Croatia to the World Trade Organization, WT/ACC/HRV/59, 29 June 2000, para. 101.
19 Report of the Working Party on the Accession of Ukraine to the World Trade Organization, WT/ACC/UKR/152, 25 January 2008.
20 김녹영·고준성, "중국의 희토류 자원 수출규제를 둘러싼 국제통상법적 쟁점 및 전망-'중국-원자재 수출규제 분쟁사건'을 중심으로-",「안암법학」제39권, 안암법학회, 2012, 435-436쪽.
21 Julia Ya Qin, ""WTO-Plus" obligations and their implications for the World Trade

중국의 가입의정서에 제11.3항이[22] 도입된 이유는 중국이 수출 품목에 부과하던 관세에 대해 여러 WTO 회원국들의 우려가 있었기 때문이다.[23] 동 조항에 따르면 중국은 가입의정서 부속서 6에 열거된 84개 품목 이외의 그 어떤 품목에도 관세와 부과금을 부과할 수 없다. 다시 말하면 가입의정서 11.3항 의무의 예외로 부속서 6을 둔 것은 제한된 품목에 대해서는 수출세 부과를 허용한다는 의미이다. 따라서 부속서 6은 84개 품목별 최대수출세율 기준을 부과하고 있기 때문에 수출세율을 매년 낮출 수는 있지만 높일 수는 없다.

부속서 6 주석(Note)에서는 예외적인 상황(exceptional circumstances)을 제외하고는 현재 명시된 수출세율을 증가할 수 없음을 강조하고 있다. 여기에서 '예외적인 상황'이라 함은 중국이 입증하여야 할 것이며, 부속서 6에 명시된 품목에만 한정적으로 적용되는 것이지 부속서 6에 명시되지 않은 품목에까지 해당하는 것이 아니다. 따라서 부속서 6상의 84개 품목에 해당하지 않으면서 예외적인 상황을 이유로 수출세율을 증가하여 부과할 수 없다.[24]

부속서 6에서는 또한 설령 예외적인 상황이 발생하여 부속서 6의 품목에 대한 수출세율을 증가해야 할 경우에 대해서도 다음과 같은 조건을 부과하고 있다. 즉, 중국 정부는 중국의 수출세 인상조치로 인하여 영향을 받을 국가와 상호 받아들일 수 있는 해결책(mutually acceptable solution)을 찾을 목적으로 사전에 협의해야 한다고 규정하고 있다.[25] 그러나 사전에 협의했으나 상대국이 받아들이지 않으면 수출세 인상조치를 취할 수 없는 것과 관련하여 상대국이 받아들이는 정도에 대해서는 기준이 모호하다. 따라서 부속서 6과 관련하여서는 중국과 WTO 회원국들의

Organization Legal System", *Journal of World Trade*, Vol. 37 No. 3, 2003, pp. 488-489.

22 중국 가입의정서 11.3항: China *shall eliminate all taxes and charges applied to exports unless specifically provided for in Annex 6 of this Protocol* or applied in conformity with the provisions of Article Ⅷ of the GATT 1994(필자강조).

23 Panel Report, *China-Rare Earths*, para. 7.35.

24 屠沈寅·刘轩昊, "WTO 关于出口限制措施规则的分析", 「重庆三峡学院学报」 第6期 第27卷(136期), 2011, p. 55.

25 중국 가입의정서 부속서 6의 Note: China confirmed that the tariff levels included in this Annex are maximum levels which will not be exceeded. China confirmed furthermore that it would not increase the presently applied rates, except under exceptional circumstances. *If such circumstances occurred, China would consult with affected members prior to increasing applied tariffs with a view to finding a mutually acceptable solution*(필자강조).

입장에 따라 자의적 해석이 있을 수 있어 향후 분쟁의 씨앗이 될 수 있을 것으로 보인다.

10.3.1.4. 중국 WTO 가입의정서 11.3항 위반

이 사건에서 패널은 처음으로 중국의 수출세 운영 체계를 제시하였다. 즉, 중국은 관세법(Customs Law)과 수출입관세법규(Regulations on Import and Export Duties)를 근거로 매년 특정 품목에 대한 수출세를 규정하는 조치를 공포하고 있다. 2008년 12월 중국은 2009년 1월 1일에 발효된 2009년 관세운영프로그램을 공포하였고, 2009년 동안 중국은 보크사이트, 코크스, 형석, 마그네슘, 망간, 탄화규소, 금속 실리콘, 황린과 아연에 수출세를 부과하였다. 2010년 1월 1일부터는 중국은 2010년 관세운영프로그램에 의거하여 수출세를 부과하였다.[26]

패널은 중국 가입의정서 11.3항상의 법적 의무를 설펴보기에 앞서, 가입의정서 1.2항 2문은 의정서의 규정이 WTO협정의 불가분의 일부(integral part)임을 주목하였다. 이에 근거하여 가입의정서 11.3항과 부속서 6의 수출세 관련 중국의 구체적이고 실체적인 의무를 살펴본 후, 패널은 제소국이 제출한 원자재의 수출세율을 일일이 조사하였다.

예컨대 중국이 황린에는 수출세율을 20% 초과해서는 아니 됨에도 불구하고, 2009년 1월 1일 부터는 50%의 "특별" 수출세를 부과하였으나, 패널이 설치되기 전인 2009년 7월 1일 특별 수출세를 제거하였음을 확인하였다. 따라서 패널은 중국이 가입의정서 11.3항의 위반이 아니라고 판결하였다. 그러나 refractory clay, aluminium ores and concentrates와 aluminium as residues를 포함한 보크사이트에 대해서는 가입의정서 11.3항의 위반이라고 판결하였다.[27]

끝으로 EU는 중국이 보크사이트, 코크스, 형석, 마그네슘, 망간, 금속 실리콘과 아연에 수출세 부과에 앞서 이에 영향을 받는 WTO 회원국들과 상의할 것을 요구하는 부속서 6의 주석을 위반하였다고 주장하였다.[28] 패널은 중국이 부속서 6의 의무를 위반하였다고 판결하였다. 그러나 상소기구는 패널의 결정에 반대하였다.[29] 상소기구는 이 사건에서 수출세의 부과는 가입의정서 11.3항 위반에 속하는

---

26 Panel Report, *China–Raw Materials*, paras. 7.59-63.
27 Panel Report, *China–Raw Materials*, paras. 7.72-77.
28 Panel Report, *China–Raw Materials*, paras. 7.102-104.
29 Appellate Body Report, *China–Raw Materials*, para. 287.

것이고, 문제가 된 원자재는 부속서 6의 목록에는 없기 때문에 11.3항 위반이지 부속서 6 주석에 포함된 협의 요건은 적용되지 않는다고 설명하였다.

10.3.2. 수출쿼터

10.3.2.1. GATT 제XI조 1항

GATT 제XI조 1항은 수량제한의 일반적 폐지에 대하여 규정하고 있다. 수량제한에 대한 금지는 광범위한데, 첫째 수입쿼터와 수출쿼터의 설정이 금지되며, 둘째, 쿼터를 부과하는 정부의 조치가 금지된다. GATT의 다른 규정과는 달리 GATT 제XI조는 법이나 규칙을 언급하는 것이 아니라 좀 더 광범위한 조치에 대하여 언급하고 있다. 그래서 회원국이 제정하는 수입이나 수출을 제한하는 조치는 그러한 조치의 법적 지위에 관계없이 GATT 제XI조의 적용범위에 해당된다."[30]

이 사건에서 제소국들은 중국의 보크사이트, 코크스, 형석, 탄화규소와 아연에 대한 수출쿼터는 GATT 제XI조 1항 위반이라고 주장하였다. 패널은 중국의 수출쿼터제도에 대하여 살펴보았다. 패널은 중국의 대외무역법(China's Foreign Trade Law)은 수출쿼터를 통하여 상품의 수출을 제한하거나 금지할 권한을 부여하고 있다고 보았다. 이 조항을 근거로 중국은 인간의 생명 또는 건강을 보호하거나 고갈 가능한 자원의 수출을 금지할 목적으로 수출을 제한하거나 금지할 수 있다. 중국 상무부(MOFCOM)는 중국의 수출쿼터를 관리할 책임이 있다.[31]

2008년 10월 MOFCOM은 2009 Export Licensing Catalogue를 공포하였고, 코크스와 아연에 대한 수출쿼터는 직접 할당하였고, 보크사이트, 형석과 탄화규소에 대한 수출쿼터는 "bidding system"을 통하여 할당되었다.[32] 패널은 GATT 제XI조 1항의 의무는 상품의 수출에 대한 금지 또는 쿼터를 통하여 회원국이 제한을 효과적으로 유지하는 것으로부터 방지하기 위한 것이라면서 수출쿼터는 수출에 대한 제한적인 효과를 갖기 때문에 제XI조 1항 위반이라고 판결하였다.[33]

30 박노형 외, 「신국제경제법」, 보정판, 박영사, 2011, 140-141쪽.
31 Panel Report, *China–Raw Materials*, paras. 7.172-175.
32 Panel Report, *China–Raw Materials*, paras. 7.176.
33 Panel Report, *China–Raw Materials*, paras. 7.204-207.

10.3.2.2. GATT 제XI조 2항 (a)

중국은 보크사이트의 일부인 refractory 보크사이트 또는 refractory grade 보크사이트에 대한 수출쿼터는 GATT 제XI조 2항 (a)에 따라 중국에는 불가결한 상품으로 위급한 부족을 방지하거나 완화하기 위하여 일시적으로 적용한 것이기 때문에 정당하다고 주장하였다.[34] GATT 제XI조 2항 (a)는 1항의 규정이 수출금지 또는 제한이 수출하는 체약국에게는 필수적인 음식 또는 다른 제품의 위급한 부족을 방지하기 위하여 또는 구제하기 위하여 일시적으로 적용되는 경우, 수출입 금지 또는 제한의 경우에까지 확장되지 않는다. 따라서 중국의 원자재에 대한 수출쿼터 가 제XI조 2항 (a)에 부합하기 위해서는 상당한 부족을 방지 또는 구제하기 위하여 야 하며, 일시적으로 적용되어야 한다.

패널은 일단 중국이 수출의 75%를 차지하는 보크사이트(HS2508.3000)에 대 한 수출쿼터만을 정당화하고자 한다는 사실을 주목하였다. 그런 다음 GATT 제XI 조 2항 (a)의 통상적인 의미를 살펴보았다. 패널은 우선 제XI조 2항 (a)의 "금지 또 는 제한(prohibitions or restrictions)"은 제XI조 1항에 사용된 문구와 동일한 의미 이므로 제XI조 1항에 포함되는 모든 금지 또는 제한에 적용된다고 보았다.

다음으로는 "일시적으로 적용된(temporarily applied)"이라는 용어의 의미에 주목하였다. "일시적으로"는 제한된 시간 동안(during a limited time)을 의미하며, 제한된 시간이란 "정해진(appointed), 고정된(fixed)"것이다. 즉, "어떤 조치의 적 용을 위한 고정된 시간제한"인 것이다. 따라서 패널은 GATT 제XI조 2항 (a)는 "불가결한 상품"의 "심각한 부족"을 방지하기 위하여 제한된 시간 동안 제한 또는 금지의 적용을 허용한다고 잠정적으로 결론을 내렸다.[35]

패널은 "불가결한(essential)"의 사전적 의미에 따르면, 어떤 상품이 특정 회원국에 게 "중요한(important)" 또는 "필요한(necessary)" 또는 "필수불가결한(indispensible)" 것일 경우 제XI조 2항 (a)의 범위에 포함될 수 있다. 그러나 패널은 어떤 상품이 필수 적인가의 여부는 회원국이 스스로 결정할 수 없고, 제XI조 2항 (a)에 따른 제한 또는 금지를 적용할 당시 회원국이 직면한 특별한 상황을 고려해야 한다고 설명하였다.[36]

---

34 Panel Report, *China−Raw Materials*, paras. 7.244-245.
35 Panel Report, *China−Raw Materials*, paras. 7.260.
36 Panel Report, *China−Raw Materials*, paras. 7.275-280.

마지막으로 패널은 "심각한 부족을 방지 또는 완화하기 위하여(prevent or relieve a critical shortage)"의 의미를 분석하였다. 여기에서 "심각한"이란 부족이 "결정적으로 중요(decisive importance)" 또는 "중대한(grave)"하여야 하며 또는 "위기(crisis)" 또는 재앙(catastrophe)의 단계에 도달해야 한다.[37]

이러한 결론을 근거로 패널은 중국의 refractory grade 보크사이트가 제XI조 2항 (a)에 일치하는 방식으로 적용되는지를 살펴보았다. 패널은 그 상품이 필수적인가를 살펴보기 시작하였는데 중국이 제출한 증거를 기초로 패널은 현재 중국에 불가결한 상품이라고 보았다.[38] 그러나 패널은 중국의 조치가 제XI조 2항 (a)의 의미에 부합하는 심각한 부족을 방지하기 위하여 "일시적으로 적용되는" 것으로 보지 않았다. 이를 기초로 패널은 중국이 제XI조 2항 (a)에 따른 수출쿼터를 정당화할 수 없다고 판결했다.[39] 그리고 중국의 refractory grade 보크사이트가 현재 "심각한 부족" 상태에 있다고도 보지 않았다.[40]

상소기구는 보크사이트에 대한 수출쿼터가 GATT 제XI조 2항 (a)의 "심각한 부족"을 방지 또는 완화하기 위하여 "일시적으로 적용된" 조치였다는 것을 중국이 입증하지 못했다는 패널의 결정을 지지했다.[41] 상소기구는 GATT 제XI조 2항 (a)에서의 일시적으로 적용된 수출금지 또는 제한은 잠정적으로 적용되는 조치로서 일시적인 필요(passing need)를 극복하기 위한 특별한 상황(extraordinary conditions)에서 구제를 제공하기 위한 것이라고 판결했다. 상소기구는 그러한 제한은 기간이 제한되어야 하고 확정적이어야 된다는(not indefinite) 패널의 견해에 동의했다. 상소기구는 또한 중대한 부족이라는 용어는 양적으로의 부족함을 의미하며 그러한 양적 부족이 중대하고 결정적으로 중요해야 하며 또는 치명적으로 중요하거나 결정적인 단계에 도달해야 한다. 이를 근거로 상소기구는 중국은 보크사이트에 대한 수출쿼터는 중대한 부족을 방지하고 구제하기 위하여 일시적으로 적용되었다는 것을 보여주지 못했다는 패널의 결정을 지지하였다.

---

37 Panel Report, *China—Raw Materials*, paras. 7.297.
38 Panel Report, *China—Raw Materials*, paras. 7.340-344.
39 Panel Report, *China—Raw Materials*, paras. 7.346-350.
40 Panel Report, *China—Raw Materials*, paras. 7.351.
41 Appellate Body Report, *China—Raw Materials*, para. 344.

10.3.3. GATT 제XX조 적용 여부

GATT 제XX조는 GATT 제Ⅰ, Ⅲ, XI조 등의 예외로서 일반 예외(general exceptions)를 규정하고 있다. 그러나 GATT 제XX조 예외 조항의 남용을 방지하기 위하여 제XX조를 원용하는 국가가 제XX조의 구체적 조치에 부합됨을 입증할 의무가 있다. 이 사건에서 중국은 또한 수출쿼터와 수출세가 국민의 건강 보호를 위하여 필요하다고 주장하였지만, 중국은 수출세와 수출쿼터가 단기적 또는 장기적으로 오염의 감소를 초래할 수 있으며, 그로 인하여 인간의 건강 증진에 기여할 수 있다는 것을 보여줄 수 없었다. 중국은 수출세를 부과하고 수출쿼터를 적용한 것은 고갈될 수 있는 천연자원의 보존과 관련된 조치이기 때문에 정당화될 수 있다고 주장하였다. 하지만 중국은 원자재를 보존하기 위하여 원자재의 국내생산 또는 소비에 대한 제한과 결부되어 수출세와 수출쿼터와 같은 제한을 부과했다는 것을 보여줄 수 없었다. 이하에서는 좀 더 구체적으로 패널과 상소기구의 논리를 살펴보기로 한다.

10.3.3.1. 제XX조 (b)의 검토

중국은 scrap 상품[42], EPRs 상품[43] 그리고 기타 EPRs 상품[44]에 대한 수출제한을 정당화하기 위하여 제XX조 (b)를 원용하였다. 중국은 원자재가 추출되거나 생산될 때 발산하는 오염을 줄이기 때문에 수출제한은 국민의 건강을 보호하기 위해 필요하다고 주장했다.[45]

패널은 제XX조 (b)호에 부합하기 위해서는 먼저 당해 조치가 인간, 동물 또는 식물의 생명 또는 건강을 보호하기 위하여 고안된 정책의 범위에 포함되는지 여부를 검토해야 한다고 설명했다. 그런 다음 그 조치가 인용된 정책 목적을 수행하기 위해 "필요한(necessary)"지를 검토해야 한다고 보았다. 패널은 Brazil-Retreaded Tyres 사건의 상소기구에서 어떤 조치가 제XX조 (b)호 의미의 "필요한"지를 결정하기 위해서는 관련요소, 특히 이익 또는 가치의 중요성, 그 조치의 목적 달성에

---

42 scrap 상품은 magnesium scrap, manganese scrap, and zinc scrap임.
43 EPRs 상품은 coke, magnesium metal, manganese metal임.
44 기타 EPRs 상품은 coke, silicon carbide임.
45 Panel Report, *China—Raw Materials*, para. 7.470.

기여하는 정도 그리고 그것의 무역 제한성을 고려하여야 한다는 판결에 주목했다.[46]

이익 또는 가치의 중요성(the importance of the interests or values at issue)에 관하여, Brazil-Retreaded Tyres 사건의 상소기구는 공동의 이익 또는 가치가 필수적(vital)이거나 중요하면 할수록, 고안된 조치는 더욱 쉽게 "필요한" 것으로 받아들여질 수 있다. 어떠한 이익도 건강 위험으로부터 인간을 보호하는 것보다 더 필수적이거나 중요하지는 않으며, 환경을 보호하는 것은 그 못지않게 중요하다.[47]

추구된 목적에 대한 조치의 공헌(the contribution of the measure to the objective pursued)에 관해서 China-Audiovisual Products 사건의 상소기구는 조치가 추구되는 목적에 공헌도가 크면 클수록 더 쉽게 "필요한" 것으로 분류될 수 있다.[48] 조치의 무역 제한성(trade restrictiveness of the measure)에 관해서 Korea-beef 사건의 상소기구는 국제 상거래에 대한 조치의 효과를 고려하였다. 그 조치의 효과가 덜 제한적이어야 더 쉽게 "필요한" 것으로 분류될 수 있다.[49] 패널은 이러한 해석을 중국-원자재 사건의 수출제한에 적용하였다.

10.3.3.1.1. Scrap 상품에 대한 수출관세

중국은 scrap 상품에 대한 수출관세도 제XX조 (b)에 따라 정당화된다고 주장하였다. 그 이유는 scrap 상품은 EPRs 보다 더 환경 친화적이기 때문에 scrap에 대한 수출관세는 scrap의 안정적 공급을 확보하는데 필요할 뿐만 아니라 EPRs에서 scrap 생산으로 변화를 이끌어낼 수 있다고 설명하였다.[50]

패널은 중국이 scrap에 대한 수출조치가 현재(currently) 오염 감소 목적에 실질적인 공헌을 하고 있음을 입증하지 못했다고 판결했다.[51] 그리고 중국이 제공한 자료는 scrap에 대한 수출제한이 정해진(stated) 목적에 공헌하기 쉽다는 것을 입증하는데 충분하지 않다고 보았다.[52] WTO에 일치하거나 덜 무역 제한적인 대체조치의 이용에 관하여 패널은 scrap의 공급과 secondary production의 발전을

46 Panel Report, *China—Raw Materials*, paras. 7.479-481.
47 Panel Report, *China—Raw Materials*, para. 7.482.
48 Panel Report, *China—Raw Materials*, para. 7.404.
49 Panel Report, *China—Raw Materials*, para. 7.487.
50 Panel Report, *China—Raw Materials*, para. 7.494.
51 Panel Report, *China—Raw Materials*, para. 7.598-604.
52 Panel Report, *China—Raw Materials*, para. 7.605-609.

더 효과적으로 발전시킬 수 있는 많은 조치들이 있다고 이해하였다.[53]

이러한 이유에 근거하여 패널은 중국은 zinc scrap, magnesium scrap과 manganese scrap에 대한 수출 관세는 제XX조 (b)에 따라 정당화된다는 것을 입증하지 못했다고 판시하였다.[54]

10.3.3.1.2. EPRs에 대한 수출관세와 수출쿼터

중국은 EPRs의 생산은 환경적으로 유해하다는 것을 이유로 EPRs에 대한 수출관세와 수출쿼터는 제XX조 (b)호에 따라 정당화된다고 주장하였다. 중국은 이들 상품에 대한 수출 제한은 이들 metals의 생산 감소로 이어지고, 결국 이들 생산과 관련된 오염도 감소할 것이라고 주장하였다.[55]

패널은 먼저 중국의 수출제한이 인간, 동물 또는 식물의 생명 또는 건강을 보호하기 위하여 고안된 정책의 범위에 포함되는지를 살펴보았다.[56] 패널은 중국이 제시한 증거를 검토한 후 중국이 제출한 자료는 수출제한이 EPR 상품의 생산으로부터 초래하는 오염을 줄인다는 것을 충분히 제시하지 못한다고 보았다.[57]

패널은 다음으로 중국의 수출제한 조치가 중국 국민의 건강을 보호하려는 목적에 실질적으로(materially) 기여하는지 여부를 살펴보았으나 중국이 제공한 증거로는 EPR 상품에 대한 수출제한이 현재 추구되는 목적에 실질적 공헌을 하고 있다는 주장을 뒷받침하는데 설득되지 않았다고 판단하였다.[58] 패널은 중국이 수출세 부과와 수출쿼터 설정이 중단기(medium-tern) 오염의 감소를 초래할 수 있으며 그로 인하여 인간의 건강 증진에 기여할 수 있다는 것도 입증하지 못했다고 판시하였다.[59]

패널은 제소국이 제시한 대체 조치가 이미 중국에서 시행되고 있다고 중국이 주장한다면 중국은 그러한 대체 조치가 이미 이용 가능하다는 것을 인정하는 것이라는 데에 주목하였다. 패널은 각각의 대체 조치를 검토한 후, 중국은 어째서 이용 가능한 덜 무역제한적이고 WTO에 합치하는 대체조치를 수출제한을 적용하는 대

[53] Panel Report, *China–Raw Materials*, para. 7.610.
[54] Panel Report, *China–Raw Materials*, para. 7.611-612.
[55] Panel Report, *China–Raw Materials*, para. 7.494.
[56] Panel Report, *China–Raw Materials*, para. 7.498-500.
[57] Panel Report, *China–Raw Materials*, para. 7.514.
[58] Panel Report, *China–Raw Materials*, para. 7.525-538.
[59] Panel Report, *China–Raw Materials*, para. 7.540.

신에 사용될 수 없는지를 정당화할 수 없었다고 판시했다.[60]

이러한 내용을 근거로 패널은 중국이 중국의 EPRs에 대한 수출제한 특히 manganese metal, magnesium metal과 coke에 대한 수출관세와 coke와 silicon carbide에 대한 수출쿼터는 제XX조 (b)에 따라 정당화된다는 것을 입증하지 못했다고 판시하였다.[61]

10.3.3.2. 제ХХ (g)의 검토

중국은 refractory-grade 보크사이트와 형석에 대한 수출제한은 제XX조 (g)에 근거한다고 주장하였다. 중국은 이들 상품은 고갈될 수 있는 천연자원으로 희귀하며, 쉽게 대체가능하지 않으므로 관리하고 보호될 필요가 있다고 설명하였다. 중국은 또한 이는 주권사항으로서 어떤 것도 중국의 천연자원에 대한 주권을 방해할 수 없다고 강조하였다.[62]

패널은 일단 제XX조 (g)를 해석함으로서 분석을 시작한 뒤 그 해석을 중국의 조치에 적용하기로 하였다. 제XX조 (g)는 고갈될 수 있는 천연자원의 보존과 관련하여 국내 소비 또는 생산에도 효율적으로 결부되는 경우, 그러한 조치가 자의적이거나 정당화할 수 없는 차별의 수단을 구성하거나 국제무역에 대한 위장된 제한을 구성하는 방식으로 적용되지 아니한다면 예외를 인정하고 있다.

따라서 중국의 자원 수출제한 조치가 WTO 부합하려면 ① 고갈될 수 있는 천연자원의 보존과 관련하여야 하고, ② 국내 생산 또는 소비에 대한 제한과 결부되어 유효하게 되는 경우이어야 한다.[63] 패널은 우선 중국의 조치가 첫 번째 요건인 고갈될 수 있는 천연자원의 보존과 관련한 조치인지를 살펴보았다. 이 사건에서 당사국들은 원자재가 고갈될 수 있는 천연자원이라는 것에는 동의하였지만, 문제의 수출제한조치가 "보존(conservation)"과 "관련하는지(relate to)"에 대해서는 동의하지 않았다. 따라서 패널은 이들 용어를 분리하여 각각 살펴보았다.[64]

"관련한"에 대해서 패널은 보크사이트 수출쿼터/형석 수출관세와 중국이 그 조치를 취하는 목적의 근거인 보크사이트와 형석의 보존 "간의 관계(relation

---

60 Panel Report, *China−Raw Materials*, para. 7.569-590.
61 Panel Report, *China−Raw Materials*, para. 7.591.
62 Panel Report, *China−Raw Materials*, paras. 7.356.
63 Panel Report, *China−Raw Materials*, paras. 7.360-361.
64 Panel Report, *China−Raw Materials*, paras. 7.369.

between)"를 검토하고 분석하였다. 그리고 "보존"에 관해서 패널은 보존이란 GATT 제XX조 (g)에 포함되는 천연자원의 경우 그 존재하는 상태를 보존하고 유지하는 행위라고 보았다.[65]

패널은 제XX조 (g)의 두 번째 부분인 "국내 생산 또는 소비에 대한 제한과 결부되어야 한다"는 요건을 분석하였다. 패널은 "제한(restriction)"의 통상적 의미는 제한하는 과를 가지는 것으로 보았다.[66] "결부되어 유효한지(effective in conjunction with)"에 관하여 패널은 국내 생산 또는 소비에 대한 제한이 문제가 된 수출제한에 적용되어야 할 뿐만 아니라 그러한 수출 제한의 목적이 국내 제한의 효과를 확보해야만 한다고 설명하였다.[67]

그러나 상소기구는 문제된 수출제한의 목적이 국내 생산과 소비에 대한 제한의 효율성을 반드시 확보해야만 한다는 패널의 해석에 문제가 있다고 보았다.[68] 수출제한 조치가 국내 소비 또는 생산에도 효율적으로 결부되는 경우이면 충분한 것이지, 여기에 더하여 그 조치가 국내 제한의 효율성을 확보해야 할 목적까지 있어야 하는 것은 아니라는 것이다.

효율적(effective)이란 희망하는 결과를 유발하는 어떤 기능이 있는 것(producing the result that is wanted or oriented)을 의미한다. 그동안 "made effective"를 (g)호의 요건으로 포함하지 않았던 것은 효율적이라는 것은 그 결과가 아주 미미해도 되는 것으로 반드시 모든 것을 해결해야지 효과 있는 것은 아니기 때문에 대부분 모든 조치가 효과가 있다고 보아야 할 것이므로 특별히 충족해야 할 요건으로 보지 않았다고 보여 진다.[69]

이러한 내용을 근거로 패널은 중국이 보크사이트에 대한 수출쿼터와 형석에 대한 수출관세가 보크사이트와 형석에 대한 보존과 관련한다는 것을 입증하지 못하였다고 판결했다.[70] 그리고 중국이 수출제한 조치가 국내 생산 또는 소비에 대한 제한과 결부되어 유효하게 되었다는 것도 입증하지 못하였다고 판결하였다.[71] 결과적으로 패널은 보크사이트에 대한 수출쿼터와 형석에 대한 수출관세가 제XX조

---

65 Panel Report, *China—Raw Materials*, paras. 7.372.
66 Panel Report, *China—Raw Materials*, paras. 7.394.
67 Panel Report, *China—Raw Materials*, paras. 7.397.
68 Appellate Body Report, *China—Raw Materials*, para. 361.
69 류예리, 전게논문, 124쪽.
70 Panel Report, *China—Raw Materials*, paras. 7.435.
71 Panel Report, *China—Raw Materials*, paras. 7.458.

(g)에 따라 정당화된다는 것을 입증하지 못하였다고 하였다.[72]

10.3.4. 기타 쟁점

10.3.4.1. 수출쿼터할당

미국과 멕시코는 중국이 수출하고자 하는 기업은 낙찰가격(bid winning price)을 지불하도록 하는 쿼터입찰과정을 통하여 보크사이트, 형석과 탄화규소에 대한 수출쿼터를 할당하고 있다는 자료를 제출하였다. 쿼터할당과 관련하여 지불하는 낙찰가격은 수출 관련하여 부과되는 "수수료(fee)" 또는 "과징금(charges)"에 해당하며 GATT 제Ⅷ조 1항 (a)에 위반한다고 주장하였다. 미국과 멕시코는 낙찰가격은 중국의 WTO 가입의정서 11.3항상의 수출에 적용되는 "조세(taxes)" 또는 "과징금(charges)"에 해당한다고 주장하였다. 보크사이트, 형석과 탄화규소는 가입의저서의 부속서 6에 포함되지 않는 품목이기 때문에 낙찰가격은 가입의정서 11.3항 위반이라고 주장하였다.[73]

패널은 GATT 제Ⅷ조 1항 (a)는 수입 또는 수출과 관련하여 부과되는 수수료와 과징금에 적용하며 그러한 수수료와 과징금은 발생된 서비스(service rendered)에 대한 대가에만 적용될 것을 요건으로 한다고 판결했다.[74] 따라서 중국의 낙찰가격에 근거한 보크사이트, 형석과 탄화규소에 대한 쿼터의 할당은 GATT 제Ⅷ조 1항 (a)에 위반한다고 판결하였다.[75] 그러나 상소기구는 패널의 결정을 번복하고, 이 이슈에 대한 패널의 판결은 법적 효과가 없다고 판결하였다. 패널은 또한 중국의 낙찰가격에 근거한 보크사이트, 형석과 탄화규소에 대한 쿼터의 할당은 중국의 WTO 가입의정서 11.3항에 위반한다고 판결하였지만,[76] 상소기구는 패널의 결정을 번복하고, 이 이슈에 대한 패널의 판결은 법적 효과가 없다고 판결하였다.

10.3.4.2. 수출허가

제소국들은 중국의 보크사이트, 코크스, 형석, 마그네슘, 탄화규소와 아연을

---

72 Panel Report, *China－Raw Materials*, paras. 7.467-468.
73 Panel Report, *China－Raw Materials*, paras. 7.808.
74 Panel Report, *China－Raw Materials*, paras. 7.839.
75 Panel Report, *China－Raw Materials*, paras. 7.861.
76 Ibid.

위한 수출허가제도(export licensing)는 GATT 제XI조 1항 위반이라고 주장하였다. 그 이유는 이들 원자재에 대한 중국의 수출허가제도는 비자동적(non-automatic)이며, 이 제도는 중국의 수출 허가 기관에 이들 원자재의 수출을 제한할 재량을 부여하기 때문이다. 패널은 중국의 특정 형태의 보크사이트, 코크스, 형석, 마그네슘, 탄화규소와 아연에 부과한 수출허가제도가 GATT 제XI조 1항 위반이 아니라고 판결하였다.[77] 하지만 상소기구는 패널의 결정을 번복하고, 이 이슈에 대한 패널의 판결은 법적 효과가 없다고 판결하였다.

10.3.4.3. 최소수출가격

제소국들은 중국의 보크사이트, 코크스, 형석, 마그네슘, 탄화규소, 황린과 아연에 대한 최소수출가격(minimum export price) 요건을 부과한 것은 수출에 대한 제한이므로 GATT 제XI조 1항 위반이라고 주장하였다. 패널은 중국의 최소수출가격요건은 무역에 대한 제한 효과를 갖기 때문에 GATT 제XI조 1항의 범위 내의 어떤 상품의 수출 또는 수출을 위한 판매에 대한 제한을 구성한다고 판결하였다.[78] 그러나 상소기구는 이 이슈에 대한 패널의 판결은 법적 효과가 없다며 패널의 결정을 번복하였다.

제소국들은 또한 중국은 CCCMC가 수출가격을 어떻게 조정하는지에 대한 규정을 규정한 조치를 공포하지 않았고 이는 GATT 제X조 1항 위반이라고 주장하였다. 이에 대해 패널은 중국이 제X조 1항에서 요구한 것처럼 정부와 관련 업자가 알 수 있는 방식으로 2001 CCCMC Charter를 즉각적으로 공포하는데 실패했다고 판결했다.[79] 그러나 상소기구는 패널의 결정을 번복하고 이 이슈에 대한 패널의 판결은 법적 효과가 없다고 판결하였다.

10.4. WTO 판결에 따른 중국 정부의 이행

10.4.1. 중국 정부의 이행 조치

중국은 중국-원자재 사건에서 패소하자 WTO 판정을 수용하겠다고 하면서도

---

[77] Panel Report, *China—Raw Materials*, paras. 7.938.
[78] Panel Report, *China—Raw Materials*, paras. 7.1082.
[79] Panel Report, *China—Raw Materials*, paras. 7.1102.

유감도 표명하였다. 중국 상무부는 "이번 판정을 깊이 평가해 WTO의 자원류 상품에 관한 규정에 맞춰 지속 가능한 발전을 이룰 수 있도록 과학적 관리를 강화하겠다"고 밝혔다. 중국은 그러나 "수출관세 등이 GATT에 어긋난다고 판정한 것은 유감"이라고 덧붙였다. 상무부는 "자원과 환경 보호 수단은 WTO에서도 허용되고 있다"며 "중국은 환경오염을 초래하고, 소모성이 강한 자원에 대해 관리를 강화하고 있다"고 주장했다.[80]

　　중국은 중국-희토류 사건에서도 패소가 최종판정한지 넉 달 만에 희토류에 대한 수출쿼터를 폐지함으로써 희토류 생산기업이 계약건별로 수출허가증을 신청한 후 허가증만 발급받으면 모든 기업이 희토류를 수출할 수 있다고 밝혔다. 그러나 중국은 중국-원자재 사건과 중국-희토류 사건에 패소한 후 즉각 문제가 된 수출쿼터와 수출관세를 폐지하여 WTO 판결을 이행하였음에도 불구하고, 여전히 주요 자원품목에 대한 수출제한제도를 유지하고 있어 근원적인 문제점을 해결하지는 못하고 있다.[81] 따라서 이하에서는 중국의 수출제한제도를 살펴보고 그 문제가 무엇인지 제시하고자 한다.

10.4.2. 중국 수출제한제도의 내용

10.4.2.1. 수출세제도

중국은 「중화인민공화국 관세법(中华人民共和国海关法)」과 「중화인민공화국 수출입관세조례(中华人民共和国进出口关税条例)」를 근거로 수출세의 부과를 허용하고 있다. 「관세법」은 제5장 제53조에서 제65조까지 관세에 관한 일반 규정을 두고 있고, 세부적인 내용은 「수출입관세조례」에서 세율운용, 과세가격결정방법, 세금납부, 환급, 추징, 감면에 관한 규정 등을 두고 있다.

　　중국은 매년 해관총서(中华人民共和国海关总署)에서는 국무원의 심사를 거쳐 관세실시방안(关税实施方案)을 공포한다. 관세실시방안에는 수출세부과항목과 세율에 관한 내용이 포함된다. 예컨대 2016년 중국 정부가 수출세를 부과하기로 결정한 품목은 총 200개이며, 2015년 대비 신규 부과한 품목은 1개이고 세율을 인

80　郭彩萍 , "商务部称将认真评估WTO裁定中国原材料出口违规", 「新郎财经」
http://finance.sina.com.cn/roll/20120131/070311277588.shtml(검색일: 2017. 7. 25)
81　류예리, "중국 WTO 가입의정서에 관한 일고찰-수출제한 규정을 중심으로", 「국제경제법연구」 제14권 제2호, 한국국제경제법학회, 2016, 53-54쪽.

하한 품목은 15개이며, 기존 수출세를 유지한 품목은 184개이다.[82] 그리고 최저 3%에서 최고 40%까지 세금을 부과하고 있다.

「수출입관세조례」의 내용을 살펴보면 수출관세는 수출신고 일에 시행중인 수출관세율에 따라 세금을 징수하는데 수출화물의 과세가격은 실제거래가격을 기초로 수출 FOB가격에서 수출세를 공제한 후의 가격을 과세가격으로 한다. 수출의 정상질서 유지와 저가 덤핑수출을 방지하기 위해 세관은 수출상품에 대한 가격심사를 실시, 수출가격 중점가격 심사대상 수출물품을 지정하고 중점가격 심사대상 수출물품에 대해서는 가격 심사, 세관에 수출 신고된 수출상품 가격이 삼사가격보다 낮은 경우, 세관에서 관련 수출입상회와 국가외환관리 부서에 통지하여 처벌(수출불허 및 벌금부과)하는 규정을 두고 있다.

중국의 수출세 부과에 대해서는 중국과 선진국들의 관점이 다르다. 즉, 자원에 의존하는 선진국들은 중국의 수출세 부과 목적을 국내자원 보호와 자원유출 방지로 보고 있다. 하지만 중국이 WTO 분쟁 과정에서 밝힌 수출세 부과 목적은 자원류의 무분별한 개발을 억제하여 환경을 보전하기 위해서이다. 중국은 최근 중국-희토류 사건에서 WTO 재판부가 희토류에 대한 수출세 부과 조치에 대해 불공정 무역행위로 판정하자 2016년 희토류 금속광 등 102개 품목(HS8단위)에 대한 수출세를 취소하였다. 그러나 중국이 일부 자원 품목에 대해서만 수출세를 폐지한 것이지 수출세 제도 자체를 폐지한 것은 아닌 만큼 수출세 폐지 및 조정여부를 매년 확인할 필요가 있다.

10.4.2.2. 수출수량제한제도

10.4.2.2.1. 수출쿼터

중국은 2001년 12월 WTO 가입을 계기로 그동안 자국이 유지해왔던 많은 법제도들을 WTO 규범에 일치시키는 작업을 진행하여 왔다.[83] 그 결과의 일환으로 중국은 2004년에 개정된 「중화인민공화국 대외무역법(中华人民共和国对外贸易法)」에서 상품 수출의 제한(限制)이 가능한 경우와 상품 수출의 금지(禁止)가 가능한

---

82 중국 해관총서 http://www.customs.gov.cn/publish/portal0/tab49564/info782948.htm 참고(검색일: 2016. 6. 15).

83 권현호, "국내 온라인게임 산업의 중국시장 진출을 위한 통상법적 과제: WTO '중국-시청각제품' 사건의 이행과 시사점을 중심으로", 「홍익법학」 제12권 2호, 홍익대학교 법학연구소, 2011, 7쪽.

경우[84]로 구분하고 있다. 동법 제16조에 따르면 중국은 인간의 생명 또는 건강 보호나 국내공급이 부족하거나 고갈 가능한 자원의 효과적인 보호를 위하여 상품 수출을 제한할 수 있다고 규정하고 있다.[85]

또한 동법 제19조에 따르면 국가가 수입 또는 수출을 제한하는 화물에 대하여 쿼터·허가증 등의 실시 방식으로 관리하며, 수입 또는 수출을 제한하는 기술에 대하여 허가증 관리를 실시할 수 있다고 규정하고 있다. 그리고 쿼터·허가증 관리를 실시하는 화물·기술은 국무원 규정에 의거하여 국무원 대외무역 주관부서 또는 당해 부서와 국무원의 기타 유관부서의 허가를 받은 후에야 수입 또는 수출이 가능하며, 국가는 일부 화물에 대하여 관세쿼터 관리를 실시할 수 있다. 동 조항에서는 국가가 수출제한 화물에 대해서 쿼터관리와 허가증관리를 실시할 수 있음을 최상위 법률에서 규정하고 있다.

「중화인민공화국 화물수출입관리조례(中华人民共和国货物进出口管理条例)」 제3장에서는 화물수출관리를 수출금지 화물과 수출제한 화물로 크게 구분하고 있다. 수출금지 화물과 수출제한 화물 목록은 모두 국무원에서 제정 또는 조정하여 공포한다. 중국-희토류 사건과 관련 있는 수출제한 규정을 살펴보면, 수출제한 화물은 다시 쿼터관리 대상과 허가증관리 화물로 구분된다. 수출쿼터관리 품목은 국무원과 관련부처에서 관리하는데 매년 10월 31일 전에 차기년도 총 수출쿼터를 발표하고 국무원이 규정한 업무영역에 따라 관리한다. 수출쿼터 신청인은 매년 11월 1일부터 15일까지 수출쿼터 관리부서에 다음 년도 쿼터를 신청하고, 수출쿼터 관리부서는 매년 12월 15일 이전에 다음 년도 쿼터를 신청인에게 배분한다. 수출쿼터는 직접 분배방식으로 진행할 수 있으며 입찰 등 방식으로 분배할 수도 있다.

「대외무역법」와 「화물수출입관리조례」에 근거하여 중국 상무부는 2002년 1월 1일부터 「수출상품쿼터관리방법(出口商品配额管理办法)」을 시행하고 있다. 「수출상품쿼터관리방법」은 총 6개의 장으로 구성되어 있고, 수출쿼터 상품 목록(2장), 수출쿼터 총량(3장), 수출쿼터의 신청(4장), 수출쿼터의 분배, 조정 및 관리(5장)에 대한 절차적 내용을 상세히 규정하고 있다.[86] 주목해야 할 것은 동 방법 제10

---

84 「대외무역법」제17조에서는 수출금지가 가능한 경우는 국가안전 또는 사회공공이익을 침해거나 인간의 생명 또는 건강을 보호하기 위하여 그리고 생태환경을 파괴하는 경우를 열거하고 있음.

85 贺小勇, "WTO框架下中美原材料出口限制争端的法律问题", 「国际商务研究」 第3期, 2010, pp. 3-6.

조에서는 수출상품쿼터 총량을 확정할 때 고려해야 할 요소로서 국가경제안전 보장의 필요, 국내 유한자원 보호의 필요, 국가의 관련 산업발전계획·목표·정책, 국제·국내 시장의 수요와 생산과 판매 상황을 열거하고 있다.

그러나 동 방법 제20조에서 국제시장에 중대한 변화 발생, 국내자원 상황에 중대한 변화 발생, 각 지역 또는 중앙 관리 기업의 쿼터 사용 정도에 명확한 불균형이 발생할 경우 상무부는 차기년도 수출할당을 증가 또는 감소할 수 있다고 규정하고 있어 정부 당국의 재량이 부여되어 있음을 주의하여야 한다.

10.4.2.2.2. 수출허가제도

수출허가증 관리제도는 「대외무역법」 제19조와 「화물수출입관리조례」 제36조에 근거하여 수출을 제한하는 화물 중 수량제한 화물 이외의 기타 화물에 대해서 수출허가제도가 실시되고 있다. 중국 상무부는 「대외무역법」과 「화물수출입관리조례」에 근거하여 수출허가관리에 대하여 「화물수출허가증관리방법(货物出口许可证管理办法)」을 2008년 7월 1일부터 실시하고 있다.

「화물수출허가증관리방법」 제22조 상무부는 수출허가증 관리 주무기관으로 해관총서, 국가품질감독검사검역총국과 협의하여 매년 「수출허가증관리화물목록(出口许可证管理货物目录)」을 발표하고, 상무부는 독자적으로 「수출허가증관리화물 등급별 증서발급 목록(出口许可证管理货物分级发证目录)」을 발표한다. 수출허가증의 유효기간은 1년으로 오로지 하나의 해관에서만 등록 가능하며(一證一關), 유효기간 내 1회만 사용 가능하다(一批一證). 하지만, 외자기업수출허가증관리 화물과 보상무역하의 허가증관리 화물에 대해서는 유효기간 내 최대 12회 사용이 가능하다(非一批一證).

수출허가관리품목은 수출쿼터허가증 관리품목, 수출쿼터입찰 관리품목, 수출허가증 관리품목 등 3가지 품목으로 구분할 수 있다. 상무부와 해관총서가 2012년 12월 31일 공고한 「2013년 수출허가증 관리화물 목록」은 총 48개 품목, HS10단위 기준 668개 품목이며, 크게 다음과 같은 종류로 구분된다. 국민생활과 관계되는 자원성 수출제품, 중국의 수출에서 주요 위치를 점유하는 전통수출상품, 세계시장 혹은 특정시장에서 주요 위치를 점유하는 제품, 외국의 쿼터제한 혹은 수출제한 제품, 수출량이 많으며 경영 질서 혼란을 일으키기 쉬운 상품, 중국의 중요 특산

---

86 한국조제재정연구원, 「신흥교역국의 통관환경 연구-중국」, 2013. 12, 154-155쪽.

품 혹은 특수한 요구가 있는 제품 등이다.

10.4.3. 시사점

중국은 비록 중국-원자재 사건에서 패소하였지만, 앞으로도 중국의 국내법을 근거로 주요 원자재에 대한 수출제한은 반복될 것으로 보인다. 중국 상무부는 WTO가 자원과 환경 보호를 위한 조치를 허용하고 있다고 믿고 있으며, 중국은 환경오염을 초래하고, 소모성이 강한 자원에 대해 관리를 강화할 것이라고 밝혔다. 이를 근거로 중국은 향후에도 주요 원자재에 대한 수출세 부과 또는 수출쿼터의 수단을 통해 수출량을 제한할 것으로 보인다. 따라서 우리 정부는 단기적으로는 중국 정부가 매년 공시하는 수출쿼터와 수출세 부과 현황을 정확히 이해할 필요가 있다. 그리고 그 공시된 내용이 중국 WTO 가입의정서 11.3항과 부속서 6에 부합하는지 여부, GATT 제11조 1항 위반 여부를 살펴야 할 것이다. 장기적으로는 환경보호에 필요한 일부 품목으로 수출세 부과품목 수를 제한하여 줄 것을 중국 정부에 요청할 필요가 있다.

10.5. 결 론

이상으로 본고에서는 중국-원자재 사건에서 실체적 쟁점이었던 중국의 수출관세, 수출쿼터와 기타 수출제한조치가 GATT와 중국 가입의정서에 어떻게 위반하는지에 대해서 살펴보았다. 그리고 중국의 대응논리, 즉 원자재 수출제한은 GATT 제XX조 (b), (g)에 의하여 정당화된다는 주장에 대해서도 설명하였다. 또한 중국 정부가 중국-원자재 사건에서 패소한 이후 중국 정부의 이행과 그 제도적 한계에 대해서도 살펴보았다.

중국을 비롯한 많은 국가들은 다양한 목적을 위해 여러 유형의 수출제한조치를 채택한다. 자연자원에 대한 수출통제는 세계 인구가 증가하고, 신흥공업국의 자연자원에 대한 수요가 높아짐에 따라 점점 중요해지고 있기 때문이다.[87] 이들 자연

---

87 Mitsuo Matsushita, "Export Control of Natural Resources-WTO Panel Ruling on the Chinese Export Restrictions of Natural Resources," *Trade, Law and Development,*

자원은 다양한 산업에서 주요 원료로 사용됨에 반하여 매장량이 한정되어 있을 뿐만 아니라 일부 지역에 집중하여 분포하고 있어 이에 대한 수출제한은 안보와 국제무역질서를 왜곡시킬 수도 있다.

그 실제 사례가 바로 중국-원자재 사건이며, 우리나라를 포함하여 아르헨티나, 브라질, 칠레, 콜롬비아, 에콰도르, 인도, 일본, 노르웨이, 대만, 터키 등의 국가들이 제3자로 참여하였다. 이들 국가들은 원자재 수입국 또는 수출국으로서 이번 사건에 상당한 이해관계를 갖고 있기 때문이다.[88] 특히 이번 사건에서 문제가 된 원자재는 다양한 상품의 제조에 필수적인 원자재로서 중국의 이들 원자재에 대한 수출제한 조치는 많은 관심을 불러일으켰다. 따라서 중국과 같은 국가들의 수출제한은 향후에도 통상 분쟁의 소지가 될 우려가 크다.[89]

Vol. 3 No. 2, 2011, p. 268.

88 Nathan Cunningham, Junlei Peng, "WTO Case Analysis, Suggestions and Impacts: China-Measures Related to the Exportation of Various Raw Materials", 7 *Global Trade and Customs Journal*, 2012, p. 27.

89 조영진, "수출제한에 대한 WTO 체제에서의 법적 쟁점 연구: 원자재에 대한 수출제한 조치 관련 WTO 분쟁 및 WTO에서의 논의를 중심으로", 「국제경제법연구」 제11권 제1호, 한국국제경제법학회, 2013. 3, 216쪽.

참고문헌

권현호, "국내 온라인게임 산업의 중국시장 진출을 위한 통상법적 과제: WTO '중국-시청각제품' 사건의 이행과 시사점을 중심으로", 「홍익법학」 제12권 제2호, 홍익대학교 법학연구소, 2011.

김녹영·고준성, "중국의 희토류 자원 수출규제를 둘러싼 국제통상법적 쟁점 및 전망-중국-원자재 수출규제 분쟁사건'을 중심으로-", 「안암법학」 제39권, 안암법학회, 2012.

류예리, "중국 원자재 사건과 희토류 수출제한 분쟁과의 연관성에 관한 연구", 「국제법학회논총」 제5권 제2호, 대한국제법학회, 2012.

류예리, "중국 WTO 가입의정서에 관한 일고찰-수출제한 규정을 중심으로", 「국제경제법연구」 제14권 제2호, 한국국제경제법학회, 2016.

박노형 외, 「신국제경제법」, 보정판, 박영사, 2013.

조영진, "수출제한에 대한 WTO 체제에서의 법적 쟁점 연구: 원자재에 대한 수출제한 조치 관련 WTO 분쟁 및 WTO에서의 논의를 중심으로", 「국제경제법연구」 제11권 제1호, 한국국제경제법학회, 2013. 3.

한국무역협회, "중국의 수출세 부과관련 국내 수입기업 애로사항과 대응방안", 2016. 2.

한국조제재정연구원, 「신흥교역국의 통관환경 연구-중국」, 2013. 12.

Barbara Fliess, Christine Arriola and Peter Liapis, "Recent Development in the use of Export Restrictions in Raw Materials Trade", *OECD*, 2014.

China-Export Duties on Certain Raw Materials, Request for the establishment of a Panel by the United States, WT/DS508/6, 14 October 2016.

China-Duties and other Measures concerning the Exportation of Certain Raw Materials, Request for the establishment of a Panel by the European Union, WT/DS509/6, 27 October 2016.

Communication from the European Communities, Market Access for Non-Agricultural Products: Revised Submission on Export Taxes, TN/MA/W/101, 17 January 2008; Communication from Chile; Costa Rica; Japan; Republic of Korea; the Separate Customs Territory of Taiwan, Penghu, Kinmen and Matsu; Ukraine and the United States, Market Access for Non-Agricultural Products; Enhanced Transparency in Export Licensing, TN/MA/W/15/Add.4/Rev.7, 23 November 2010.

Jeonghoi Kim, Recent trends in export restrictions, *OECD Trade Policy Papers*, No. 101, 2010. 6.

Julia Ya Qin, ""WTO-Plus" obligations and their implications for the World Trade Organization Legal System", *Journal of World Trade*, Vol. 37 No. 3, 2003.

Julia Ya Qin, "Reforming WTO Discipline on Export Duties: Sovereignty over Natural Resources, Economic Development and Environmental Protection", *Wayne State University Law School Legal Studies Research Paper Series*, No. 2012-04.

Mitsuo Matsushita, "Export Control of Natural Resources-WTO Panel Ruling on the Chinese Export Restrictions of Natural Resources," *Trade, Law and Development*, Vol. 3 No. 2, 2011.

Nathan Cunningham, Junlei Peng, "WTO Case Analysis, Suggestions and Impacts: China-Measures Related to the Exportation of Various Raw Materials", 7 *Global Trade and Customs Journal*, 2012.

Panel Reports, *China—Measures Related to the Exportation of Various Raw Materials*, WT/DS394, 395, 398/R, 5 July 2011; Appellate Body Reports, WT/DS394, 395, 398/AB/R, 30 January 2012 .

Panel Reports, *China—Measures Related to the Exportation of Rare Earths, Tungsten and Molybdenum*, WT/DS431, 432, 433/R, 27 June 2012; *Appellate Body Reports*, WT/DS431, 432, 433/AB/R, 29 August 2014.

Protocols of accession for new members since 1995, including commitments in goods and services, available at https://www.wto.org/english/thewto_e/acc_e/completeacc_e.htm.

Protocol on the Accession of the People's Republic of China, WT/L/432, 23 November 2001.

Report of the Working Party on the Accession of China, WT/ACC/CHN/49, 1 October 2001.

Report of the Working Party on the Accession of Croatia to the World Trade Organization, WT/ACC/HRV/59, 29 June 2000.

Report of the Working Party on the Accession of Ukraine to the World Trade Organization, WT/ACC/UKR/152, 25 January 2008.

屠沈寅 · 刘轩昊, "WTO 关于出口限制措施规则的分析", 「重庆三峡学院学报」 第6期 第27卷(136期), 2011年.

贺小勇, WTO框架下中美原材料出口限制争端的法律问题, 「国际商务研究」第3期, 2010年.

刘敬东, ""加入议定书": WTO法系中的定位", 「国际法研究」, 第二期, 2014年7月.

郭彩萍, "商务部称将认真评估WTO裁定中国原材料出口违规", 「新郎财经」 http://finance.sina.com.cn/roll/20120131/070311277588.shtml.

'브라질 – 재생 타이어 수입에 영향을 주는 조치' 사건*
―GATT1994 제XX조의 적용을 중심으로―

이로리(계명대학교 법학과 교수, 법학박사)

11.1. 서 론

WTO의 '브라질-재생 타이어 수입에 영향을 주는 조치'(Brazil-Measures Affecting Imports of Retreaded Tyres: 이하 '브라질-타이어' 사건이라 함)사건은 개도국(브라질)이 환경적 목적으로 취한 무역제한 조치에 대하여 선진국(EC)이 제소한 최초의 분쟁사건이다. 동 분쟁사건에 대한 상소기관의 평결은 GATT1994 제XX 조 (b)항의 적용에 있어 WTO 회원국의 비무역적인 정책 목적에 대한 방어와 환경 문제의 복잡성 및 조치의 다양성을 포함하는 포괄적인 대응의 필요성을 보다 적극적으로 평가함으로써 GATT1994 제XX조의 적용범위를 이전 보다 확대했다는 평가를 받고 있다. 본 논문에서는 '브라질-타이어' 사건에서의 상소기관의 GATT1994 제XX조의 적용을 중심으로 검토하여 제XX조의 적용과 관련하여 동 사건이 갖는 법적 시사점을 검토하고자 한다.

---

* 이 장은 필자가 2010년 5월에 「안암법학」 제32권에 게재한 ""브라질-재생 타이어 수입에 영향을 주는 조치" 사건 ― GATT1994 XX조의 적용을 중심으로 ―"를 이 책의 목적에 맞추어 저자의 동의하에 전재한 것임을 밝힌다.

11.2. 사실관계

11.2.1. 사건의 배경

동 사건에서 문제된 브라질의 조치는 (i) 재생 타이어의 수입에 대하여 취한 수입금지 조치; (ii) 재생 타이어의 수입, 마케팅, 운송, 저장, 유지 및 보관에 대한 벌금; (iii) 수입 재생 타이어의 마케팅에 대한 브라질 주법의 제한; (iv) 수입금지 및 벌금에 있어 중남미공동시장 (MERCOSUR) 회원국산 수입 재생 타이어에 대한 면제다. EC는 2005년 6월 25일 브라질의 동 조치에 대하여 WTO 협의를 요청하였으나,[1] 협의에 실패하였고, 2005년 11월 17일 동 사건의 패널설치를 DSB에 요청하였다. 2006년 1월 20일 동 사건의 패널이 설치되었고, 패널절차에 아르헨티나, 호주, 중국, 쿠바, 과테말라, 일본, 한국, 멕시코, 파라과이, 대만, 태국, 미국이 제3당사국으로 참여하였다.[2] 2007년 6월 12일 동 사건의 패널보고서가 WTO 회원국에게 회람되었고, EC는 2007년 9월 23일 DSB에 동 사건의 패널 보고서의 '필요성 분석' (necessity analysis)과 'GATT1994 제XX조 모자조항'에 대한 패널의 법적 해석에 대하여 상소하였고, 상소기관이 'MERCOSUR 면제'로 인하여 수입금지가 제XX조 모자조항(chapeau)에 일치하지 않는 방식으로 적용 되었다는 결과를 도출하는 것으로 판단하지 않을 경우, MERCOSUR 면제가 GATT1994 제I조 1항, 제XIII조 1항에 일치하지 않는다는 EC의 별도의 주장에 대하여 소송경제 (judicial economy)를 행사하기로 한 패널의 결정을 조건부 상소에 포함시켰다.[3] 2007년 12월 3일 동 사건의 상소기관보고서가 회람되었고, DSB는 2007년 12월 17일 동 사건의 상소기관보고서와 상소기관보고서에 의해 수정된 패널보고서를 채택하였다.[4]

---

1 WTO, Brazil-Measures Affecting Imports of Retreaded Tyres (이하 'Brazil-Retreaded Tyres'), WT/DS332/1, 23 June 2005.

2 WTO, Brazil- Retreaded Tyres, WT/DS332/5, 17 March 2006.

3 WTO, Brazil-Retreaded Tyres, WT/DS332/9, 3 September 2007; Appellate Body Report, Brazil- Retreaded Tyres, WT/DS332/AB/R, 3 December 2007, paras. 9-51.

4 WTO, Brazil-Retreaded Tyres, WT/DS332/12, 17 December 2007.

11.2.2. 패널의 평결

2007년 6월 12일 WTO 회원국에게 회람된 동 사건의 패널보고서에서 패널은 (i) 브라질의 재생 타이어에 대한 수입금지가 GATT1994 제XI조 1항에 위반하지만 GATT1994 제XX조 (b)항의 의미 내의 "필요한" 조치로서 잠정적으로 정당화된다고 평결하였다. MERCOSUR 면제는 자의적이거나 정당화할 수 없는 차별 또는 위장된 제한을 구성하는 방식으로 적용된 조치의 결과로 귀착되지 않는다고 평결하였다. 법원명령을 통한 중고 타이어의 수입은 문제의 수입금지 조치가 GATT1994 제XX조 모자조항의 의미 내의 정당화할 수 없는 차별의 수단 및 무역에 대한 위장된 제한을 구성하는 방식으로 적용되는 결과로 귀착시킨다고 평결하였다. 그러한 평결에 근거하여 패널은 브라질의 수입금지 조치가 GATT1994 제XX조에 따라 정당화되지 않는다고 결론 내렸다. (ii) 재생 타이어에 대한 수입금지와 관련하여 부과된 벌금이 GATT1994 제XI조 1항에 위반되며, 브라질이 동 벌금이 GATT1994 제XX조 (b)항 또는 제XX조 (d)항에 따라 정당화 될 수 있음을 증명하지 못했다고 결정하였다. (iii) 브라질의 Rio Grande Do Dul 주법(州法) 12.381에 의해 수정된 법 12.114에 포함된 마케팅 금지 및 처리의무와 같은 주(州)의 조치가 GATT1994 제III조 4항 위반이며, 브라질이 동 주의 조치들이 제XX조 (b)항에 따라 정당화 될 수 있다는 것을 증명하지 못하였다고 결정하였다. 동 사건의 패널은 소송경제를 이유로 MERCOSUR 면제와 관련한 EC의 GATT1994 제I조 1항 및 제XIII조 1항 주장에 대해서는 검토하지 않았다.[5]

11.2.3. 상소기관의 평결

2007년 12월 3일 회람된 동 사건의 상소기관보고서에서 상소기관은 패널이 GATT1994 제XX조 (b)항에 따른 '필요성'에 대한 분석을 수행한 방식에 있어서 어떠한 잘못도 없다고 결론 내리고, 수입금지 조치가 동 규정에 따라 "인간, 동물 또는 식물의 생명 또는 건강을 보호하기 위하여 필요하다"는 패널의 평결을 지지하였다. 상소기관은 MERCOSUR 면제가 제XX조 모자조항에 의해 자의적이거나

---

5 Panel Report, Brazil-Retreaded Tyres, WT/DS332/R, 12 June 2007, pp. 244-245.

또는 정당화할 수 없는 차별을 구성하는 방식으로 적용되었다고 판단하여 동 쟁점에 관한 패널의 결정을 파기하였다. 또한 법원명령을 통한 중고 타이어 수입이 문제의 수입금지가 자의적이거나 정당화할 수 없는 차별을 구성하는 방식으로 적용되도록 하였다고 판단하여, 오직 그러한 수입이 수입금지의 목적을 심각하게 훼손하는 수량으로 발생하는 범위에서만 수입금지 조치가 국제 무역에 위장된 무역제한을 구성하는 방식으로 적용되는 결과를 도출한다는 패널의 평결을 파기하였다. MERCOSUR 면제와 브라질 법원명령에 따른 중고 타이어의 수입은 쟁점인 수입금지가 GATT1994 제XX조 모자조항에 일치하지 않는 방식으로 적용되도록 한다는 자신의 결론을 상기시키면서, 상소기관은 다른 이유이기는 하지만 패널이 GATT1994 제XI조 1항에 일치하지 않는다고 결정한 수입금지가 제XX조에 의해 정당화 되지 않는다고 결정 내렸다.[6] 다음에서는 본 사건의 법적 쟁점 중 GATT1994 제XX조 (b)항의 필요성 및 모자조항의 해석 및 적용에 관한 상소기관의 평결을 중심으로 검토한다.

11.3. GATT1994 제XX조의 해석 및 적용

11.3.1. GATT1994 제XI조 1항 위반조치

2004년 11월 17일자 브라질 대외무역국 (Secretaria de Comércio Exterior: "SECEX") 고시 (Portaria) No. 14 ("Portaria SECEX 14/2000") 제40조[7]는 다음의 세 가지 요소를 포함하고 있다: (i) 재생 타이어에 대한 수입금지; (ii) 중고 타이어에 대한 수입금지; (iii) MERCOSUR의 다른 국가로부터의 일부 재생 타이어의 수입에 대한 수입금지의 면제 (MERCOSUR 면제). MERCOSUR 면제는 2000년 9월

---

6 Appellate Body Report, Brazil- Retreaded Tyres, pp. 101-102 참조.
7 Portaria SECEX 14/2000 40조의 영어 원문은 다음과 같다: "A import license will not be granted for retreaded tyres and used tyres, whether as a consumer product or feedstock, classified under NCM code 4012, except for remoulded tyres, classified under NCM codes 4012.11.00, 4012.12.00, 4012.13.00 and 4012.19.00, originating proceeding from the Mercosur Member States under the Economic Complementation Agreement No. 18.", Panel Report, Brazil-Retreaded Tyres, para. 2.7.

25일자 대외무역국 고시 No. 8의 재생 타이어의 수입금지 규정에는 포함되어 있지 않았으나 MERCOSUR 중재재판의 판결의 결과로 도입되었다.[8] (동 분쟁사건은 (i)과 (iii)의 조치와 관련되며, 중고 타이어에 대한 수입금지 조치는 포함되지 않는다.)

　　EC는 대외무역국 고시 14/2004를 통한 재생 타이어의 수입금지가 GATT1994 제XI조 1항 위반이라고 주장하였고, 더 나아가 자신의 주장이 그러한 금지가 여러 가지 추가적 조치에 근거하여 재생 타이어에 적용되는 한도 내에서 중고 상품의 수입에 대한 모든 금지까지 확대된다고 주장하였다.[9] 대외무역국 고시 14/2004와 관련하여, 패널은 이 조치의 제40조가 재생 및 중고 타이어의 수입에 대하여 수입허가가 발급되지 않는다는 것을 명시하고 있음을 검토하였고, EC는 재생 타이어를 수입하기 위해서는 수입허가가 필요하기 때문에 동 조치는 (MERCOSUR회원국으로부터의 수입을 제외하고) 브라질로의 재생 타이어의 수입을 실효적으로 금지하고 있다고 주장하였다.[10]

　　패널은 GATT1994 제XI조 1항이 상품의 수입에 대한 "금지"(prohibitions)와 "제한"(restrictions)을 모두 금지하고 있다고 설명하면서, "금지"는 회원국이 다른 회원국산 상품을 자국 시장으로 수입하는 것을 금지해서는 안 된다는 것을 의미하고, "쿼터, 수입 또는 수출허가 또는 기타 조치"의 형태의 제한적 조치들은 제XI조의 의미 내의 수입에 대한 "제한"이라고 설명하였다. 이러한 점에 비추어, 패널은 대외무역국 고시 14/2004가 GATT1994 제XI조 1항에 일치하지 않게 재생 타이어의 수입을 금지하거나 제한하는 방식으로 운영되는지 여부를 검토하였다.[11] 패널은 이 문제를 다루는데 있어 동 조치가 재생 타이어의 수입에 대하여 명백한 금지를 규정하고 있지는 않음에도 불구하고, 동 조치의 제40조의 문구는 MERCOSUR 국가들의 재생 타이어를 제외한 중고 재생 타이어에 대한 수입허가의 발급을 금지하는

8　Portaria SECEX 8/2000의 채택 이후 우루과이는 2001년 8월 27일 MERCOSUR의 중재 절차 개시를 요청하였다. 우루과이는 동 법이 MERCOSUR 국가들 간의 무역에 새로운 제한을 구성하는 것으로 MERCOSUR에 따른 브라질의 의무와 양립하지 않는 것이라고 주장하였다. 2002년 1월 9일 판결에서 중재재판부는 브라질의 조치가 MERCOSUR 국가들이 새로운 무역 제한을 도입하지 않을 의무를 규정한 2000년 6월 29일 MERCOSUR Decision CMC NO. 22와 양립하지 않는다고 판결하였다. Panel Report, Brazil-Retreaded Tyres, para.2.13; Appellate Body Report, Brazil- Retreaded Tyres, 각주 163 참조.

9　Panel Report, Brazil-Retreaded Tyres, paras. 7.1,7.4-5.

10　Panel Report, Brazil-Retreaded Tyres, paras. 7.6-8.

11　Panel Report, Brazil-Retreaded Tyres, paras. 7.11-12.

것이 명백하다고 보았다. 전반적인 문맥과 대외무역국 고시 14/2004에서 '중고 재료'(used materials)의 범주가 선험적으로 재생 타이어를 포함한다는 사실을 고려하여 제40조를 읽어보면, 대외무역국 14/2004는 재생 타이어의 수입을 금지하는 것으로 운영되고 있으므로 제XI조 1항의 범위내의 수입에 대한 금지를 구성한다고 보았다. 패널은 브라질이 수입금지로서의 동 조치를 언급하였으나 대외무역국 고시 14/2004가 제XI조 1항에 반하는 수입금지라는 사실에 이론을 제기하지 않았다는 점에 주목하였다.[12] 패널은 동 조치가 수입에 필요한 재생 타이어에 대한 수입허가의 발급을 금지시킴으로써 재생 타이어의 수입을 금지시키는 효과를 갖는다고 결론 내렸다. 따라서 대외무역국 고시 14/2000은 GATT1994 제XI조 1항에 위반된다고 평결하였다.[13]

　　"중고 상품"의 수입금지와 관련하여, EC는 자신의 주장이 중고 상품에 대한 금지가 여러 가지 추가적 조치에 근거하여 재생 타이어에 적용되는 한도 내에서 중고 상품의 수입에 대한 모든 금지까지 확대된다고 주장하였는데, 패널은 EC가 인용한 7개 조치 중 4개에 대해서 그것과 관련된 증거 또는 주장을 규명하거나 제공하지 않아 패널은 산업관광부 고시 (Portaria MICT370/1994)와 동 고시에 의해 개정된 대외무역부 고시 (Portaria DECEX 8/1991) 그리고 국가환경위원회 결정 (Resolution CONAMA 23/1996)의 세 가지 조치들만을 검토하였다.[14] 이러한 점에서 EC는 대외무역부 고시 8/1991과 국가환경위원회 결정 23/1996이 중고 상품의 수입을 금지하는 조치로서 재생 타이어의 수입에 적용된다고 주장하였다. 브라질은 내부 규칙에 따라 "중고 타이어"는 "재생 타이어"를 포함하고, 대외무역부 고시 8/1991과 같이 중고 상품의 수입을 금지하는 조치는 대외무역국 고시 8/2000의 도입으로 재생 타이어에 대한 수입금지를 분명하게 할 때까지 재생 타이어에도 역시 적용되어 왔다고 설명하였다.[15] 대외무역부 고시 8/1991과 관련하여, 패널은 동 규정의 문언이 중고 소비자 상품의 수입을 금지하는 것이 분명하고, '중고 소비자 상품'이라는 용어가 재생 타이어를 포함하는 것으로 증명될 수 있다면, 대외무역국 고시 8/1991은 GATT1994 제XI조 1항의 요건에 일치하지 않는 방식으로 재생 타이어의 수입을 금지하는 효과를 나타낸다고 판단하였다. 이점에 있어서

12　Panel Report, Brazil-Retreaded Tyres, paras. 7.13-14.
13　Panel Report, Brazil-Retreaded Tyres, para. 7.15.
14　Panel Report, Brazil-Retreaded Tyres, paras. 7.16-23.
15　Panel Report, Brazil-Retreaded Tyres, paras. 7.24-25.

패널은 브라질의 설명을 주목하였고, 대외무역국 고시 8/1991은 GATT1994 제 XI조 1항의 요건에 일치하지 않는 수입금지를 구성한다고 평결하였다.[16]

국가환경위원회 결정 23/1996과 관련하여, 패널은 동 조치가 '불활성 폐기물'(inert waste)에 적용되고, "중고 타이어"의 수입을 금지한다고 설명하였다. 그러나 브라질은 재생 타이어는 폐기물(waste)이 아니므로 동 결정은 재생 타이어에는 적용되지 않아 재생 타이어의 수입을 금지하지 않는다고 밝혔다. 이 점에 대하여 패널은 국가환경위원회 결정 23/1996은 GATT1994 제XI조 1항을 위반하지 않는다고 평결하였다.[17]

11.3.2. GATT1994 제ⅩⅩ조 (b)항의 적용

브라질은 GATT1994 제XI조 1항 위반으로 패널이 인용한 조치들에 따르면, 재생 타이어에 대한 수입금지는 폐타이어의 축척으로부터 발생되는 위해성으로부터 인간의 건강 및 환경을 보호하기 위하여 필요한 조치이므로 GATT1994 제ⅩⅩ조 (b)항에 따라 정당화된다고 주장하였다. 패널은 제ⅩⅩ조의 예외를 원용하는 당사자로서 먼저, 동 조치가 제ⅩⅩ조 (b)항의 범위에 해당하며, 제ⅩⅩ조 모자조항에 일치하는 방식으로 적용되는 것을 증명하여야 한다고 설명하였다.[18]

제ⅩⅩ조 (b)항과 관련하여, 패널은 먼저 이 조항은 "인간, 동물 또는 식물 생명 또는 건강을 보호하기 위하여 필요한" 조치들을 포함하고 있고, 어떠한 조치가 (b)항의 따라 정당화되기 위해서는 두 가지 요소가 존재해야 된다고 설명하였다. 먼저 (a) 규정이 원용되는 조치와 관련한 정책이 인간, 동물 또는 식물 생명 또는 건강을 보호하기 위하여 의도된 정책의 범주에 포함될 것 그리고 (b)항의 예외가 원용된 위반된 조치들이 정책목적을 달성하기 위해 필요한 것이어야 한다.[19]

11.3.2.1. 수입금지 정책의 목적

제ⅩⅩ조 (b)항이 원용되는 조치와 관련된 정책이 인간, 동물 또는 식물 생명 또는 건강을 보호하기 위하여 의도된 정책의 범주에 포함되는지 여부와 관련하여 패

---

16 Panel Report, Brazil-Retreaded Tyres, paras. 7.26-29.
17 Panel Report, Brazil-Retreaded Tyres, paras. 7.30-34.
18 Panel Report, Brazil-Retreaded Tyres, paras. 7.35-39.
19 Panel Report, Brazil-Retreaded Tyres, paras. 7.40-41.

널은 "인간" 그리고 "동물 또는 식물"의 생명 또는 건강에 대한 위해성이 존재하는지 여부 그리고 존재한다면, "수입금지의 목적이 브라질이 선언한 대로 그러한 위해성을 줄이는지 여부"를 검토하였다.[20] 이와 관련하여 패널은 브라질이 폐타이어의 운송뿐 아니라 축적과 관련하여 뎅기열, 황열, 말라리아와 같이 모기로 인한 질병에 의해 제기되는 인간의 건강 및 생명에 대한 위해성이 브라질 내에서 존재한다는 것을 브라질이 증명하였다고 평결하였다. 폐타이어와 결부된 건강위해성이 폐타이어의 적절한 관리로 상당하게 감소될 수 있을지 모른다는 점에 패널이 주목하였지만 그렇다고 해서 이것이 폐타이어가 버려지거나 축적되고, 축적되는 폐타이어와 관계된 위해성이 브라질에서 존재한다는 현실을 부정하지는 않는다고 밝혔다.[21] 패널은 브라질이 폐타이어의 축적이 타이어 소각의 위험과 그러한 타이어 소각으로 부터 발생하는 건강의 위해성을 증명하였다고 결론 내렸다. 그러한 위해성이 존재한다고 평결을 내린 후 그러한 위해성을 다루기 위한 조치의 목적이 제 XX조 (b)항에 포함되는 정책의 범주에 있는지를 검토하였다. 브라질은 수입금지의 정책적 목적은 인간의 생명 및 건강 그리고 환경의 보호이며, 브라질 내에서 폐타이어의 추가적 발생을 방지하기 위하여 의도된 것이며, 그렇게 함으로써 암, 뎅기열, 황열, 호흡기 질병, 생식문제, 환경오염 및 폐타이어와 관련된 기타 위해성의 발생을 감소시킨다고 주장하였다. 패널은 특정 위해성으로부터 인간, 동물 또는 식물의 생명 또는 건강을 보호하기 위한 브라질의 정책선택의 바람직성을 평가하거나 브라질이 달성하고자 하는 보호수준을 평가하도록 요구되지 않는다고 언급

---

20 패널은 그러한 검토를 하기 전에 두 가지 선결적 문제(preliminary issues)를 다루었는데, 첫 번째 문제는 브라질이 "인간의 생명 및 건강 그리고 환경" 보호에 대한 언급(reference)과 관련이 되는데, "환경"이라는 단어에 대하여 브라질은 "동물 또는 식물 생명 또는 건강"을 언급하는 것이었다고 밝혔고, 패널은 제XX조 (b)항에 따라 브라질이 일반적으로 "환경" 보다 "동물 또는 식물의 생명 또는 건강"에 대한 위해성을 입증하여야 한다고 확인하였다. 두 번째 선결적 문제와 관련하여, 브라질은 재생 타이어에 대한 금지가 폐타이어의 축척으로 발생하는 위해성에 대처하기 위해서 필요하다고 주장하는 반면, EC 는 문제의 상품은 폐타이어가 아니라 재생 타이어라고 주장하였다. 동 사안에 대하여, 패널은 조치를 통해서 대처되는 위해성의 성격 규정이 조치에 의해 영향을 받는 정확한 상품을 반드시 의미하지 않았던 다른 사례를 상기 한 다음, 재생 타이어는 폐타이어와 구별된다는 점에 주목하였으나 폐타이어는 타이어로서의 수명을 다한 타이어 외에 다른 것을 의미하지는 않는다고 지적하였다. 따라서 패널은 재생 타이어에 관한 조치가 폐타이어의 축적으로 발생하는 위해성과 관련될 수 있다는 것을 배재하였다. Panel Report, Brazil-Retreaded Tyres, paras. 7.47-50.

21 Panel Report, Brazil-Retreaded Tyres, paras. 7.71-82.

하고 폐타이어의 축적으로부터 발생하는 인간, 동물 또는 식물의 생명 또는 건강의 위해성에 대한 노출을 감소시키는 것이라는 브라질이 선언한 정책은 제XX조 (b) 항에 포함되는 정책 범주에 속한다고 결론 내렸다.[22]

11.3.2.2. 필요성 테스트

EC는 패널의 GATT1994 제XX조 (b)항의 필요성에 대한 평결에 대하여 다음의 세 가지 구체적인 측면의 이의를 제기 하였다. 첫째, 패널이 수입금지가 추구하는 목적의 실현에 대한 수입금지의 기여를 평가하는데 있어 잘못된 법적 기준을 적용 하였고, 수입금지의 필요성을 분석하는데 있어 그에 대한 기여를 적절하게 평가하지 않았다고 주장하였다. 둘째, 패널이 수입금지에 대한 대안을 올바르게 정의하지 않았고, EC가 제안한 가능한 대안들을 배척하는 오류를 범하였다고 주장하였다. 셋째, 패널이 제XX조 (b)항에 따른 분석에 있어서 패널은 요소들에 대하여 적절한 비교형량 (weighing and balancing)을 수행하지 않았다고 주장하였다.[23]

상소기관은 처음부터 채택한 조치 또는 정책을 통하여 원하는 보호수준 뿐만 아니라 달성하고자 하는 공중보건 또는 환경적 목적을 설정하는 것은 WTO 회원국의 권한 내에 있다는 점을 언급하였다.[24] 동 사건의 상소기관은 GATT1994 제XX조 (b)항이 "인간, 동물 또는 식물의 생명 또는 건강을 보호하기 위하여 필요한" 조치를 언급하고 있는데, "필요한"이라는 표현은 GATT1994 제XX조 (b)항 뿐만 아니라 제XX조 (a)항, (d)항 그리고 GATS 제IVX조 (a)항, (b)항 그리고 (C)항에도 언급되어 있음을 지적하고, '한국-쇠고기에 대한 다양한 조치' (*Korea-Various Measures on Beef*) 사건 (GATT 제XX조 (d)항의 '필요한'에 대한 해석)과 '미국-겜블링 (US-Gambling)' 사건 (GATS 제XXIV조의 '필요성'테스트)에서의 상소기관의 해석을 상기시켰다. '한국-쇠고기에 대한 다양한 조치'사건에서 상소기관은 '필요한'이란 단어가 '필수 불가결한'(indispensable)이라는 단어에 한정되는 것은 아니라는 점을 강조하였다. 상소기관은 덧붙여, 준수를 담보하기 위하여 필수 불가결하거나 절대적으로 필요하거나 또는 피할 수 없는 조치는 분명하게 제XX조 (d)항의 요건을 충족시킨다고 언급하였다. 그러나 다른 조치들 역시 이 예외의 범주에

---

22 Panel Report, Brazil-Retreaded Tyres, para. 7.102.
23 Appellate Body Report, Brazil- Retreaded Tyres, para. 133.
24 Appellate Body Report, Brazil- Retreaded Tyres, para. 140.

속할 수 있다고 하였는데, 제XX조 (d)항에서 사용된 것과 같이 "필요한"이라는 용어는 필요성의 정보의 범위를 언급하는 것으로 보인다고 하였다. 이러한 연장선에서 "필요한"은 "기여를 하는"이라는 의미하는 것으로 이해된다. '한국-쇠고기에 대한 다양한 조치'사건에서, 상소기관은 조치가 제XX조 (d)항의 의미 내에서 "필요한"것인지 여부를 결정하는 것은 매 사건에서 일련의 다양한 요소들을 비교형량하는 절차를 수반하는데, 그러한 요소는 주로 쟁점인 법 또는 규정의 집행에 대한 준수조치의 기여, 그 법 또는 규정에 의해 보호되는 공동의 이해관계 또는 가치의 중요성 그리고 법 또는 규정의 수입 또는 수출에 대해 수반되는 영향을 포함한다고 언급하였다.[25] '미국-겜블링' 사건에서, 상소기관은 GATS 제XXIV조의 문맥에서 "필요성"테스트를 다루었는데, 상소기관은 필요성 분석의 고유한 비교형량 절차는 제소된 조치에 의해 촉진되는 이해관계 또는 가치의 '상대적인 중요성'의 평가로 시작하고, 보통 조치가 추구하는 목적의 실현에 대한 조치의 기여와 국제무역에 대한 조치의 제한적 영향을 포함하는 다른 요소들의 평가들도 포함한다고 언급하였다.[26]

11.3.2.2.1. 조치의 목적 달성에 대한 기여

동 사건의 상소기관은 이러한 배경에 근거하여 패널이 수입금지가 추구하는 목적의 실현에 대한 기여 및 수입금지 조치의 필요성 분석에서 이 기여를 평가하는 방식에 있어서 패널이 잘못하였는지 여부를 검토하여야 한다고 언급하였다.

11.3.2.2.1.1. 조치의 목적

상소기관은 먼저, 수입금지 조치가 추구하는 목적을 검토하였다. 패널은 동 조치의 목적은 폐타이어의 축적으로부터 발생하는 인간, 동물 또는 식물의 생명 또는 건강에 대한 위해성에 대한 노출의 감소이며, 건강의 위험으로부터 인간을 보호하는 것 보다 중대하고, 중요한 이해관계는 거의 없으며, 환경을 보호하는 것도 역시 중요하다고 언급하였다.[27]

11.3.2.2.1.2. 목적달성에 대한 기여

목적달성에 대한 수입금지의 기여와 관련한 패널 분석에 대하여 상소기관은

---

25 Appellate Body Report, Brazil- Retreaded Tyres, paras. 141-142.
26 Appellate Body Report, Brazil- Retreaded Tyres, para. 143.
27 Appellate Body Report, Brazil- Retreaded Tyres, para. 144.

그러한 기여는 추구되는 목적과 쟁점인 조치 간의 진정한 관계가 있을 때 존재한다고 언급하고, 패널이 사실관계의 심판자로서 이러한 상황들을 평가할 위치에 있으므로 (분석에) 사용 할 적절한 방법을 고안하고, 쟁점인 조치가 추구되는 목적의 실현에 기여하는 바에 대한 분석을 구조화하고 조직하는 방법을 결정하는데 있어서 어떠한 재량 (latitude)을 향유해야 한다는 점에 주목하였다. 상소기관은 패널이 그 목적 달성에 대한 수입금지의 기여를 분석하는데 있어서 양적 분석 보다는 질적 분석을 수행하였는데, 이것은 상소기관이 언급한 패널의 재량의 한계 내에 있는 것이므로 패널이 기여를 수량화해야 할 의무가 있다는 EU의 주장을 배척하였다.[28] 패널의 분석을 검토한 후 상소기관은 패널의 분석이 일관된 연속선상에 있고, 수입금지가 그 목적 달성에 기여를 할 수 있고, 목표로 설정된 위해성으로부터의 노출의 감소라는 결과를 도출하였다고 결론 내렸다. 그 다음 상소기관은 이것이 수입금지 조치가 제XX조 (b)항 의미 내에서 필요한 것이라고 결론을 내릴 만큼 충분한 것인지 여부를 판단하였다.[29]

상소기관은 수입금지가 고의적으로 무역 제한적일 수 있다는 점에 주목하였지만 그럼에도 불구하고 그러한 조치가 제XX조 (b)항의 의미 내에서 필요할 수 있는 상황이 존재할 수 있다는 패널의 의견에 동의하였다. 상소기관은 더 나아가 수입금지 조치를 제XX조 (b)항에 의해 정당화하기 위해서 패널은 그 조치가 목적 달성에 실질적인 기여를 초래한다는 것을 확신해야 한다고 설명하였다. 이러한 점에서, 패널은 쟁점인 수입금지가 그 목적 달성에 대한 실질적인 기여를 생산하는데 적합하다는 증명에 기초하여 동 조치가 필요한 것으로 결론을 내렸을 수 있다. 그러한 증명은 장래에 수량적인 추정 (quantitative projections) 또는 시험 되거나 충분한 증거에 의해 입증되는 일련의 가설에 근거한 질적 추론(qualitative reasoning)으로 구성된다. 상소기관은 수입금지가 가능한 한 최대한으로 위해성에 대한 노출을 감소시키는 것을 목적으로 하기 때문에 약소하거나 미미한 기여도 필요한 것으로 간주된다는 브라질의 주장에는 동의하지 않았다.[30] 그리고 나서 상소기관은 패널이 제공한 질적 분석이 수입금지 조치가 폐타이어의 축적으로부터 발생하는 위해성에 대한 노출을 감소시키는 목적 달성에 실질적인 기여를 하기에 적합하다는 것을

28 Appellate Body Report, Brazil- Retreaded Tyres, paras. 145-147.
29 Appellate Body Report, Brazil- Retreaded Tyres, paras. 148-149.
30 Appellate Body Report, Brazil- Retreaded Tyres, paras. 150-151.

입증하였는지 여부를 검토하였다. 패널의 분석을 검토하면서, 상소기관은 증거에 기초하여 수입금지는 수입 재생 타이어가 현지 외피(casings)로 만들어진 재생 타이어로 대체되는 결과를 초래한다는 패널의 의견을 주목하였다. 패널의 결론은 국내 재생 산업이 더 많은 국내 중고 타이어를 재생한다면, 최초의 사용주기가 끝난 직후 폐기되는 일부 중고 타이어에 제2의 생명을 줌으로써 폐타이어의 전반적인 숫자가 감소할 것이라는 것이었다. 패널은 폐타이어의 감소가 수입금지의 결과로 초래되었으므로 수입금지가 폐타이어의 축적과 관련된 위해성에 노출을 감소시키는데 기여할 것이라고 결론 내렸다. 상소기관은 시행중인 수입금지로 더 적은 폐타이어가 발생될 것이라는 패널의 추론에 동의하였고, 브라질이 폐타이어를 다루기 위하여 포괄적인 전략을 개발, 시행해 왔다는 점에 주목하였다. 이러한 전략의 주요 요소로서 수입금지는 폐타이어의 축적으로부터 발생하는 위해성에 대한 노출을 감소시키는 그 목적 달성에 실질적인 기여를 할 가능성이 있다고 언급하였다. 이에 근거하여 상소기관은 수입금지가 그 목적달성에 기여한다고 패널이 평결함에 있어 잘못을 하지 않았다고 결론 내렸다.[31]

11.3.2.2.2. 수입금지에 대한 가능한 대안

상소기관은 패널이 어떠한 조치가 GATT 제XX조 (b)항 의미 내의 필요한 것인지 여부를 결정하기 위하여 모든 관련 요소들, 특히 조치의 목적 달성에 대한 기여 범위 및 그 무역 제한성을 위험에 처한 이해관계 또는 가치의 중요성에 비추어 평가해야 한다고 언급하였다. 그러한 분석 결과 조치가 필요하다는 예비적 결론을 도출한 경우, 이 결과는 추구되는 목적 달성에 동등한 기여를 제공하는 한편 덜 무역 제한적일 수 있는 가능한 대안들과 그 조치를 비교함으로써 확인이 되어야 한다고 하였다.[32] EC는 패널에게 두 가지 유형의 가능한 대안을 제시하였는데, 하나는 브라질에서 축적되는 폐타이어의 수를 줄이기 위한 조치이고, 다른 하나는 브라질에서의 폐타이어의 관리를 개선시키기 위한 조치 또는 행위다. 패널은 이러한 대안적 조치들을 검토하고, 이들 조치가 수입금지에 대하여 합리적으로 이용 가능한 대안을 구성하지 않는다고 평결하였다. 이점에 대하여 패널은 제안된 대안들은 이미 시행 중이고, 브라질이 선택한 보호수준을 달성하게 하지 못하거나 고유의 위해성

---

31 Appellate Body Report, Brazil- Retreaded Tyres, paras. 152-155.
32 Appellate Body Report, Brazil- Retreaded Tyres, para. 156.

및 위험을 수반할 것이라는데 주목하였다.[33]

　상소기관에 따르면 폐타이어의 축적을 줄이기 위한 조치와 관련하여, 패널은 먼저 국내 재생을 촉진시키거나 국내 중고 타이어의 재생 가능성을 향상시키기 위한 조치들을 검토하였고, 이에 추가하여 브라질이 법원명령을 통하여 브라질에서 중고타이어의 수입을 저지해야 했다는 EC의 주장을 검토하였다. 그리고 나서 폐타이어의 관리를 향상 시키는 것을 목적으로 하는 대안들로 돌아가서, 패널은 먼저 수집 및 처리제도 그리고 처리방법을 검토하였다.[34] 상소에서, EC는 패널이 수입금지에 대한 가능한 대안으로서 제시되었던 조치 또는 행위의 분석에 있어 잘못을 하였다고 주장하였다. 특히, EC는 패널이 그 분석에서 '대안적'(alternative)이라는 잘못된 개념을 사용하였고, 수입금지에 대한 대안으로서 패널이 중고 타이어에 대한 수입금지와 기존의 수집 및 처리제도의 더 나은 집행을 고려했어야 했다고 주장하였다. 동 사안에 대한 분석에서 상소기관은 가능한 대안들 중 EC는 중고타이어에 대한 수입금지 그리고 수집 및 처리제도의 더 나은 집행뿐만 아니라 국내 재생 또는 중고 타이어의 재생 가능성을 개선시키기 위한 조치를 언급하였다고 하였다. 사실, 상소기관은 수입금지와 같이 이러한 조치들은 이미 폐타이어를 처리하기 위하여 브라질이 고안한 포괄적인 전략의 요소로서 역할을 한다고 언급하였다. 이와 같이, 한 요소를 다른 요소로 대체하는 것은 그 전체적인 효과뿐만 아니라 그 구성요소간의 시너지를 감소시킴으로써 정책을 약화 시킬 수 있기 때문에 상소기관은 수입금지에 대하여 보충적인 폐타이어에 관한 브라질 정책의 요소들을 수입금지에 대한 대안으로서 배척한데 대하여 패널이 잘못하지 않았다고 결론 내렸다.[35]

　EC가 대안으로 제시한 기타 조치들 및 행위에 대하여, EC는 패널이 대안에 대하여 좁은 정의를 적용함으로써 잘못하였다고 주장하였는데, 그 정의에 따르면 수입금지에 대한 대안은 수입재생 타이어로부터 특별히 발생하는 폐타이어를 피하여야 하는 또는 폐기물을 발생시키지 않는 조치에 상응하는 조치여야 한다. 상소기관은 폐기물 관리 조치는 일단 폐타이어가 축적된 후에만 폐타이어를 처리하는 반면, 비발생 조치(non-generation measure)는 폐타이어의 축적으로 발생하는 인간, 동물 또는 식물의 생명 또는 건강에 대한 위해성의 노출을 가능한 최대한으로 감소

33　Appellate Body Report, Brazil- Retreaded Tyres, para. 157.
34　Appellate Body Report, Brazil- Retreaded Tyres, paras. 158-160.
35　Appellate Body Report, Brazil- Retreaded Tyres, para. 172.

시킬 목적을 달성하는데 더욱 적절하다는 패널의 의견에 동의한다고 하였다. 더욱이 패널은 제안된 대안들에 결부된 특정 위험들을 고려하는데 있어서 잘못을 하지 않았고 보았다. 이 경우에 있어서 패널은 제안된 대안들로서 매립, 축적 및 폐타이어의 연소를 검토하였고, 이러한 처리방법들이 통제된 조건하에서 수행되는 경우에도 브라질이 수입금지를 통하여 줄이고자 하였던 것과 유사한 또는 추가적인 인간의 생명에 대한 위험을 제기한다고 언급하였다. 상소기관은 이러한 행위들이 고유의 위험을 가지고 있고, 이러한 위해성들이 수입금지와 같은 비발생 조치에서는 발생하지 않기 때문에 패널과 마찬가지로 이러한 조치들은 합리적으로 이용 가능한 대안이 될 수 없다고 언급하였다. 최종적으로 실질적인 재활용과 관련하여, 상소기관은 이러한 행위가 폐타이어의 축적으로부터 발생하는 위해성에 대한 노출을 감소시키는데 있어 수입금지만큼 효과적이지 않다는 패널에 의견을 동의하였다.[36]

11.3.2.2.3. 관련요소들의 비교형량

EC는 관련 요소들의 비교형량 문제와 관련하여 패널이 실제로 그렇게 하지 않았다고 주장하였는데, 패널이 브라질 내에서 발생한 폐타이어의 수를 감소시키는데 대한 수입금지의 실제적 기여의 정도를 확립하는데 실패했기 때문에, 패널이 기타 관련 요소들에 대하여 이러한 기여를 비교형량할 수 없었다고 주장하였다. 더나아가 패널이 그 비교형량을 대안적 조치에 대한 부정확한 분석에 근거하였다고 주장하였다.[37]

동 사안을 다루는데 있어서 상소기관은 패널이 수입금지의 무역제한성과 그 목적달성에의 기여를 분석하였고, 이것에 기초하여 수입금지 목적에 의해 보호되는 이해관계의 중요성에 비추어 수입금지가 그 목적달성에 대한 기여가 그 무역제한성을 초과하는 것을 검토하였다. 상소기관은 수입금지가 필요하다는 패널의 결론은 먼저, 중요한 이해관계에 비추어 무역제한성과 비교하여 목적 달성에 대한 수입금지의 기여에 대한 평가 둘째, 관련 위해성을 포함하여 수입금지와 가능한 대안들의 비교를 포함하는 일련의 과정의 결과라고 언급하였다. 상소기관은 비교형량 절차는 어떠한 전반적인 판단에 도달하기 위하여 방정식의 모든 변수들을 함께 놓

---

36 Appellate Body Report, Brazil– Retreaded Tyres, paras. 173-175.
37 Appellate Body Report, Brazil– Retreaded Tyres, para. 176.

고, 그것들을 개별적으로 평가한 후 각자에 대하여 그것들을 평가하는 것을 수반하는 전체론적인 활동이라는데 주목하였다. 따라서 패널이 실제로 관련 요소들을 비교형량 하지 않았다거나 패널이 EC가 제안한 대안적인 옵션들을 수입금지와 비교하는데 있어 방법론적인 잘못을 했다는 EC의 주장을 배척하였다.[38] 이에 근거하여, 상소기관은 패널이 수입금지 조치가 인간, 동물 또는 식물의 생명 또는 건강을 보호하기 위하여 필요한지 여부에 대하여 제XX조 (b)항에 따른 그 분석을 수행하는 방식에 있어 잘못을 하지 않았다고 결론 내렸다.[39]

11.3.2.3. GATT1994 제ⅩⅩ조 모자조항
11.3.2.3.1. MERCOSUR 면제

브라질의 수입금지가 GATT 제XX조 (b)항 하에서 잠정적으로 정당화된다는 평결을 내린 후 패널은 브라질에 의한 수입금지의 적용이 제XX조 모자조항의 요건을 충족시키는지 여부를 검토하였다. 상소기관에 따르면, 이 규정은 조치의 "적용"에 초점을 맞추고 있으며, 동일한 조건이 지배적인 경우 조치가 "자의적이거나 정당화할 수 없는 차별"을 구성하거나 "국제무역에 대한 위장된 제한"을 구성하는 방식으로 적용되어서는 안 된다는 것을 규정하고 있다. 상소기관은 모자조항이 예외를 이용할 수 있는 회원국들의 권리가 다른 WTO 회원국들에 대한 한 회원국의 의무를 회피시키는 수단으로서가 아니라 제XX조 하에서 정당한 것으로 간주되는 이해관계들을 보호하기 위하여 신의성실하게 행사되는 것을 보장하는 역할을 한다고 설명하였다. 동 모자조항에 대한 평결에서, 패널은 무엇보다도 일부 재생 타이어의 수입을 허용하는 MERCOSUR 면제에 근거하여 수입금지가 이 규정에 일치하지 않는 방식으로 적용되지 않았다는 결론 내렸다. EC는 동 평결에 대하여 상소하였는데, 상소기관은 "자의적이거나 정당화할 수 없는 차별" 그리고 "국제무역에 대한 위장된 제한"의 문제를 개별적으로 검토하였다.[40]

11.3.2.3.1.1. 자의적이거나 정당화할 수 없는 차별

MERCOSUR 면제가 제XX조 모자조항의 "자의적이거나 정당화할 수 없는 차별"을 구성하는지 여부와 관련하여 패널은 결과적인 차별이 자의적이 아니라는 암

---

38 Appellate Body Report, Brazil- Retreaded Tyres, para. 182.
39 Appellate Body Report, Brazil- Retreaded Tyres, para. 183.
40 Appellate Body Report, Brazil- Retreaded Tyres, paras. 213-216.

시와 함께 MERCOSUR 중재판결이 MERCOSUR 면제를 입법할 충분한 근거를 제공한다고 언급하였다. 이에 덧붙여 패널은 MERCOSUR 수입량이 쟁점인 조치의 목적달성이 상당하게 훼손될 정도로 이루어진다면, MERCOSUR 면제와 함께 수입금지의 적용은 정당화할 수 없는 차별을 구성할 것이라고 결론 내렸다. 그러나 패널의 검토 시점에 동 면제에 따른 재생 타이어의 수입량이 상당해 보이지 않으므로, 결과적으로 패널은 MERCOSUR 면제가 자의적이거나 정당화할 수 없는 차별을 구성하는 방식으로 적용되는 수입금지로 귀착되지 않는다고 결론 내렸다.[41]

EC는 동 평결에 대하여 상소하였는데, 동 사안을 다루는데 있어서 상소기관은 차별이 자의적이거나 정당화할 수 없는 것인지 여부를 분석하는 것은 주로 차별의 원인 또는 이유와 주로 관련되는 분석을 수반한다고 언급하면서, '미국-가솔린' 사건과 '미국-새우'(U.S.-Shrimp) 사건을 언급하였다. 더 나아가 조치의 적용이 자의적이거나 정당화할 수 없는 차별의 결과로 귀착되는지 여부는 차별의 원인에 초점을 맞추거나 또는 그 존재를 설명하기 위한 제시된 이유에 맞춰야 한다고 언급하였다. 여기서 상소기관은 MERCOSUR 중재판결을 준수하기 위하여 MERCOSUR 면제를 도입하였다는 브라질의 설명이 재생 타이어와 관련하여 MERCOSUR 국가들과 비MERCOSUR 국가들 간의 차별을 정당화할 수 있는 사유로서 수락될 수 있는지를 평가하였고, 이러한 평가는 조치의 목적에 비추어 이루어져야 한다고 덧붙였다.[42]

상소기관은 수입금지의 적용에 있어서 MERCOSUR 국가들과 다른 WTO 회원국 간의 차별이 재생 타이어의 수입에 대한 제한이 새로운 무역제한을 금지하는 MERCOSUR법에 일치하지 않는다는 이유로 브라질이 패소한 MERCOSUR 중재판결의 결과로 도입되었다는 것을 설명하였다. 상소기관에 따르면, 이 판결은 수락 가능한 차별의 근거가 아닌데, 그 이유는 (동 판결이) 제XX조 (b)항의 범위에 해당되는 수입금지에 의해 추구되는 정당한 목적과 전혀 관련이 없으며, 매우 적은 수준이라 할지라도 오히려 그 목적에 반하기 때문이다. 따라서 MERCOSUR 면제가 자의적이거나 정당화할 수 없는 차별을 구성하는 방식으로 수입금지가 적용되는 결과로 귀착된다는 결론을 내렸다.[43]

---

41 Appellate Body Report, Brazil- Retreaded Tyres, paras. 217-219.
42 Appellate Body Report, Brazil- Retreaded Tyres, paras. 225-227.
43 Appellate Body Report, Brazil- Retreaded Tyres, para. 228.

MERCOSUR 면제와 관련된 정당화할 수 없는 차별을 판단하는데 있어 패널은 MERCOSUR 수입량이 상당한지 여부에 의지하였는데, 상소기관은 이 해석이 차별이 조치의 목적 달성에 대하여 갖는 수량적 영향 (quantitative impact)에 근거한 것이라고 언급하였다. 상소기관은 이러한 해석은 제XX조 조문에서 어떠한 근거도 없으며, 과거 상소기관의 제XX조 해석과도 일치하지 않음을 지적하면서 동 접근을 배척하였다. 다른 한편, 상소기관은 "영향"은 특정 사건에서 관련될 수 있음을 주목하였으나 그것들은 패널에서와 같이 배타적인 중심이 될 수 없다는 점을 분명히 하였다.[44] 이러한 점에 기초하여, 상소기관은 MERCOSUR 면제는 자의적이거나 정당화할 수 없는 차별을 구성하는 방식으로 수입금지가 적용되도록 하는 결과를 초래하였다고 평결하였다. 또한 제XX조 모자조항에 따라 브라질로 들어오는 재생 타이어의 수입이 쟁점인 조치의 목적달성이 상당히 훼손될 정도로 이루어지는 경우에만 차별이 정당화될 수 없다는 패널의 평결을 파기하였다.[45]

동시에, 상소기관은 MERCOSUR하에서 설치된 중재법원에서 브라질은 몬테비데오협약 제50(d)조에 따라 인간, 동물, 및 식물 건강을 이유로 제소된 수입금지를 정당화하기 위한 노력을 할 수 있었으나 그렇게 하지 않는 것을 선택 하였다는 점을 지적하였다. 상소기관은 브라질이 MERCOSUR 중재절차에서 자국의 방어로서 제기할 수 있었던 사실들과 마찬가지로 동 몬테비데오협약 제50(d)조가 MERCOSUR 면제와 관련된 차별이 필연적으로 MERCOSUR와 GATT1994에 따른 규정 간의 충돌로부터 발생하는 것이 아니라는 것을 보여준다는 점을 주목하였다.[46]

11.3.2.3.1.2. 국제무역에 위장된 제한

수입금지가 "국제무역에 위장된 제한"을 구성하는 방식으로 적용되는지 여부와 관련하여 패널은 "자의적이거나 정당화할 수 없는 차별" 부분에서 자신의 추론을 언급했고, MERCOSUR 면제가 재생 타이어의 상당한 수입량을 초래하지 않았으며 따라서 수입금지가 이러한 방식으로 적용되지 않았다고 결론 내렸다.[47] EC는 "자의적이거나 정당화할 수 없는 차별"에 대한 패널의 평결에 대하여 동일한 이유로 상소하였다.[48] 이러한 점에 대하여, 상소기관은 패널의 추론이 "자의적이거나 정당화

44 Appellate Body Report, Brazil- Retreaded Tyres, paras. 231-232.
45 Appellate Body Report, Brazil- Retreaded Tyres, para. 233.
46 Appellate Body Report, Brazil- Retreaded Tyres, para. 234.
47 Appellate Body Report, Brazil- Retreaded Tyres, paras. 235-237.
48 Appellate Body Report, Brazil- Retreaded Tyres, para. 238.

할 수 없는 차별"쟁점과 동일하다는 것을 관찰하였다. 상소기관은 MERCOSUR 면제는 현재까지 수입금지가 국제무역에 대한 위장된 제한을 구성하는 방식으로 적용되는 결과로 귀착된다는 것을 보여주지 않는다는 패널의 평결을 파기하였다.[49]

11.3.2.3.2. 법원 명령을 통한 중고타이어의 수입

브라질에서의 중고타이어의 수입금지에도 불구하고, 법원명령은 중고 타이어의 수입을 허용하였다.[50] 패널은 이러한 법원명령들의 존재가 브라질이 제XX조 모자조항에 일치하지 않게 행동하고 있다는 것을 의미하는 것인지 여부를 검토하였다. 상소기관은 이러한 법원명령들을 통한 수입이 "자의적이거나 또는 정당화할 수 없는 차별" 또는 "국제무역에 위장된 제한"을 구성하는지 여부의 문제들에 대하여 개별적으로 검토하였다.

11.3.2.3.2.1. 자의적이거나 정당화할 수 없는 차별

패널은 법원명령을 통한 중고타이어의 수입의 결과로 초래된 차별은 변덕스럽거나 임의적인 조치의 결과가 아니며, 따라서 수입금지가 자의적인 차별을 구성하는 방식으로 적용되지 않았다고 평결하였다.[51] 그러나 중고 타이어 수입이 브라질의 선언된 목적달성이 상당하게 훼손될 정도의 양으로 법원명령 하에서 이루어졌기 때문에 쟁점인 조치는 정당화할 수 없는 차별의 수단을 구성하는 방식으로 적용된다고 평결하였다.[52] EC는 이러한 평결 모두에 대해서 상소하였다. 법원명령을 통한 수입이 자의적인지 여부의 문제에 대하여, EC는 무엇이 자의적인 것인가는 조치의 언급된 목적에 비추어서 결정되어야 한다고 주장하였다. "정당화할 수 없는"과 관련된 쟁점에 대해서, EC는 패널이 MERCOSUR 면제를 논의할 때 했던 것과 같은 동일한 잘못된 수량적 접근을 채택하였으며, 패널이 중고 타이어의 수입이 더 이상 상당하지 않다는 기준 이하(threshold below)를 규명하지 않았으므로 패널의 접근은 패널보고서의 이행에 있어 불확실성을 초래한다고 주장하였다.[53]

동 사안을 다루는데 있어서 상소기관은 "자의적이거나 정당화할 수 없는 차별" 요소에 대한 검토의 초점이 차별에 대한 원인 또는 근거여야 한다는 MERCOSUR

49 Appellate Body Report, Brazil– Retreaded Tyres, para. 239.
50 Appellate Body Report, Brazil– Retreaded Tyres, para. 242.
51 Appellate Body Report, Brazil– Retreaded Tyres, para. 242.
52 Appellate Body Report, Brazil– Retreaded Tyres, para. 243.
53 Appellate Body Report, Brazil– Retreaded Tyres, para. 244.

면제에 대한 평결을 상기시켰다. 상소기관은 브라질 재생 타이어업자들이 수입된 타이어 외피(casings)를 이용할 수 있었던 것은 법원명령을 준수하기 위한 브라질 행정당국의 결정의 결과라는데 주목하였다. 그러나 상소기관은 법원명령을 통한 중고타이어의 수입이 수입금지가 추구하는 목적에 오히려 반한다는 사실을 지적하면서, 이러한 설명은 최대한 폐타이어의 축적으로부터 발생하는 위해성에 대한 노출을 감소시키려는 수입금지의 목적과 아무런 관련성을 갖지 않는다고 언급하였다. 앞의 평결을 상기시키면서, 상소기관은 회원국이 제XX조 조항 중 하나의 의미 내에 해당하는 목적의 달성과 아무런 관계가 없거나 또는 이 목적에 반하는 이유에 의하여 그 조치의 적용의 결과인 차별을 정당화시키려고 할 때, 제XX조 모자조항의 의미 내의 자의적이거나 정당화할 수 없는 차별이 있다고 언급하였다. 따라서 상소기관은 법원명령을 통한 중고타이어의 수입은 자의적이거나 정당화할 수 없는 차별을 구성하는 방식으로 수입금지가 적용되도록 하는 결과를 초래한다고 평결하였다.[54]

법원명령을 통한 중고타이어의 수입이 MERCOSUR 면제와 동일한 방식으로 정당화할 수 없는 차별의 결과로 귀착되는지 여부의 문제에 대하여, 상소기관은 패널의 수량적 접근이 흠결이 있다는 자신의 견해를 상기시켰다. 따라서 상소기관은 법원명령을 통한 중고타이어의 수입이 수입금지의 목적 달성을 상당하게 훼손시키는 양으로 이루어지는 한도 내에서 정당화할 수 없는 차별을 구성하는 방식으로 적용되는 결과로 귀착된다는 패널의 평결을 파기하였다. 또한 법원명령에 따른 중고 타이어의 수입은 변덕스럽거나 또는 임의적인 조치의 결과가 아닌 한도 내에서 자의적인 차별의 결과로 귀착되지 않는다는 패널의 평결을 파기하였다.[55]

11.3.2.3.2.2. 국제무역에 위장된 제한

패널은 중고타이어의 수입이 법원명령 하에 국내 재생 산업(domestic retreading industry)에 이익이 될 정도로 상당한 양으로 이루어졌으므로 수입금지가 국제무역에 위장된 제한을 구성하는 방식으로 적용되도록 한다고 평결하였다. 상소에서, EC는 "자의적이거나 정당화할 수 없는 차별"에 대한 검토에서 자신의 주장을 상기시키고, 패널이 제XX조 모자조항과의 양립 여부를 결정하는 목적을 위하여 수입량에 의존하는 것은 잘못이라는 의견을 반복하여 제시하였다.[56] 상소기관에 따르

54 Appellate Body Report, Brazil- Retreaded Tyres, para. 246.
55 Appellate Body Report, Brazil- Retreaded Tyres, para. 247.

면 패널의 추론은 자의적이거나 정당화할 수 없는 차별에 대해 전개한 것과 동일하다. 따라서 법원명령을 통한 중고 타이어의 수입이 수입금지의 목적을 상당하게 훼손하는 수량으로 이루어지는 한도 내에서만 국제무역에 위장된 제한을 구성하는 방식으로 수입금지가 적용되도록 하는 결과로 귀착된다는 패널의 평결을 파기하였다.[57]

MERCOSUR 면제 및 법원명령에 따른 중고 타이어의 수입은 수입금지가 제XX조 모자조항에 일치하지 않는 방식으로 적용되도록 하는 결과로 귀착된다는 상소기관의 평결을 상기 시키면서, 상소기관은 다른 이유이기는 하지만, 패널이 GATT 제XI조 1항에 일치하지 않는다고 평결한 수입금지는 제XX조에 의해 정당화되지 않는다는 패널의 평결을 지지하였다.[58]

11.4. 결 론

'브라질-재생 타이어'사건은 환경적 목적을 달성하기 위하여 개도국(브라질)이 도입한 무역 제한적 조치에 대하여 선진국(EC)이 제소한 첫 번째 WTO 분쟁사건이다. 이전의 무역과 공중보건 또는 환경 분쟁은 주로 선진국 간[59] 또는 선진국의 조치에 대하여 개도국이 제소한 분쟁[60]이였으며, 동 WTO 분쟁사건들에서 상소기관은 선진국인 WTO 회원국들이 관련 기준을 준수 할 개도국 회원국들의 조건이나 능력을 먼저 고려하지 않고 개도국 WTO 회원국들에게 그들의 환경기준을 부과하는 것을 제한해왔다.[61] WTO 회원국은 GATT의 실체적 의무 위반에 대한 일반적 예외로서 GATT1994 제XX조를 원용할 수 있다. 환경, 공중보건 등 비무역적인 가치들을 보전하기 위한 WTO 회원국의 필요성이 인정되지만 GATT의무에

---

56 Appellate Body Report, Brazil- Retreaded Tyres, paras. 248-249.
57 Appellate Body Report, Brazil- Retreaded Tyres, para. 251.
58 Appellate Body Report, Brazil- Retreaded Tyres, para. 252.
59 European Communities-Measures Affecting the Approval and Marketing of Biotech Products (DS135, 공중보건 관련).
60 United States - Standards for Reformulated and Conventional Gasoline (DS2); United-States-Import Prohibition of Certain Shrimp and Shrimp Products (DS58).
61 Jonathan Skinner, "A Green Road to Development: Environmental Regulations and Developing Countries in the WTO", *Duke Environment Law & Policy Forum*, vol. 20, winter 2010, p. 266.

대한 일반적 예외들은 그 범위가 제한되어 있고, 그 적용에 있어 논쟁의 대상이 되어 왔다. '브라질-재생타이어' 사건의 상소기관의 결정은 WTO 회원국들이 비무역적인 가치를 갖는 정책목적을 추구할 수 있는 정책권한과 환경문제의 복합성 및 환경문제에 대한 조치의 다양성을 포함하는 포괄적인 대응의 필요성 등에 대하여 적극적인 평가를 함으로써 GATT1994 제XX조 (b)항의 적용범위를 확대하였다. 그러나 회원국들의 그러한 조치가 국제무역에 대한 자의적이거나 정당화할 수 없는 차별 또는 위장된 무역제한을 구성해서는 안 된다는 것을 보장함으로써 WTO 회원국의 권리와 의무의 공정한 균형을 꾀하고 있다. 동 사건의 상소기관은 경제적으로 덜 발전한 WTO의 개도국 회원국들의 특수한 조건과 WTO의 비차별 원칙을 준수하지 못할 수 있는 정책적 목적에 수용적인 태도를 보였는데, 이러한 변화는 GATT의 예외를 해석하는데 있어 특별 또는 차등 대우에 대한 개도국들의 필요성에 근거하여 WTO 회원국들 사이에 구별을 수용하는 조기 신호로서 평가될 수 있을 것이다.[62]

GATT1994 제XI조 1항 위반인 브라질의 재생타이어에 대한 수입금지 조치에 대한 GATT1994 제XX조의 적용과 관련하여, 상소기관의 평결의 의미와 시사점을 정리하면 다음과 같다. 첫째, GATT1994 제XX조 (b)항의 '필요성' 테스트와 관련하여, WTO 회원국이 채택한 조치 또는 정책을 통하여 원하는 보호 수준뿐만 아니라 달성하고자 하는 공중보건 또는 환경목적을 설정하는 것은 WTO 회원국의 권한이며, 필요성 테스트에는 정책에 의해 추구되는 목적의 상대적인 중요성에 대한 평가, 조치(수입금지)의 목적 실현에 대한 기여, 국제무역에 대한 조치의 제한적 영향 등에 관한 비교형량 등이 포함되어야 한다.

둘째, 조치의 목적달성에 대한 기여와 관련하여, 그러한 기여는 추구되는 목적과 쟁점인 조치 간의 진정한 관계가 있을 때 존재하며, 그러한 기여를 분석하는 방법론(질적 또는 수량적 분석)을 결정하는데 있어서 사실관계의 심판자로서 패널이 어느 정도의 한계 범위에서 그 방법론을 결정할 재량을 행사할 수 있다.

셋째, 조치의 국제무역에 대한 제한적 영향과 관련하여, 다른 대안이 있는지 여부를 판단하는데 있어 문제된 조치가 정책목적을 실현하는 포괄적인 전략의 한

62 David J. Bederman and Kevin R. Gray, "Brazil-Measures Affecting Imports of Retreaded Tyers: World Trade Organization Appellate Body opinion on GATT Article XX exception for human health", *American Journal of International Law*, vol. 102, July 2008, p. 616.

구성요소로서 역할을 하는 경우, 그 조치가 다른 대안으로 대체될 경우의 정책의 전체적인 효과와 구성요소간의 시너지 효과 등을 함께 고려하여야 한다. 공중보건 또는 환경적 목적의 정책의 구성요소로서의 조치가 다른 대안적 조치들로 대체되는 경우 그 전체적인 효과뿐 아니라 구성요소간의 시너지를 감소시킴으로써 정책을 약화시킬 수 있기 때문이다.

넷째, 조치의 목적, 조치의 목적달성에 대한 기여, 조치의 무역 제한적 효과 등에 대한 비교형량은 전반적인 평가를 하기 위하여 방정식의 모든 변수들을 함께 놓고, 개별 요소들을 개별적으로 평가한 후 각각에 대한 전체론적인 분석을 수반한다.

다섯째, GATT1994 제XX조 모자조항의 적용과 관련하여, 조치가 자의적이거나 정당화할 수 없는 차별의 수단을 구성하는지 여부에 대한 판단은 주로 차별의 원인 또는 이유에 대한 분석을 수반한다. 어떠한 조치의 적용이 자의적이거나 정당화할 수 없는 차별의 결과로 귀착되는지 여부는 차별의 원인에 초점을 맞추거나 또는 그 존재를 설명하기 위한 제시된 이유에 맞춰야 한다. 동 사건에서 MERCOSUR 면제와 관련하여, 브라질은 MERCOSUR 중재판결을 준수하기 위하여 MERCOSUR 면제를 도입하였다고 설명하였는데, 상소기관에 따르면, 이 판결은 수락 가능한 차별의 이유가 될 수 없는데, 그 이유는 동 판결이 제XX조 (b)항의 범위에 해당되는 수입금지에 의해 추구되는 정당한 목적과 전혀 관련이 없으며, 매우 적은 수준이라 할지라도 오히려 그 목적에 반하기 때문이다. 따라서 MERCOSUR 면제가 자의적이거나 정당화할 수 없는 차별을 구성하는 방식으로 수입금지가 적용되는 결과로 귀착된다는 결론을 내렸다.

참고문헌

Bederman, David J., and Gray, Kevin R., "Brazil-Measures Affecting Imports of Retreaded Tyers: World Trade Organization Appellate Body opinion on GATT Article XX exception for human health", *American Journal of International Law*, vol. 102, July 2008.

Skinner, Jonathan, "A Green Road to Development: Environmental Regulations and Developing Countries in the WTO", *Duke Environment Law & Policy Forum*, vol. 20, winter, 2010.

WTO, Brazil-Measures Affecting Imports of Retreaded Tyres, WT/DS332/1, 23 June 2005.

_____, Brazil-Measures Affecting Imports of Retreaded Tyres, WT/DS332/5, 17 March 2006.

_____, Brazil-Measures Affecting Imports of Retreaded Tyres, WT/DS332/9, 3 September 2007.

_____, Brazil-Measures Affecting Imports of Retreaded Tyres, WT/DS332/R, 12 June 2007.

_____, Brazil-Measures Affecting Imports of Retreaded Tyres, WT/DS332/12, 17 December 2007.

_____, Brazil-Measures Affecting Imports of Retreaded Tyres, WT/DS332/AB/R, 3 December 2007.

_____, Brazil-Measures Affecting Imports of Retreaded Tyres. WT/DS332/R, WT/DS332/AB/R, World Trade Law.net Dispute Settlement Commentary.

WTO 분쟁해결과 국제표준[*]

: EC-Sardines 및 EC-Biotech products 사건을 중심으로

하대청(광주과학기술원 기초교육학부 조교수)

12.1. 서 론

표준은 우리가 현실을 구축해나가는 중요한 수단이다. 세계에 질서를 부여하면서 우리가 복잡한 일상을 일관되고 안정적으로 유지할 수 있도록 해준다. 표준은 우리에게 익숙한 공산품과 산업 기술 영역뿐만 아니라 환경, 교육, 보건, 동물복지 등 거의 모든 영역에서 작동하고 있다. 최근에는 이산화탄소 배출 거래 표준, 식품 안전 규격, 야생 동식물 서식 공간 표준처럼 그 형태와 종류도 다양해지고 있다.[1] 최근엔 지구화가 진전되고 국제교역이 증대되면서 국가별로 상이한 표준들을 조화시키는 임무가 중요해지고 있다. 교역 상대 국가의 검역조치나 기술규제가 자국에서 요구하는 적절한 보호 수준을 달성할 수 있다면 비록 그 수단이 다르더라도 동등한 것으로 인정해주는 이른바 상호인정(Mutual Recognition)의 방법도 있지만, 국제표준(International Standards)을 제정하고 교역 상대 국가들이 모두 이를

---

[*] 이 장은 필자가 2014년 9월에 「국가정책연구」 제28권 제3호에 게재한 "WTO 분쟁해결과 국제표준: EC-Sardines 및 EC-Biotech products 사건을 중심으로"를 이 책의 목적에 맞추어 저자의 동의하에 전재한 것임을 밝힌다.
[1] 현대사회에서 표준이 갖는 중요성과 다양한 역할에 대해선 다음의 책을 참조하라. Lawrence Busch, *Standards: Recipes for Reality*. The MIT Press: Cambridge, Massachusetts; London, England. 2011.

준수하거나 이에 의거하여 국내법을 제정하도록 하는 방법이 선호되고 있다.[2]

이 연구는 지구화와 함께 그 역할이 증대되고 있는 '국제표준'을 세계무역기구(World Trade Organization, WTO)의 주요 협정들의 해석과 적용의 맥락에서 조명하려는 시도이다. 1995년 출범한 WTO는 국가 간의 모든 관세 및 비관세 장벽(Non-tariff Barriers)을 제거해 상품 교역을 자유화하는 것을 목표로 했고 이를 위해 회원국들이 WTO 가입과 함께 부수적 협정들을 비준하고 따르도록 했다. 이 중에서 TBT협정(Agreement on Technological Barriers to Trade)은 기술규제와 이를 심사하는 절차들에 관한 것이고, SPS협정(Agreement on Sanitary and Pytosanitary Measures)은 인간과 동식물의 생명 및 건강 보호를 위해 시행하는 위생 및 검역 조치에 관한 것이다. 이 협정들은 무엇보다 회원국들이 상품의 규격, 포장, 표시 요건, 검역조치 등 수입을 거부하기 위한 비관세장벽으로 활용하는 것을 방지하고자 제정되었다.

하지만 이런 '비관세장벽'은 기본적으로 국제무역 관계에서 다루기 쉽지 않다. 우선 이런 규제나 조치들이 각국의 상이한 문화, 제도, 환경 등에서 비롯되는 경우가 많고 정당성을 판정할 수 있는 명확한 기준이 존재하기 힘들기 때문이다. 뿐만 아니라 이런 조치들은 대개 회원국들의 주권적 행정 권한에 속하는 것이라 정치적으로 민감하기도 하다. 이런 어려움을 해결하기 위한 방편으로 WTO는 내부에 TBT 위원회(Technological Barriers to Trade Committee)나 SPS 위원회(Committee on Sanitary and Phytosanitary Measures) 등을 설치하고 국가 간의 관련 문제들을 조정하도록 했다. 이에 따라 신규 또는 개정 기술규제나 검역조치를 도입하려는 회원국은 미리 이 위원회들에 그 내용을 통보한 후 무역상대국으로부터 의견을 수렴하고 이에 적절히 응답해야 한다. 하지만 만약 이런 사전 조정 과정에서도 최종적인 합의에 도달하지 못할 경우, 회원국은 협정 위반을 이유로 무역상대국을 공식적으로 WTO에 제소해 분쟁해결(Dispute Settlement) 절차에 돌입할 수 있다.[3]

---

2 Jacqueline Peel, *Science and Risk Regulation in International Law*. Cambridge University Press. 2010.

3 이후의 분쟁해결 절차는 간략히 정리하면 다음과 같다. WTO 제소 후에 다시 협상이 진행된다. 만약 이 협상이 결렬되면 WTO 내에 분쟁해결기구(Dispute Settlement Body, DSB)에서 이 제소건을 심리한다. 패널(Panel)이라고 불리는 1심 재판부가 별도로 설치되어 해당 분쟁사건을 심리하는데, 당사국들의 변론을 들은 후 최종 보고서를 채택하는 식으로 판결한다. 만약 패널의 판결에 동의하지 않을 경우, 항소심 재판부(Appellate body)에

TBT 및 SPS 위원회에 통보되는 규제의 수는 WTO 출범 이후 꾸준히 증가했으며 최근에는 이런 규제들이 주요한 통상 마찰 이슈가 되고 있다.[4] TBT 위원회에 통보되는 기술규제들의 도입 근거가 인간과 동식물의 건강, 환경보존, 기만적 행위 방지 및 소비자 보호라는 점이 이런 경향의 한 이유이다.[5] 건강이나 환경 위험 등은 과학적이고 전문적인 판단을 요구하지만 동시에 그 지역의 문화나 환경적 특수성에 의존한다. 따라서 명확하고 정량적인 기준을 마련하기 힘들어 규제도입의 근거에 관한 논쟁이 발생하기 쉽다. WTO는 이런 규제들이 보호주의 목적의 '비관세 무역장벽'이 되는 것을 막기 위해 기준이 될 '국제표준'을 제정하도록 지원하고 이 국제표준에 따라 규제의 정당성을 평가하려고 노력해왔다. TBT 및 SPS 위원회를 통해 규제 도입 이전에 서로 조정할 수 있도록 하면서 동시에 WTO는 국제표준을 기준으로 규제의 조화를 도모했던 것이다. 따라서 만약 특정 회원국의 해당 규제가 '국제표준'과 부합할 경우 정당한 조치로 인정받을 수 있지만 그렇지 않을 경우 불필요한 무역장벽으로 거부당했다. 그 결과 TBT 위원회에서 다루어지는 특정 무역현안들(Specific Trade Concerns) 중에 약 1/3이 국제표준과 관련이 있다.[6]

국제표준이 이렇게 국가 간 무역 분쟁에서 중요해지고 있지만, 그동안 이 국제 표준이 WTO의 공식적인 분쟁해결 절차 내에서 어떻게 해석되고 적용되는지 충분히 연구되지 않았다. 표준정책 연구자들은 WTO 무역 분쟁 과정에서 국제표준이 어떻게 해석되고 논박되는지에 대한 관심이 드물었던 반면, 국제무역법 연구자들

서 한 번 더 심리할 수 있으며 이 항소심 판결은 최종심의 효력을 갖는다.

4 TBT 위원회와 SPS 위원회에 신규 규제로 제출되는 통보 건수는 1995년 각각 400여건, 200여건에 해당했지만, 2012년에는 각각 1600여건, 900여건으로 증가했다. 다음을 참조. Henrik Horn, Petros C. and Mavroidis and Erik N. Wijkström, "In the Shadow of the DSU: Addressing Specific Trade Concerns in the WTO SPS and TBT Committees." IFN Working Paper No. 960; Columbia Law and Economics Working Paper No. 494. 2013. Available at SSRN: https://ssrn.com/abstract=2478598. TBT 위원회의 특정 무역현안(specific trade concern) 수도 꾸준히 증가했는데 1995년 4건에서 2011년 43건으로 증가했다. 다음을 참조. 김민정, "TBT 협정의 해석과 적용에 따른 법적 쟁점 및 발전과제", 「통상법률」 6월, 법무부 국제법무과, 2013. 63-88.

5 장용준과 남호선, "최근 WTO 회원국들의 TBT 동향과 정책시사점", 대외경제정책연구원, 2010; 하태정 외, "FTA 환경변화에 따른 기술무역장벽 대응방안", 정책연구, 과학기술정책연구원, 2010.

6 Erik Wiljkström and Devin McDaniels, "International Standards and the WTO TBT Agreement: Improving governance for regulatory alignment", Staff Working Paper ESRD-2013-06. World Trade Organization. Economic Research and Statistics Division. 2013.

은 무역 분쟁 해결의 주요 판례들을 분석하면서도 국제표준의 제정과 해석 과정에 충분히 집중하지 않았다.[7] 이런 배경에서 이 연구는 국가 간 이해가 충돌하는 무역 분쟁의 현장에서 국제표준이 어떻게 정의되고 정당화되는지 살펴보려 한다. 일부 연구들이 국제기구 내에서 이른바 국제표준이 어떻게 제정되는지 정치사회적 배경 속에서 분석해왔지만, 이들도 하나의 표준이 WTO 분쟁해결기구라는 논쟁적인 공간에서 어떻게 '국제표준'으로 인정받는지 탐색하지 않았다.[8] 국제표준제정기구에서 표준을 제정하더라도 이것이 '국제표준'으로 인정받기 위해서는 WTO의 법적 권위가 필요하다는 점을 고려한다면, 이 작업은 의미 있는 일일 것이다. 또한 이 연구는 WTO 분쟁해결기구가 국제표준의 해석 과정에서 어떤 가치를 우선시하는지도 밝혀줄 것이다.

이 연구는 WTO의 분쟁해결기구(dispute settlement body)에서 심리한 최근의 두 판례를 중심으로 국제표준의 평가 및 정당화 과정을 분석하려 한다. 기존 연구들은 WTO의 TBT협정과 SPS협정 중 어느 한 협정을 중심으로만 연구해왔기 때문에, 이 연구에서는 TBT협정이 적용된 사례와 SPS협정이 적용된 사례를 비교분석하기로 했다. 먼저 TBT협정과 SPS협정에서 각각 국제표준을 어떻게 정의하고 있는지, 구체적인 무역 분쟁 사례에서 어떤 협정들을 적용하는지 살펴볼 것이다.

---

7 예를 들어, 현대 세계에서 표준의 작동을 분석한 Bush는 국제무역에서 TBT와 SPS 관련 표준들의 중요성을 언급하지만, 분쟁해결기구 내에서 이들의 논쟁가능성 등은 관심을 두지 않고 있다. 다음을 참조. Lawrence Busch, supra note 1. WTO SPS협정을 연구한 이들은 본 논문이 집중하는 두 판례들을 분석하면서 분쟁해결기구의 경직된 과학해석을 비판하고 있지만, 국제기구에서 제정된 국제표준이 WTO 분쟁해결기구 내에서 정당화되기 위해 어떤 요소들이 더 중요시되는가라는 질문은 던지지 않는다. 다음을 참조. Peel, supra note 2; Lukasz Gruszczynski, Regulating Health and Environmental Risks under WTO Law: A Critical Analysis of the SPS Agreement. Oxford University Press. 2010. 마찬가지로 WTO TBT협정을 연구한 경우도 ISO(International Organization for Standardization)의 정치적 성격을 검토하지만, 분쟁해결기구 내 논의나 국제표준의 정당성 논쟁에 대해서는 언급하고 있지 않다. 다음을 참조. Harm Schepel, The Constitution of Private Governance: Products Standards in the Regulation of Integrating Markets. Hart Publishing. 2005. 마지막 참고문헌의 존재를 알려준 익명의 심사위원께 감사드린다.

8 WTO가 인정한 국제표준 제정기구에서 표준을 제정하는 과정을 상세히 분석한 예로는 다음을 참조하라. David Winickoff and Douglas Bushey. Science and Power in Global Food Regulation: The Rise of the Codex Alimentarisu, STHV 35(3): 356-381. 2010; 하대청, "위험의 지구화, 지구화의 위험: 한국의 '광우병' 논쟁 연구" 서울대학교 박사학위논문, 2012.

그리고 WTO 분쟁해결기구의 판례 보고서들을 참조하면서 실제 무역분쟁 사례에서 국제표준의 존재, 국제표준과의 일치 혹은 조화가 어떻게 해석되는지 분석하고자 한다. 이 과정에서 국제표준이 어떤 기준에 따라 정당화 혹은 거부되는지, 이런 국제표준이 존재할 때 국내 규제는 어떤 기준에 따라 평가받는지 알 수 있을 것이다. 이런 시도는 WTO 무역 질서에서 국제표준의 준수와 관련된 논쟁에서 수용 및 반박되는 논리를 명료화함으로써 무역 갈등의 조정이나 분쟁해결 과정에서 전략을 계발하는데 도움을 줄 것이다.

12.2. TBT협정과 SPS협정에서의 '국제표준'

TBT협정은 각국이 기술규제를 도입할 권리를 인정하면서도 이 기술규제가 불필요한 무역 장벽이 되는 것은 방지하고자 한다. 이를 위해 WTO 회원국이 기술규제를 도입할 경우에는 무엇보다 정당한 목적이 있어야 한다고 규정하고 있다. 그 정당한 목적으로는 "국가안보상 요건, 기만적 관행의 방지, 인간의 건강 또는 안전, 동물 또는 식물의 생명 또는 건강 또는 환경의 보호(TBT협정 제2.2조)"을 규정하고 있다.[9] 이런 정당한 목적에 따라 도입되고 관련 국제표준을 따른 경우라면 그 기술규제는 불필요한 무역장애로 간주되지 않는다.[10] 이 협정에서 말하는 기술규제로는 크게 세 가지인데, 기술규제 제품의 특성(규격, 형태, 디자인, 용어, 포장, 표시, 상표부착방식 등)과 생산방법에 대한 내용을 규정한 기술규정(technical regulation)과 표준(standards)[11] 그리고 이런 기술규정과 표준을 준수했는지 심사하는 적합

---

9 하지만 TBT협정에서 인정하는 규제도입의 '정당한 목적'은 여기에 열거한 것들에 한정되지 않는다. 판례를 통해 알려졌듯이, 시장투명성, 소비자 보호, 공정한 경쟁, 식량안보, 가격안정화 등도 이런 목적에 포함될 수 있다. 다음을 참조. Siwon Park et al., "an analysis of the WTO Appellate Body's Report in the Sardines Case: Implications for Ecolabels", 2005, https://www.lclark.edu/live/files/169.

10 TBT협정에 대한 한 WTO 분쟁해결기구의 판결에 따르면, 수입국은 국제표준에 따른 국내 규제조치를 결정하는데 있어 좀 더 많은 권한을 가질 수 있다. 국내 규제조치가 국제표준에 기초했다는 점을 피규제 도입국가인 피소국이 증명해야 할 의무를 지는 것이 아니라 국제표준에 기초하지 않았다는 점을 제소국이 증명해야 할 의무를 지니기 때문이다. 다음을 참조. Appellate Body Report, *EC-Trade Descriptions of Sardines*, WT/DS231/AB.R, 26 Sep 2002 (이하, 'EC-Sardines Ⅱ').

11 표준은 시장에서 제정된 것으로서 수용여부가 자발적이지만, 기술규정은 정부가 제정한 것

성평가 절차(procedures for assessment of conformity)이다. 유기농 품질인증마크제, 무선통신 표준, 올리브 오일 등급 표준, 리튬이온 배터리 여객기 운송 금지, 에어백 장착 의무화 등이 모두 이런 기술규제에 속하는 예들이다.

만약 무역상대국이 특정 회원국의 기술규제를 부당한 무역장벽이라고 주장할 경우, 이 기술규제가 위에서 말한 정당한 목적에서 도입된 것인지 아니면 자국의 산업을 보호하기 위해 도입된 것인지 어떻게 구별하고 판정할 수 있을까? TBT협정에서는 이를 판정할 수 있는 직접적이고 명확한 기준을 제시하기보다는 대신 기술규정이나 표준의 기초로서 '국제표준'을 사용해야 한다고 말하고 있다. "국제표준이 존재하거나 이의 완성이 임박할 경우" 예외적인 경우를 제외하고는 국제표준을 기초로 삼아 기술규제를 도입해야 한다. 다시 말해, "국제표준 혹은 관련 부분이 정당한 목적을 이행하는데 비효과적이거나 부적절한 수단이 아닌 때를 제외하고" 이 국제표준에 따라 기술규제를 제정하고 도입해야 한다는 것이다.

그러나 이 협정은 여기서 말하는 국제표준이 무엇인지, 그 요건은 무엇인지, 그리고 누가 국제표준을 제정하는지 등에 대해 협정문 내에서는 더 이상 밝히고 있지 않다. 이후에 보게 되겠지만, 이런 이유 때문에 TBT협정과 관련된 국가 간 무역분쟁에서는 이 국제표준의 존재 여부, 정의, 적절성 등이 주요 쟁점이 된다. 물론 TBT 위원회도 이런 상황이 가져오는 어려움을 인식하고 있기 때문에 국제표준의 신설과 확대를 위해 적극적으로 활동하고 있으며 지난 2000년에는 국제표준개발을 위한 원칙을 제정했고 이를 다시 위원회의 운영을 위한 결정 및 권고문에 포함시켰다.[12] 이 원칙에 따르면 TBT와 관련해 국제표준을 개발할 때에는 이 국제표준이 투명성, 개방성, 불편부당성과 합의(consensus), 효과성과 적절성, 일관성, 개도국 입장 고려(development dimension) 등을 준수하도록 해야 한다.[13]

으로 강제적이다.

12 WTO TBT 위원회가 2000년에 Triennial reviews를 통해 채택한 이 원칙들은 같은 해에 TBT 위원회가 그 운영규정을 정한 결정 및 권고문인 'Decisions and Recommendations Adopted by the Committee Since 1 January 1995(G/TBT/1/Rev.7)'의 부속서에 그대로 포함되었다. 다음을 참조. WTO, Second Triennial Review of the operation and implementation of the Agreement on Technical Barriers to Trade, 13 November 2000 (00-4811), (G/TBT/9), 2000. 이 점을 알려주신 심사위원께 감사드린다.

13 심사위원 중 한 명은 이 원칙이 존재한다는 점을 지적하면서 TBT협정이 국제표준의 정의, 요건, 표준화기구에 대해 언급하고 있지 않다는 저자의 주장이 부적절하다고 주장했다. 물론 TBT 위원회가 이 결정 및 권고문에서 국제표준의 원칙이나 표준화기구의 요건에 대해 언급하고 있지만, 이 원칙은 뒤에서 보게 될 EC-Sardines 사건의 분쟁해결기구 심판부가

    반면, SPS협정은 이 국제표준과 관련된 조항이 조금 다르게 구성되어 있다. 1995년 우루과이라운드로 교역자유화가 농수산물로 확대되면서 위생 및 검역조치가 비관세장벽으로 사용될 것을 우려한 WTO 초기 협상가들은 SPS협정을 통해 이런 조치를 자의적으로 남용하지 못하도록 했다. 전염병 확산을 우려해 특정한 농수산물의 수입을 거부할 수 있지만 이것이 무역을 제한하는 차별적 수단이 되어서는 안 된다는 것이다. 물론 회원국들이 인간과 동식물의 생명 또는 건강을 보호하기 위해 위생 및 검역조치를 취할 권리를 인정하지만, 이 조치는 무엇보다 "국제표준, 지침 또는 권고가 있는 경우 이에 기초"하도록 했다. 만약 이런 국제표준이나 지침 보다 더 높은 수준의 위생조치를 도입하거나 유지하려면 과학적 정당성이 있거나 혹은 잠정적이면서 객관적 위험평가 등에 근거해야 한다(SPS협정 제3.3조와 제5.7조). 그리고 국제표준, 지침 또는 권고는 3개의 국제기구, 즉 Codex(Codex Alimentarius), OIE(World Organization for Animal Health), IPPC(International Plant Protection Convention)에서 제정하는 표준 및 권고사항이라고 명시하고 있다(SPS협정 부속서 A). 이 SPS협정을 통해 식품안전과 관련해서는 Codex, 동물건강에 관해서는 OIE, 식물건강은 IPPC가 각각 국제표준을 제정하는 권위있는 기구가 된 것이다.

    TBT협정과 달리, SPS협정에서는 회원국들이 국제표준과 관련해 자국의 정책을 자율적으로 결정할 여지가 상대적으로 좁게 설정되어 있다. TBT협정에서는 국제표준이 인간 건강 보호 등의 정당한 목적을 달성하는데 비효과적이거나 부적합하다고 판단될 경우 이를 준수하지 않을 수 있지만, SPS협정에서는 국제표준을 따르지 않으려면 과학적 정당성이나 객관적 위험평가를 제시해야 하기 때문이다.

구속력이 없다고 판결했다는 점을 기억할 필요가 있다. 당시 패널심은 해당 결정문은 "선호에 관한 정책적 진술(a policy statement of preference)"이지, TBT협정의 해석을 위한 "구속력 있는 조항(controlling provision)"은 아니라고 판결했다. 다음을 참조. Panel Report, EC-Trade Descriptions of Sardines, WT/DS231/R, 29 May 2002 (이하 'EC-Sardines I'). para. 7.91.
또한 4절에서 다시 보게 되겠지만, 어느 피소국이 해당 국제표준 제정기구의 표준이 합의(consensus) 절차를 따라 제정된 것이 아니라서 국제표준으로 인정할 수 없다는 주장에 대해 당시 패널심과 항소심은 '합의 절차가 협정문에 없기 때문에' 받아들일 수 없다고 말했다. 위에서 말한 TBT 위원회의 결정문에는 이 합의절차가 준수 원칙으로 명시되어 있지만 패널심과 항소심은 이를 고려하지 않은 것이다. 따라서 최소한 SPS협정에서 발견할 수 있는 것과 같은, 분쟁해결에서 참조할 수 있는 구속력 있는 명시적 조항은 없다고 말할 수 있을 것이다.

TBT협정에서는 "근본적인 기후적·지리적 요소 또는 근본적인 기술적 문제 때문에" '국제표준'이 부적합하다고 평가하며 준수를 유보할 수 있지만, SPS협정에서는 이런 평가 결론을 과학적 원리나 객관적 위험평가로 뒷받침해야 하는 것이다. 이런 제한조건 때문에 과학적 위험평가 역량이 부족한 국가라면 SPS협정이 적용되는 맥락에서 '국제표준'으로 불리는 기존의 표준을 거부하기 쉽지 않다.[14] 또한 TBT협정에서는 현재 공인된 국제표준이 없다 할지라도 임박한 국제표준이 있으면 이에 근거해야 하지만, SPS협정에서는 공식적으로 승인된 표준만이 국제표준이 될 수 있다.

또한 Codex, OIE, IPPC 등 세 국제기구에서 제정하는 표준 등을 위생 및 검역 조치의 정당성을 입증할 때 기준이 되는 국제표준으로 명시한 SPS협정과 달리, TBT협정 자체에는 이에 대한 구체적인 언급이 없다. 이렇게 TBT협정에서 국제표준 제정 기구를 SPS협정처럼 특정하지 않은 것에 대해 표준제정기구 보다는 표준 자체를 기준으로 그 효과성을 평가하기 위한 것이라는 해석도 있다.[15] 국제기구를 지정해놓을 경우, 그 기구가 회원국의 이해를 적절히 대변하지 못할 경우에도 그 기구가 제정한 표준을 인정할 수밖에 없지만, 그렇지 않을 경우에는 표준 자체의 유효성을 심사하고 평가할 수 있다는 것이다. 이런 해석을 따른다면 TBT협정에서는 국제표준 자체의 적합성과 정당성 등을 도전하는 것이 상대적으로 더 용이할 수 있다. 무역분쟁 과정에서 시장진입 국가는 규제도입 국가가 기초로 삼은 표준이 "적절한 국제표준"인지 다툴 수 있지만, SPS협정의 위생조치의 경우, 만약 해당 국제기구가 제정한 기준들이 있다면 이에 도전하는 규제를 도입한 국가는 이를 방어하기 위해 과학적 정당성이 필요하다. 이런 관점에서 본다면 규제의 정당성 획득 방식이 이 두 협정은 상이하다고 볼 수 있다([표-1] 참조).

[표-1] 규제의 정당성 관점에서의 TBT협정과 SPS협정의 비교

	TBT협정	SPS협정
규제 도입의 정당한 목적	국가안보상 요건, 기만적 관행의 방지, 인간의 건강 또는 안전, 동물 또는 식물의 생명 또	상대적으로 좁게 규정되어 있음. 인간, 동물 또는 식물의 생명 또는 건강의 보호

---

14 이와 유사한 해석은 다음의 연구에서도 확인할 수 있다. Harm Schepel, *supra* note 7.
15 Erik Wiljkström and Devin McDaniels, *supra* note 6.

	는 건강, 또는 환경의 보호 등	
규제 도입에서 과학적 근거 요구	규제 도입을 정당화하기 위해 과학적 근거를 요구하는 조항이 없으며 기후적 혹은 환경적 요소가 국제표준을 거부할 수 있는 이유로 명시됨.	수입국이 국제표준 보다 더 높은 수준의 규제를 도입하기 위해서는 과학적 원리나 정당성, 객관적 위험평가 등을 그 근거로 있어야 한다고 규정.
국제기구의 명시	국제표준을 제정하는 기구나 주체에 대한 언급이 없음. TBT 위원회가 채택한 표준제정 원칙은 있음.	Codex, OIE, IPPC를 국제표준 제정기구로 명시적으로 지정하고 있음.

TBT협정과 SPS협정은 모두 회원국의 규제도입 권리를 인정하면서 동시에 각국의 규제들을 조화시키기 위해 국제표준 준수를 요구하고 있다. 회원국의 권리를 인정하면서 동시에 국제표준 준수를 강요하는 이런 '긴장'이 두 협정 속에 있기는 하지만 앞에서 보았듯이 TBT협정은 SPS협정에 비해 상대적으로 회원국들에 더 많은 유연성을 부여하고 있다. 하지만 이 두 협정은 모두 절차적 규범이기 때문에 실질적 규범으로서 이 협정문이 실제로 어떤 역할이 하는지 참조하기 위해서는 분쟁사건에 관한 판례를 연구할 필요가 있다. 따라서 다음 절에서부터는 TBT협정과 SPS협정이 각각 적용된 두 판례를 기초로 두 협정의 구분적용과 국제표준의 해석과 정당화 과정을 살펴보고자 한다. 이 논문에서는 EC-Sardines 사건과 EC-Biotech Products 사건을[16] 선택했는데, 전자의 경우 TBT협정이, 후자의 경우 SPS협정이 각각 적용되었다. EC-Sardines 사건을 선정한 것은 TBT협정을 원용하면서 국제표준이 주요하게 논의된 유일한 사건이기 때문이다. 2013년 5월까지 WTO 분쟁해결기구에 협의 요청된 총 456건 중 TBT협정이 원용된 사건은 44건(9.6%)에 불과하며 이 중 패널심이 TBT협정 규범에 의거해 판결한 경우는 단 4건 뿐이다.[17] 그리고 이 중에서 기술규제의 국제표준과의 조화가 중요한 사안이었던 것은 EC-Sardines 사건뿐이었다. TBT협정에 비해, SPS협정이 원용된 분쟁사건은 상대적으로 많지만 EC-biotech Products을 선정한 것은 이것이 미국과 유럽연합

---

16 EC-Sardines 사건의 공식명칭은 European Communities — Trade Description of Sardines이며 EC-Biotech Products 사건의 공식명칭은 European Communities — Measures Affecting the Approval and Marketing of Biotech Products이다.

17 김민정, *supra* note 4.

의 오랜 대립 속에 가장 광범위하고 종합적으로 논의된 것으로 인정받는 가장 최근의 사례이기 때문이다. 다음 절에서는 이런 특성을 가진 TBT협정과 SPS협정이 어떻게 선정되어 적용되는지 한 판례를 중심으로 살펴보고자 한다.

12.3. TBT협정과 SPS협정의 구분: EC-biotech products 사건

TBT협정과 SPS협정은 원리적으로는 서로 배타적이다. TBT협정에 따르면, SPS협정에서 정의하는 동식물 위생 및 검역조치에는 적용되지 않는다고 명시하고 있으며(TBT협정 제1.5조), SPS협정 또한 TBT협정에 따른 회원국의 권리에 영향을 미치지 않는다고 규정하고 있다(SPS협정 제1.4조). 이런 조항들은 TBT협정과 SPS협정의 적용 대상이 명확히 구분될 수 있다는 인상을 주고 있다. 하지만, 현실에서는 SPS협정과 TBT협정이 중복 적용될 수 있는 사례들이 있으며, 이 경우 어떤 협정을 적용할 것인지가 중요한 해석과 논쟁의 대상이 된다. 2절에서 보았듯이, SPS협정은 국내의 규제 도입을 정당화할 때 과학적 위험평가를 요구하는 반면, TBT협정은 그런 요건 없이 지리적·환경적 요소도 고려할 수 있기 때문에 규제도입 국가들이라면 되도록 TBT협정의 적용을 원한다.[18] 또한 TBT협정에서는 정당한 목적을 시행하는데 부적절하다고 판단될 경우 국제표준 준수를 유보할 수 있는 반면, SPS협정에서는 과학적 정당성이 없는 한 국제표준을 거부하기 어렵기 때문에 이런 선호는 더욱 높아진다. 이렇게 어느 협정이 적용되는가 하는 점은 국제표준 준수의 강제성에서 서로 다른 결과를 가져올 수 있다. 따라서 기존의 국제표준에 도전하려는 국가나 특정한 규제를 도입하는 자율권을 폭넓게 인정받고 싶어 하는 국가들은, SPS협정 보다는 TBT협정이 자신들의 사건에 적용되게 하기 위해 노력한다.[19]

기술규제라고 항상 TBT협정이 적용되는 것은 아니다. TBT협정은 기술규정, 상품표준, 적합성평가 절차를 그 대상으로 다루지만, SPS협정 또한 이런 기술규정

---

18 물론 TBT협정에서도 인간과 동식물의 생명과 건강을 보호하기 위한 조치를 도입하면서 과학적 정당성을 요구할 수 있지만, 이것은 SPS협정에서처럼 공식적인 위험평가를 의무적으로 요구하는 것으로 해석되지는 않는다. Lukasz Gruszczynski, *supra* note 7. p. 64.

19 TBT협정의 경우, 원리적으로 본다면 개발도상국가에게 TBT 준수의 예외를 인정하고 있기 때문에 TBT협정의 적용을 더 선호할 수 있다.

이나 평가절차 등에 적용될 수 있다. 용어나 표시, 포장 등의 기술규정이라 할지라도 동식물 위생의 위험으로부터 인간과 동식물의 생명과 보호하려는 목적의 조치라면 SPS 조치(Sanitary and Phytosanitary measures)로 분류되어 SPS협정의 적용을 받을 수 있다. 따라서 두 협정은 "규제받는 상품의 성질"보다는 "그 협정이 다루려는 위험의 종류와 해당 조치의 목적"에 따라 구분된다.[20] 그러나 실제로는 이런 목적 구분조차도 간단하지 않은데, 실제 규제의 목적 중에는 규제도입국의 주장과 다른 목적이 있을 수도 있고, 하나의 기술규제가 식품안전과 영양정보제공처럼 복수의 목적을 가질 수도 있기 때문이다.

새로 도입하는 규제 조치(regulatory measures)의 목적이 단일하지 않고 복수로 존재하는 경우, TBT협정과 SPS협정 중 어느 협정을 적용할 것인가라는 문제가 중요하게 부상한다. 이에 대해 다소 진전된 답을 제공한 사례로는 2006년의 EC-Biotech Products 사건을 들 수 있다. 미국과 캐나다 등 유전자변형농산물(Genetically Modified Organism, GMO) 생산 국가들은 유럽공동체(European Communities, 이하 EC)와 EC 내 회원국들이 충분한 근거 없이 GMO 심사와 승인을 중단했다는 이유로 WTO에 제소했다.[21] 이에 대해 EC는 GMO가 인간, 동식물, 환경에 초래할 수 있는 직접적 혹은 잠재적 위험을 우려하면서 심사 중단을 스스로 정당화했다. 당시 EC는 심사중단 조치를 정당화하는 법적 근거로서, SPS협정 외에도 TBT협정, 카르타헤나 생물안전성 협정 (Cartagena Biosafety Protocol, CBP) 등 다양한 국제협정을 인용했다. 앞서 설명했듯이 EC의 입장에서는 지리적·환경적 요인을 고려하는 TBT협정이나, 과학적으로 불확실하다 할지라도 환경적·경제적 효과까지 고려해 사전주의적(precautionary) 대응을 할 수 있도록 한 CBP가 더 유리했던 것이다.[22]

이 사건을 심리한 당시 패널심은 하나의 조치를 목적이 서로 다른, 즉 서로 다른 협정이 적용되는 여러 조치들로 분해하고 그 조치들이 관여되는 만큼 해당 협정

---

20 Lukasz Gruszczynski, *supra* note 7. p. 63.

21 Panel Report, *European Communities—Measures Affecting the Approval and Marketing of Biotech Products*, WT/DS291/R, WT/DS292/R, WT/DS293/R, 29 Sep 2006. (이하 'EC-biotech products').

22 건강과 환경 위험에 대한 사전주의 접근 혹은 원칙은 다양한 해석이 가능하기 때문에 논쟁이 벌어진다. 이 점에 관해서는 다음을 참조하라. 하대청, "사전주의의 원칙은 비과학적인가?: 위험 분석과의 논쟁을 통해 본 사전주의 원칙의 '합리성', 「과학기술학연구」 10(2):143-174. 2009.

들의 적용을 받을 수 있는 것으로 해석했다.[23] 그래서 하나의 조치를 몇 개의 하위 조치들로 분해하고 난 뒤, SPS 목적으로 해석되는 하위 조치는 SPS협정을 적용하고, 그렇지 않은 하위 조치는 TBT협정 등을 적용하면 된다고 보았다. 하지만 이런 이론적 주장과 달리, 실제 판결에서 패널심은 EC의 여러 국제협정 원용 주장들을 기각하고 오직 SPS협정만을 적용했다. 패널심 재판부는 GMO 유입이 건강, 환경, 농업, 경제에 미치는 다양한 차원의 결과들을 모두 '동식물의 생명과 건강'이라는 SPS협정의 적용대상으로 해석했기 때문이다. 이 결정은 이후 성격이 다른 환경적 위험을 해충 유입에 따른 질병이나 식품안전 문제로 협애화시켰다는 비판을 많이 받았다.[24] 건강이나 생명에 대한 위협과 달리 생태계나 생물다양성 위협은 간접적이거나 장기적인 효과로부터 비롯되는 경우가 많은데, 이 판결은 그 차이를 무시했다는 것이다. 이렇게 환경위험까지 모두 SPS협정의 대상으로 만들어 버리면, 과학적 정당성이 더 많이 요구되게 되며, 결국 복잡하고 불확실하지만 잠재적인 위해인 환경위험을 예방할 수 있는 논리가 위축될 수 있는 것이다.

무엇보다 EC-biotech product 사건은 WTO는 회원국이 스스로 정한 목적에 따라 기술규정이나 표준 등 규제를 도입하도록 권장하지만, 각국의 주장대로 규제의 목적으로 그대로 존중하기 보다는 해당 규제의 진정한 목적이 무엇인지 WTO 분쟁해결기구를 통해 관여하고 있다는 점을 시사하고 있다. 당시 판결은 그런 개입의 결과 환경위험에 대한 대응까지 위생 검역조치로 해석하는 데까지 나아갔다는 점을 보여준다. 하지만 이 판결로 앞으로 환경위험에 대한 규제는 모두 SPS협정의 적용을 받을 것이라고 섣불리 예측하기는 어려운 것으로 보인다. EC의 항소 포기로 EC- biotech products 사건은 패널심 결정밖에 나오지 않은 상태이고, 보통 항소심은 다른 사건의 항소심만 인용하는 터라 패널심 판결인 GMO 사례가 앞으로

---

23 이런 해석 외에도 두 협정이 적용 가능할 때 법리적으로는 SPS협정을 우선시하거나 상황에 따라 주협정과 보조협정으로서의 두 협정의 위치를 바꾸는 것 등이 가능하다. 다음을 참조하라. Lukasz Gruszczynski, *supra* note 7. p. 63-68.

24 Christiane Conrad, "The EC-Biotech dispute and applicability of the SPS Agreement: are the panel's findings built on shaky ground?" *World Trade Review* 6(2): 233-248. 2007; Jacqueline Peel, supra note 2; Gilbert R. Winham, "The GMO panel: Applications of WTO Law to Trade in Agricultural Biotech Products", *European Integration* 31(3): 409-429. 2009.; Christophe Bonneuil and Les Levidow, "How does the World Trade Organization know? The mobilization and staging of scientific expertise in the GMO trade dispute", *Social Studies of Science* 42(1): 75-100. 2011.

원용될 가능성이 제한적이기 때문이다.[25] 하지만, 위에서 본 바와 같이 해당 규제 조치가 복수의 목적을 가질 수 있고 그 목적에 따라 각기 다른 협정을 적용하는 것은 가능하기 때문에 목적을 정의 및 분류하고 해당하는 협정을 대응시키는 논리 계발이 점차 중요해질 것이다.

12.4. TBT협정에서 국제표준의 정의와 평가: EC-Sardines 사건

2절에서 보았듯이, TBT협정은 SPS협정과 달리 '국제표준'을 구체적으로 한정하지 않았다. 국제표준이란 무엇인지, 누가 국제표준을 제정할 합법적 권한을 갖고 있는 것인지 등 핵심적인 물음들에 대해 협정문은 적절히 답하지 않았던 것이다. 이 때문에 이런 협정의 해석과 관련된 분쟁이 제기되고 논의되는 WTO의 TBT위원회나 분쟁해결기구 등에서는 이 국제표준의 존재 여부나 특정한 표준의 적절성 등을 놓고 논쟁이 자주 벌어진다. 이 절에서 다루려는 EC의 정어리 표시 규제를 둘러싼 무역분쟁의 예는 국제표준의 존재, 적절성, 조화 의무 등 주요 쟁점들이 논의된 장이었다.

EC의 정어리 표시 규정에 대해 페루가 WTO에 제소하면서 시작된 EC-Sardines 사건은 곧이어 미국과 베네수엘라 등이 제소국으로 동참했고 이후 항소심까지 이어졌다. 제소국들은 '정어리(Sardines)'라는 표시를 오직 유럽 근해에서 포획되는 특정한 한 종(species)에 대해서만 허용하고 페루산 정어리 등 다른 종들에는 불허한 EC의 규정은 TBT협정을 위반했다고 주장했다. Codex라는 국제기구가 원산지 등을 표기한다면 20여 종의 정어리를 모두 정어리로 표시할 수 있다고 규정한 것을 국제표준으로 내세운 페루 등은 EC가 국제표준을 준수하지 않았다고 지적했다. 반면 EC는 기만행위로부터 소비자를 보호하고 시장의 투명성과 경쟁의 공정성을 유지하는데 이 Codex의 국제표준이 부적절하고 부적합하다고 주장했다. 이렇게 이 사건에서는 Codex의 해당 표준이 TBT협정에서 말하는 '국제표준'에 상응하는지가 주요한 쟁점이 되었다.[26]

---

25 Jacqueline Peel, *supra* note 2, p. 240.
26 Siwon Park et al. *supra* note 9; Kuei-Jung Ni. "Does science speak clearly and fairly in trade and food safety disputes? Decent response of WTO adjudication to indecent international standard-Making."

2절에서 본 바와 같이, 문제가 된 Codex라는 국제기구는, SPS협정에 따르면 식품안전 영역의 공식적인 국제표준 제정기구이지만, TBT협정에서는 그렇지 않다. SPS협정을 적용한다면 Codex의 표준이나 권고는 그 자체로서 국제표준으로 인정받을 수 있지만, TBT협정에서는 이것이 국제표준임을 입증해야 하는 것이다. 따라서 상표부착과 관련된 기술규제를 다루어 TBT협정이 적용되는 이 사건에서는, TBT협정 제2.4조에서 규정한 것처럼, Codex의 정어리 표시 관련 표준이 "관련된 국제표준(relevant international standards)"인 것인지 그리고 "정당한 목적을 실행하는 데 비효과적이고 부적절한 수단은 아닌지"가 핵심적인 논란이었다.

당시 패널심과 항소심은 "relevant international standards"에서 "relevant"를 사전적 의미 그대로 "문제의 사안에 관련 있는"으로 해석했다. 이 해석에 따라 Codex의 표준은 EC의 정어리 표준에서 다루는 정어리 상품 형태를 모두 다루기 때문에 "적절한 국제표준"이라고 인정받았다. 반면 EC는 문제의 Codex 표준이 제정되는 과정이 절차규정을 제대로 지키지 않았다며 절차적 정당성을 문제 삼았다. Codex 표준제정 규정에 따르면, 제출된 표준이 상당한 수정이 필요한 경우 관련 위원회에 반려되어야 하지만 이 표준은 그 규정을 지키지 않았다는 것이다. 이런 규정 위반을 들어 EC는 Codex의 표준이 "적절한 국제표준"이 될 수 없다고 주장했지만 패널은 이 주장을 받아들이지 않았다. TBT협정 부속서 제1.2조에서 '표준(standard)'을 정의하고 있는데, 이 조항에 표준제정 절차에 관한 요건이 없다는 것이 이유였다.[27] 또한, TBT협정 부속서 제1.2조와 TBT 위원회의 표준제정 원칙에 따라 표준은 합의(consensus)에 기초해야 하지만 Codex의 해당 표준은 합의에 따라 채택된 것이 아니었기 때문에 "관련된 국제표준"이 될 수 없다는 EC의 주장도 배척되었다. 마찬가지로 TBT협정에서 표준은 반드시 합의에 따라 승인되어야 한다고 규정이 없다는 것이 이유였다.[28]

http://works.bepress.com/kuei_jung_ni/2 (검색일. 2014. 4. 22.).

27 2절에서 설명한 바와 같이, TBT협정문에서는 그런 요건이 나와 있지 않지만 TBT위원회는 위원회 운영을 위한 결정문에서 국제표준 제정을 위한 절차와 원칙 등을 명시하고 있다. 하지만 당시 패널심과 항소심은 이 결정문을 협정문의 구속력 있는 조항의 일부로 여기지 않았다. 다시 말해, 당시 분쟁해결기구의 재판부는 TBT협정문에 국제표준 제정을 위한 절차나 원칙이 명시되지 않은 것으로 본 것이다. Panel Report, *EC-Sardines* I, para. 4.34.

28 TBT협정 부속서 1.2의 "표준" 정의 항은 그 설명주석에서 다음과 같이 규정하고 있다. "국제표준화 공동체(International Standardization Community)에 의하여 준비된 표준은 합의(consensus)에 기초한다. 이 협정은 합의에 기초하지 아니한 문서도 그 대상으로

　　사실 Codex는 1995년 WTO에 의해 식품첨가물 등 식품안전 관련 표준을 제정하는 국제기구로 지정받은 이후 의사결정방식에서 큰 변화를 보여왔다.[29] GATT 체제보다 WTO의 법적 강제성이 강화된 이후, Codex의 표준을 놓고 회원국들이 이전처럼 합의하는 상황은 찾아보기 어렵게 되었다. WTO 출범으로 Codex 표준이 강제력을 갖게 되자, 회원국들은 이전처럼 기권을 통한 합의를 용인하지 않았고 의견불일치를 해소하는 방법으로 점점 더 투표에 의존하게 된 것이다. 그리고 이런 다수결 투표에 의해 겨우 통과된 표준을 무역상대국이 지키지 않았다며 제소하는 일들이 벌어져 WTO와 국제표준의 정당성에 대한 심각한 비판이 일어났다. 예를 들어, 소성장호르몬을 주입한 쇠고기 수입을 놓고 미국과 EC가 대립한 EC-hormones 사건에서는 기준이 되는 Codex의 국제표준은 33-29의 아슬아슬한 표차로 통과되었는데, 미국은 이 국제표준을 근거로 EC를 WTO에 제소했던 것이다. 이런 판결 결과를 놓고 WTO의 사법제도는 국제표준제정 과정의 정당성 문제를 심사하고 도전하려 하지 않는다고 비판이 제기되었다.[30] 국제표준 제정 과정이 설사 부적절하다 할지라도, WTO 분쟁해결기구는 이 표준제정 절차의 정당성 문제는 관여하지 않으려 한다는 지적이다. 표준의 구체적인 내용을 조사해 그 과학적 합리성이나 공정성 등을 직접 평가하지는 않더라도, 최소한 심의와 제정의 절차가 적절했는지 심리할 수도 있는데도, WTO 분쟁해결기구는 이런 문제에 대응하지 않으려 한다는 것이다.

　　그러나 이런 비판과 달리, EC-sardines 사건에서 WTO 분쟁해결기구는 절차적 정당성에 전혀 관심이 없다고 말하기는 어려울 듯하다. 오히려 특정한 절차적 정당성을 더 우선시하는 입장이라고 평가하는 것이 더 합당하다. 항소심은 당시 판결에서 국제표준은 "국제적인 표준화 기구(international standardizing body)"에 의해 승인되어야 한다고 판시했는데, 이 기구를 "최소한 모든 회원국의 관련 기구들에 개방적이고 표준화에서 인정된 활동을 하는 기구"로 정의했다.[31] 2절에서 본 바와 같이 TBT협정에서는 국제표준기구를 지정하지 않았기 때문에 항소심은 이를 정의했는데, 이 과정에서 특정한 절차가 더 강조되고 있다. 앞에서 본 것처럼 합의는 요건으로 인정하지 않지만 개방성(openness)은 중요한 요건으로 간주하고 한다."

29　David Winickoff and Douglas Bushey, *supra* note 8.
30　Kuei-Jung Ni, *surpa* note 26.
31　Appellate Body Report, *EC−Sardines* Ⅱ, para. 3.59.

있는 것이다. 이 정의에서 말하는 "인정된 활동(recognized activities)"에 대해서는 그 기구의 표준의 존재, 합법성, 유효성 등이 WTO 회원국들에 의해 인정받는다는 의미라고 밝히고 있다. 그리고 이 말은 반드시 널리 사용되는 표준을 가진 기구를 말하는 것은 아니며 표준제정에 더 많은 국가들이 참여하면 할수록 그 활동이 더 인정받는다는 뜻이라고 덧붙이고 있다.

결국 이런 판결 내용들은 TBT협정이 적용되는 상황에서 국제표준과 국제표준제정기구의 자격과 요건을 설명하고 있는 것으로 해석할 수 있다. 이 판례를 따르면 국제표준제정기구는 무엇보다 개방적이어야 하고 많은 국가들이 참여하는 표준제정 활동을 벌이는 조직이어야 하는 것이다. 반드시 합의에 따라 표준을 제정할 필요가 없으며 많은 국가들이 그 표준을 사용하고 있어야 하는 것도 아니다. 이런 입장은 가입이 자유롭지 않고 오직 초청을 통해서만 가입할 수 있었던 어떤 국제기구의 표준에 대해서는 분쟁해결기구가 "적절한 국제표준"이 아니라는 다른 판례에서 다시 확인할 수 있다.[32]

12.5. 분쟁해결기구의 절차 중심적 평가: EC-Biotech products 사건과 EC-Sardines 사건

TBT협정의 맥락에서 살펴본 이 판례들을 고려해본다면, WTO 분쟁해결기구는 국제기구의 어떤 표준이 적절한 국제표준인지 심사하면서 기본적으로 '절차적 정당성'에 치중하며 '실질적(substantial)' 평가에 관여하지 않으려 한다고 볼 수 있다. 제정된 표준의 근거가 과학적으로 근거가 있는 것인지, 해당 표준을 제정한 전문가들이 이를 위한 충분한 전문성을 가지고 있는지 등을 조사하고 평가하려 하지 않은 것이다. 그보다는 표준제정의 과정이나 절차가 정당한 것인지 심사했는데, 이는 사실 기존의 WTO 판례들과는 다른 입장이었다.[33] 이렇게 표준제정 절차를

---

32 Erik Wiljkström and Devin McDaniels, *supra* note 6.
33 예를 들어, EC-hormone 1차 사건에서만 하더라도 패널심과 항소심은 호르몬제의 위험성에 대해 나름대로 판단하고 평가했다. 하지만 당시 이 결정은 아슬아슬한 표차로 통과한 Codex의 기준을 국제표준으로 삼은 결과였기 때문에 판결 직후 WTO의 정당성에 대한 강한 반발이 있었다. 이후에 보이는 WTO 분쟁해결기구의 절차중심적 평가는 아마도 이런 반발을 고려한 결과였다고 해석할 수 있을 듯 하다.

검토할 경우에도 적어도 EC-sardines 사건에서는 '합의(consensus)'와 같은 원칙 보다는 '개방(openness)'과 '참여(participation)' 원칙을 더 중시했다. 다시 말해, 설사 합의에 도달하지 못하고 투표에 의해 결정된 국제표준이라 할지라도 그것이 표준제정 과정에 참여자격을 제한하지 않고 최대한 많은 수의 회원국들이 참여한 결과라면 정당하고 적합한 '국제표준'으로 인정한다는 것이다.

이렇게 '실질적 정당성'보다 '절차적 정당성' 평가에 더 치중하는 분쟁해결기구의 태도는 3절에서 보았던 2006년 EC-Biotech 사건 판결에서도 발견할 수 있다. 당시 미국 등이 반발했던 것은 식품안전과 환경보호 등을 이유로 EC가 GMO 승인 절차를 신속하게 진행하지 않았고 같은 이유로 EC의 일부 회원국들은 세이프가드(safeguard) 조치를 내리고 있었기 때문이다. 결국 EC와 회원국들의 이같은 결정이 과학적·법적으로 타당한 것인지가 쟁점이라서[34] Codex의 GMO 관련 표준이 심리과정에서 논의될 수밖에 없었지만, EC-biotech products 사건에선 EC-sardines 사건에서처럼 국제표준의 정당성이 크게 쟁점이 되지 않았다. 이 사건의 패널심은 최종 판결문에서 GMO의 위험성에 대해 어떤 결론도 내리지 않았고 수많은 전문가들이 심리과정에서 제시한 위험성에 대한 다양한 증거들도 판결문에서는 검토하지 않았다.[35] 이 때문에 적어도 이 판례로는 관련 국제표준의 정당성에 대한 WTO 분쟁해결기구의 입장은 판단하기 어렵게 되었다.

특정 GM 작물의 위험성이나 이에 대한 국제표준에 대한 평가를 유보한 채 패널심은 대신 GMO에 대한 수입중단이나 승인지연과 같은 규제조치가 합당한 절차를 따랐는지 조사했다. 예를 들어, 패널심은 수입중단의 근거가 된 회원국의 '위험평가(risk assessment)'가 SPS협정에서 규정한 '위험평가'에 해당하는지 분석했다. SPS협정 제5.1조는 회원국이 도입하는 위생 및 식물위생 조치는 위험평가에 기초하도록 요구하고 있기 때문이다[36]. 이런 분석 후에 패널심은 피소국들이 수행

---

34 당시 정치적 및 정책적으로 중요한 쟁점이었던 GMO 추적가능성(traceability)과 상표부착(labelling)과 관련된 규제들은 이 사건에서 심리하지 않았다. 또한 유전자조작을 통해 생산된 작물이 기존의 무해한 자연작물과 '같은 종류인지(like)'와 같은 까다로운 질문에 대해서도 판단내리지 않았다.

35 이 심리과정에서 어떻게 전문가들이 선정되었는지 그리고 이런 전문가들에 대한 질문지가 어떻게 프레임되었는지에 관해서는 다음을 참조하라. Christophe Bonneuil and Les Levidow, *supra* note 24.

36 또한, SPS협정문 부속서 A는 위험평가에 대해 다음과 같이 정의하고 있다. "적용될 수 있는 위생 또는 식물위생 조치에 따라 수입회원국의 영토 내에서 해충 또는 질병의 도입, 정착 또는 전파의 확률(likelihood)과 이와 연관된 잠재적인 생물학적 및 경제적 결과의 평

했다고 말하는 위험평가는 SPS협정에서 규정한 '위험평가'에 해당하지 않는다고 결론 내렸다. 피소국에서 위험평가라고 말하는 것은 단지 가능성(possibility)의 관점에서 환경적 결과를 묘사한 것에 불과할 뿐, 객관적 평가에 해당하는 확률 예측에 이르지 못했다는 것이다.[37] 피소국들은 사안의 불확실성과 복잡성 때문에 확률(probability)까지 예측해내는 것은 어렵다고 주장했지만 받아들여지지 않았다. 이런 식의 분석을 통해 패널심은 과학적 위험성에 대한 결론을 내리지 않은 채, EC가 GMO의 승인절차를 4년 동안 진행한 것에 대해서도 사안이 복잡해서 신중하게 한 결과라는 주장을 거부하고, 이를 SPS협정이 금지한 '부당한 지연(undue delay)'이라고 판결했다. 이런 위험평가나 부당한 지연과 같은 절차적 규정에 대한 검토를 거쳐 패널심은 피소국인 EC와 회원국들의 규제조치는 정당한 근거를 갖지 못한 것으로 결론 내린 것이다.[38]

EC-biotech 사건에서 보여준 패널심의 관점은 실질적인 위험성에 대한 분석과 평가는 유보한 채, '위험평가', '부당한 지연', '불충분한 과학적 증거'라는 SPS협정문 내 용어들의 해석에 집중했다. 또한 SPS협정 제5.7조에 따라 잠정적인 세이프가드 조치가 수입국의 권리라는 피소국인 EC의 주장의 타당성을 조사하지 않고,[39] 피소국의 위험평가 절차가 SPS협정에서 정한 절차들에 얼마나 부합하는지 집중적으로 검토했다. GMO 위험과 관련한 국제표준이 적합하고 타당한 것인지, 이에 대한 수입국의 규제조치가 잠재적 위험을 예방할 수 있는 것인지 등 실질적인 위험성 판단은 하지 않고 규제조치가 절차적 규정을 준수했는지만 물었던 것이다. 이 때문에 피소국의 위험평가 절차와 승인에 걸린 시간 등이 주된 쟁점이 되었고 사건 심리 과정에서 있었던 실제적인 위험성에 대한 전문가들의 자문 내용들은 언급조차 되지 않았다.[40] 이 판례는 국내조치가 국제표준을 준수했는지 결정해야 할

가 또는 식품, 음료 및 사료 내의 첨가제, 오염물질, 독소 또는 질병원인체의 존재로 인하여 발생하는 인간 또는 동물의 건강에 미치는 악영향의 잠재성(the potential)에 대한 평가."

37 Panel Report, *EC-biotech products*, para. 7.3041; 7.3167; 7.3205.

38 패널심이 보기에 현재의 상황은 SPS협정 제5.7조가 잠정적 안전 조치를 취할 수 있도록 규정한 '불충분한 과학적 증거(insufficient scientific evidence)'에 해당되지 않는다는 것도 또 다른 이유였다. 제5.7조에 대해서는 아래의 각주 39) 참조.

39 SPS협정 제5.7조는 잠정적인 위생조치 권한을 다음과 같이 규정하고 있다. "관련 과학적 증거가 불충분할 경우, 회원국은 관련 국제기구로부터의 정보 및 다른 회원국이 적용하는 위생 또는 식물위생 조치에 관한 정보를 포함, 입수가능한 적절한 정보에 근거하여 잠정적으로 위생 또는 식물위생 조치를 채택할 수 있다(…)."

40 Christophe Bonneuil and Les Levidow, *supra* note 24.

경우, 그런 조치의 과학적·기술적 정확성보다는 그런 조치가 결정되는 과정을 검토해야 한다는 WTO의 최근의 입장 변화를 반영한다고 해석되기도 한다.[41]

따라서 앞서 TBT협정을 적용한 EC-Sardines 사건과 유사하게, SPS협정이 적용한 이 사건에서도 절차 중심적 정당성이 중시되었다고 볼 수 있다. 이런 점에서 WTO의 분쟁해결기구에서 국제표준의 정당성 혹은 국내 규제조치의 정당성이 논쟁되는 상황에서는 그것의 실질적 정당성(substantial legitimacy) 또는 전문지식에 기초한 정당성(expertise-based legitimacy)보다는 절차적·과정적 정당성이 더 우선시된다고 말할 수 있다. WTO는 국제표준 제정기구와 제도적으로 서로 독립적이기 때문에 분쟁해결기구는 표준제정 과정에 대해 묻지 않고 그 결과만 고려한다는 평가도 있지만,[42] 그 보다는 오히려 특정한 절차적 정당성에 관심이 있다고 보는 것이 더 타당할 것이다. 물론 TBT협정이 적용된 EC-Sardines 사건에서는 문제의 국제표준이 '적합한 국제표준'인지 그리고 적절하고 효과적인 것인지 검토하면서 절차적 정당성을 채택한 반면, SPS협정이 적용된 이 사건에서는 국제표준이 아닌 국내 조치의 결정 절차에 대해 채택했다는 점에서 차이는 있다.

절차적 정당성을 우선시하더라도 그 양상은 서로 다를 수 있는데, 이는 무엇보다도 표준제정이나 규제과정에 대한 절차적 심사를 한다 할지라도 규범적 판단을 피할 수가 없기 때문이다. 다시 말해, 절차 중심적 심사에서 '무엇이 적절한 절차나 과정인지'에 대해 결정하지 않을 수 없으며 이는 특정한 가치 판단을 요구하는 것이다. 절차를 구성하는 여러 특성들 중 어느 것이 더 중요하고 핵심적인지 결정 내려야 하며 이는 특정한 가치판단을 수반한다. 예를 들어, 투명성(transparency), 개방성(openness), 불편부당성(impartiality), 합의(agreement), 효과성(effectiveness), 적절성(relevance), 책임성(accountability), 숙의(deliberation), 참여성(participation), 포용성(inclusiveness) 등이 절차를 평가할 때 중요한 가치이지만,[43] 이들 중에서 특정 가치를 선택하고 더 우선한다.

앞서 지적했듯이, EC-Sardines 사건에서 패널심과 항소심은 국제표준 제정 절차를 평가하면서 '합의'는 협정문에 없다는 이유로 핵심요건으로 보지 않았고 대신, '개방성'이나 '참여성'을 중시했다. 따라서 이런 논리라면 비록 표준제정기

---

41 Jacqueline Peel, *supra* note 2, p. 255.
42 Lukasz Gruszczynski, *supra* note 7. p. 88.
43 Jacqueline Peel, *supra* note 2, pp. 47-49.

구에서 다수결에 따라 근소한 표차로 통과된 표준이라 할지라도 특정 회원국을 배제하지 않고 최대한 참여시키려고 노력했다면 그것은 국제표준으로 인정받을 수 있다.[44] 그리고 표준제정 과정에서 '참여성'을 원칙으로 요구할 경우에도 WTO 회원국만을 대상으로 할 뿐, 시민단체와 같은 비정부기구의 참여는 중요하게 고려하지 않는다는 점에서 '포용성'은 국제표준의 주요 요건으로 보지 않는다고 할 수 있다. 한편, EC-Biotech Products 사건에서는 EC 및 소속 회원국들의 규제 조치를 평가하면서 WTO 분쟁해결기구는 '효과성과 적절성'을 우선했다고 말할 수 있다. 당시 패널심은 '위험평가'나 '불충분한 증거' 등을 문자 그대로 해석했다고 비판받았지만, 이런 '텍스트 중심적 해석'은 표준이 국제교역과 기술발전을 왜곡하지 않고 시장과 규제의 필요에 '효과적이고' '적절해야' 한다는 가치를 반영한 결정이라고 볼 수 있다. 즉, 위험규제가 자유로운 국제교역에 미칠 수 있는 부정적 결과를 최소화시켜야 한다는 결정에서 비롯된 것으로 추정할 수 있다.[45] 다시 말해, EC의 주장대로 수입국의 위험평가의 요건을 '엄격하게' 해석하지 않고 폭넓게 인정하거나 혹은 제품 심사 승인을 오랜 기간 유보하는 것을 잠재적 위험에 대한 신중하고 사전주의적인 대비책으로 인정하는 것은, 전체 국제교역에 부정적 결과를 가져올 수 있다는 점을 우려했기 때문이다([표-2] 참조).

[표-2] EC-Biotech products과 EC-Sardines 사건의 비교

	EC-Sardines 사건	EC-Biotech products 사건
적용된 협정	TBT협정	SPS협정
주 평가대상	국제표준	국제표준 자체 보다는 국내 규제조치
주요 쟁점	-국제표준은 '적절한 국제표준'인가 -국제표준은 적절하고 효과	EC와 회원국들의 규제조치는 SPS협정에 의거해 정당한가

44 국제무역 레짐에 있는 것은 아니지만, 기후변화에 관한 정부간 패널(Intergovernmental Panel on Climate Change, IPCC)은 반대로, 다수결투표제를 허용하지 않으며 합의를 필수적인 것으로 요구하고 있다. 다음을 참조하라. 하대청, "과학기반 국제규범 제정 기구의 의사결정 절차에 대한 비교 연구: 세 국제기구(IPCC, Codex, OIE)를 중심으로", STEPI Fellowship 과학기술정책연구원, 2013.
45 Jacqueline Peel, *supra* note 2, p. 355.

	적인가	
우선시되는 정당성의 종류	국제표준 제정 과정의 절차적 정당성에 치중	실질적 위험성에 대한 평가 보 다는 국내 규제조치의 절차적 정당성에 치중
절차적 정당성내 가치판단 기준	표준제정 과정에서의 '합의' 여부 보다는 '개방성'과 '참여 성'을 중시	국내 규제조치의 '효과성'과 '적 절성'을 중시

12.6. 결론과 정책적 시사점

자본, 상품, 농산물, 서비스 등이 국경을 넘어 교역되는 빈도와 규모가 커지면서 이런 '초국적(transnational)' 교역을 적절히 관리하기 위해 그동안 다양한 제도들이 마련되어 왔다. WTO, SPS협정, TBT협정, TRIPs협정(Agreement on Trade Related Aspects of Intellectual Property Rights), WTO 분쟁해결기구, WTO의 협력기구로서 국제표준을 제정하는 CODEX 등이 그것이다. 이런 국제기구와 국제협정, 국제표준제정기구들은 초국적 상품 이동의 안정성을 뒷받침하고 있고 이들 기구들이 제정하거나 혹은 법적으로 준수하길 요구하는 각종 국제표준, 가이드라인, 규약 등이 핵심적인 역할을 담당하고 있다. 특히, 국제표준은 특정 국가의 규제조치가 정당한 목적을 가진 것인지 아니면 불필요한 무역장벽으로서 제거되어야 하는 것인지 판정하는데 있어 점차 그 중요성이 증대하고 있다.

이 연구에서는 TBT협정과 SPS협정을 중심으로 각 협정문과 협정이 적용된 판례들을 분석하면서 이 국제표준의 적용을 둘러싼 몇 가지 쟁점을 살펴보았다. 각 협정문 내에서 국제표준을 어떻게 정의 및 규정하고 있는지 그리고 이 협정들이 적용된 판례들에서 국제표준은 어떤 기준에 따라 정당화되고 거부되는지 또한 국제표준과의 조화가 논란이 되는 국내 규제조치는 어떤 기준에 따라 인정되고 부정되는지 분석했다. 이를 통해 본 연구는 TBT협정과 SPS협정에서 모두 실질적 정당성보다는 절차적 정당성을 선호하는 기준으로 삼고 있다는 점을 확인했고, 개별적인 절차 평가에서는 각기 다른 가치를 우선한다는 것을 발견할 수 있었다. 기존의 일부 연구들은 WTO 분쟁해결기구가 표준제정의 결과만 수용할 뿐, 그 절차나 과정의 정당성에 거의 관심이 없다고 지적했지만,[46] 이 연구는 그렇지 않다는 점을 보여준다. 또한 SPS협정에 대한 판례 분석을 통해 일부 연구는 분쟁해결기구가 이전의 실체적 위험에 대한 분석을 회피하고 절차 중심적 심사로 입장을 선회했다는 진단이 있지만,[47] 이 연구는 그런 경향은 SPS협정뿐만 아니라 TBT협정에서도 유효하다는 점을 시사한다. 물론, 국제표준에 대한 명시적 지정이나 요건이 없는 TBT협정의 사례에서는, SPS협정의 경우와 달리, 국제표준 제정 과정 자체에 대한 절차적 정당성을 심사했다는 점에서는 차이가 있을 것이다.

국제표준은 흔히 전문적인 과학지식에 의존한다고 주장되기 때문에 간과되기 쉽지만, 지식에 기반한 국제표준이라 할지라도 그 정당성이 획득되기 위해서는 인식적 근거 이외에 법적·행정적 권위 등 여러 자원들을 요구한다. 과학기술학 (Science and Technology Studies) 연구들이 보여주듯이, 지식생산 과정은 우발성과 불확실성을 피할 수 없는 '사회적으로 위치 지어진(socially situated)' 활동이며, 따라서 이렇게 생산된 지식이 그 권위를 획득하기 위해서는 다양한 사회적·정치적·문화적 자원들이 사용된다.[48] 이 연구에서 다룬 무역분쟁 해결처럼 국가 간이익이 첨예하게 대립되는 현장에서는 그동안 당연시되던 국제표준이 도전받기쉬우며 어떤 한 표준이 '국제표준'으로 인정받기 위해서는 인식적 요소 이외에 또다른 자원들이 필요할 수 있다.

흔히 선거와 같은 민주적 정당성(democratic legitimacy)에 근거하지 않는 국제표준제정기구는 전문지식에 기초한 정당성(expertise-based legitimacy)에 의존한다고 설명되지만, 이 연구는 적어도 분쟁해결의 현장에서는 이런 국제기구가 제정한 국제표준이라 할지라도 또 다른 정당성이 요구된다는 점을 보여준다. 즉, 표준제정의 절차와 과정에서 정당성을 확보하는, 이른바 '의사결정 과정을 중시하는

---

46 Lukasz Gruszczynski, *supra* note 7; Kuei-Jung Ni, *surpa* note 26.

47 Jacqueline Peel, *supra* note 2.

48 Sheila Jasanoff, 'Science and Norms in Global Environmental Regimes.' *Earthly Goods: Environmental Change and Social Justice.* edited by Fen Osler Hampson and Judith Reppy. Cornell University Press. 1996 ; Sheila Jasanoff and Marybeth, T. Martello, *Earthly Politics: Local and Global in Environmental Governance.* The MIT Press, Cambridge, Massachusetts, London, England. 2004; Clark Miller, "Democratization, International Knowledge Institutions, and Global Governance", *Governance: An International Journal of Policy, Administration, and Institutions* 20(2), 325-357, 2007; 하대청, *supra* note 8.

정당성(process-oriented legitimacy)'이 요구되는 것이다. 그리고 이 연구는 실질적 내용보다는 절차에 무게를 두는 정당성이라 할지라도 사안에 따라 서로 다른 가치가 더 우선시된다는 점을 보여주었다. TBT협정이 적용된 EC-Sardines 사건에서는 국제표준 제정과정의 '개방성'과 '참여성'이 중시되면서 '합의'와 같은 가치는 경시되었다. 반면, SPS협정이 적용된 EC-Biotech products 사건에서는, 비록 국내 규제조치에 관한 것이었지만, '효과성'과 '적합성'이 우선시되었다. 어떤 가치나 특성이 그 절차의 정당성을 보장하는가 하는 점은 규범적인 판단을 요구하기 때문에 유동적일 수밖에 없고 어떤 가치들을 선택하는가에 따라 상이한 결론이 도출될 수 있다. 만약 IPCC처럼 절차적 정당성으로 합의를 우선시했다면 EC-Sardines 사건의 판결 결과는 달라질 수 있는 것이다. WTO가 절차중심적 심사로 선회했다고 진단받고 있는 이 시점에서 WTO 분쟁해결기구에서 선택하는 이런 절차적 가치들을 확인하고 분석하는 작업은 앞으로도 계속 중요해질 것이다.

다음으로 이 연구를 통해 얻은 결과를 통해 얻을 수 있는 정책적 시사점을 찾아보면 다음과 같다. 첫째, TBT협정과 SPS협정은 규제받는 상품이 무엇인가에 따라 달리 적용되는 것이 아니라 위험의 종류와 해당 조치의 목적에 따라 구분 적용된다. 최근의 판례는 복수의 목적을 갖는 규제조치라면 복수의 협정을 적용받는 것이 가능하다는 점을 보여주고 있다. 이 점을 주목하면 어떤 협정을 적용할 것인지는 상품의 종류에 따라 사전에 결정되는 것이라기보다는 전략적으로 판단하고 대응할 수 있는 것이 된다. 이런 결론을 국내 제도에 적용시켜 보면 SPS협정은 농림수산부, 보건복지부, 식품의약품안전처, TBT협정은 산업자원부가 담당하는 것은 부적절해 보인다. 같은 사안이 전략에 따라 다른 협정의 적용으로 대응할 수 있는 것이라면 SPS협정에 대응하는 국내 부서와 TBT협정을 담당하는 국내 부서가 서로 통합적으로 운영하면서 협력하는 것이 바람직할 것이다.

둘째, TBT협정은 SPS협정과 달리, 규제도입의 정당성을 폭넓게 정의해놓고 있으며 '과학적 정당성'도 필수요건으로 요구하지 않는다. 따라서 시장진입국의 입장이라면, 해석에 따라 TBT협정 혹은 SPS협정이 적용될 수 있는 규제조치에 대해서는 TBT협정 보다는 SPS협정의 적용을 요구해 상대국이 과학적 정당성을 입증하도록 요구하고 압박하는 것이 필요할 것이다.

셋째, WTO 분쟁해결기구는 대체로 국제표준의 정당성을 심사할 때 그 내용에 대해서는 관여하지 않고 개방성이나 참여성 등 절차적 요소들을 주로 평가한다.

따라서 '국제표준'에 도전하려고 할 경우에는 이에 대한 도전이 용이한 TBT협정의 적용을 요구하고 이런 원칙들이 무시되었다는 점을 주장하는 것이 적절할 것이다. 국제표준의 절차적 정당성에서 '합의' 여부 보다는 '개방성'과 '참여성' 등을 더 중시하기 때문에 투표로 결정된 점을 주장하기 보다는 참여를 제한하는 요소는 없는지 등을 찾아서 이를 문제 삼는 것이 더 유리할 것이다.

넷째, SPS협정의 준수나 국제표준과의 일치가 논쟁이 되는 국내 규제조치를 심사할 때도 실질적 정당성 보다는 절차 중심적 정당성이 중시되고 있다. 위험평가의 과학적 정확성이나 타당성 보다는 해당 결론에 도달하는 과정이 얼마나 협정문 조항이나 관련 가이드라인에 부합하느냐가 더 핵심적인 쟁점이 되고 있는 것이다. 선진국에 비해 과학적 역량이 부족한 한국의 현실에서는 국내 규제조치의 근거가 되는 위험평가 절차를 협정과 가이드라인에 따라 준수하도록 확인하는데 신경 쓸 필요가 있을 것이다. 이 점은 기존의 위험평가 전문가들인 과학자들이 독자적으로 수행하기는 어렵다는 점을 감안해 다른 전문가들과 긴밀하게 협업을 해야 할 것이다.

마지막으로 이런 모든 결론들은 분쟁해결기구 뿐만 아니라 그 이전의 TBT 또는 SPS 위원회처럼 무역현안에 대한 국가 간 협의와 조정이 이뤄지는 곳에서 주요한 협상논리로 사용할 수도 있을 것이다. 국제표준의 적절성, 국제표준과의 조화 여부, 해당 규제의 SPS협정 적용 가능성 등을 각각 제기하면서 한국정부에 유리한 협상결과를 유도할 수 있을 것이다.

마지막으로 앞에서 이 두 사례를 선정한 나름의 이유를 밝혔지만, 여전히 소수의 판례들에 집중했다는 한계를 가지고 있다. 앞으로 보다 많은 사례 연구들을 통해 국제표준과 분쟁해결 사이의 관계에 관한 좀 더 종합적인 연구가 이어지길 기대해본다.

참고문헌

김민정, 「TBT 협정의 해석과 적용에 따른 법적 쟁점 및 발전과제」, 통상법률 6월, 2013, 63-88.

장용준·남호선, 「최근 WTO 회원국들의 TBT 동향과 정책시사점」, 대외경제정책연구원, 2010.

하대청, 「위험의 지구화, 지구화의 위험: 한국의 '광우병' 논쟁 연구」, 서울대학교 박사학위논문, 2012.

_____, 「과학기반 국제규범 제정 기구의 의사결정 절차에 대한 비교 연구: 세 국제기구 (IPCC, Codex, OIE)를 중심으로」, 2013년 STEPI Fellowship 과학기술정책연구원, 2013.

하태정 외, 「FTA 환경변화에 따른 기술무역장벽 대응방안」, 정책연구 2010-05. 과학기술정책연구원, 2010.

Agreement on Technical Barriers to Trade (TBT Agreement).

Agreement on the Application of Sanitary and Pytosanitary Measures (SPS Agreement).

Bonneuil, Christophe and Les Levidow(2011). How does the World Trade Organization know? The mobilization and staging of scientific expertise in the GMO trade dispute. Social Studies of Science 42(1): 75-100.

Busch, Lawrence(2011). Standards: Recipes for Reality. The MIT Press: Cambridge, Massachusetts; London, England.

Conrad, Christiane(2007). The EC-Biotech dispute and applicability of the SPS Agreement: are the panel's findings built on shaky ground? World Trade Review 6(2): 233-248.

Gruszczynski, Lukasz(2010). Regulating Health and Environmental Risks under WTO Law: A Critical Analysis of the SPS Agreement. Oxford University Press.

Schepel, Harm(2005) The Constitution of Private Governance: Products Standards in the Regulation of Integrating Markets. Hart Publishing.

Haas, Peter M.(1992). 'Epistemic Communities and International Policy Coordination.' International Organization . 46(1): 1-35.

Horn, Henrik et al.(2013). In the shadow of the DSU: Addressing specific trade concerns in the WTO SPS and TBT Committees. Research Institute of Industrial Economics Working Paper. No. 263.

Jasanoff, Sheila and Martello, Marybeth, T.(2004). Earthly Politics: Local and Global in Environmental Governance. The MIT Press, Cambridge, Massachusetts, London, England.

Jasanoff, Sheila(1996). 'Science and Norms in Global Environmental Regimes.' Earthly Goods: Environmental Change and Social Justice. edited by Fen Osler Hampson and Judith Reppy. Cornell University Press.

Miller, Clark(2007). 'Democratization, International Knowledge Institutions, and Global Governance.' Governance: An International Journal of Policy, Administration, and Institutions 20(2). 325-357.

Ni, Kuei-Jung(2012). Does science speak clearly and fairly in trade and food safety disputes? Decent response of WTO adjudication to indecent international standard-Making. Express O available at http://works.bepress.com/ kuei_jung_ni/2(검색일. 2014. 4.22.).

Park, Siwon et al.(2005). An analysis of the WTO Appellate Body's Report in the Sardines Case: Implications for Ecolabels.

Peel, Jacqueline(2010). Science and Risk Regulation in International Law. Cambridge University Press.

Wiljkström, Erik and Devin McDaniels(2013). International Standards and the WTO TBT Agreement: Improving governance for regulatory alignment. Staff Working Paper ESRD-2013-06. World Trade Organization. Economic Research and Statistics Division.

Winham, Gilbert R.(2009). The GMO panel: Applications of WTO Law to Trade in Agricultural Biotech Products. European Integration 31(3): 409-429.

Winickoff, David and Douglas Bushey(2010). Science and Power in Global Food Regulation: The Rise of the Codex Alimentarisu, STHV 35(3): 356-381.

WTO(2000). Second Triennial Review of the operation and implementation of the Agreement on Technical Barriers to Trade, 13 November 2000 (00-4811), (G/TBT/9).

_____(2002a). Panel Report, EC-Trade Descriptions of Sardines, WT/DS231/R (May 29, 2002).

_____(2002b). Appellate Report, EC-Trade Descriptions of Sardines, WT/DS231/AB.R (Sep. 26, 2002).

_____(2006). European Communities—Measures Affecting the Approval and Marketing of Biotech Products, Reports of the Panel. WT/DS291/R, WT/DS292/R, WT/DS293/R (Sep. 29, 2006).

Yi, Yun-Jung(2004). Standards and Science in Trade Regulation in the Global Age: A Critique of the WTO SPS Agreement in relation to Public Health and Safety Concerns. Doctoral Thesis in the School of Law in Lancaster University.

친환경 에너지 발전(發電)의
국내물품사용요건(DCR)에 관한
India - Solar Cells 사건 고찰[*]

김 승 민(연세대학교 법학연구원 연구원, 법학박사)

13.1. 서 론

저탄소 에너지 개발 및 재생 에너지 사업에 대한 투자가 증가하면서 적지 않은 분야에서 '국내물품사용요건'(Domestic Contents Requirement: 이하 'DCR'과 혼용)이 활용되어 왔다.[1] 그동안의 DCR정책의 활용은 태양광을 포함한 신재생 에너지 산업의 발전 및 관련 국내 산업의 육성이라는 목적에서 선진국과 개도국을 불문하고 상호간에 일정 부분 묵인되는 분위기였다.[2] 따라서 (i) DCR조치에 기반한 '발전차액지원요율'(Feed-in Tariff)의 혜택제공, (ii) 신재생 에너지 발전사업의

---

[*] 이 장은 필자가 2018년 3월에 「국제경제법연구」 제16권 제1호에 게재한 "친환경 에너지 발전(發電)의 국내물품사용요건(DCR)에 관한 India - Solar Cells 사건 고찰"을 저자의 동의하에 전재한 것임을 밝힌다.

1 Isabelle Ramdoo, *Unpacking Local Content Requirements in the Extractive Sector: What Implications for the Global Trade and Investment Frameworks?* (E15Initiative, 2015), pp. 2-6 참조.

2 친환경 신재생 에너지와 관련하여 도입된 선진국과 개도국의 다양한 DCR조치의 사례는 Jan-Christoph Kuntze & Tom Moerenhout, *Local Content Requirements and the Renewable Energy Industry − A Good Match?* (Geneva: ICTSD, 2013), pp. 21-30; United Nations Conference on Trade and Development, *Local Content Requirements and The Green Economy* (New York; Geneva: United Nation, 2014), PP. 6-10 참조.

입찰조건으로서의 DCR조치 연계, (ⅲ) 정부차원의 펀드지원 및 자금대출을 위한 DCR조치 준수 요구, (ⅳ) DCR조치 불이행시 시장진입금지 등과 같은 조치들이 도입 또는 유지될 수 있었다.[3]

하지만 신재생 에너지 산업이 성장함에 따라서 DCR정책에 대한 법적인 이해와 대응방식이 조금씩 변화하고 있다. 예컨대 캐나다의 경우는 신재생 에너지 지원정책에 관한 WTO중재 분생사건에서 패소한 이후 기존에 시행되던 DCR제도를 폐지하였으며,[4] 인도는 자국의 태양광 발전 지원정책을 WTO에 제소한 것에 대한 보복으로써 미국의 태양광 에너지 지원사업에 대한 WTO 차원의 법적대응을 개시하였다.[5] 이렇듯 신재생 에너지 분야에 적용되는 DCR조치와 관련하여 WTO 차원의 법적인 분쟁이 잇달아 촉발되고 있으며, 앞으로도 비슷한 유형의 분쟁은 증가할 것으로 예상된다. 따라서 본 논문은 태양광 에너지의 발전 및 지속가능한 개발의 관점에서 도입된 DCR조치의 WTO법상의 합치성이 다투어진 *India − Solar Cells* 사건[6]을 평석하고, 이를 통하여 향후 국가적 차원의 에너지 정책을 추진함에 있어서 참고해야 할 통상법적 쟁점과 고려사항을 제시하고자 한다.

이를 위하여 먼저 제Ⅱ장에서는 미국과 인도 간의 무역분쟁을 발생하게 만든 인도 정부의 DCR조치를 둘러싼 사실관계와 미국이 원용한 WTO협정의 법적쟁점을 소개한다. 이어지는 제Ⅲ장에서는 패널 및 상소기구의 판정내용과 근거를 분석하는데, 순차적으로 'DCR조치의 내국민대우 위반 여부', '내국민대우 의무의 적

3 Timothy Meyer, "How Local Discrimination can Promote Global Public Goods", *Boston University Law Review* Vol. 95, 2015, pp. 20-24; Isabelle Ramdoo, *Id.* pp. 3-5 참조.

4 Panel Report, *Canada − Certain Measures Affecting the Renewable Energy Generation Sector, Canada − Measures Relating to the Feed−in Tariff Program*, WT/DS412/R, WT/DS426/R, 19 December 2012 [이하 'PR, *Canada − Renewable Energy / Feed−in Tariff Program*'으로 표기] 및 Appellate Body Report, *Canada − Renewable Energy / Feed−in Tariff Program*, WT/DS412/AB/R, WT/DS426/AB/R, 6 May 2014 [이하 'ABR, *Canada − Renewable Energy / Feed−in Tariff Program*'으로 표기] 참조.

5 Request for the Establishment of a Panel by India, *United State − Certain Measures Relating to the Renewable Energy Sector*, WT/DS510/2, 24 January 2017.

6 Panel Report, *India − Certain Measures Relating to Solar Cells and Solar Modules*, WT/DS456/R, 24 February 2016 [이하 'PR, *India − Solar Cells*'으로 표기] 및 Appellate Body Report, *India − Certain Measures Relating to Solar Cells and Solar Modules*, WT/DS456/AB/R, 16 September 2016 [이하 'ABR, *India − Solar Cells*'으로 표기] 참조.

용면제 대상으로서의 정부조달 해당여부', 일반적 예외로서 'GATT 제20조 (j)호 및 (d)호의 인정여부'에 관한 분쟁당사자의 주장과 판정부의 법리적용을 검토한다. 다음으로 제IV장은 본 사건의 결정이 WTO협정의 해석과 적용의 측면에서 갖는 함의와 시사점을 검토 및 평가하며, 끝으로 제V장에서는 이상의 논의에 기반하여 향후 친환경 에너지 발전 정책을 설계 및 운용함에 있어서 고려해야 할 사항을 전망 및 제언하며 마무리한다.

13.2. India – Solar Cells 사건의 사실관계

13.2.1. 분쟁배경 및 사실관계

2010년 인도 정부는 생태학적으로 지속가능한 성장과 에너지 안보를 달성하기 위한 방편으로 '자와할랄 네루 국가 태양광 목표'(Jawaharlal Nehru National Solar Mission, 이하 'JNNSM'과 혼용)를 발표하였다.[7] 이러한 JNNSM은 당초 2022년까지 2만 메가와트(MW) 용적의 태양광 발전을 달성할 것을 목표로 출범하였으나 이후 태양광 발전 용적을 10만 메가와트(MW)로 증대하는 방향으로 수정되었으며, 이러한 과정에서 약 8천 메가와트(MW)의 용적이 인도에서 생산된 태양광 전지 및 관련 장비를 통해서 발전될 수 있을 것으로 기대되었다.[8]

한편 인도 정부는 급격히 증가된 목표달성을 위한 방편으로 민간영역의 참여를 활용하고자 하였다.[9] 하지만 과다한 초기투자비용 및 투자비용 회수의 장기화 등으로 인하여 태양광 발전 사업에 대한 민간투자는 위험성이 높은 것이었다. 따라

---

[7] Ministry of New & Renewable Energy of India (MNRE), *Jawaharlal Nehru National Solar Mission: Toward Building Solar India*, MNRE, 2010 [이하 'MNRE (2010)'으로 표기], available at http://www.mnre.gov.in/file-manager/UserFiles/mission_document_JNNSM. pdf.

[8] PR, *India – Solar Cells*, para. 7.1.

[9] 민간영역의 참여자를 상대하기 위하여 제I차 기간에는 국영기업인 'National Thermal Power Corporation'(NTPC)의 자회사인 'Vidyut Vyapara Nigam'(NVVN)이 그리고 제II차 기간에는 'Solar Energy Corporation of India'(SECI)가 선정되어 정부를 대리하였다. PR, *India – Solar Cells*, paras. 7.4-7.5; A. Jayagovind, "Missing the wood for the trees: a critique of the WTO ruling in India: solar cells and modules", *Indian Journal of International Law*, Vol. 56 No. 2, 2016, p. 203.

서 이러한 난제를 해소하기 위하여 인도정부는 '태양광발전사업자'(Solar Power Developer, 이하 'SPD'와 혼용)와 최장 25년의 기간 동안 정부가 보장하는 '발전차액지원요율'(Feed-in Tariff, 이하 'FIT'과 혼용)[10]에 따라서 태양광으로 발전된 전기를 구매하는 '전력수급계약'(Power Purchase Agreement: 이하 'PPA'와 혼용)을 체결하는 시책을 준행하였다.[11]

인도 정부의 FIT프로그램은 태양광 에너지 발전과 관련하여 인도에 대한 국제적인 투자가치를 상승시켰다. 물론 이러한 과정을 통하여 정부가 구매한 태양광 발전 전기는 송전 및 배분 사업자에게 판매된 이후 최종적으로 인도의 국영기업뿐만 아니라 일반적인 소비자에게도 판매되었다.[12] 그러나 인도 정부가 제공하는 FIT의 혜택은 발전에 필요한 태양 전지와 모듈의 필수품을 인도 현지의 생산자로부터 구매하는 SPD에게만 제공되었다. 즉, 인도 정부는 PPA를 통해 민간의 SPD에게 FIT의 특혜를 제공하는 과정에서 이러한 특혜의 적용대상을 국내에서 생산된 태양광 전지와 모듈을 일정 비율 이상으로 사용할 것을 강제하는, 소위 '국내물품사용요건'(DCR)을 만족하는 SPD로 제한하였다.

아래의 [표-1]에서 보듯이 인도정부의 FIT프로그램이 시행된 초창기에는 태양광 전지 및 모듈에 대한 현지 생산능력의 한계로 인하여, 일부 허용된 수입품을 구매하여 태양광 발전을 하고 있는 SPD의 경우도 PPA를 체결하여 FIT의 혜택을 향유할 수 있었다. 하지만 점차 인도 내의 현지생산이 원활해지면서 SPD들은 수입품을 국산품으로 대체해야만 하였다. 미국 정부는 동 조치로 인하여 미국에서 생산된 태양광 전지 및 모듈의 수출이 최대 90%까지 감소하였다고 주장하였다.[13] 이에 미국은 위와 같은 DCR조치가 WTO의 '관세 및 무역에 관한 일반협정'(General Agreement on Tariffs and Trade: 이하 'GATT'와 혼용) 및 '무역관련 투자조치에 관한 협정(Agreement on Trade-Related Investment Measures: 이하 'TRIMs'와 혼용)

---

10 정부가 보장하는 요율은 인도의 '중앙전기규제위원회'(Central Electricity Regulatory Commission)와 '국가전기규제위원회'(State Electricity Regulatory Commission)를 통해서 결정되었다. PR, *India − Solar Cells*, para. 7.2.

11 PR, *India − Solar Cells*, para. 2.1.

12 PR, *India − Solar Cells*, para. 7.2.

13 United State Trade Representative (USTR), "United States Prevails in WTO Dispute Challenging India's Discrimination Against U.S. Solar Exports", *USTR Press Releases*, February 2016, available at https://ustr.gov/about-us/policy-offices/press-office/press-releases/2016/february/united-states-prevails-wto-dispute.

에 규정된 내국민대우(national treatment, 이하 'NT'와 혼용)의 의무에 위반한다고 주장하였다.

[표-1] India - Solar Cells 사건의 DCR조치 개요[14]

단계 (배치)	개발 업자	프로 젝트 선정 기간	허용된 수입산 c-Si모듈	허용된 수입산 c-Si 전지	허용된 수입산 박막모듈 & 집광형전지	총 구매계약 체결건수	수입 전지 및 모듈 사용 건수	인도 전지 및 모듈 사용 건수
I(1)	MNRE & NVVN	2010 -2011	불허	허용	허용	28	14	14
I(2)	MNRE & NVVN	2010 -2011	불허		허용	27	19	8
II (1-A)	MNRE & SECI	2011 -2012	불허			22	0	22

13.2.2. 청구내용 및 사안의 경과

미국은 2013년과 2014년 두 차례에 걸쳐 WTO의 '분쟁해결규칙 및 절차에 관한 양해'(Understanding on Rules and Procedures Governing the Settlement of Disputes, 이하 'DSU'와 혼용)의 규정에 따라서 상술한 태양광 전지 및 모듈에 적용된 DCR조치에 대한 협의를 인도 정부에 요청하였다. 이후 인도 정부와의 협의에서 만족할만한 합의를 도출하지 못하게 된 미국은 전력수급계약(PPA)에 포함된 DCR조치가 1994년 GATT 제III조 4항 및 TRIMs 제2조 1항에 불일치하다는 판정과 함께 인도 정부가 해당 조치를 WTO상의 의무에 합치하도록 해야 한다는 권고를 요청하면서 WTO의 분쟁해결기구(이하 'DSB'와 혼용)에 패널의 설치를 요구하였다.[15]

이에 DSB는 2014년 5월 23일 패널을 설치하였으며,[16] 동 분쟁에는 우리나라

---

14 PR. *India – Solar Cells*, para. 7.14 참조.
15 DSU 제19조 1항 참조.
16 2014년 9월에 설치된 패널은 의장이었던 '데이비드 월커'(David Walker)와 '폰차이 단비바다나'(Pornchai Danvivathana) 및 '마르코 테자다'(Marco Tejada)의 3인으로 구성

를 비롯한 중국, 일본, EU 등 총 13개 회원국이 제3자로서 패널절차에 참가하였다.[17] 인도는 DCR조치가 1994년 GATT 제Ⅲ조 4항 및 TRIMs 제2조 1항의 NT의무에 불합치한다는 미국의 주장에 대하여 정부조달에 관하여 NT의무의 적용을 배제하고 있는 GATT 제Ⅲ조 8(a)항의 규정을 원용하며 항변하였다. 이에 더하여 만약 DCR조치가 NT의무를 위반하는 경우에도, GATT 제XX조 (j)호 및 (d)호의 일반적 예외규정에 의해서 정당화된다고 주장하였다.

위와 같은 분쟁사안에 대해여 2016년 2월 26일 패널 보고서가 제출되었다. 하지만 인도는 동년 4월 패널 보고서에 대한 상소의사를 DSB에 통보하였으며, 이에 상소절차가 개시 및 진행되었다. 이후 2016년 9월 16일 상소기구의 보고서가 회람되었으며, 최종적으로 2016년 10월 14일 동 보고서가 채택되었다.

13.3. 주요쟁점 및 최종판결 요지

13.3.1. TRIMs 제2.1조, GATT 제Ⅲ:4조 및 제Ⅲ:8(a)조

TRIMs 제2조 1항은 GATT 제Ⅲ조에 반하는 그 어떠한 무역에 관한 투자조치도 금지된다고 규정하고 있는데,[18] 본 사건에서는 GATT 제Ⅲ조의 4항의 NT의무가 문제가 되었다. GATT 제Ⅲ조 4항에 따르면 WTO의 회원국은 다른 회원국에서 수입되는 상품이 "국내판매, 판매를 위한 제공, 구매, 운송, 유통 또는 사용에 영향을 주는 모든 법률, 규정, 요건에 관하여" 국내원산의 "동종상품"(like products)에 비하여 "보다 불리하지 않은 대우"(less favourable treatment)를 부여할 의무를 부담하게 된다.[19] 그러나 동시에 뒤따르는 GATT 제Ⅲ조 8(a)항은 정부조달과 관련된 조치에 대해서는 앞선 4항이 규정하고 있는 NT의무가 적용되지 않음을 법문으로써 명시하고 있다.[20]

되었으며, 심리기간은 약 1년 5개월이 소요되었다.
17 당시 제3자로서 패널절차에 참가한 WTO의 회원국은 '브라질, 캐나다, 중국, 에콰도르, 유럽연합(EU), 일본, 한국, 말레이시아, 노르웨이, 러시아, 사우디아라비아, 대만, 터키'였다.
18 TRIMs 제2조 1항.
19 GATT 제Ⅲ조 4항.
20 GATT 제Ⅲ조 8(a)항.

위와 같은 배경에서 미국은 인도가 도입한 DCR조치가 GATT 제Ⅲ조 4항 및 TRIMs 제2조 1항에 위반된다고 주장하였다. 이에 대하여 인도는 자국의 DCR조치가 미국이 TRIMs 제2조 1항 및 GATT 제Ⅲ조 4항의 요건을 충족하지 않음을 적극적으로 항변하기 보다는, DRC조치의 대상이 된 태양광 전지 및 모듈에서 생산된 전기가 GATT 제Ⅲ조 8(a)항에 규정된 정부조달에 해당하므로 4항의 NT의무의 적용대상이 아니라고 반론함으로써 문제의 조치가 WTO협정에 합치한다고 주장하였다.[21] 특히 상소절차에서도 인도는 DCR조치가 NT의무를 위반하였다는 패널의 판정에 대해서는 이의를 제기하지 않고, 오로지 GATT 제Ⅲ조 8(a)항의 해석과 적용에 대해서만 상소를 제기하였다.

이렇듯 인도측이 TRIMs 제2조 1항의 NT의무 위반에 대해 적극적으로 항변 및 상소하지 않는 대응방식을 택함으로써, 패널절차의 TRIMs 제2조 1항의 NT의무 위반에 대한 심리는 대개 미국측의 주장에 대해 인도측의 제대로 된 항변이 부재하는 상태로 진행되었다. 그 결과 최종적으로 본 사건의 NT의무 위반여부는 과연 인도의 DCR조치가 GATT 제Ⅲ조 8(a)항의 정부조달에 해당하므로 NT의무의 적용대상에서 면제되는 것인지 여부에 종속하게 되었다.

13.3.2. GATT 제ⅩⅩ:(j)조 및 제ⅩⅩ:(d)조

본 사건에서 인도 정부는 GATT의 의무위반에 대한 일반적 예외의 항변으로서 GATT 제ⅩⅩ조 (j)호와 (d)호를 인용하였다. 먼저 제ⅩⅩ조 (j)호과 관련하여 인도는 자국의 태양광 전지 및 모듈의 생산능력이 부족하기 때문에 문제가 된 DCR조치는 협정문에 규정된 "일반적 또는 지역적으로 공급이 부족한 상품의 획득 또는 분배에 필수적인 조치"에 해당하며 정당화된다고 주장하였다.[22] 그런데 동 사건의 분쟁절차가 개시되기까지는 GATT 제ⅩⅩ조 (j)호을 원용한 사례가 전무하였다. 따라서 패널과 상소기구는 WTO의 분쟁절차상 처음으로 동 조항에 대한 해석을 시도하게 되었으며, 그 과정에서 '공급이 부족한 상품'의 의미가 무엇인지에 대한 해석이 중요한 이슈로 부각되었다.

한편 GATT 제ⅩⅩ조 (d)호에는 회원국들이 "GATT협정의 규정에 불합치하

---

21 PR, *India — Solar Cell*, para. 7.40.
22 GATT 제ⅩⅩ조 (j)호.

지 아니하는 법률 또는 규정의 준수를 확보하기 위하여 필요한 조치"를 택할 수 있
는 일반적 예외가 규정되어 있다.[23] 이에 따라서 인도는 문제의 DCR조치가 NT의
무 위반판정을 받을 경우 동 조항을 원용하기 위하여, 본 사건에서 문제가 된 DCR
조치는 '생태학적으로 지속가능한 성장' 및 '기후변화'에 관하여 인도정부가 부담
하고 있는 의무를 규정하고 있는 법률 또는 규정의 준수를 확보하기 위해서 필요한
조치라고 주장하였다. 이를 입증하기 위하여 인도는 국제문서와 국내문서를 각기
4개씩 지목하였는데, 패널과 상소기구의 심리과정에서는 이러한 문서들이 과연
GATT 제XX조 (d)호에서 말하는 "법률 또는 규정"에 해당하는지 그리고 DCR조
치가 과연 이러한 법률 또는 규정의 '준수를 확보'하기 위한 조치인지 여부가 중점
적으로 검토되었다.

13.3.3. 최종판결 요지

이상에서 정리한 주요쟁점에 대하여 본 사건의 패널은 문제의 DCR조치는
TRIMs 제2조 1항 및 GATT 제III조 4항과 불합치하고, GATT 제III조 8(a)항에 규
정된 정부조달에 대한 NT의무의 적용배제 대상에 포함되지 않으며, GATT 제XX
조 (j)호 및 (d)호의 일반적 예외규정에 의해서도 정당화되지 않는다고 판결하였
다.[24] 이에 피소국인 인도는 첫 번째 쟁점인 NT의무 위반에 대한 결정을 제외한 모
든 결정에 대해서 불복하며 상소를 제기하였다. 하지만 상소기구는 일반적 예외규
정에 관한 패널심리의 일부분을 교정한 것을 제외하고는 당초에 내려진 패널의 결
정을 그대로 지지하였다.[25] 그 결과 패널과 상소기구는 모두 인도가 문제의 조치를
WTO협정에 합치하는 방향으로 수정할 것을 DSB에 권고하였는데, 그 주된 요지
를 총합하면 다음과 같다:

(i) DCR조치는 상품무역에 관한 투자조치로서 TRIMs 부속서 1(a)항에 규정된 예시
목록에 해당함으로써 TRIMs 제2조 1항 및 GATT 제III조 4항에 합치하지 않는다.

(ii) DCR조치의 적용대상인 태양광 전지 및 모듈과 정부조달을 통하여 구매되는 전기

---

23 GATT 제XX조 (d)호.
24 PR, *India — Solar Cells*, para. 8.2.
25 ABR, *India — Solar Cells*, para. 6.8.

사이에 '경쟁관계'가 존재하지 않으므로 NT의무의 적용배제를 규정한 GATT 제
Ⅲ조 8(a)항의 적용대상에 해당하지 않는다.

(ⅲ) 태양광 전지 및 모듈은 '일반적 지역적으로 공급이 부족한 상품'에 해당하지 않으
므로 DCR조치는 GATT 제ⅩⅩ조 (j)호의 일반적 예외규정에 의해서 정당화되지
않는다.

(ⅳ) 인도가 제시한 국제문서가 제ⅩⅩ조 (d)호의 '법률 또는 규정'에 해당한다는 것
을 입증하는데 실패하였으며, 인도가 지목한 국내문서 역시 인도가 '준수확보'해
야 하는 규칙이 규정되어 있다는 것을 증명하지 못하였다는 점에서, DCR조치는
'법률 또는 규정의 준수확보'를 위한 조치에 해당하지 않으므로 제ⅩⅩ조 (d)호
의 일반적 예외규정에 의해서도 정당화되지 않는다.

13.4. 쟁점사안에 대한 판정내용 및 근거 분석

13.4.1. '내국민대우' 의무위반 인정: TRIMs 제2.1조 및 GATT 제Ⅲ:4조

13.4.1.1. TRIMs 제2.1조의 해석방법

앞서 언급한 바와 같이 TRIMs 제2조 1항은 무역에 관한 투자조치가 GATT 제
Ⅲ조에 규정된 NT의무와 합치할 것을 규정하고 있다. 이와 관련하여 TRIMs 제2조
2항은 GATT 제Ⅲ조 4항에 합치하지 않는 투자조치의 예시목록(illustrative list)이
부속서에 포함되어 있다고 규정하고 있으며,[26] 실제로 부속서 1항은 GATT 제Ⅲ조
4항에 불합치하는 유형의 투자 조치를 분명히 제시하고 있다.[27] 구체적으로 동 사
건의 DCR조치와 직접적으로 관련된 것은 부속서 1항 (a)호의 예시목록이다. 그에

---

[26] TRIMs 제2조 2항: "*An illustrative list of TRIMs that are inconsistent with the obligation of national treatment provided for in paragraph 4 of Article Ⅲ of GATT 1994* and the obligation of general elimination of quantitative restrictions provided in paragraph a of Article XI of GATT 1994 *is contained in the Annex to this Agreement* (강조추가)."

[27] TRIMs 부속서 1항은 GATT 제Ⅲ조 4항에 합치하지 않는 투자조치의 예시목록으로서 (a) 호와 (b)호의 두 가지 유형을 제시하고 있다. 하지만 동 사건에서 인도 정부가 도입한 DCR조치와 관련된 것은 오로지 (a)호이며, 이러한 점에서 이하 동 논문에서 언급 및 인용 하는 TRIMs 부속서 1항은 오로지 (a)호의 맥락으로 한정된 것임을 밝힌다.

의하면 "국내법 또는 행정적인 판정에 의하여 의무적이거나 집행가능한 조치 또는 특혜를 얻기 위해 준수할 필요가 있는 조치"[28]로서 기업으로 하여금 "국산품 또는 국내공급품을 구매 또는 사용"[29]할 것을 요구하는 것은 GATT 제Ⅲ조 4항을 위반하는 것이며, 그 결과 TRIMs 제2조 1항에 불합치하는 조치가 된다.

그런데 TRIMs 제2조 1항과 GATT 제Ⅲ조 4항의 위반여부를 판정함에 있어서는 동 조항을 해석 및 적용하는 방식에 관하여 분쟁당사국인 미국과 인도 그리고 제3자로서 참가한 회원국 사이에서도 이견(異見)이 분분하였다.[30] 예컨대 미국은 TRIMs 제2조 1항에 불합치하는 조치는 GATT 제Ⅲ조 4항과 불합치하므로 TRIMs 규정을 먼저 적용해야 한다는 입장이었다.[31] 반면에 인도는 TRIMs 제2조 1항은 독립적인 청구(stand along claim)가 될 수 없으므로 동 조항은 반드시 GATT 제Ⅲ조 4항에 따른 별도의 법적인 요건이 충족될 것을 전제로 적용된다고 이해하였으며, 이러한 입장차이로 인하여 당초 TRIMs 제2조 1항에 대한 방어전략을 GATT 제Ⅲ조 4항의 3가지 요건 가운데 '보다 불리한 대우'가 충족되지 못하였다는 것과 동조 8(a)항의 정부조달에 대한 NT의무 적용면제를 주장하는 방식으로 설계하였다.[32]

이와 관련하여 패널은 TRIMs 부속서 1항의 예시목록에 해당하는 조치는 그 자체로서 GATT 제Ⅲ조 4항의 NT의무에 불합치하는 투자조치이며, 그 결과 별도로 4항에 관한 법적요건을 검토할 필요 없이 TRIMs 제2조 1항을 위반하게 된다는 점을 분명히 하였다.[33] 따라서 문제가 된 DCR조치의 NT의무 위반 여부는 동 조치가 TRIMs 부속서 1항의 예시목록에 해당하는지 여부가 중심이 되었으며, 세부적으로 (i) '상품무역에 관한 투자조치'에 해당하는지 여부, (ii) '국산품을 구매 또

---

28 TRIMs 부속서 1항: "TRIMs that are inconsistent with the obligation of national treatment provided for in paragraph 4 of Article Ⅲ of GATT 1994 include those which are *mandatory of enforceable under domestic law or under administrative rulings, or compliance with which is necessary to obtain an advantage* ⋯ (강조추가)."

29 TRIMs 부속서 1항 (a)호: "*the purchase or use by an enterprise of products of domestic origin for from any domestic source*, whether specified in terms of particular products, in terms of volume or value of its local products ⋯ (강조추가)."

30 TRIMs 제2조 1항과 GATT 제3조 4항의 관계에 관한 상세한 내용은 본 논문의 제 V.1(TRIMs 제2.1조의 'GATT 제Ⅲ:4조와의 관계' 구체화)의 논의를 참조.

31 PR, *India − Solar Cells*, para. 7.43.

32 *Id*.

33 PR, *India − Solar Cells*, para. 7.54.

는 사용하도록 요구'하였는지 여부, (iii) '국내법 또는 행정적인 판정에 의하여 의무적이거나 집행가능한 조치 또는 특혜를 얻기 위해 준수할 필요가 있는 조치'의 해당여부 등과 같은 세 가지 요건이 검토되었다.[34]

13.4.1.2. 패널절차 판단기준 및 근거

13.4.1.2.1. '상품무역에 관한 투자조치'

첫째로 패널은 DCR 조치가 '상품무역에 관한 투자조치'(investment measures related to trade in goods, 이하 'TRIMs조치')에 해당하는지 여부를 검토하였다. 패널이 TRIMs조치 해당여부를 일차적으로 검토한 것은 논리적으로 바람직하다고 판단되는데, 그 이유는 TRIMs 제1조가 동 협정의 적용범위를 오직 TRIMs조치로 한정하고 있으며,[35] 제2조 1항 역시 GATT 제Ⅲ조의 규정과 합치해야 할 조치를 'TRIMs조치'로 특정하고 있기 때문이다. 다만 문제는 협정이 TRIMs조치로 인정되기 위한 정의와 기준에 대해서는 침묵하고 있는 것인데, 이와 관련하여 본 사건

---

[34] 한편 패널은 TRIMs 부속서 1항의 예시목록에 해당하는 조치는 그 자체로서 GATT 제Ⅲ조 4항에 불합치한다는 것이 바른 해석이라고 표명하였음에도 불구하고, 최종적인 보고서에서는 DCR조치가 GATT 제Ⅲ조 4항의 3대요건(동종 상품보다 불리한 대우, 국내규제조치)을 충족하고 있는지 여부를 추가적으로 검토하였다. 그런데 이러한 추가적인 검토는 TRIMs 제2조 1항과 GATT 제Ⅲ조 4항의 관계에 대한 패널의 법해석에 따르면 NT의무 위반여부에 관한 최종판정에 아무런 영향을 미치지 못하는 것이었다. 패널이 조화로운 조문의 해석을 위해서는 GATT 제Ⅲ조 4항에 대한 별도의 검토가 불필요하다고 명시하였음에도 다시 해당 부분을 추가적으로 검토한 것은 스스로의 법해석과 모순되는 처사임이 분명하다. 따라서 패널의 자기모순적인 심리과정에 대해서는 분쟁해결절차의 능률을 저해하는 불필요한 심리를 진행하였다는 비판도 제기되고 있다. 이길원, "인도의 미국산 태양전지·모듈 제품의 차별에 관한 WTO 판례 연구", 「미국헌법연구」 제28권 제3호, 미국헌법학회, 2017, 203-207면 참조.

하지만 분쟁당사국의 주장을 살펴보면 미국은 TRIMs 및 GATT의 NT의무 관련 규정 모두에 대한 주장을 성실하게 제시하고 있는 반면, 인도는 오직 GATT 제Ⅲ조 4항에 대해서만 항변을 하였다. 따라서 만약에 패널이 TRIMs 제2조 1항 및 부속서의 내용만을 검토하였다면, 인도는 패널이 위탁된 문제를 검토하지 않은 것의 하자를 주장하여 상소했을 가능성이 높다. 따라서 패널의 입장에서는 분명히 TRIMs 제2조 1항의 검토만으로 충분한 것이지만, 추가적으로 인도의 주장과 같이 GATT 제Ⅲ조 4항의 요건을 검토해 보아도 NT의무의 위반임을 분명히 하여 분쟁당사국이 패널이 내린 판결의 정확성에 반대하지 않도록 정확성을 기한 것으로 이해된다. 실제로 인도는 패널이 NT의무의 위반을 결정한 부분에 대해서는 상소를 제기하지 않았다. PR. *India — Solar Cells*, para. 7.74; ABR. *India — Solar Cells*, para. 5.12 참조.

[35] TRIMs 제1조: "This Agreement ***applies to investment measures related to trade in goods only*** (강조추가)."

의 패널은 TRIMs조치의 해당여부를 다루었던 종전의 *Indonesia – Autos* 사건 및 *Canada – Renewable Energy / Feed-in Tariff Program* 사건의 전례에 따라서 인도 정부가 채택한 DCR조치의 '투자조치' 및 '상품무역관련' 해당여부를 검토하였다.[36]

먼저 '투자조치'에 해당하는지 여부와 관련하여 미국측은 '자와할랄 네루 국가 태양광 목표'(JNNSM)가 인도 국내의 태양광 발전 장비 생산에 인센티브를 제공하는 것을 목표(aim)로 하였다고 주장하면서, JNNSM사업의 각 단계(phase) 및 하부단계(batch)를 규율하는 관련문서들을 증거로서 제시하였다.[37] 특히 I단계와 II단계에서 사용된 '지침문서(Guidelines document)'에서 인도가 JNNSM사업을 추진한 주요목적으로 "국내생산의 증진"이 명시되어 있었던 것을 비롯하여,[38] 동 사업의 II단계 정책문서(phase II Policy Document)에서도 "국내생산을 성장시킬 수 있는 우호적인 규제 및 정책조건을 제공"하겠다는 목적이 노골적으로 명시되어 있었던 점이 지적되었다.[39] 이에 대하여 인도는 JNNSM은 단지 생산능력 달성의 중요성을 강조하면서 포괄적인 권고(recommendations)를 제공하는 일종의 목표(mission)와 이상(vision)을 선언한 것에 불과하며, 이를 달성하기 위해서 DCR과 같은 특정한 수단이나 접근방식을 요구한 것도 아니라고 해명하였다.[40]

위와 관련하여 본 사건의 패널은 미국의 주장이 과거 *Indonesia – Autos* 사건의 패널이 투자조치에 해당하는지 여부를 "명시적으로 투자에 예상되는 결과와 결부하여 특정한 산업의 진흥 및 성장을 추구한 증거"에 기반하여 검토한 방법론에 부합한다고 인정하였다.[41] 또한 미국이 제시한 증거들 외에도 JNNSM가 동 사업의

---

36 PR, *India – Solar Cells*, para. 7.59; PR, *Canada – Renewable Energy / Feed-in Tariff Program*, paras. 7.109-7.112; PR, *Indonesia – Certain Measures Affecting the Automobile Industry*, WT/DS54/R, WT/DS55/R, WT/DS59/R, WT/DS64/R, 23 July 1998 [이하 'PR, *Indonesia – Autos*,'으로 표기], para. 14.72.

37 PR, *India – Solar Cells*, paras. 7.58 and 7.61.

38 United States's first written submission, paras. 86-88 (PR, *India – Solar Cells*, para. 7.61. 재인용).

39 United States's first written submission, para. 87 (PR, *India – Solar Cells, Id.* 재인용).

40 India's first written submission, paras. 26 and 39 (PR, *India – Solar Cells*, para. 7.62 재인용).

41 부연하면 *Indonesia – Autos* 사건의 패널은 사안의 조치가 "투자의 목표와 특징"을 가질 뿐만 아니라 "투자 프로그램에 결부"되어 있으며, "지역생산능력의 성장을 촉진하기 위한 목표"를 가지고 있다는 점에서 해당 분야의 투자에 중대한 영향을 미치는 조치일 수밖에 없다고 판시하였다. PR, *India – Solar Cells*, para. 7.60; PR, *Indonesia – Autos*, para.

목표를 "예측가능한 인센티브 구조"(predictable incentive structure)를 통하여 태양광 에너지 응용분야에 대한 "대규모의 신속한 투자를 가능"하게 하는 것으로 표방하고 있을 뿐만 아니라,[42] "점진적인 현지화"(phased indigenization)를 비롯하여 각 사업단계에서 도입될 조치들이 노골적으로 검토된 것을 지적하였다.[43] 그밖에 인도측의 주장과 관련해서는 인도가 답변서에서 자인(自認)한 바와 같이 JNNSM를 통하여 인도산 태양광 전지 및 모듈에 의해 발전된 전기에 대한 정부구매의 확보가 추구된 사실에 주목하였다.[44] 결과적으로 패널은 JNNSM의 목표가 태양광 전지 및 모듈의 생산을 보조하기 위한 것임이 분명하며, 이러한 JNNSM의 광범위한 목표와 이상을 촉진하기 위하여 채택된 DCR조치는 TRIMs가 의미하는 '투자조치'에 해당한다는 결론을 내렸다.[45]

다음으로 '상품무역관련'에 해당하는지 여부와 관련하여 본 사건의 제소국인 미국은 상품의 구매, 판매 또는 이용과 관련하여 DCR조치가 채택되었다는 점에서 무역에 관련된 것이라고 주장하였는데, 패널은 이러한 주장이 종전의 판정례와 부합한다고 보았다.[46] 즉, 과거 *Indonesia – Autos* 사건의 패널은 '국내물품사용요건'(DCR)은 개념적으로 수입 상품에 비하여 언제나 국내 상품을 우대하게 된다는 점에서 필연적으로 무역에 관련되고 무역에 영향을 미칠 수밖에 없다고 판시하였는데,[47] 이러한 판결은 후행하는 *Canada – Renewable Energy / Feed-in Tariff Program* 사건에서도 인용되었다.[48] 같은 맥락에서 본 사건의 패널은 JNNSM의 세부적인 시행단계에서 채택된 DCR조치는 정부조달에 참여하는 SPD들이 사용해야 하는 특정한 상품의 국적(origin)을 명시적으로 규율하고 있으며, 그로 인하여 정부조달의 입찰자격이 상품의 국적과 결부되었다는 점에서 무역 관련 조치라고 인정하였다.[49] 결론적으로 패널은 이상의 검토를 총합하여 인도가 채택한 DCR조치는 '투자조치'일 뿐만 아니라 '상품무역에 관련된' 조치이므로 TRIMs조치에 해당

14.80.
42 MNRE (2010), Section 6, p. 7.
43 *Id*., pp. 8-9.
44 India's first written submission, para. 142 (PR, *India – Solar Cells*, para. 7.62 재인용).
45 PR, *India – Solar Cells*, para. 7.62.
46 PR, *India – Solar Cells*, para. 7.58.
47 PR, *Indonesia – Autos*, para. 14.82.
48 PR, *Canada – Renewable Energy / Feed-in Tariff Program*, para. 7.111.
49 PR. *India – Solar Cells*, para. 7.63.

한다고 판시하였다.

13.4.1.2.2. '국산품의 구매 또는 사용'을 요구하는 조치

TRIMs 제2조 1항의 NT의무 위반여부의 두 번째 요건으로서, 본 사건의 패널은 문제의 조치가 TRIMs 부속서 1항 (a)호에 규정된 "기업으로 하여금 국산품 또는 국내 공급 제품을 구매 또는 사용하도록 하는 조치"에 해당하는지를 검토하였다. 이와 관련하여 미국은 DCR조치가 명시적으로 국산품을 구매 또는 이용할 것을 규정하여 요구하고 있다는 점에서 상술한 요건에 부합한다고 주장하였다.

패널은 JNNSM 사업을 세부적으로 규율하고 있는 관련문서에 규정된 내용에 따라서 I단계와 Ⅱ단계의 사업기간 동안 SPD들이 인도에서 생산된 태양광 발전장비를 구매 또는 사용할 것이 요구되었다는 사실에 주목하였다. 특히 동 사건에서 인도가 JNNSM 사업을 세부적으로 규율하고 있는 '지침문서(Guidelines document)' 및 '선정요구문서'(Request for Selection document)가 규정하는 내용에 따라서 'c-Si모듈', 'c-Si전지', '박막모듈', '집광형전지'와 같은 4가지 종류의 태양광 발전장비 가운데 개별적인 사업단계마다 수입산 발전장비가 허용되지 않는 종류를 특정하는 방식으로 DCR조치를 시행하였으며,[50] 그 결과 I(1)단계에서는 'c-Si모듈', I(2)단계에서는 'c-Si모듈'과 'c-Si전지' 그리고 Ⅱ(1-A)단계에서는 'c-Si모듈', 'c-Si전지', '박막모듈', '집광형전지'에 대한 수입품의 사용이 금지된 사실이 인정되었다.[51] 이러한 주장에 대해서 인도측은 별다른 항변을 하지 않았으며, 패널은 상술한 사실관계에 기반하여 미국측의 주장을 인용하였다.

13.4.1.2.3. '국내법 등에 의해 의무적이거나 집행가능' 또는 '특혜를 얻기 위해 준수할 필요'가 있는 조치

DCR조치의 NT의무 위반을 결정하기 위한 세 번째 요건과 관련하여, 미국은 DCR조치가 '의무적인 조치'이며, '특혜를 얻기 위해 준수할 필요가 있는 조치'라고 주장하였다. 먼저 '의무적인 조치' 여부와 관련하여, 미국은 '선정요구문서'(Request for Selection document)에 따르면 SPD들이 PPA를 체결한 이후 동 문서에서 정한 일자 내에 DCR조치를 충족하기 위한 계획을 명세해야 하며, 그러한 계획을 불이행

---

50 PR. *India − Solar Cells*, para. 7.9; ABR. *India − Solar Cells*, para. 1.5.
51 PR. *India − Solar Cells*, para. 7.10.

할 경우에는 예치금의 몰수 등과 같은 벌칙이 부과된다는 것을 근거로 제시하였다.[52] 이에 더하여 '특혜를 얻기 위하여 준수할 필요가 있는 조치'인지와 관련해서는 DCR조치를 이행하는 것을 조건으로 PPA를 체결할 수 있으며, 이러한 과정을 통하여 최장 25년의 FIT가 보장된다는 것이 '혜택'이라고 주장하였다.[53]

패널은 상기한 미국의 주장을 폭넓게 인용하였는데, 이는 인도가 제시한 DCR 조치에 대한 설명이 미국의 주장을 배척하기보다는 오히려 강화하는 방식으로 작용된 것이 더 많았기 때문이었다. 예컨대 '의무적인 조치'에 해당하는지 여부와 관련하여 인도는 PPA를 체결하는 권한을 위임받은 사업주체[54]가 재량을 행사할 수 있기 때문에 DCR조치를 불이행하는 SPD들에게 반드시 벌칙 또는 제재가 부과되지 않는다는 점에서 의무가 존재하는 것은 아니라고 항변하였다.[55] 하지만 패널은 인도가 제시한 'PPA표준계약서'(Model PPA)에 따르면 DCR조치의 이행을 위한 세부계획의 제출 및 세부계획 불이행의 결과로서 PPA의 종료, 예치금 몰수 등에 관한 상세한 조건과 규정이 존재한다고 지목하고,[56] 이러한 계약적 의무와 벌칙, 기타 관련 문서 하의 요건들이 총체적으로 '국내법에 의해 의무적이거나 집행가능한 조치'를 구성한다고 판시하였다.[57]

결국 이상과 같은 패널의 판단기준 및 그에 심사결과를 최종적으로 정리하면, 본 사건의 DCR조치는 '상품무역에 관한 투자조치'로서 '국산품의 구매 또는 사용'을 요구하고 있으며, FIT라는 '특혜를 얻기 위해 준수가 요구'될 뿐만 아니라 인도의 '국내법 등에 의하여 의무적이거나 집행가능한' 조치라는 점에서 TRIMs

---

52 부연하면 제I단계에서는 PPA의 체결 이후 120일의 기간이 주어졌으며, 제Ⅱ단계에서는 210일의 기간이 허용되었다. PR, *India – Solar Cells*, para. 7.68 참조.

53 *Id*.

54 실제로 인도 정부는 제I단계에서는 NVVN 그리고 제Ⅱ단계에서는 SECI를 사업주체로 선정하여 SPD와 PPA를 체결할 수 있는 권한을 위임하였다. 관련된 사실관계는 본 논문의 각주9) 및 각주14)의 [표-1] 부분을 참조.

55 Indias's response to Panel question No. 1(c) (PR, *India – Solar Cells*, para. 7.71 재인용).

56 PR, *India – Solar Cells*, para. 7.71.

57 PR, *India – Solar Cells*, para. 7.72; 한편 본문에서 살펴본 바와 같이 동 사건에서는 DCR 조치의 의무성이 인정되었다. 하지만 만약 DCR조치가 의무적인 조치가 아니라고 판정이 내려진다고 하여도, 최종적으로 TRIMs 제2조 1항의 위반을 구성함에 있어 특단의 장애가 발생하게 되는 것은 아니다. 그 이유는 TRIMs 부속서 예시목록 1(a)항이 '특혜를 얻기 위해 준수할 필요'가 있는 조치를 별도의 요건으로 명시하고 있으므로, DCR조치의 구속력 또는 의무성이 반드시 입증되어야 하는 것은 아니기 때문이다.

부속서의 예시목록 1항 (a)호의 모든 요건을 충족하게 된다. 이에 따라서 패널은 인도가 채택한 DCR조치는 TRIMs 제2조 1항 및 GATT 제Ⅲ조 4항의 NT의무에 위반한다고 결정하였다.

13.4.2. '정부조달' 관련 NT의무 적용배제 불인정: GATT 제Ⅲ:8(a)조

위에서 언급한 바와 같이 패널은 인도의 DCR조치가 TRIMs 제2조 1항 및 GATT 제Ⅲ조 4항의 NT의무에 불합치한다고 판시하였다. 그런데 GATT 제Ⅲ조 8(a)항은 "정부기관에 의하여 정부의 목적을 위하여 구매되는 상품의 조달을 규율하는 법률, 규정 또는 요건"에 대해서는 NT의무가 적용되지 않는다고 규정하고 있다.[58] 따라서 인도는 GATT 제Ⅲ조 8(a)항을 원용함으로써 본 사건의 DCR조치에는 NT의무가 적용되지 않는다고 주장하였다.

13.4.2.1. 패널절차의 판정기준 및 근거

먼저 미국은 인도의 주장에 대하여 인도의 정부기관에 의해서 구매된 것은 태양광으로 발전된 '전기'인 반면, 차별적인 DCR조치의 대상이 된 것은 '태양광 전지 및 모듈'이었으므로 GATT 제Ⅲ조 8(a)항이 적용될 수 없다고 반박하였다. 그런데 이러한 미국의 주장은 과거 *Canada − Renewable Energy / Feed−in Tariff Program* 사건의 상소기구가 제Ⅲ조 8(a)항의 적용대상 해당여부를 심사하는 과정에서 '정부기관이 구매한 상품'과 '차별적 조치의 대상이 된 상품'간에 '경쟁관계'가 존재하는지 여부를 검토한 것에 기반한 것이었다.[59]

이에 대응하여 인도는 *Canada − Renewable Energy/Feed−in Tariff Program* 사건에서 적용된 '경쟁관계' 판단기준 그 자체에 대해서 이의를 제기하기 보다는 과거의 사건과 본 사건은 사실관계가 다르다는 점을 강조하였다. 부연하면 종전의 사건에서 캐나다 정부가 채택한 DCR조치는 신재생 에너지의 발전과 관련하여 발전설비의 '개발과 건설'(development and construction)에 필요한 상품들 전반에 적용된 것이었던 반면,[60] 본 사건에서 인도 정부가 채택한 DCR조치는 태양광 '전

58 GATT 제Ⅲ조 8(a)항.
59 ABR, *Canada − Renewable Energy / Canada − Feed−in Tariff Program*, paras. 5.57, 5.69 and 5.74 참조.
60 PR. *India − Solar Cells*, paras. 7.108 and 7.114 참조. 그밖에 *Canada − Renewable*

기'의 '발전' 외에는 다른 목적으로 사용될 수 없는 '필수불가결한 투입요소'(integral inputs)에 적용된 것이라는 점에서 차이가 있다는 것이었다.[61] 따라서 인도는 본 사건의 '태양광 전지 및 모듈'은 태양광 '전기'의 발전과 분리되어 다루어질 수 없는 것이며,[62] 그 결과 인도정부는 '전기'를 구매함으로서 곧 '태양광 전지 및 모듈'을 효과적으로 정부조달하게 되었다고 주장하였다.[63]

위와 같은 GATT 제Ⅲ조 8(a)항의 적용가능성에 관한 논쟁에 대하여, 본 사건의 패널은 과거 *Canada − Renewable Energy / Feed−in Tariff Program* 사건의 '경쟁관계' 심사기준을 상기하였다. 그에 따르면 제Ⅲ조 8(a)항이 적용되기 위해서는 (ⅰ) 문제의 조치가 "정부조달을 규율하는 법률, 규정 또는 요건"에 해당하고, (ⅱ) 상품을 구매하는 주체가 "정부기관"이어야 하며, (ⅲ) 구매되는 상품이 "정부의 목적"인 것으로서 "상업적 재판매 또는 상업적 판매를 위한 재화의 생산에 사용할 목적이 아닌" 경우에 해당되는 것이어야 했다.[64] 특히 해당 사건에서는 "구매되는 상품"(products purchased)의 의미가 중요한 쟁점이 되었는데, 상소기구는 동 용어에 해당되는지 여부는 GATT 제Ⅲ조의 NT의무를 요구하고 있는 조항에서 언급하고 있는 '상품'(products)의 범위에 의해서 한정된다고 보았다.[65] 이에 따라서 제Ⅲ조 8(a)항은 동 조항이 규정하고 있는 정부기관에 의해서 '구매되는 상품'이 차별적인 조치의 대상이 된 상품에 대해서 '동종'(like) 또는 '직접적으로 경쟁적이거나 대체가능한'(directly competitive or substitutable) 상품의 관계에

Energy / Feed−in Tariff Program 사건의 DCR조치의 적용대상 및 요건에 관련된 사실관계는 오선영, "〈캐나다 − 재생에너지 발전사건〉에 대한 WTO 판결 분석 및 우리 정부의 재생에너지 향후 정책에 대한 시사점", 「법학연구」 제21권 제4호, 경상대학교 법학연구소, 2003, 364-366면; Kati Kulovesi, "International Trade Disputes on Renewable Energy: Testing Ground for the Mutual Supportiveness of WTO Law and Climate Change Law", *Review of European Community & International Environmental Law (ECIEL)*, Vol. 23 No. 3, 2014, pp. 344-345 참조.

61 PR, *India − Solar Cells*, paras. 7.114(fn. 292) and 7.122 참조.
62 PR, *India − Solar Cells*, para. 7.109.
63 PR. *India − Solar Cells*, para. 7.114, "[i]t is not India's argument that electricity and solar cells and modules are in a competitive relationship. Instead, the essence of India's argument is that even though the Government does not take title or custody of solar cells and modules, ***by purchasing electricity generated from such cells and modules, it is effectively procuring the cells and modules*** (강조추가)."
64 ABR, *Canada − Renewable Energy / Canada − Feed−in Tariff Program*, para. 5.74.
65 ABR, *Canada − Renewable Energy / Canada − Feed−in Tariff Program*, para. 5.63 참조.

있지 않으면 적용될 수 없다는 결정이 내려졌다.[66]

India — Solar Cell 사건의 패널은 위와 같은 종전 사건의 판단기준을 본 사건에 그대로 적용하였는데, 그 이유는 본 사건 역시 정부조달의 대상은 '전기'이지만 문제의 DCR조치가 적용된 것은 '발전설비'라는 점에서 *Canada — Renewable Energy / Feed—in Tariff Program* 사건과 다르게 판단해야 할 사실관계의 차별성이 없다고 보았기 때문이었다.[67] 이에 더하여 본 사건의 패널은 종전 사건의 상소기구가 전기를 생산함에 있어서 필요한 발전설비들 가운데 '필수불가결'(integral)한 것과 그밖에 다른 부가적(ancillary)인 것을 구분하지 않았다는 것이 역시 주요한 근거로 지목하였다.[68] 결국 패널은 인도가 정부조달을 통하여 구매한 상품인 태양광으로 발전된 '전기'와 문제의 차별적인 DCR조치가 적용된 태양광 발전설비인 '태양광 전지 및 모듈' 상호간에는 '직접적인 경쟁' 혹은 '대체가능한' 경쟁관계가 존재하지 않는다고 보았으며,[69] 최종적으로 태양광 전지 및 모듈에 적용되는 DCR조치는 GATT 제Ⅲ조 8(a)항의 적용대상이 될 수 없다고 판단하였다.[70]

13.4.2.2. 상소절차 판단기준 및 근거

상술한 패널의 결정에 대하여, 인도는 본 사건의 패널이 종전의 상소기구의 판결을 기계적으로 적용함으로써 인도측이 제시한 법적인 주장과 사실 및 증거를 객관적으로 평가해야 하는 DSU 제11조의 의무를 이행하지 못하였다고 상소하였다.[71] 부연하면 인도는 패널이 본 사건이 종전의 사건과 차별성이 있다는 인도측 주장의 기본적인 전제를 무시하였으며,[72] 태양광 전지 및 모듈이 태양광 발전에서

---

66 ABR, *Canada — Renewable Energy / Canada — Feed—in Tariff Program*, paras. 5.62-5.63 and 5.74 참조.

67 PR, *India — Solar Cells*, paras. 7.127-7.128.

68 PR, *India — Solar Cells*, para.. 7.123, "It is noteworthy that Appellate Body gave **_no indication of these, or any other type of equipment, being an "input"_** that would be relevant to the analysis under Article Ⅲ:8(a) of the GATT 1994, **_nor did it make any distinction between inputs of an "integral" or "ancillary" nature_** (강조추가)." 그밖에도 PR, *India — Solar Cells*, para. 7.126 참조.

69 PR, *India — Solar Cells*, paras. 7.114 and 7.120; ABR, *Canada — Renewable Energy / Canada — Feed—in Tariff Program*, paras. 5.69 and 5.79 참조.

70 PR, *India — Solar Cells*, paras. 7.135 and 7.27.

71 DSU 제11조 및 India's Appellant's submission, para 24 (ABR, *India — Solar Cells*, para. 5.12 재인용) 참조.

72 ABR. *India — Solar Cells*, paras. 5.13 and 5.28 참조.

'필수불가결한 투입요소'(integral inputs)인지 여부를 평가할 필요가 없다고 평가한 부분에 사실적·법적 오류가 존재한다고 주장하였다.[73] 그밖에도 패널이 8(a)항의 적용대상을 오로지 '경쟁관계'라는 기준에 의해서만 심사한 것은 동 조항의 적용을 과도하게 제한하는 것이며, 과거 *Canada – Renewable Energy / Feed-in Tariff Program* 사건의 '경쟁관계' 판단기준에서 벗어날 수 없다는 논리에도 문제가 있다고 지적하였다.[74]

이러한 문제 제기에 대하여 상소기구는 패널절차에 의탁된 문제를 해결함에 있어서 필요하다고 생각되는 주장을 선별하여 검토할 수 있는 고유권한은 패널에게 있는 것이므로 단순히 인도가 주장한 내용이 보고서에 구체화되어 있지 않다는 것만으로는 DUS 제11조에 규정된 객관적인 평가의 의무를 위반하는 것은 아니라고 하였다.[75] 나아가 패널이 '경쟁관계' 기준 외에 다른 '대안적 기준'의 가능성을 제대로 검토하지 않았다는 주장에 대해서는 오히려 인도 그 자신이 패널절차에서 '경쟁관계' 기준이라는 법해석 원칙에 대한 재평가를 요구하기 보다는 단순히 종전 사건과 본 사건과의 차별성을 주장하는 정도에 머물렀다는 것을 지적하며,[76] 상소기구 역시 GATT 제Ⅲ조 8(a)항에서 말하는 구매되는 상품은 언제나 차별의 대상이 되는 상품과 경쟁관계에 있어야 한다는 패널 및 종전의 판정례와 동일한 입장에 있음을 분명히 하였다.[77]

또한 태양광 전지 및 모듈이 '필수불가결한 투입요소'에 해당하는지를 제대로 평가하지 못했다는 문제제기에 대해서도 이미 패널이 *Canada – Renewable Energy / Feed-in Tariff Program* 사건과 본 사건 간의 유사성을 비교·검토하는 과정을 통하여 인도가 요청한 내용들이 충분히 검토되었다고 판단하였다.[78] 이에 더하여 상소기구는 본 사건의 조치 및 주된 사실관계가 *Canada – Renewable*

---

73 India's Appellant's submission, para 10 (ABR. *India – Solar Cells*, para. 5.13 재인용).

74 India's Appellant's submission, para. 34 (ABR. *India – Solar Cells*, Id. 재인용).

75 ABR, *India – Solar Cells*, para. 5.15; 관련된 판정례는 ABR, *European Communities – Measures Affecting the Importation of Certain Poultry Products*, WT/DS69/AB/R, 23 July 1998, para. 135 및 ABR, *European Communities – Definitive Anti-Dumping Measures on Certain Iron or Steel Fasteners from China*, WT/DS397/AB/R, 28 July 2011, para. 511 참조.

76 ABR, *India – Solar Cells*, para. 5.37.

77 ABR, *India – Solar Cells*, paras. 5.36 and 5.39.

78 ABR, *India – Solar Cells*, paras. 5.29-5.31.

Energy / Feed-in Tariff Program 사건에서 검토된 내용과 차별성이 없다고 지적하며,[79] 이미 동일한 사안을 해결함에 있어 경쟁관계 외에 다른 대안적 기준에 대한 검토가 불필요하다고 판단되었으므로 굳이 본 사안에서 새롭게 검토할 필요성이 인정되지 않는다고 하였다.[80]

정리하면 상소기구는 본 사건의 패널과 *Canada – Renewable Energy/Feed-in Tariff Program* 사건의 상소기구에서 적용된 '경쟁관계' 심사기준 접근방식을 재차 인용하였다.[81] 특히 GATT 제Ⅲ조 8(a)항의 적격대상 심사기준과 관련하여 동 조항의 문두에 등장하는 "이 조의 규정"이라는 것은 내국민대우에 관한 제Ⅲ조의 다른 의무규정들을 언급하는 것이므로, 8(a)항의 적용 면제는 외국 상품에 대한 제Ⅲ조의 맥락에서 반드시 차별적인 대우가 선재하는 경우에만 그 존재의 의미가 있는 것이라고 강조하였다.[82] 따라서 8(a)항의 적용 면제는 제Ⅲ조에 규정된 NT의무와 관련하여 이해되어야 하는 것이며, 정부기관에 의해서 구매되는 상품과 차별적인 조치의 대상이 되는 외국 상품은 상호간에 '동종' 또는 '직접적으로 경쟁적이거나 대체가능한' 경쟁관계가 반드시 입증되어야 한다는 것이 분명하게 재확인 되었다.[83]

최종적으로 상소기구는 '태양광 전지 및 모듈'과 이를 통하여 발전된 '전기' 상호간의 긴밀한 관계에 주목하여 GATT 제Ⅲ조 8(a)항의 적격성을 주장한 인도의 상소를 배척하였다. 그 결과 인도의 DCR조치는 NT의무의 적용을 배제하는 GATT 제Ⅲ조 8(a)항에 해당하지 않는다는 패널의 판정결과가 그대로 지지되었다.

13.4.3. '공급부족상품' 관련 일반적 예외 불인정: GATT 제ⅩⅩ:(j)조

GATT 제ⅩⅩ조는 (a)항에서부터 (j)항까지 총 10개의 항목을 통하여 명시하

79 패널은 *Canada – Renewable Energy / Feed-in Tariff Program* 사건에서 캐나다가 채택한 DCR조치 역시 태양광 전지 및 모듈을 적용대상으로 포함하고 있었으며, 태양광으로 발전된 전기 역시 캐나다 정부가 특혜를 제공하는 정부조달 프로그램의 적용대상으로 포함되어 있었다는 점에서 두 사건이 동일하다고 판단하였다. 상소기구 역시 두 사건 간의 동일성을 각 이슈를 검토하는 부분에서 여러 차례 인정하고 있다. ABR, *India – Solar Cells*, paras. 5.16, 5.32-5.33 and 5.39 참조.
80 ABR, *India – Solar Cells*, paras. 5.30 and 5.32.
81 ABR, *India – Solar Cells*, paras. 5.42-5.44.
82 ABR, *India – Solar Cells*, para. 5.21.
83 ABR, *India – Solar Cells*, para. 5.22.

고 있는 정책목적의 달성을 위하여 회원국들이 협정상의 의무에서 일탈하는 것을 예외적으로 허용하고 있다. 주지하는 바와 같이 이러한 예외사유는 한정적인 것으로서 구체적인 요건은 제XX조의 개별적인 세부조항과 동 조의 두문(chapeau)을 통하여 적시되고 있다.[84] 그 가운데서 (j)호는 "일반적 또는 지역적으로 공급이 부족한 상품의 획득 또는 분배에 필수적인 조치"를 일반적 예외의 사유로 인정하고 있는데,[85] 인도는 바로 동 조항을 원용함으로써 NT의무에 불합치한다고 판정된 DCR조치를 정당화하고자 하였다. 그러나 본 사건을 통하여 인도가 (j)호를 원용하기 전까지는 패널 혹은 상소기구를 통하여 동 조항에 대한 해석이 시도된 사례가 없었다. 따라서 동 조항이 말하는 "일반적 또는 지역적으로 공급이 부족한 상품"이 무엇을 의미하는지에 대한 해석이 중요한 이슈로 부각되었다.

13.4.3.1. 패널절차 판단기준 및 근거

먼저 인도는 협정문에 규정된 "일반적 또는 지역적으로"(in general or local) 공급이 부족한 상황은 국제적인 공급이 가능한 상황과는 구별되는 것으로서 일부 특정한 지역이나 시장에서 공급이 부족한 경우가 포함된다고 주장하였다.[86] 또한 '부족한 공급'(short supply)은 상술한 '일반적 또는 지역적으로'라는 수식어와 함께 해석되어야 하는 것이므로, 특정한 지역에서의 생산 또는 제조가 부족한 것은 바로 '공급이 부족'함을 의미한다고 주장하였다.[87] 이러한 관점에서 인도는 사안의 '태양광 전지 및 모듈'은 인도 내의 생산능력이 부족하다는 점에서 협정문에 규정된 일반적 또는 지역적으로 공급이 부족한 상품에 해당하는 것이며,[88] 결국 (j)호의 해석은 조치의 대상이 된 상품이 '공급이 부족한 상품'인지 여부가 아니라 문제의 조치가 공급이 부족한 상품의 획득 또는 분배에 '필수적(essential)인 조치'인지 여부를 중심으로 검토되어야 한다고 강조하였다.[89] 나아가 인도는 '필수적인 조치'에 해당하는지 여부와 관련해서는 DCR조치를 채택한 목적인 '에너지 안보'와

---

84 Peter Van den Bossche & Werner Zdouc, *The Law and Policy of The World Trade Organization: Text, Cases and Materials*, New York: Cambridge University Press, 2013, p. 553 참조.
85 GATT 제XX조 (j)호.
86 PR, *India – Solar Cells*, Add.1, Annex B-3, paras. 41-42 참조.
87 PR, *India – Solar Cells*, Add.1, Annex B-3, para. 42.
88 PR, *India – Solar Cells*, para. 7.207.
89 PR, *India – Solar Cells*, Add.1, Annex B-3, para. 43.

'생태학적인 지속성장'의 맥락에서 검토하는 것이 바람직하며, 태양광 전지 및 모듈을 오로지 수입에만 의존하는 것은 상품공급의 측면에서 취약성과 유동성의 위험을 초래하므로 이에 탄력적으로 대응할 것이 요구된다고 주장하였다.[90]

패널은 위와 같은 주장과 관련하여 GATT 제XX조 (j)호에서 말하는 '일반적 또는 지역적으로'라는 의미는 상품이 공급되고 있는 '지리적 위치'(geographical area) 또는 '시장'(market)의 범위를 말하는 것으로서, 협정문이 '또는'(or)이라고 성안되어 있다는 점에서 단순히 특정한 국가의 지역 또는 전국에만 한정되기보다는 국제적인 차원에서의 공급부족을 포함할 수 있을 만큼 그 범위가 상당히 넓다고 판단하였다.[91] 또한 '부족한 공급'의 의미와 관련해서는 수요가 공급을 초과하는 경우로서 이용가능한 모든 공급원으로부터의 수량이 수요를 충족할 수 없는 상황을 의미한다고 보았다.[92] 따라서 단순히 특정한 지역의 생산능력이 부족한 것만으로는 '부족한 공급'에 부합하지 않으며, 수입품을 통한 국제적인 공급상황도 함께 고려되어야 한다고 하였다.[93] 그 결과 패널은 국내의 생산능력이 부족하기 때문에 오로지 수입품에 의존하고 있다는 인도의 주장만으로는 (j)호를 원용할 수 있는 '지역적 또는 일반적으로 공급이 부족'한 상황에 해당하지 않는다고 결정하였다.

한편 패널은 태양광 전지 및 모듈을 전적으로 수입품에 의존하는 것이 공급부족의 '위험'(risk)을 야기한다는 인도의 주장에 대해서는 GATT 제XX조 (j)호의 후문이 "동 조치를 야기한 조건이 존재하지 아니하게 된 즉시 중단되어야 한다"고 규정하고 있음에 근거하여 '당면한'(immediate) 공급의 부족이 아닌 '위험' 내지 '예방적 조치'는 (j)호를 통하여 정당화될 수 없다고 부인하였다.[94] 또한 패널은 인도가 국내공급이 부족하다는 주장을 제기하고만 있을 뿐 그밖에 가능한 공급원으로부터 제공될 수 있는 수량에 관한 정보는 제공하지 않고 있음에 주목하였다.[95] 이에 패널은 인도가 '공급이 부족한 상품'의 요건과 관련하여 GATT 제XX조 (j)호를 원용할 수 있는 실제적인 근거를 제시하지 못하였음을 지적하며, DCR조치의 NT의무 위반은 GATT 제XX(j)조에 의해서 정당화 될 수 없다고 판

90 Id.
91 PR, *India – Solar Cells*, para. 7.206.
92 PR, *India – Solar Cells*, paras. 7.205 and 7.234.
93 실제로 제XX조 (j)호는 공급이 부족한 상품의 원산지에 대해서는 전혀 언급이 없다. PR, *India – Solar Cells*, para. 7.223 참조.
94 PR, *India – Solar Cells*, para. 7.245.
95 PR, *India – Solar Cells*, paras. 7.263-7.264.

정하였다.[96]

13.4.3.2. 상소절차의 판단기준 및 근거

인도는 위와 같은 패널의 결정에 대하여 '부족한 공급' 및 '위험'에 대한 해석에서 오류가 존재함을 지적하며 상소를 제기하였다. 먼저 인도는 패널이 '부족한 공급'을 해석함에 있어서 (j)호가 말하는 공급부족이 국제적인 공급부족과 구별된다는 것을 지표하는 '일반적 또는 지역적으로'라는 수식어를 함께 해석하지 못함으로써 본 사안과 같이 국내의 생산능력이 부족한 경우를 '부족한 공급'으로 인정하지 않은 결정이 잘못되었다고 지적하였다.[97] 또한 인도는 '위험'과 관련한 패널의 결정에 대해서도 부족한 인도의 상품제조능력 및 수입품에 의존하는 위험 그 자체로써 공급의 부족이 존재한다고 주장하였다.[98] 특히 수입에 대한 의존은 어떠한 것이든지 시장의 변동에 따른 공급에 대한 취약성을 수반하게 되므로, 수입의존도 및 국제공급의 중단으로 인한 피해를 최소화하기 위하여 정부의 개입이 요구된다고 피력하였다.[99]

이에 대하여 상소기구는 인도의 주장을 일부 수용하였는데, 그 내용은 다음과 같다. 먼저 상소기구는 '일반적 또는 지역적으로'라는 용어는 패널과 같이 국제적인 차원에서의 공급부족을 포함하는 것으로 볼 수도 있지만, (j)호의 문맥에 비추어 볼 때에는 오히려 동 조항을 원용하는 회원국의 영토 내에서 공급이 부족한 상황에 더욱 부합한다고 해석하였다.[100] 나아가 '일반적'과 '지역적'이라는 용어가 또는(or)으로 연결되었다는 점에서 특정한 지방 또는 지역에 국한되어 공급부족이 존재하는 것만으로도 충분하며, 반드시 국가 전역 또는 국제적인 차원에서의 공급부족을 입증할 필요는 없다고 인정하였다.[101] 또한 공급부족의 '위험'과 관련한 인

---

96 이렇게 인도의 DCR조치가 '공급이 부족한 상품'에 해당하지 않는다고 결정이 내려진 이상 굳이 동 조치가 공급이 부족한 상품의 획득 또는 분배에 '필수적'인 조치인지 여부를 검토할 필요는 없다. 하지만 패널은 추후에 있을지 모르는 상소절차를 지원하기 위한 측면에서 추가적으로 '필수적'인 초지에 대한 검토를 진행하였다. 관련된 내용은 본 논문의 V.3(GATT 제XX조 (j)호의 '공급이 부족한 상품' 및 '필수적 조치'의 판단기준 제시)의 논의를 참조.

97 ABR, *India — Solar Cells*, para. 5.51.

98 *Id*.

99 ABR, *India — Solar Cells*, para. 5.75.

100 ABR, *India — Solar Cells*, para. 5.67.

101 *Id*.

도의 주장과 관련해서도 수입품에 의존하는 위험스러운 상황에 대한 인도의 우려 및 이러한 상황이 공급부족의 존재여부를 평가하는 요소로서 고려될 수 있다는 점에 대해서는 원칙적으로 동의하였다.[102]

하지만 상소기구는 '부족한 공급'의 의미와 관련한 인도의 주장을 부인하면서 단순히 국내적인 생산능력뿐만 아니라 수입가능성, 관련 시장의 가격변동, 국내외 소비자의 구매능력, 관련 시장의 국내외 생산자의 위치, 국내 생산자의 수출 등의 요소가 고려되어야 하며,[103] 이러한 판단요소는 각 사안(case by case)에 따라서 개별적으로 확인해야 한다고 판시하였다.[104] 또한 공급부족의 '위험'과 관련해서도 인도가 단순히 수입에 대한 의존이 공급부족의 위험을 유발한다는 주장을 전개하고 있을 뿐, DCR조치의 대상이 된 상품의 수입을 둘러싼 실질적인 애로사항을 구체적으로 제시하지는 못하였다고 지적하였다.[105] 따라서 상소기구는 인도의 주장을 일부 인정하면서도 수입에 대한 의존으로 국내수요에 대한 양적인 충족이 불가능하게 되었다는 입증책임은 피소국에 있음을 지적하며, 인도가 태양광 전지 및 모듈이 공급이 부족한 상품에 해당한다는 것을 입증하는데 실패하였다고 결정하였다.[106]

최종적으로 상소기구는 DCR조치가 일반적 또는 지역적으로 공급이 부족한 상품에 해당하지 않으므로 제XX조 (j)호를 통하여 정당화될 수 없다고 판시하였다. 이러한 상소기구의 결정은 패널의 논리를 일부 조정하면서 보다 상세한 근거와 논리를 제공하고 있다는 점에서만 차이가 있을 뿐, 결과적인 측면에서는 단순히 국내생산에 의한 공급부족 및 수입에 대한 의존이 존재한다는 것만으로는 GATT 제 XX조 (j)호를 원용할 수 없다고 판시하였다는 점에서는 앞선 패널의 최종결정을 지지하는 것이었다.

---

102 ABR, *India — Solar Cells*, para. 5.76.
103 ABR, *India — Solar Cells*, paras. 5.66-5.72.
104 ABR, *India — Solar Cells*, para. 5.74.
105 상소기구는 인도 내의 SPD들이 해외로부터의 공급중단을 경험한 사례가 없으며, 특히 인도 정부가 원론적인 주장을 제외하고는 본 사건의 태양광 전지 및 모듈과 관련하여 수입품의 공급중단과 관련한 부가적인 설명이나 언급이 없었음에 주목하였다. ABR, *India — Solar Cells*, paras. 5.76-5.77.
106 ABR, *India — Solar Cells*, para. 5.89.

13.4.4. '법률 또는 규정의 준수확보' 관련 일반적 예외 불인정: GATT 제XX :(d)조

앞서 쟁점분석에서 소개한 바와 같이 인도는 GATT 제XX조 (j)호 뿐만 아니라 (d)호 역시 원용함으로써 DCR조치의 NT의무 위반을 정당화하고자 하였다. 따라서 인도는 DCR조치는 에너지 안보의 측면에서 생태학적으로 지속가능한 성장을 달성해야 하는 국내 및 국제적인 의무를 규율하고 있는 법규 또는 규정의 준수를 확보하기 위해서 채택된 필요한 조치라고 주장하였다. 이를 위하여 인도는 자국이 준수를 확보해야 할 의무의 기반이 되는 국제문서와 국내문서를 각기 4개씩 지목하였으며, 패널과 상소기구는 인도가 지목한 문서들이 GATT 제XX조 (d)호상의 "법률 또는 규정"에 해당하는 것인지 여부를 중점적으로 검토하였다.

13.4.4.1. 국내문서에 대한 판단기준 및 근거

먼저 패널은 인도측이 제시한 국내문서와 관련하여 종전의 *Mexico – Taxes on Soft drink* 사건에서 상소기구가 (d)호의 '법률 또는 규정'은 준수의 확보가 가능한 규칙이라고 해석한 것을 상기하고,[107] 이를 바탕으로 (d)호의 법률 또는 규정으로 인정되기 위해서는 반드시 "법적으로 집행이 가능"(legally enforceable)해야 한다는 논지를 펼쳤다.[108] 이에 따라서 패널은 인도가 제시한 4개의 국내문서가 국내법 체계에서 법적인 강제가 가능한 행동규칙인지 여부 개별적으로(independently) 검토하였다. 그 결과 인도가 제시한 4개의 국내문서 가운데 '국가전기정책'(National Electricity Policy), '국가전기계획'(National Electricity Plan), '기후변화에 관한 국가행동계획'(National Action Plan on Climate Change)은 주로 선언적 또는 서술적인 내용으로 점철되었다고 평가하여 당초부터 GATT 제XX조 (d)호에서 의미하는 법률 또는 규정에 해당하지 않는다고 결정하였다.[109]

이어서 패널은 나머지 국내문서인 2003년 전기법(Electricity Act, 2003)은 공

---

107 ABR, *Mexico – Tax Measures on Soft Drinks and Other Beverages*, WT/DS308/AB/R, 24 March 2006 [이하 'ABR, *Mexico – Taxes on Soft drink*'으로 표기], paras. 69-70, 75, 77 and 79.

108 PR, *India – Solar Cells*, paras. 7.309 and 7.311.

109 PR, *India – Solar Cells*, paras. 7.313-7.314.

식적인 제정법으로의 특징을 보유하고 있다고 인정하고,[110] 특히 동법 제3절
(section 3)이 정부가 이행해야 할 법적으로 강제되는 행동규칙을 구성하고 있다고
보았다.[111] 하지만 패널은 전기법이 제3절을 통하여 앞서 언급한 국가정책, 계획,
행동계획 등을 준비할 의무를 규정하고 있으면서도, 정작 본 사건에서 문제가 된
DCR조치와 전기법과의 관련성에 대한 내용은 부재한다고 지적하였다.[112] 이에 패
널은 인도측이 문제의 DCR조치가 전기법에서 규정하고 있는 의무의 이행을 확보
하기 위해서 채택된 조치라는 것을 입증하지 못하였다고 판시하였다.[113]

그러나 인도는 위와 같은 패널결정에 불복하여 상소하였다. 특히 인도는 패널
이 법률 또는 규정에 해당하는지 여부를 오로지 '집행가능성'의 유무로써 평가한
부분[114] 및 인도가 제시한 4개의 국내문서를 함께 총체적으로 평가하지 않고 '개별
적'으로 검토한 부분에 오류가 있다고 주장하였다.[115]

이에 대하여 상소기구는 먼저 (d)호에서 말하는 법률 또는 규정에 해당하는지
에 대한 평가는 피소국이 제시한 구체적인 규칙, 의무 또는 요건이 국내법 체계 내
에서 충분한 '규범성의 정도'(degree of normativity)를 가지고 작동하고 있는지에
대한 검토를 포함하며, 이러한 측면에서 패널이 집중한 '집행가능성'이 '규범성의
정도'를 판단하는 주요 요소에 해당된다고 하였다.[116] 하지만 상소기구는 '규범성
의 정도'가 (d)호의 법률 또는 규정에 해당하는지 여부를 평가하는 여려가지 요소
가운데 하나일 뿐이므로, 패널이 오로지 법적으로 집행이 가능한지 여부에만 국한
하여 최종적인 판단을 내린 것은 오류가 있다고 인정하였다.[117]

또한 상소기구는 패널이 인도가 지목한 국내문서를 개별적으로 검토한 것과
관련해서도 *Argentina – Financial Service* 사건의 상소기구의 판결에 근거하
여,[118] 제XX조 (d)호를 원용함에 있어서 준수가 확보되어야 하는 규칙, 의무, 요

110 PR, *India – Solar Cells*, para. 7.312.
111 PR, *India – Solar Cells*, para. 7.276.
112 PR, *India – Solar Cells*, para. 7.329.
113 PR, *India – Solar Cells*, para. 7.333.
114 ABR, *India – Solar Cells*, para. 5.117
115 ABR, *India – Solar Cells*, para. 5.119.
116 ABR, *India – Solar Cells*, para. 5.121.
117 *Id.*
118 ABR, *India – Solar Cells*, para. 5.111; ABR, *Argentina – Measures Relating to Trade in Goods and Services*, WT/DS453/AB/R, 9 May 2016 [이하 'ABR, *Argentina – Financial Service*'으로 표기], para. 6.208.

건은 "단일한 국내문서의 특정한 규정"(specific provision of a single domestic instrument)을 통해서 뿐만이 아니라 "하나 또는 두 개가 넘는 문서의 여러 요소(factor) 혹은 부분(part)을 통해서 도출"되는 것도 가능하다고 인정하였다.[119] 다만 상소기구는 다수의 문서 또는 부분을 전체적으로 고려할 수 있음을 인정하면서도, 이를 통하여 GATT 제XX조 (d)호의 의미에 해당하는 규칙, 의무, 요건 등의 존재를 입증할 책임이 피소국에 있음을 지적하였다.[120] 그리고 (d)호의 '법률 또는 규정'에 해당하는지를 평가하기 위한 요소로서 '규범성' 외에도 '구체성', '사법적 집행가능성', '적법한 제정권한', '형식과 명칭', '제재수단' 등이 포함될 수 있다고 부연하였다.[121]

이상과 같이 상소기구는 인도가 제기한 패널심리의 오류를 일정부분 인정하였다. 하지만 인도의 요청과 같이 4개의 국내문서를 총체적으로 검토해 보았음에도 불구하고 인도가 주장한 '지속가능한 성장' 내지 '기후변화'에 관한 규칙, 의무, 요건 등의 존재는 입증되지 못하였다.[122] 예컨대 상소기구는 전기법 제3절에 따라서 수립된 '국가전기정책', '국가전기계획', '기후변화에 관한 국가행동계획'을 검토하였지만 단순히 목표 또는 선언적 문구로서 언급된 경우를 제외하고는 지속가능한 성장 내지 기부변화에 관한 규칙을 전혀 발견할 수 없다고 판시하였다.[123] 그밖에도 상소기구는 전기법 제3절 역시 인도정부에게 '국가전기정책', '국가전기계획', '기후변화에 관한 국가행동계획'을 수립·공표할 의무를 부여하고는 있었지만 지속가능한 성장 등에 관하여 인도 정부가 준수해야 하는 규칙이나 의무,

---

119 ABR, *India – Solar Cells*, para. 5.127.

120 ABR, *India – Solar Cells*, para. 5.133.

121 ABR, *India – Solar Cells*, para. 5.127.

122 ABR, *India – Solar Cells*, para. 5.137.

123 GATT 제XX조 (d)호는 문제의 조치가 피소국이 협정에 합치하는 법률 또는 규정에 의해서 부담하는 의무의 이행을 위해서 채택된 경우에 원용되는 것이다. 따라서 단순히 법률 또는 규정에 적시된 목적을 달성함에 있어서 연관성이 있다거나 의무의 이행을 유도(induce)하는 수준에 이르는 것만으로는 충분하지 않다. GATT Panel Report, *European Economic Community – Regulation on Imports of Parts and Components*, L/6657, 16 May 1990, para. 5.17; PR, *Canada – Certain Measures Concerning Periodicals*, WT/DS31/R and Corr.1, 30 July 1997, para. 5.9; Panel Report, *European Communities – Protection of Trademarks and Geographical Indications for Agricultural Products and Foodstuffs, Complaint by the United States*, WT/DS174/R, 20 April 2005, para. 7.447; PR, *Mexico – Tax Measures on Soft Drinks and Other Beverages*, WT/DS308/R, 24 March 2006, para. 8.175.

요건 등에 관한 내용은 부재한다고 지적하였으며, 전기법의 위임에 따라서 수립되는 각 정책 및 계획이 규범적인 측면에서 어떠한 성격을 갖는지에 대해서도 구체적인 내용이 없다고 하였다.[124]

최종적으로 상소기구는 4개의 국내문서를 패널과 같이 개별적으로 검토하든지 아니면 인도가 주장한 바와 같이 전체적으로 함께 검토하든지에 상관없이 인도가 이행을 확보해야 한다고 주장하였던 '지속가능한 개발' 내지 '기후변화'에 관한 의무는 도출되지 않는다고 판단하였다.[125] 그 결과 인도가 제시한 4개의 국내문서는 GATT 제XX조 (j)호의 '법률 또는 규정'에 해당되지 않는다는 결정이 내려졌으며, 이로써 패널이 내렸던 최종판정이 상소기구를 통하여 재확인되었다.

13.4.4.2. 국제문서에 대한 판단기준 및 근거

인도는 GATT 제XX조 (j)호를 원용함에 있어서 앞서 검토한 국내문서뿐만 아니라, 국제문서에서 도출되는 지속가능한 성장 및 기후변화 관련 의무의 이행을 확보하기 위한 차원에서도 DCR조치가 채택되었다고 주장하였다. 이에 인도는 자국이 부담하는 국제의무를 도출하는 국제문서로서 'WTO설립협정'의 전문, '기후변화에 관한 유엔 기본협약'(United Nations Framework Convention on Climate Change), '환경 및 개발에 관한 리오선언'(Rio Declaration on Environment and Development) 그리고 '리오+20문서'(우리가 원하는 미래)를 채택한 2012년 유엔 총회결의안을 지목하였다.[126] 이에 본 사건에서는 상술한 4개의 국제문서가 과연 GATT 제XX조 (d)호에서 말하는 법률 또는 규정으로 인정될 수 있는지가 주된 쟁점으로 검토되었다.

구체적으로 패널과 상소절차에서는 과거 *Mexico – Taxes on Soft drink* 사건의 상소기구가 이미 (d)호의 '법률 또는 규정'은 회원국의 "국내법 체계의 일부를 형성하는 국제법"에서 도출되는 규칙을 포함한다고 결정한 전례가 상기되었다.[127] 먼저 패널은 어떻게 '국제법이 회원국의 국내법 체계의 일부를 형성'하게 되는지와 관련하여 종전의 판정례를 인용하면서 (ⅰ) 국제조약이 회원국에서 직접효력

---

124 ABR, *India – Solar Cells*, paras, 5.135-5.136.
125 ABR, *India – Solar Cells*, paras, 5.150-5.151.
126 PR. *India – Solar Cells*, paras. 7.269-7.274 참조.
127 PR. *India – Solar Cells*, paras. 7.290 and 7.293; ABR, *Mexico – Taxes on Soft drink*, para. 79.

(direct effect)을 갖거나, (ⅱ) 회원국의 이행조치를 통해서 국제법이 국내법 체계의 일부로 편입(incorporate)되는 두 가지의 경우를 제시하였다.[128] 상소기구 역시 패널과 마찬가지로 '직접효력'을 갖는 경우와 '이행조치'를 통해서 편입되는 두 가지 경우를 제시하고, 그밖에 각 회원국의 국내법에 의할 때 다른 방식이 존재할 수 있으므로 피소국에 의해서 인용되는 "문서 또는 규칙의 성격"(nature of the instrument or rule), 사안이 된 "법의 주제"(subject matter of law), "국내법 체계의 기능"(functioning of the domestic legal system)을 고려하여 사안별(case by case)로 평가되어야 한다고 판시하였다.[129]

이와 관련하여 인도는 패널 및 상소절차를 통하여 4개의 국제문서들이 인도 내에서 '직접효과'를 갖는다고 주장하고, 그 주된 근거로서 인도 헌법상 행정부와 국회 간에 공유된 동등한 입법권한 및 국제법에 대한 인도대법원의 판정례를 제시하였다. 부연하면 우선 인도는 현존하는 국내법에 불합치 하지 않는 국제규범은 자동적으로 인도의 국내법이 된다고 주장하였는데, 그 근거로서는 행정부의 입권권한이 의회의 권한과 동등하므로 국제법의 이행을 확보하기 위한 이행조치를 행정부가 독자적으로 채택할 수 있다는 것을 제시하였다.[130] 하지만 패널과 상소기구는 인도의 논거와 설명은 오히려 국제문서에 대한 직접효과를 부정하는 근거라고 이해하였다.[131] 왜냐하면 인도가 제시한 근거에 따르면 국내법에 불합치하지않는 국제규범은 행정부의 독자적인 이행조치를 통하여 국내법으로서 이행이 확보될 수 있게 되는데,[132] 이것은 결국 인도에서는 국내적인 이행조치를 통해야만 비로소 국제규범이 국내법 체계로 편입된다는 것을 의미한다고 보았기 때문이다.[133]

그밖에도 인도는 자국의 대법원이 지속가능한 개발을 국제관습법으로 인정한 판례 및 지속가능한 개발이 인도의 환경 및 개발 거버넌스의 근본이라고 인정한 판례를 근거로 국제문서의 '직접효과'를 주장하였다.[134] 하지만 패널은 상술한 대법

---

128 PR, *India – Solar Cells*, paras. 7.291-7.293; ABR, *Mexico – Taxes on Soft drink*, para. 69, 70, and 79.
129 ABR, *India – Solar Cells*, para. 5.140.
130 PR, *India – Solar Cells*, paras. 7.295-7.296; ABR, *India – Solar Cells*, para. 5.138.
131 PR, *India – Solar Cells*, para. 7.298; ABR, *India – Solar Cells*, paras. 5.138, 5.142 and 5.144.
132 PR, *India – Solar Cells*, paras. 7.295-7.296.
133 PR, *India – Solar Cells*, para. 7.298; ABR, *India – Solar Cells*, paras. 5.144-5.145.
134 PR, *India – Solar Cells*, para. 7.294; ABR, *India – Solar Cells*, para. 5.146.

원 판결만으로는 국제문서가 어떻게 인도의 국내법 체계로 자동적으로 편입되는
지 그리고 과연 직접효력이 인정되는 것인지에 대한 답변이 제공되지 못한다고 평
가하였다.[135] 비슷한 맥락에서 상소기구 역시 인도가 제시한 대법원 판결은 국내법
의 해석에서 국제문서의 관련성이 일부 강조되거나 행정부의 정책결정에서 국제
문서가 일종의 지도(guide)적인 역할을 감당할 수 있음을 인정한 것에 지나지 않으
므로, 그것만으로는 인도가 지목한 4개의 국제문서가 국내법 체계에서 직접효력
을 갖는다는 주장이 입증되는 것은 아니라고 보았다.[136] 결국 상소기구는 인도가
지목한 국제문서들이 인도의 국내법 체계의 일부를 형성하였음이 입증되지 못하
였다고 지적하며, GATT 제XX조 (d)호의 '법률 또는 규정'에 해당하지 않는다고
결정하였다.[137]

최종적으로 정리하면, 국제문서의 경우는 인도가 해당 문서들이 국내법 체계
의 일부를 형성하였다는 것을 입증하는데 실패하였다는 점에서 패널과 상소기구
모두 GATT 제XX조 (d)호의 '법률 또는 규정'에 해당하지 않는다고 판단하였다.
반면에 국내문서와 관련해서는 패널이 인도가 제시한 문서들을 전체적으로 함께
고려하지 않은 부분 그리고 규범성의 정도라는 기준 가운데서도 오로지 법적인 집
행가능성만을 배타적으로 검토한 부분에서 오류가 인정되었다. 하지만 상소기구
는 인도가 주장하였던 지속가능한 개발 및 기후변화에 관한 의무의 준수확보를 위
한 규칙, 의무, 요건 등이 해당 국내문서에 구체적으로 규정되어 있지 않았다는 점
에서 제XX조 (d)호에서 말하는 법률 또는 규정의 '준수확보'를 위한에 조치에 해
당되지 않는다고 판단하였다. 결론적으로 상소기구는 국내문서와 국제문서 어떠
한 것에 의하든지 인도의 DCR조치는 '법률 또는 규정의 준수확보'를 위한 조치에
해당하지 않는다고 판정함으로써, DCR조치가 GATT 제XX조 (d)호에 의해서 정
당화되지 않는다는 패널의 결정을 지지하였다.[138]

---

135 PR, *India − Solar Cells*, para. 7.298. 이에 더하여 패널은 인도가 제시한 대법원 판결만
   으로는 과연 '지속가능한 개발'이라는 개념이 인도의 국내법상 구속력이 있는 것인지 여
   부도 명확하지 않다고 지적하였다. PR. *India − Solar Cells*, para. 7.295.
136 ABR. *India − Solar Cells*, para. 5.148.
137 PR. *India − Solar Cells*, para. 7.301.
138 ABR. *India − Solar Cells*, paras. 5.150-5.151.

13.5. 판정에 대한 검토 및 평가

13.5.1. TRIMs 제2.1조의 'GATT 제III:4조와의 관계' 구체화

TRIMs 제2조 2항은 GATT 제III조 4항에 불합치하는 투자조치의 예시목록이 부속서에 포함될 것을 규정하고 있으며, 이에 따라서 부속서 1항은 NT의무에 불합치하는 투자조치를 구체적으로 예시하고 있다. 그런데 동 조항은 TRIMs 제2조 1항과 GATT 제III조 4항의 관계를 어떻게 이해할 것인지에 따라서 NT의무의 위반을 구성하는 방법과 판단기준에 차이를 가져오게 된다. 즉, TRIMs 부속서의 예시목록에 해당하는 조치들이 그 자체로서 GATT 제III조 4항의 NT의무에 불합치함으로써 TRIMs 제2조 1항의 NT의무 위반을 구성하는 것인지, 아니면 먼저 GATT 제III조 4항의 심사기준을 별도로 충족해야만 NT의무의 위반이 인정되어 TRIMs 제2조 1항의 의무위반이 인정되는 것인지에 대해서 상이한 해석이 가능하다.

실제로 본 사건의 당사국인 미국과 인도 역시 TRIMs 제2조 1항과 GATT 제III조 4항의 관계에 대해서 서로 상충되는 법해석론을 가지고 NT의무의 위반을 주장 및 항변하였다. 먼저 미국은 인도의 DCR조치가 GATT 제III조 4항을 구체화하고 있는 TRIMs 부속서 예시목록 1항 (a)호에 해당하므로, TRIMs에서 금지하는 요건을 충족하고 있는 해당 조치는 필연적으로(necessarily) GATT 제III조 4항에 불합치한다고 주장하였다.[139] 이러한 미국의 입장은 DCR조치의 TRIMs 제2조 1항의 NT의무 위반여부를 심사함에 있어서 패널이 별도로 GATT 제III조 4항의 법적인 요건을 검토할 필요가 없다는 것이었다.[140] 반면에 인도는 TRIMs 제2조 1항과 GATT 제III조 4항의 관계에 있어서 TRIMs 제2조 1항은 GATT의 의무를 가감하기 위한 구체적인 규정이라고 볼 수 없으며, TRIMs 제2조 2항 및 부속서 1항의 예시목록은 단지 GATT 제III조의 NT의무가 투자조치에 대해서도 적용된다는 것을

---

[139] PR, *India — Solar Cells*, para. 7.43.

[140] 한편 미국은 TRIMs 제2조 1항의 청구를 먼저 검토하는 것이 효율적이라고 주장하면서도 GATT 제III조 4항의 위반여부를 먼저 독립적으로 검토하여도 인도의 DCR조치가 NT의무와 불합치한다는 결론에 이르는 것은 동일하다고 주장하였다. PR, *India — Solar Cells*, para. 7.43 참조.

부연하기 위한 보조적인 것이라고 주장하였다.[141] 즉, 인도의 입장은 TRIMs 제2조 1항은 그 자체로서 실체적인 의무를 창설하지 못하므로 독립적인 청구(stand along claim)가 될 수 없으며, 동 조항은 반드시 GATT 제Ⅲ조 4항에서 발전된 별도의 법적인 요건이 충족될 것을 전제로 적용된다는 것이었다.[142]

이와 관련하여 패널은 먼저 본 사안에서 DCR조치와 관련하여 문제가 되는 것은 TRIMs가 GATT를 구체화하고 있는지 여부가 아니라, 두 협정의 관계에 있어서 부속서 1항 (a)호에 해당하는 조치가 필연적으로 GATT 제Ⅲ조 4항에 불합치하기 때문에 4항의 심사기준을 별도로 검토할 필요가 없는 것인지 여부를 가리는 것이라고 정리하였다.[143] 이에 패널은 부속서 1항의 예시목록이 GATT 제Ⅲ조 4항에 합치하지 않는다는 것은 TRIMs 제2조 2항과 부속서 1항 두문의 용어를 통해서 명백하게 규정되어 있다고 지적하고,[144] 조약해석자의 임무는 해당 문면에 주어진 '의미'(legally operative meaning)를 유효하게 하는 것임을 재확인하였다.[145]

이에 패널은 TRIMs 제2조 2항 및 부속서 예시목록의 목적(purpose)은 동 목록에 해당한다고 판정된 투자조치들이 GATT 제Ⅲ조 4항에 불합치한다고 규정하는 것이라고 이해함으로써, 상술한 규정이 단순히 제2조 1항의 적용범위를 명확히 하기 위한 것에 불과하다는 인도의 주장은 조화로운 해석이 될 수 없다고 판시하였다. 그 결과 TRIMs 부속서 1항의 예시목록에 해당하는 조치는 그 자체로서 GATT 제Ⅲ조 4항의 NT의무에 불합치하는 투자조치가 되며, 별도로 제Ⅲ조 4항의 법적 요건을 검토할 필요 없이 TRIMs 제2조 1항을 위반한다는 결정이 내려졌다.[146]

이상에 비추어 볼 때, 인도가 GATT 제Ⅲ조 4항의 심사기준을 중심으로 NT의무 위반에 대한 방어전략을 구사한 것은 TRIMs 제2조 1항과 GATT 제Ⅲ조 4항의

---

141 PR, *India — Solar Cells*, para. 7.44.
142 *Id*.
143 PR, *India — Solar Cells*, para. 7.46.
144 PR, *India — Solar Cells*, paras. 7.47-7.48.
145 실제로 WTO의 패널과 상소기구는 WTO협정의 특정한 조항이 무용화되는 것을 방지하고자 효과적 해석의 원칙을 폭넓게 활용하고 있다. PR, *India — Solar Cells*, para. 7.52; PR, *Canada — Renewable Energy / Canada — Feed-in Tariff Program*, para. 6.84; ABR, *Canada — Measures Affecting the Importation of Milk and the Exportation of Dairy Products*, WT/DS103/AB/R, WT/DS113/AB/R, and Corr.1, 27 October 1999, para. 133; ABR, *Argentina — Safeguard Measures on Imports of Footwear*, WT/DS121/AB/R, 12 January 2000, para. 81 참조.
146 PR, *India — Solar Cells*, para. 7.54.

관계를 잘못 해석한 것에서 비롯된 실책이었다. 그런데 TRIMs 제2조 1항과 GATT 제Ⅲ조 4항의 관계에 대한 오해는 비단 인도뿐만이 아니라 당시 제3자로서 분쟁에 참여한 다른 회원국들 사이에서도 존재하였던 것이었다. 실제로 우리나라를 비롯하여 브라질, 일본, 캐나다 등이 GATT 제Ⅲ조를 먼저 적용해야 한다는 것을 공통분모로 하여 그 안에서도 서로 다른 해석론을 가지고 있었다.[147] 특히 동 이슈와 관련하여 우리나라는 GATT 제Ⅲ조 4항이 먼저 검토된 이후에 TRIMs 제2조 1항을 검토해야 한다는 입장에 있었던 만큼, 만약에 우리나라가 동 분쟁의 당사국이었다면 인도와 마찬가지로 TRIMs 제2조 1항이 아니라 GATT 제Ⅲ조 4항에 대한 항변에 집중하였을 가능성을 배제할 수 없다.

물론 TRIMs와 GATT의 관계와 관련하여 과거 *Indonesia – Autos* 사건의 패널이 TRIMs는 WTO 체제에서 완전히 독립적인 협정이므로 이를 GATT협정에 대한 양해(understanding) 정도로 이해할 것은 아니라고 판시한 전례가 있기는 하다.[148] 그러나 해당 사건은 TRIMs 제2조 1항이 독자적인 의무조항으로서 GATT 제Ⅲ조 4항에 종속되는 것이 아니라는 점을 분명히 한 것이기는 하지만, 이러한 판결이 실제적으로 TRIMs 제2조 1항을 해석 및 적용함에 있어서 양자 간에 어떠한 조항이 우선하여 적용될 것인지에 관한 문제까지 정리해 준 것은 아니었다. 반면에 금번 *India – Solar Cell* 사건은 GATT 제Ⅲ조 4항의 심사기준을 적용할 필요 없이, 오로지 TRIMs 제2조 1항 및 그에 부속하는 TRIMs 부속서 1항에서 도출되는 심사기준을 충족하는 것만으로 NT의무의 위반이 구성된다는 것이 분명하게 적시되었다. 따라서 동 사건의 판결은 TRIMs 제2조 1항과 GATT 제Ⅲ조 4항 간의 관계라는 측면에서 WTO법 해석의 진일보를 이루었다는 점에서 그 의미가 인정된다.

13.5.2. GATT 제Ⅲ:8(a)조의 '경쟁관계' 기준의 재확인

India – Solar Cell 사건의 피소국인 인도는 GATT 제Ⅲ조 8(a)항의 적용대상

---

147 제3자로서 분쟁에 참여한 회원국 가운데 미국과 유사한 입장을 표명하였던 회원국으로 는 유럽연합(EU)이 있다. EU는 TRIMs 제2조 1항의 위반이 결정되면 GATT 제Ⅲ조 4항 의 위반은 그 결과에 부수하게 되는 것이므로 TRIMs 제2조를 먼저 적용해야 한다는 입 장을 표명하였다. PR, *India – Solar Cells*, para. 7.45.

148 PR, *Indonesia – Autos*, paras. paras. 14.60 – 14.61.

을 오로지 '경쟁관계'라는 기준에 의해서만 심사하는 것의 문제점을 지적하면서, 정부조달의 대상이 된 태양광으로 발전된 전기와 태양광 전지 및 모듈은 상호간에 분리될 수 없는 특수한 관계에 있으므로 전기를 구매함으로써 태양광 전지 및 모듈이 효과적으로 정부조달 되었다고 주장하였다. 이에 본 사건에서는 과연 기존에 확립된 '경쟁관계' 기준을 제외한 다른 판단기준을 통하여 제Ⅲ조 8(a)항의 적격성이 인정될 수 있는지에 대한 궁금증이 유발되었다.

그럼에도 불구하고 본 사건은 기본적으로 종전의 *Canada – Renewable Energy/Feed-in Tariff Program* 사건과 비교할 때, 문제가 된 조치를 둘러싼 사실관계와 법적쟁점이 거의 동일하였다. 이로 인하여 본 사건의 제소국인 미국은 기존 사건의 상소기구에서 적용된 '경쟁관계' 기준에 따라서 반대논리를 전개하였으며, 패널과 상소기구 역시 동일한 기준에 입각하여 사안을 검토하였다. 그 결과 GATT 제Ⅲ조 8(a)항의 적격대상으로 인정받기 위해서는 언제나 정부조달을 통하여 구매되는 상품과 실질적으로 NT의무의 차원에서 차별의 대상이 되는 상품 사이에 '경쟁관계'가 설립되어야 한다는 종전의 판단기준이 재확인되었다. 따라서 앞으로도 GATT 제Ⅲ조 8(a)항의 정부조달로서 인정받기 위해서는 정부기관에 의해서 '구매되는 상품'이 차별적인 조치의 대상이 된 상품과 '동종'(like) 또는 '직접적으로 경쟁적이거나 대체가능한'(directly competitive or substitutable) 상품이라는 것이 입증될 수 있어야만 한다.

하지만 일각에서는 동 사건의 상소기구가 GATT 제Ⅲ조 8(a)항을 해석함에 있어서 의무가 면제되는 대상을 오인하였다는 비판론도 제기되고 있다.[149] 이러한 비판의 핵심은 해당 조항에서 NT의무가 면제되는 것은 "정부조달을 규율하는 법률, 규정 또는 요건"이므로 상소기구와 같이 정부조달을 통해서 구매되는 '상품'의 '경쟁관계'에 방점을 두고 해석을 하는 것은 바람직하지 못하며, 그보다는 문제의 '조치'가 과연 '정부조달을 규율'하는 것인지 여부를 중심으로 조항을 해석 및 적용해야 한다는 것에 있다.[150]

---

149 A. Jayagovind, "Missing the wood for the trees: a critique of the WTO ruling in India: solar cells and modules", *Indian Journal of International Law*, Vol. 56 No. 2, 2016; Aditaya Sarmah, "Renewable Energy and Article Ⅲ:8(a) of the GATT: Reassessing the Environment-Trade Conflict in Light of the 'Next Generation' Cases", *TRADE L. & DEV.*, Vol. 9 No. 2, 2017 참조.

150 A. Jayagovind, *Id.*, pp. 207-208; Aditaya Sarmah, *Id.*, pp. 211-212.

그런데 이러한 비판론은 과거 *Canada – Renewable Energy / Feed–in Tariff Program* 사건에서 패널이 적용하였던 검토기준과 상당히 유사한 측면이 있다. 왜냐하면 해당 사건의 패널 역시 GATT 제Ⅲ조 8(a)항에서 "법률, 규정 또는 요건"이 직접적으로 수식관계에 있는 것은 '구매되는 상품'이 아니라 '조달을 규율'하는 것에 있다고 지적하고,[151] 이러한 관점에서 동 조항의 문언을 표면적으로 해석하여 문제의 조치가 정부조달을 규율하는 '법률, 규정 또는 요건'과 관련된 것인지 여부를 중심으로 검토하였기 때문이다.[152] 또한 해당 사건의 패널은 피소국인 캐나다가 채택한 DCR조치를 정부조달의 대상인 '전기'가 조달되기 위한 '필수적 전제조건'(necessary prerequisite)으로 인정하였으며, 이를 바탕으로 또 다시 DCR조치가 정부조달을 규율하는 '요건'에 해당한다고 판결함으로써 GATT 제Ⅲ조 8(a)항의 적격성을 인정하기까지 하였다.[153]

결국 위와 같은 비판론 및 *Canada – Renewable Energy / Feed–in Tariff Program* 사건의 패널의 입장에 따르면 정부조달을 규율하는 '요건'으로 인정을 받은 DCR조치는 정부조달의 대상이 되는 '전기'와의 관련성이 인정되며, 이는 다시 DCR조치의 적용대상인 '발전설비'와 정부조달의 대상인 '전기'와 관련성으로 연결될 수 있게 된다. 따라서 이러한 논리에 따르면, 최종적으로는 본 사건에서 인도가 주장한 바와 같이 '전기'를 구매함으로써 DCR조치의 적용대상이 되는 태양광 전지 및 모듈에 대한 정부조달이 인정될 수 있다는 결론으로 연결된다.[154] 그러나 이러한 해석론은 이미 동일한 사건의 상소기구를 통하여 배척되었으며, 후행하는 *India – Solar Cell* 사건의 패널 및 상소기구를 통해서도 재차 배척당한 접근방식이라는 점에 유의할 필요가 있다.

물론 '세계무역기구 설립을 위한 마라케쉬 협정'(이하 'WTO설립협정'과 혼용)에 의하면 설립협정과 다자간무역협정에 대한 해석을 채택할 수 있는 권한은 오로지 각료회의와 일반의사회가 독점하고 있으므로,[155] 상소기구가 개별 사건에서 채택한 판단기준은 다른 사건에 대하여 법적인 구속력은 없다.[156] 따라서 향후 새로

---

[151] PR, *Canada – Renewable Energy / Canada – Feed–in Tariff Program*, para. 7.124.

[152] PR, *Canada – Renewable Energy / Canada – Feed–in Tariff Program*, para. 7.126.

[153] PR, *Canada – Renewable Energy / Canada – Feed–in Tariff Program*, paras. 7.127-7.128.

[154] PR, *Canada – Renewable Energy / Canada – Feed–in Tariff Program*, para. 7.127

[155] WTO설립협정 제XI조 2항 참조.

[156] Andrew Lang, "Twenty years of the WTO Appellate Body's "fragmentation

운 분쟁사건의 패널과 상소기구는 기존의 상소기구와 다른 해석을 시도할 수도 있으며, 분쟁당사자가 직접 기존의 선례에서 적용된 '경쟁관계' 판단기준을 배척할 것을 요구할 수도 있다.[157]

하지만 대개의 경우는 WTO 체제의 법적 확실성 및 안정성의 확보라는 측면에서 기존의 상소기구를 통해서 채택된 해석방식과 논리들이 그 이후의 패널과 상소기구의 심리과정에서 상당한 설득력을 가지며 반복되고 있는 실정이다.[158] 뿐만 아니라 본질적으로 GATT 제Ⅲ조 8(a)항이 제Ⅲ조에 규정된 NT의무의 적용을 배제하는 규정이라는 것을 고려한다면, 8(a)항을 통하여 주어지는 적용면제는 그 면제의 대상이 되는 본래적인 의무의 범위를 초과할 수는 없다고 해석하는 것이 바람직하다.[159] 만약에 그렇지 않고 8(a)항의 적용대상을 비판론과 같이 정부조달을 '규율'하는 '법률, 규정 또는 요건'에 초점을 맞추어 개방하게 된다면, 정부조달로 구매되는 상품의 공급체인 또는 공정과정에 직간접적으로 관련되는 수많은 상품에 대한 차별적인 조치들이 GATT 제Ⅲ조 8(a)항을 매개함으로써 NT의무로부터 거의 무제한적으로 면제될 우려가 존재한다.[160] 따라서 경쟁관계의 측면에서 제Ⅲ조 8(a)항의 적용가능성 여부를 심사하는 것이 동 조항의 적용을 과도하게 제한한다는 비판론은 오히려 8(a)항의 규범적 위치와 역할을 제대로 이해하지 못하고 있을 뿐만 아니라, 동 조항의 적용범위를 과도하게 확대하게 만드는 문제점을 내포하고 있다. 이러한 점에서 향후 GATT 제Ⅲ조 8(a)항과 관련된 분쟁사건에서 당사국

---

jurisprudence"", *Journal of International Trade Law & Policy*, Vol. 14 No. 3, 2015, p. 117.

[157] Mitsuo Matsushita, "Reflections on the functioning of the Appellate Body", in Gabrielle Marceau (Ed.), *A History of Law and Lawyers in the GATT/WTO: The Development of the Rule of Law in the Multilateral Trading System* (Oxford: Oxford University Press, 2015), p. 557; Frieder Roessler, "Changes in the jurisprudence of the WTO Appellate Body during the past twenty years", *Journal of International Trade Law & Policy*, Vol. 14, No. 3, 2015 참조.

[158] Frieder Roessler, *Id.*, p. 130; ABR, *United States — Final Anti—dumping Measures on Stainless Steel from Mexico*, WT/DS344/AB/R, 30 April 2008, para. 160, " ··· *the legal interpretation embodied in adopted panel and Appellate Body reports becomes part and parcel of the acquis of the WTO dispute settlement system*. Ensuring "security and predictability" in the dispute settlement system, as contemplated in Article 3.2 of the DSU, implies that, *absent cogent reasons, an adjudicatory body will resolve the same legal question in the same way in a subsequent case* (강조추가). "

[159] ABR, *India — Solar Cells*, para. 5.22.

[160] PR, India - Solar Cell, para. 7.131 참조.

의 일부가 *India − Solar Cell* 사건에서 재확립된 '경쟁관계' 판단기준을 배척 내지 재평가할 것을 주장할 가능성은 높지 않으며, 설사 이러한 주장이 제기되는 경우라고 하여도 패널과 상소기구에서 이러한 요구를 수용할 가능성은 매우 희박하다.

13.5.3. GATT 제XX조 (j)호의 '공급이 부족한 상품' 및 '필수적 조치'의 판단기준 제시

현재까지 WTO에 제기된 분쟁사건 중에는 GATT 제XX조 (j)호를 원용한 사례가 없었다. 따라서 동 사건을 통하여 WTO 역사상 처음으로 동 조항이 인용되기 위한 요건과 판단기준이 무엇인지를 확인할 수 있게 되었는데, 이를 부연하면 다음과 같다.

먼저 '일반적 또는 지역적으로'라는 의미와 관련하여 상소기구는 '일반적'이라는 용어와 '지역적'이라는 용어가 '또는'으로 연결된 만큼 특정한 지방 또는 지역에 국한되어 공급부족이 존재하는 것만으로도 충분하다고 해석하였다. 이에 따르면 반드시 국가 전역 또는 국제적인 차원에서 공급부족이 존재함을 입증할 필요는 없다. 다음으로 '공급이 부족한 상품'의 기준과 관련하여 패널과 상소기구는 모두 국내외를 불문하고 수요를 충족할 수 있는 공급이 존재하는 한 공급부족의 상황은 존재할 수 없다고 결정하였다. 따라서 '국내제조능력'(domestic manufacturing capacity)이 부족한 것만으로는 해당 기준이 충족되지 않으며, 임박(imminent)하지 않은 '위험(risk)'만으로는 동 조항이 원용될 수 없다는 기준이 제시되었다. 정리하면 외국 및 국내의 모든 이용 가능한 공급원으로부터 제공되는 상품의 수량이 문제가 되는 지리적 영역 또는 해당 시장의 수요를 충족시키지 못하는 상황이라는 것을 피소국이 입증할 수 있어야만, 비로소 '일반적 또는 지역적으로 공급이 부족한 상품'의 요건이 충족된다고 하겠다.

물론 위와 같은 판단기준에 대해서는 패널과 상소기구가 공급이 부족한 상황을 너무 협소하게 해석하여 GATT 제XX조 (j)호가 활용될 수 있는 범위를 과도하게 축소하는 것이 아니냐는 비판론이 제기될 수 있다. 하지만 유념할 것은 제XX조 (j)호가 공급부족의 사태에 대응하기 위한 조치가 '필수적'일 것을 요구하고 있을 뿐만 아니라, 해당 조치가 "동 조치를 야기한 조건이 존재하지 아니하게 된 즉시 중단"될 것 역시 요구하고 있다는 것이다.[161] 따라서 제XX조 (j)호의 전체적인 맥

---

161 GATT 제XX조 (b)호, " ⋯ any such measures, which are inconsistent with the

락을 고려하면, 동 조항에서 말하는 '공급이 부족한 상품'은 본질적으로 '당면성' 과 '잠정성'을 내재하고 있는 것으로 이해하는 것이 바람직하다.[162] 한편 상소기구 가 '공급이 부족한 상품'을 수식하고 있는 '일반적 또는 지역적으로'라는 구절의 의미를 글로벌 시장의 맥락으로 한정하지 않고, 오히려 단일한 시장 내지 일부 특 정한 지역에서 발생하는 공급부족의 상황을 포섭하는 해석을 제공하고 있다는 사 실에도 유념할 필요가 있다. 이는 패널과 상소기구가 '위험'에 대응하기 위한 '예 방적인' 수준의 조치들은 배제하고 오로지 '실제적'이고 '임박한' 수량적 부족의 상황만이 공급부족에 해당한다고 판시함으로써 '수량적'인 측면의 판단기준을 상 당히 좁게 해석하고 있는 것과는 반대로, (d)호가 원용될 수 있는 '지역적 또는 시 장적' 측면의 기준은 상당히 유연하게 확대하고 있다는 점에서 적절한 균형이 달 성되고 있다고 판단되기 때문이다.

추가적으로 제XX조 (j)호는 문제의 조치가 부족한 상품의 획득 또는 분배에 '필수적'(essential)일 것을 요구하고 있다. 이와 관련하여 패널과 상소기구는 '필 수적'이라는 단어는 제XX조의 다른 조항에서 언급되고 있는 '필요한'(necessary) 이라는 단어와 유사하다고 보았으며, 보다 구체적으로는 '기여하는'(making a contribution)과 '필수불가결한'을 양극단으로 하는 연속선 가운데 '필수불가결 한'에 가까운 것으로 이해하였다.[163] 실제로 사전적인 의미에서 필수적이라는 단 어가 "절대적으로 필수불가결한 또는 필요한"(absolutely indispensable or necessary)이라는 뜻을 가지고 있는바,[164] 그동안 GATT 제XX조의 (a)호, (b)호 및 (d)호 관련 분쟁사례를 통하여 집적된 '필요한' 조치에 대한 해석을 '필수적'인 조치에 준용하는 것이 크게 무리하거나 불합리한 해석은 아니라고 생각된다.[165] 다

other provisions of the Agreement *shall be discontinued as soon as the conditions giving rise to them have ceased to exist* (강조추가)."
162 ABR, *India — Solar Cells*, para. 5.64 참조.
163 ABR, *India — Solar Cells*, para. 5.62.
164 *Shorter Oxford English Dictionary*, 6th ed, W.R. Thumble, A. Stevenson (Ed.) (ABR, *India — Solar Cells*, para. 5.62 재인용).
165 이 경우 필요성 심사와 마찬가지로 필수적인 조치인지 여부를 점검함에 있어서도 해당 조치가 공급이 부족한 상품의 획득과 배치에 기여하고 있는지 여부, 문제의 조치가 보호 하고자 하는 사회적 이익과 가치의 상대적인 중요성, 도입된 조치의 무역제한적인 효과 등이 비교형량 되어야 할 것이다. 동시에 문제가 된 조치보다 덜 무역제한적인 합리적인 대안조치의 적용가능성 등도 함께 고려되어야 할 것이다. ABR, *India — Solar Cells*, para. 5.63; ABR, *Korea — Measures Affecting Imports of Fresh, Chilled and Frozen Beef*,

만 종전의 WTO 판정례의 필요성 심사 관행에 비추어 볼 때 공급이 부족한 상품의 '획득 또는 분배'라는 목적은 DCR을 요구하지 않더라도 효과적으로 달성될 수 있는 목표이며,[166] DCR조치가 '덜 무역제한적인' 조치에 해당하지 않는다는 판정을 받을 가능성이 높다고 생각된다.[167] 따라서 DCR조치가 제XX조 (d)호에서 말하는 '필수적'인 조치로서 인정받을 수 있는 여지는 넓지 않다고 판단된다.

13.5.4. GATT 제XX : (d)조의 '법률 또는 규정'의 적격기준 명료화

동 사건의 상소기구는 GATT 제XX조 (d)호의 "법률 또는 규정"에 해당하는지에 대해서 보다 상세한 적격성 판단기준과 검토방법을 제공하였다. 그에 대해서 살펴보면 다음과 같다.

첫째로 동 사건의 상소기구는 (d)호의 '법률 또는 규정'의 적격성을 판단하는 기준이 오로지 강제성에만 국한되는 것이 아니라고 판결하였다. 부연하면 동 사건의 패널은 인도가 제시한 국내문서들이 법률 또는 규정에 해당하는지를 온전히 '집행가능성'(legally enforceable)과 같은 '강제성의 정도'의 측면에서 평가하였다. 그 결과 패널은 오로지 제정법에 해당하는 전기법(electricity Act, 2003)만을 평가대상으로 확정하고, 인도가 국내문서로서 지목한 그밖에 '정책', '계획', '행동계획'등과 같은 것들은 처음부터 '법률 또는 규정'의 평가대상에서 제외하였다. 결국 패널에 따르면 의회 입법 등과 같이 규범성과 집행가능성이 확보된 소위 '경성법'(hard law)에 해당하지 않는 규범들은 GATT 제XX조 (d)호의 '법률 또는 규정'으로 인정받을 수 없는 것이었다.

반면에 상소기구는 적격성의 판단기준을 오로지 강제성에만 국한하여 평가한 패널심리의 오류를 인정하였다. 그에 따르면 GATT 제XX조 (d)호의 '법률 또는

WT/DS161/AB/R, WT/DS169/AB/R, 11 December 2000, paras. 162-163 참조.

166 Holger Hestermeyer & Laura Nielsen, "The Legality of Local Content Measures", *J. WORLD TRADE*, Vol. 48 No. 3, 2014, p, 590.

167 필요성 심사 기준에 관한 내용은 ABR, *European Communities – Measures Affecting Asbestos and Asbestos−Containing Products*, WT/DS135/AB/R, 5 April 2001, para. 172; ABR, *Brazil − Measures Affecting Imports of Retreaded Tyres*, WT/DS332/AB/R, 17 Dec. 2007, para. 124; ABR, *Korea − Various Measures on Beef, Id.*; 이윤정, "GATT 제III조와 제XX조의 해석 및 적용: 한국 - 수입쇠고기 사건을 중심으로", 「국제경제법연구」통권 제2권, 한국국제경제법학회, 2004, 112-116면 참조.

규정'에 해당하는지는 단순히 '규범성'의 정도에만 국한되는 것이 아니며 그 외에
'구체성', '사법적 집행가능성', '적법한 제정권한', '형식과 명칭', '제재수단' 등
을 모두 고려하여 사안별로 살펴보아야 한다.[168] 따라서 이러한 상소기구의 판시에
따르면 사법기관을 통한 강제 내지 벌금과 처벌 등의 제재를 결여하는 경우에도 피
소국이 이행하여야 할 행위규칙, 의무, 요건 등이 도출된다면 GATT 제XX조 (d)호
의 '법률 또는 규정'으로서의 적격성을 인정받을 수 있게 된다.[169] 정리하면 패널의
입장에 따르면 '경성법'에 해당하지 않는 규범들은 GATT 제XX조 (d)호의 '법률
또는 규정'으로 인정받을 수 없게 되는 반면, 상소기구에 따르면 법적 집행력과 강
제성은 결여되어 있지만 수범대상의 행위에 실질적으로 영향을 미치는 행동규칙,
즉, 소위 '연성법'[170]으로 분류되는 것들 역시 적격성이 인정될 수 있게 된다.[171]

현실적으로 연성법은 제정절차의 간이성으로 인하여 신속한 제·개정이 용이
하고, 상황에 따른 탄력적인 해석과 적용이 가능하다는 점에서 정책 및 규제환경의
변화가 잦은 기술관련 규제 및 경쟁법 등의 분야에서 적용이 빠르게 확산되고 있
다.[172] 또한 오늘날은 문화, 경제, 사회 등 각 분야에서 인터넷을 비롯한 ICT기술에
대한 의존도가 급속도로 높아지고 있다. 따라서 기술 및 ICT산업을 둘러싼 정책 환
경의 급변에 대응하기 위한 연성법의 활용범위는 더욱 넓어질 것으로 전망되며, 이
와 함께 앞으로 ICT서비스, 경쟁, 투자 등과 같은 분야에 적용되는 연성법 또는 그
에 기반한 국내조치를 둘러싼 통상법적 분쟁 역시 증가할 것으로 전망된다.[173] 이
러한 맥락에서 GATT 제XX조 (d)호의 '법률 또는 규정'에 연성법이 포함될 수 있
음을 확인한 *India — Solar Cells* 사건의 상소기구 판결은 오늘날의 규제환경에 비

---

168 ABR, *India — Solar Cells*, paras, 5.113-5.114 and 5.127.
169 ABR, *India — Solar Cells*, para. 5.109.
170 일반적으로 연성법은 직접적인 법적 구속력은 결여되어 있음에도 사회구성원의 행위에
실질적인 영향을 행사하기 위해서 고안된 행동규범으로서 정의된다. 연성법의 개념과 특
징에 대한 설명은 최난설헌, "연성규범(Soft Law)의 기능과 법적 효력 - EU 경쟁법상의
논의를 중심으로 -", 「법학연구」 제16권 제2호, 인하대학교 법학연구소, 2013, 89,
92-93면 참조.
171 Sherzod Shadikhodjaev, "India—Certain Measures Relating to Solar Cells and
Solar Modules," *The American Journal of International Law*, Vol. 111 No. 1, 2017,
p. 146.
172 D. Lehmkuhl, "On Government, Governance and Judicial Review: The Case of
European Competition Policy", *Journal of Public Policy*, Vol. 28, 2008, p.139, 147
and 150-152.
173 최난설헌, 전개논문, 89, 91면 참조.

추어 볼 때 큰 의의가 있다.

둘째로 동 사건의 상소기구는 검토방법의 측면에서 제XX조 (d)호의 '법률 또는 규정'의 적격성이 여러 개의 문서를 함께 평가함으로서 검토될 수 있음을 분명히 하였다. 부연하면 인도는 문제의 DCR조치가 '지속가능한 성장' 등에 관한 의무의 이행확보를 위해서 필요한 조치라고 주장하면서 제XX조 (d)호를 원용하였다. 그리고 동 조항의 '법률 또는 규정'으로서 4개의 국내문서를 제시하면서 이러한 문서들이 모두 함께 총체적으로 검토되어야 한다고 주장하였다. 그러나 패널은 인도가 제시한 방법론과는 다르게 문서들을 하나씩 별도로 검토함으로써 각 문서의 적격성을 부정하는 판정을 내렸다. 반면에 상소기구는 인도가 주장한 방법론을 인정하면서 제정법에 해당하는 전기법을 '정책', '계획', '행동계획' 등과 같은 연성법적인 문서와 함께 총체적으로 평가하지 않은 패널심리의 방법론적인 오류를 인정하였다.[174] 정리하면 상소기구는 제XX조 (d)호의 '법률 또는 규정'의 적격성을 검토함에 있어서 각 문서를 개별적으로 평가한 반면, 상소기구는 여러 개의 문서가 함께 고려될 수 있다고 인정한 것이다.

이처럼 상소기구가 제XX조 (d)호의 '법률 또는 규정'의 적격성이 복수의 문서를 총체적으로 평가함으로써 인정될 수 있다고 판시한 것은 앞서 언급한 적격성의 판단기준, 즉, '구체성', '사법적 집행가능성', '적법한 제정권한', '형식과 명칭', '제재수단' 등과 같은 판단요소가 반드시 단일한 문서를 통해서 증명되어야만 하는 것이 아니라는 점을 분명히 한 것이다. 따라서 만약 전기법에서 인도정부가 '국가전기정책', '국가전기계획', '기후변화에 관한 국가행동계획'을 수립해야 하는 것이 '지속가능한 성장' 등을 달성하기 위한 것임을 분명하게 명시하고 있었다면 그리고 나머지 연성법적인 문서인 정책, 계획, 행동계획 등이 단순히 권고적·선언적·설명적인 수준에 머무르지 않고 구체적으로 지속가능한 성장 등에 관련된 행동규칙, 요건 등을 담고 있었다면, 상소기구가 4개의 국내문서를 총체적으로 평가함으로써 적격성을 인정했을 수도 있다.

이상과 같은 내용은 향후 친환경 에너지 정책 내지 기후변화에 대한 적응 또는

---

174 그럼에도 앞서 IV장에서 상세히 설명한 바와 같이 상소기구는 제출된 4개의 국내문서를 모두 함께 검토하는 경우에도 인도가 DCR조치를 통해서 준행을 확보하고자 하였다던 '지속가능한 성장' 등에 관한 의무 또는 행동규칙이 도출되지 않는다고 판단하였다. 그 결과 제XX조 (d)호의 적격성을 부정하였던 패널의 최종적인 결정은 상소기구를 통해서도 그대로 유지되었다.

감축을 위한 조치를 채택함에 있어서 이러한 조치들이 채택 및 준수되어야 하는 법적근거, 이행방식, 수범대상, 시행주체 등이 가능한 구체적으로 기술될 수 있도록 설계하는 것이 제XX조 (d)호의 항변에서 유리할 것임을 시사한다. 이는 최근 환경 및 기술 관련 규제들이 대게 선언적·정책적인 내용을 서술하고 있는 기본법 등에 근거를 두면서도 정작 최종적인 조치는 위임명령 또는 연성법 등을 통해서 시행되는 경우가 증가하고 있는 현실에 비추어 볼 때, 향후 우리나라의 입장에서도 활용가치가 높은 결정이라고 판단된다.

끝으로 본 사건에서는 제XX조 (d)호의 '법률 또는 규정'에 국제문서가 해당될 수 있다는 점이 재확인되었다. 상소기구에 따르면 국제문서가 '법률 또는 규정'으로 인정되기 위해서는 우선적으로 (ⅰ) 특정한 국제문서가 국내법 체계의 일부를 형성하였다는 것과, (ⅱ) 국내법 체계의 일부를 구성한 당해 국제문서로부터 피소국이 이행을 확보할 수 있는 규칙, 의무, 요건 등과 같은 내용이 도출되었음이 입증되어야 한다. 물론 본 사건 전에도 국제법이 제XX조 (d)항의 '법률 또는 규정'에 해당할 수 있음을 인정한 선례들이 존재하였으나, 본 사건에서는 실제로 4개의 국제문서가 원용되었으며 이를 검증하는 과정을 통하여 국제문서가 법률 또는 규정으로 인정받기 위한 기준이 보다 분명하게 해설되었다는 점에서 의의가 있다.

13.6. 결론: 친환경 에너지 발전(發電)에 관한 전망과 제언

지속가능한 경제개발의 달성은 현대를 살아가는 인류가 공통적으로 당면하고 있는 국제적인 과제일 뿐만 아니라 각 국가들이 개별적인 차원에서도 달성해야 하는 우선순위 정책목표가 되었다. 이러한 정책목표를 달성하기 위한 실천전략으로서 적지 않은 국가들이 신재생 에너지 발전(發電)의 확대를 통한 에너지 다양화(energy mix)에 관심을 기울이고 있으며, 국내의 관련 산업분야의 역량강화 및 투자진작을 위해 신재생 에너지 분야에 대한 정부지원 자격요건으로서 DCR조치를 활용고자 하는 유인이 증가하고 있다. 하지만 본 논문에서 분석한 *India - Solar Cell* 사건 등에서 보듯이 WTO 회원국 상호간에 친환경 에너지 정책에 대한 내국민대우, 보조금 등에 관한 모니터링이 강화되는 추세이며, 이는 향후 신재생 에너지 분야의 무역장벽을 제거하기 위한 통상법적 견제가 더욱 강화될 것임을 전조한다.

India — Solar Cell 사건에 대한 분석과정에서 검토한 바와 같이 친환경 에너지 분야에서 채택되는 DCR조치는 투자진흥 및 이를 통한 국산품 경쟁력 강화와 연동되는 경우에는 TRIMs협정 제2조 1항의 NT의무를 위반한다는 판정을 받게 될 가능성이 높다. 더욱이 패널과 상소기구는 투자조치에 대한 NT의무를 규정한 TRIMs 제2조 1항의 규정이 GATT 제Ⅲ조 4항과의 관계에서 독립적이며 우선적으로 적용된다고 결정하였다. 따라서 투자조치에 대한 NT의무 위반여부를 심사함에 있어서는 기존의 GATT 제Ⅲ조 4항에서 발전되어 온 '동종성', '보다 불리한 대우', '국내판매 등에 영향을 주는 법률'과 같은 요건을 충족시킬 것이 요구되지 않으며, 그 대신 TRIMs 부속서 1(a)항에 기재된 상대적으로 완화된 요건을 심사함으로써 NT의무의 위반여부가 결정될 것이다.

이러한 점에서 친환경 에너지 관련 국내산업의 진작을 위한 노력의 일환으로 DCR조치를 활용하는 것은 NT의무의 준수와 관련하여 통상법적으로 취약한 정책이 될 수밖에 없다. 그러므로 국내산업의 진흥과 결부하여 친환경 정책을 수립하고자 하는 경우에는 정책을 입안하는 초기단계에서부터 GATT 제Ⅲ조 4항뿐만이 아니라 TRIMs 제2조 1항에 규정된 NT의무의 구성요건을 신중히 고려할 것이 요구된다. 특히 향후 국내적으로 FIT제도를 재도입하는 경우에는 불필요한 통상분쟁이 발생하지 않도록 가능한 DCR조치를 혼합하지 않는 방식으로 제도를 설계해야 할 것이다.

실제로 최근 친환경 신재생 에너지 발전 및 보급의 확대를 위한 정책과 관련하여 호주, 인도네시아, 덴마크, 체코 등 상당수의 국가들이 FIT를 통하여 제공되는 보조금을 상향하고 있으며,[175] 일본, 독일 등과 같이 의무할당제도(RPS)와 FIT를 병행하는 국가들도 관측된다.[176] 이렇게 FIT제도에 대한 관심이 다시 증가하는 분위기 속에서,[177] 국내에서도 소규모 발전사업자의 지원을 위해 FIT제도를 재도입

---

[175] 예컨대 2016년 이후 호주는 5~30kW급의 태양광에 대한 FIT보조금을 상향하는 방식으로 정책을 조정하였으며, 인도네시아 역시 태양광 분야에 대한 FIT를 70% 인상하였다. 같은 해에 덴마크는 풍력발전에 대한 FIT를 신설하였으며, 체코 역시 FIT보조금을 재도입하였다. 정연승, 이민재, 손세훈 등, "신재생 에너지: 선택과 집중",「Industry Report」, 2017, pp. 17-34; 에너지경제연구원,「세계 에너지시장 인사이트」제15권 제39호, 2015, 57-60면 참조.

[176] 에너지경제연구원,「세계 에너지시장 인사이트」제18권 제4호, 2018, 19-32면; 에너지경제연구원,「세계 에너지시장 인사이트」제17권 43호, 2017, 13면; 오선영, 전개논문, 374-375면 참조.

하자는 논의가 증가하고 있다.[178] 따라서 향후 국내외적으로 친환경 에너지 발전과 관련하여 FIT제도의 통상법 합치성에 대한 논의가 증가될 것으로 예상되며, 이러한 현실에 발맞추어 FIT제도를 둘러싼 통상법적 이슈에 사전적으로 대비하는 것이 필요하다.

다만 그럼에도 불구하고 친환경 에너지 정책에 대한 통상법적인 고려가 통상분쟁에 대한 과도한 염려 혹은 방어적인 태세로 확대되는 것은 바람직하지 못하다. 특히 FIT프로그램을 둘러싼 WTO 차원의 통상분쟁이 연속적으로 제기되면서, FIT제도가 생래적으로 통상법 합치성이 낮다고 오해하는 경우가 적지 않게 발생하고 있다.[179] 하지만 정작 FIT관련 분쟁사건에서 WTO협정에 불합치한다는 판정은 FIT프로그램 그 자체가 아니라 FIT에 결부되어 시행된 DCR조치에 대해서 내려진 것이었다.[180] 결국 FIT제도의 통상법 합치성에 대해서 필요이상으로 우려하기 보다는, 친환경 에너지를 통해서 발전된 '전기'에 대해서 부여되는 FIT의 혜택과 그러한 전기를 발전함에 있어서 소요되는 '친환경 상품'에 대한 DCR조치를 면밀하

---

177 FIT제도는 경제성이 높지 않은 신재생 에너지를 발전하는데 소요되는 비용과 시장가격의 차이를 정부가 지원한다는 점에서 시장경쟁에서 취약한 소규모 발전사업자들이 중장기적으로 안정적인 투자환경을 구축할 수 있도록 지원할 수 있으며, 기술다양성 확보의 측면에서도 장점이 있다. FIT제도의 장단점에 대한 설명은 박지현, "유럽의 신재생에너지정책과 FIT(Feed-in tariff)의 통상법적 쟁점 - 캐나다-재생에너지발전분야사건을 중심으로-", 「홍익법학」 제13권 제1호, 홍익대학교 법학연구소, 2012, 778-779면 참조.

178 최수진, "태양광 입지규제 완화·한국형 FIT 도입…규제혁신 토론회", EBN (January 22, 2018); 이상훈, "[기고] 재생에너지 확대 위해 FIT 재도입 논의해야", 에너지신문 (May 27, 2016); 이서윤, "RPS 제도 이대로 괜찮은가? FIT 재도입 논의 재점화", Industry News (July 21, 2015) 참조.

179 이러한 오해는 주로 정책실무 현장에서 관측되고 있는데, 이는 신재생 에너지와 관련된 WTO 분쟁사건을 인용하는 연구 또는 보도의 제목이 마치 FIT제도 그 자체가 WTO협정에 불합치한다는 결정을 받은 것과 같은 인상을 주고 있는 것과 무관하지 않다. 그러한 사례는 Susan M. Hutton & Eric H. Bremermann, "Canada loses WTO appeal regarding Ontario's Feed-in Tariff (FIT) program", *Stikeman Elliott* (May 7, 2013) 참조.

180 즉, *India − Solar Cell* 사건에서 인도가 패소한 것은 인도정부가 태양광으로 발전된 전기에 대해서 FIT의 혜택을 부여였기 때문이 아니라, 이러한 FIT프로그램에 결부된 DCR조치가 국내산 태양광 전지 및 모듈을 구입할 것을 요구한 것이 NT의무에 위반하였기 때문이었다. 마찬가지로 *Canada − Renewable Energy / Feed−in Tariff Program* 사건의 패널과 상소기구 역시 FIT프로그램이 보조금협정에 불합치한다는 주장을 인용한 것이 아니라, 동 FIT프로그램에 결부된 DCR조치가 NT의무를 위반하였다고 결정한 것이었다. *Canada − Renewable Energy / Feed−in Tariff Program* 사건에 관련된 내용은 오선영, 전개논문, 366-370면; Kati Kulovesi, *Id.*, pp. 345-348 참조.

게 구분하여 친환경 에너지 발전(發電)을 지원할 수 있는 정책을 수립 및 운용해 나
갈 것이 요구된다.

참고문헌

1. 국내문헌

박지현, "유럽의 신재생에너지정책과 FIT(Feed-in tariff)의 통상법적 쟁점 - 캐나다-재생에너지발전분야사건을 중심으로-", 「홍익법학」 제13권 제1호, 홍익대학교 법학연구소, 2012.

에너지경제연구원, 「세계 에너지시장 인사이트」 제15권 제39호, 2015.

_____, 「세계 에너지시장 인사이트」 제17권 제43호, 2017.

_____, 「세계 에너지시장 인사이트」 제18권 제4호, 2018.

오선영, "〈캐나다 - 재상에너지 발전사건〉에 대한 WTO 판결 분석 및 우리 정부의 재생에너지 향후 정책에 대한 시사점", 「법학연구」 제21권 제4호, 경상대학교 법학연구소, 2003.

이길원, "인도의 미국산 태양전지·모듈 제품의 차별에 관한 WTO 판례 연구", 「미국헌법연구」 제28권 제3호, 미국헌법학회, 2017.

이상훈, "[기고] 재생에너지 확대 위해 FIT 재도입 논의해야", 에너지신문, May 27, 2016.

이서윤, "RPS 제도 이대로 괜찮은가? FIT 재도입 논의 재점화", Industry News, July 21, 2015.

이윤정, "GATT 제Ⅲ조와 제ⅩⅩ조의 해석 및 적용: 한국 - 수입쇠고기 사건을 중심으로", 「국제경제법연구」 통권 제2권, 한국국제경제법학회, 2004.

정연승, 이민재, 손세훈 등, "신재생에너지: 선택과 집중", 「Industry Report」, 2017.

최난설헌, "연성규범(Soft Law)의 기능과 법적 효력 - EU 경쟁법상의 논의를 중심으로-", 「법학연구」 제16권 제2호, 인하대학교 법학연구소, 2013.

최수진, "태양광 입지규제 완화·한국형 FIT 도입…규제혁신 토론회", EBN, January 22, 2018.

2. 해외문헌

Frieder Roessler, "Changes in the jurisprudence of the WTO Appellate Body during the past twenty years", *Journal of International Trade Law & Policy*, Vol. 14 No. 3, 2015.

Hestermeyer, Holger & Laura Nielsen, "The Legality of Local Content Measures", *J. WORLD TRADE*, Vol. 48 No. 3, 2014.

Hutton, Susan M. & Eric H. Bremermann, "Canada loses WTO appeal regarding Ontario's Feed-in Tariff (FIT) program", *Stikeman Elliott*, May 7, 2013.

Jayagovind, A., "Missing the wood for the trees: a critique of the WTO ruling in

India: solar cells and modules", *Indian Journal of International Law*, Vol. 56 No. 2, 2016.

Kulovesi, Kati, "International Trade Disputes on Renewable Energy: Testing Ground for the Mutual Supportiveness of WTO Law and Climate Change Law", *Review of European Community & International Environmental Law (ECIEL)*, Vol. 23 No. 3, 2014.

Kuntze, Jan-Christoph & Tom Moerenhout, *Local Content Requirements and the Renewable Energy Industry – A Good Match?*, Geneva: ICTSD, 2013.

Lang, Andrew, "Twenty years of the WTO Appellate Body's "fragmentation jurisprudence"", *Journal of International Trade Law & Policy*, Vol. 14 No. 3, 2015.

Lehmkuhl, D., "On Government, Governance and Judicial Review: The Case of European Competition Policy", *Journal of Public Policy*, Vol. 28, 2008.

Marceau, Gabrielle (Ed.), *A History of Law and Lawyers in the GATT/WTO: The Development of the Rule of Law in the Multilateral Trading System*, Oxford: Oxford University Press, 2015.

Matsushita, Mitsuo, "Reflections on the functioning of the Appellate Body", in Gabrielle Marceau (Ed.), *A History of Law and Lawyers in the GATT/WTO: The Development of the Rule of Law in the Multilateral Trading System*, Oxford University Press, 2015.

Meyer, Timothy, "How Local Discrimination can Promote Global Public Goods", *Boston University Law Review*, Vol. 95, 2015.

Ministry of New & Renewable Energy of India (MNRE), *Jawaharlal Nehru National Solar Mission: Toward Building Solar India*, MNRE, 2010.

Ramdoo, Isabelle, *Unpacking Local Content Requirements in the Extractive Sector: What Implications for the Global Trade and Investment Frameworks?*, E15Initiative, 2015.

Sarmah, Aditaya, "Renewable Energy and Article III:8(a) of the GATT: Reassessing the Environment-Trade Conflict in Light of the 'Next Generation' Cases", *TRADE L. & DEV.*, Vol. 9 No. 2, 2017.

Shadikhodjaev, Sherzod, "India—Certain Measures Relating to Solar Cells and Solar Modules," *The American Journal of International Law*, Vol. 111 No. 1, 2017.

United Nations Conference on Trade and Development, *Local Content Requirements and The Green Economy*, New York; Geneva: United Nation, 2014.

United State Trade Representative (USTR), "United States Prevails in WTO Dispute Challenging India's Discrimination Against U.S. Solar Exports",

USTR Press Releases, February 2016.

Van den Bossche, Peter & Werner Zdouc, *The Law and Policy of The World Trade Organization: Text, Cases and Materials*, New York: Cambridge University Press, 2013.

3. GATT/WTO 문서

Appellate Body Report, *Argentina — Measures Relating to Trade in Goods and Services*, WT/DS453/AB/R, 9 May 2016.

_____, *Argentina — Safeguard Measures on Imports of Footwear*, WT/DS121/AB/R, 12 January 2000.

_____, *Brazil — Measures Affecting Imports of Retreaded Tyres*, WT/DS332/AB/R, 17 December. 2007.

_____, *Canada — Measures Affecting the Importation of Milk and the Exportation of Dairy Products*, WT/DS103/AB/R, WT/DS113/AB/R, and Corr.1, 27 October 1999.

_____, *Canada — Renewable Energy / Feed—in Tariff Program*, WT/DS412/AB/R, WT/DS426/AB/R, 6 May 2014.

_____, *European Communities — Definitive Anti—Dumping Measures on Certain Iron or Steel Fasteners from China*, WT/DS397/AB/R, 28 July 2011.

_____, *European Communities — Measures Affecting Asbestos and Asbestos—Containing Products*, WT/DS135/AB/R, 5 April 2001.

_____, *European Communities — Measures Affecting the Importation of Certain Poultry Products*, WT/DS69/AB/R, 23 July 1998.

_____, *India — Certain Measures Relating to Solar Cells and Solar Modules*, WT/DS456/AB/R, 16 September 2016.

_____, *Korea — Measures Affecting Imports of Fresh, Chilled and Frozen Beef*, WT/DS161/AB/R, WT/DS169/AB/R, 11 December 2000.

_____, *Mexico — Tax Measures on Soft Drinks and Other Beverages*, WT/DS308/AB/R, 24 March 2006.

_____, *United States — Final Anti—dumping Measures on Stainless Steel from Mexico*, WT/DS344/AB/R, 30 April 2008.

GATT Panel Report, *European Economic Community — Regulation on Imports of Parts and Components*, L/6657, 16 May 1990.

Panel Report, *Canada — Certain Measures Concerning Periodicals*, WT/DS31/R and Corr.1, 30 July 1997.

_____, *Canada — Certain Measures Affecting the Renewable Energy Generation Sector, Canada — Measures Relating to the Feed—in Tariff Program*, WT/DS412/R, WT/DS426/R, 19 December 2012.

_____, *European Communities — Protection of Trademarks and Geographical Indications for Agricultural Products and Foodstuffs, Complaint by the United States*, WT/DS174/R, 20 April 2005.

_____, *India — Certain Measures Relating to Solar Cells and Solar Modules*, WT/DS456/R, 24 Feburuary 2016.

_____, *Indonesia — Certain Measures Affecting the Automobile Industry*, WT/DS54/R, WT/DS55/R, WT/DS59/R, WT/DS64/R, 23 July 1998.

_____, *Mexico — Tax Measures on Soft Drinks and Other Beverages*, WT/DS308/R, 24 March 2006.

Request for the Establishment of a Panel by India, *United State — Certain Measures Relating to the Renewable Energy Sector*, WT/DS510/2, 24 January 2017.

사항색인

저자약력

박덕영
연세대학교 법과대학 졸업
연세대학교 대학원 법학석사, 법학박사
영국 University of Cambridge 법학석사(LL.M.)
영국 University of Edinburgh 박사과정 마침
교육부 국비유학시험 합격
(현) 연세대학교 법학전문대학원 교수
대한국제법학회 부회장
한국국제경제법학회 회장
산업통상자원부 통상교섭민간자문위원
대한민국 국회 입법자문위원
법제처 정부입법자문위원
연세대 SSK 기후변화와 국제법연구센터장
연세대 외교통상학 연계전공 책임교수
『WTO 무역과 환경 사례연구』, 『배출권거래와WTO법』, 『CSR 환경책임』, 『EU란 무엇인가』, 『알기
    쉬운 국제중재』, 『국제법 기본조약집』, 『국제경제법 기본조약집』, 『국제투자법과 환경문제』, 『중
    국의 기후변화대응과 외교협상』, 『일본의 환경외교』, 『국제환경법』, 『국제환경법 주요판례』, 『국
    제투자법』, 『국제경제법의 쟁점』
Legal Issues on Climate Change and International Trade Law, Springer 외 국제통상법, 국제환
    경법 분야 국내외 저서 및 논문 다수

이길원
성균관대학교 법과대학 학사
성균관대학교 법과대학 석사
미국 University of Illinois at Urbana-Champaign(LL.M., 법학석사)
미국 University of Illinois at Urbana-Champaign(J.S.D., 법학박사)
(현) 충남대학교 법학전문대학원 교수
(현) 세계국제법협회(ILA) 한국본부 사무총장
"WTO 분쟁해결절차에 있어서 개발도상국의 참여 활성화 방안", 국제법평론 제42호
"Suspending TRIPS Obligations as a Viable Option for Developing Countries to Enforce
    WTO Rulings", Asian Journal of WTO & International Health Law and Policy, Vol. 9(1) 외
    논문 다수

고민영
고려대학교 법과대학 졸업(법학사)
고려대학교 일반대학원 (국제법전공) 졸업 (법학석사)
New York University School of Law (LL.M.)
고려대학교 일반대학원 국제법 박사과정 수료
고려대학교 법학연구원 통상법연구센터 연구원(2013. 3-2016. 7)

(현) 주체코 대한민국대사관 선임연구원

"WTO Appellate Body Interpretation of TRIPS: Problems and Perspectives" (공동저자), Asian Business Lawyer

"한.멕시코 FTA 투자규범 협상의 쟁점 및 시사점" (공동저자), 제7회 KIEP 대학원생 세계지역연구 우수논문공모전 수상논문집

"An Empricial Approach to Treaty Interpretation: International Cases referring to the Vienna Convention Rules on Treaty Interpretation and Interpretative Mechanisms in Regional Trade Agreements", Manchester Journal of International Economic Law

"육류 상품에 대한 미국의 원산지 라벨링 조치를 둘러싼 국제통상법적 쟁점: TBT 협정 제2.1조 및 제2.2조를 중심으로", 국제경제법연구 제10권 제2호

"A Step Forward to Carbon Awareness: An Introduction to the New Labelling Program in Korea", Asian Business Lawyer

강문경

전북대학교 법과대학 졸업(법학사)

전북대학교 대학원 법학과 졸업(법학석사)

中國 清華大學校 大學院 法學科 졸업(법학박사)

(현) 한중법학회 이사

(현) 전북대학교 공공인재학부 조교수

『중국물류법』(공동번역서)

"중국 온라인 게임 산업 관련 법제 분석 및 한중 FTA 발효 이후 대중국 진출 방안", 중국법연구 제28권

"중국 신규화학물질 관리 법제 현황 및 화학물질관리서비스 도입방안", 서울법학 제22권 제1호

"중국 환경보호 관련 법제 입법 동향 및 우리의 대응방안", 원광법학 제33권 제4호 외 저서 및 논문 다수

배정생

전북대학교 법과대학 졸업(법학사)

프랑스 낭시대학교 졸업(법학석사)

프랑스 스트라스부르대학교 졸업(법학박사)

(현) 국제경제법학회 부회장

『신 국제경제법』, 『국제법의 쟁점(II)』

"한국과 몽골의 외국인 투자법제 비교연구", 법학연구 제43권

"한중 유전자원의 접근 및 이익에 대한 공유관련 법제 비교연구", 법학연구 제43권

"나고야의정서 시행 이후 중국 관련 법제 및 향후 정책과 대응", 법학연구 제22권 외 저서 및 논문 다수

김민정

이화여자대학교 영문학 학사

KDI국제정책대학원 정책학 석사

서울대학교 국제대학원 국제학 박사

(현) 서울대학교 국제통상전략센터 선임연구원

"The Standard in the GATT/WTO TBT Agreement: Origin, Evolution and Application", JWT

52:5
"'기술규정'의 현황과 WTO 법제도에 대한 시사점 연구", 통상법률 제130호
"한국 FTA의 TBT규범 비교분석에 따른 법쟁점 연구", 국제지역연구 제24권 제4호
"TBT협정의 해석과 적용에 따른 법적 쟁점 및 발전 과제", 통상법률 제111호

이태화

경북대학교 통계학 이학사
George Washington University (미국) 국제관계학 석사
University of Delaware (미국) 도시문제및공공정책학 박사
(현)서울시립대 도시행정학과 조교수
"An Experiment for Urban Energy Autonomy in Seoul: The One 'Less' Nuclear Power Plant policy," Energy Policy 74
"From FIT to RPS under the Low-Carbon Green Growth Initiative: Moving Forward or Backward for the Expansion of Renewable Energy in Korea?", 현대사회와 행정 제23권 제3호
"재생에너지정책과 FTA 투자규칙 간의 갈등에 관한 정책적 시사점: 'Mesa Power v. 캐나다'사건을 중심으로," 환경정책 제21권 제1호 외 논문 다수

박원석

미) Wisconsin Law School 법학박사
(현) 중앙대학교 법학전문대학원 교수
환경부 CBD/나고야의정서 협상대표
해양수산부 WTO/FTA 협상대표단
외교통상부 통상교섭자문위원
미국 New York주 변호사

박지현

연세대학교 경법대학(법학사)
George Washington Pre-Law
University of Pennsylvania(석사)
연세대학교 일반대학원 국제법(박사)
(현) 영산대학교 법학과 부교수
부산광역시 지역수자원 관리위원회 위원
부산광역시 광역소하천 관리위원회 위원
뉴욕주변호사
『국제법강의-판례와 자료-』(공저)
『사고와 표현』(공저)
"기후변화와 유럽농업정책", 영산논총
"Implementation of International Treaty in Indonesia and Adoptation of the Indonesian Court," Yonsei Law Journal
"자력발전소관련 환경영향평가 비교연구-일반대중의 참여를 중심으로", 홍익법학 제18권 제4호
"핵비확산 및 핵안보 분야 국내 법령체계 개선방안", 한국원자력통제기술원
"난민, 실향민과 국제인도법에 대한 연구", 외교부

"WTO 농업협정문 해설서", 농림부
"Indonesia's Climate Change Adaptation and Mitigation Policy", 한국법제연구원 외 저서 및
　　논문 다수

오선영

이화여자대학교 법과대학 (학사)
New York University School of Law (LL.M.)
American University Washington College of Law (S.J.D)
(현) 숭실대학교 글로벌통상학과 부교수, 법학박사
(현) 국제경제법학회 연구이사, 대한국제법학회 학술이사
(현) 환경중앙정책위원회 위원, 지식재산위원회 위원
"나고야의정서 국내 이행을 위한 유전자원정보관리센터 운영방안", 환경법연구 제39권 제1호
"TBT협정 해석과 적용: '정당한 목적'의 고려를 중심으로", 국제경제법연구 제14권 제3호
"한-중 FTA 지식재산권 챕터 분석과 정책적 시사점", 법학논총 제36권 제3호 외 다수

류예리

한양대학교 법과대학 졸업(법학사)
미국 뉴욕대학교(법학석사)
중국 칭화대학교(법학박사)
(현) 경상대학교 법과대학, 강사
"중국 WTO 가입의정서의 보호기간 종료에 관한 연구-비시장경제지위 규정을 중심으로", 통상법률
　　통권 제130호
"중국 나고야의정서 이행입법(안)의 주요 쟁점 및 시사점", 환경법연구 제39권 제2호
"FTA에서 유전자원 및 관련 전통지식의 지식재산권적 보호방안에 관한 연구", 지식재산연구 제13
　　권 제2호 외 논문 다수

이로리

계명대학교 법학과 교수
대학에서 협상론, 법협상론, 분쟁해결 조정론 등을 강의
변호사를 위한 협상교육, 공무원 갈등관리 교육, 조정전문가를 위한 조정교육 프로그램 등 사회 협
　　상 및 조정교육에도 강사로서 활동
『분쟁해결 협상론』외 저서 및 논문 다수

하대청

서울대학교 공과대학 기계공학 학사
POSTECH 분자생명과학부 분자신경생리학 석사
서울대학교 자연과학대학 과학사 및 과학철학 협동과정 과학기술학(STS) 박사
(현) 광주과학기술원 기초교육학부 조교수
"웨어러블 자기추적 기술의 배치와 각본: 초연결 시대의 건강과 노동", Asia Pacific Journal of
　　Health Law and Ethics 10(3)
"'세 부모 아이' 대 '세 사람 아이': 영국의 미토콘드리아 기증 법령 분석", 생명윤리 제16권 제2호

『제4차 산업혁명과 새로운 사회윤리』(공저) 외 저서 및 논문 다수

김승민

명지대학교 법과대학 수석졸업(법학사)
연세대학교 대학원 법학과 졸업(법학석사 및 법학박사)
연세대학교 SSK 기후변화와 국제법연구센터 연구교수
(현) 연세대학교 법학연구원 전문연구원
(현) 정부통상협상대표단 법률자문 (방송통신서비스, ICT·전자상거래, 문화통상)
(현) 과학기술정보통신부, 방송통신위원회 법률자문
『국제투자법』(공저), 『국제전기통신업무 제도개선 방안 연구』(공저)
"인터넷 제한조치 규제문제 관련 신무역규범의 논의동향과 시사점", 국제법학회논총 제62권 제2호
"브렉시트(Brexit): 영국의 유럽연합(EU) 탈퇴절차에 관한 법적 고찰", 국제법학회논총 제62권 제
    1호
"우주환경의 변화와 국제우주법의 한계", 법학연구 제25권 제2호 외 논문 다수

WTO무역과 환경사례 연구

초판발행   2018년 6월 25일

엮은이   박덕영 · 김승민 · 이재영
펴낸이   안종만

편 집   김민주
기획/마케팅   송병민
표지디자인   권효진
제 작   우인도 · 고철민

펴낸곳   (주) **박영사**
                서울특별시 종로구 새문안로3길 36, 1601
                등록 1959. 3. 11. 제300-1959-1호(倫)
전 화   02)733-6771
f a x   02)736-4818
e-mail   pys@pybook.co.kr
homepage   www.pybook.co.kr
ISBN   979-11-303-3222-2   93360

정 가   29,000원